NOTICE

HISTORIQUE ET STATISTIQUE

SUR

LA VILLE DE DOLE.

NOTICE

HISTORIQUE ET STATISTIQUE

SUR LA

VILLE DE DOLE.

PAR A. ROUSSET.

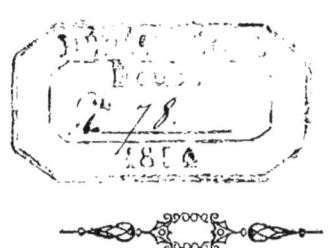

BESANÇON.

BINTOT, IMPRIMEUR-LIBRAIRE,

PLACE ST.-PIERRE, 4.

1854.

NOTICE

HISTORIQUE ET STATISTIQUE

LA VILLE DE DOLE.

-◁◦◦❦◦◦▷-

Dole, *Castellum, Castrum, Oppidum, villa de Dola, Dolah, Dolla, Dolum, villa Dolensis, Urbs, Civitas Dolana*, principale ville du département du Jura, chef-lieu d'arrondissement, autrefois capitale du comté de Bourgogne, située sur le Doubs, à 52 kil. de Lons-le-Saunier, 46 de Besançon, 63 de Chalon-sur-Saône, sous le 46° 50' de latitude, et 3° 09' de longitude; hauteur au-dessus du niveau de la mer, 259^m.

Le territoire a pour limites au nord, Jouhe, au sud Goux, Crissey et Villette, à l'est Authume, Brevans et Falletans, à l'ouest Choisey, Saint-Ylie, Foucherans, Monnières et Sampans. Le petit village d'Azans, encore simple banlieue de Dole au xve siècle, a son territoire séparé de cette ville, sans cesser d'y être enclavé.

De même qu'autrefois, Dole a l'avantage d'être le point de convergence d'un grand nombre de routes de terre et d'eau, qui sont : les chemins de fer de Dijon à Besançon et de Dole à Salins ; les routes impériales n°s 5, de Paris à Genève et 73, de Moulins à Bâle; les routes départementales n°s 1, de Paris à Lons-le-Saunier, 13, de Dole à Gray; les chemins de grande communication n°s 6, de Dole à Saint-Jean-de-Losne, 7, de Dole à Arc-et-Senans, 10, d'Ougney à Dole, 13, de Dole à Bellevesvre ; les chemins vicinaux tirant à Foucherans, à Brevans, à Crissey, à Azans, à Falletans, du Poiset, des Baraques et des Grandes-Baraques au chemin de grande communica-n° 7; le Doubs, ses mortes, le canal dit de Charles-Quint et d'autres canaux de dérivation destinés à alimenter différentes usines ; le canal du Rhône au Rhin, le contre-fossé de ce canal, les ruisseaux de Gujans, du Poiset et de la Blaine.

Population au 14 mars 1647, après le siége et la peste, 662 habitants ; en 1790, 8947; en 1846, 10,519; en 1851, 10,830; population fixe, 9882, dont 4486 hommes et 5396 femmes ; population d'après le culte, 9825 catholiques romains, 21 calvinistes, 7 luthé-

1

riens et 29 israélites ; population d'après l'origine , 9776 Français ,
3 Anglais, 26 Allemands, 24 Italiens , 25 Suisses, 4 Espagnols , 6 Po-
lonais, 1 étranger naturalisé et 17 individus appartenant à diverses
nations ; population spécifique par kilomètre carré , 320 habitants.

La ville est divisée en cinq quartiers principaux, 51 rues et 3 places,
comprenant 1185 maisons et 2795 ménages.

Du *Quartier du Centre*, dépendent la rue et le faubourg des Arènes , comprenant 85 maisons, les rues Cordière 26 , de Besançon 85
et du Vieux-Château 32.

Le *Quartier du Bas* comprend les rues Dusillet 20 maisons , Grilleton 2, de la Bière 8, des Chevannes 59, Saint-Georges 16 , du Plafond 16 , la place Royale 24 , les rues de la Croix 8, des Trois-Pigeons
3, la Grand'Rue 65, les rues Beauregard 13, Maillard 26, Bouvier 6,
de la Vieille-Boucherie 23 , de l'Hospice 10 , Saint-Jacques 13 , du
Jardin-Philippe 3 , le bureau de l'octroi près la porte du Pont 1 , la
ruelle du pont du Canal 1 , le Pasquier 1.

Le *Quartier du Haut* se compose des rues de la Vieille-Saunerie
6 maisons , de l'Ancien-Gouvernement 15, du Sac 19, de l'Orveau 8,
Niquency 8 , du Vieux-Marché 25 , Landon 7, Morteau 7, des Ursulines 6, du Collége 22, de Montroland 24 , du Rempart 5, du Crot 3,
des Prisons 17, et des Griaux 9.

Hors l'ancienne porte du Pont , se trouve le quartier ou faubourg
de la Bedugue , dans lequel on compte 249 maisons , savoir : à la
Bedugue 82 , au Bizard 50, au Boichot 31, au Poiset 86.

Au nord-est de la ville, est le *Quartier des Commards* , composé
de la rue Haute des Commards , 23 maisons , de la rue Basse 64 , du
Mont-d'Alland 1, de la Grange-Truchenne 2, du hameau des Bruyères
19 , de Landon 22, de la Grange-d'Assaut 1, de la place Napoléon 15,
de la rue du Repos 21 , de la rue de Traverse 20 , de la rue Bernard
11, et de la Grange-Chaillot 1.

Les habitants n'émigrent pas.

Les plus anciens registres de l'état civil remontent à l'an 1575.

La disposition des banlieues de Dole a des rapports frappants avec
celle des banlieues de Strasbourg. Les habitants du village de la Ro-
bertsau , jouissaient dans cette dernière ville des mêmes droits politiques que ceux d'Azans avaient à Dole. Le Neuhof, la Gantzau , Al-
tenheim , étaient enclavés dans le territoire de Strasbourg , quoique
formant des seigneuries particulières, au même titre que le Boichot
et le Poiset faisaient partie de Dole. Le Vacken, au nord de Strasbourg,
est disposé comme les Commards le sont à Dole. La forêt du Neuhof,

bordée par le Rhin, s'approche de la capitale de la Basse-Alsace, comme la forêt de Chaux, de l'ancienne capitale de la Franche-Comté.

Cadastre exécuté en 1813 ; surface territoriale, 3068^h 72^a, divisés en 7273 parcelles que possèdent 1734 propriétaires, dont 534 forains ; 1452 contribuables ne paient point d'impôt foncier ; surface imposable 1953^h 14^a, savoir : 793^h 79^a en terres labourables, 620^h 43^a en vignes, 328^h 71^a en prés, 64^h 67^a en pâtures, 63^h 09^a en jardins, 32^b 59^a en sol et aisances des bâtiments, 14^h 75^a en vergers, 13^b 44^a en friches, 8^h 14^a en graviers, 5^h 09^a en murgers, 2^h 82^a en carrières, 2^h 51^a en mares, 1^h 65^a en canal de dérivation, 26^a en abreuvoirs, d'un revenu cadastral de 245,408 fr.; contribution directe en principal 32,922 fr.

La surface non imposable se compose de 926^h 46^a en forêts nationales, 104^h 82^a en rivières et ruisseaux, 69^h 86^a en chemins et grandes routes, 4^h 17^a en bâtiments destinés au service public, 78^a 34^c en cimetière, 25^a 85^c en emplacement de l'église et 72^a en fonds non productifs.

Le sol, situé partie en plaine, partie sur un terrain ondulé, produit du blé, peu de seigle, de l'orge, de l'avoine, du maïs, des légumes secs, de la navette, des betteraves, peu de carottes fourragères, des pommes de terre, du chanvre, des fruits, des vins de qualité médiocre, du foin et des fourrages artificiels.

On importe les neuf dixièmes des céréales et les trois quatorzièmes des vins consommés dans la ville.

On élève dans la commune des bêtes à cornes, peu de chevaux et de moutons. 100 ruches d'abeilles.

Le revenu réel des propriétés foncières est de 3 fr. pour cent.

On trouve sur le territoire des carrières de pierre à bâtir et de taille de première qualité, qui sont exploitées et transportées souvent très loin, des carrières de chaux hydraulique et ordinaire de bonne qualité, des carrières de pierre à polir et de la terre glaise, exploitées.

Dole, chef-lieu de sous-préfecture, a un tribunal de première instance, une justice de paix, un tribunal de commerce, une cure cantonale, une brigade de gendarmerie à cheval, une garnison de cavalerie, une direction de poste aux lettres, un relais de poste aux chevaux, un gîte d'étapes, une station du dépôt d'étalons de Besançon.

Cette ville est aussi la résidence d'un ingénieur des ponts et chaussées, de cinq conducteurs, d'un conducteur embrigadé du service hydraulique, d'un piqueur payé sur les fonds du trésor, d'un agent-voyer d'arrondissement, d'un agent-voyer cantonal, d'un vérificateur et de deux receveurs de l'enregistrement et des domaines, d'un conservateur des hypothèques, d'un receveur particulier des finances, de deux contrôleurs et d'un percepteur des contributions directes, d'un sous-inspecteur, chef de service de l'arrondissement, d'un receveur principal entreposeur, d'un commis et d'un surnuméraire attachés à la recette, d'un contrôleur de ville et d'un receveur du service de la navigation, des contributions indirectes, d'un vérificateur des poids et mesures, de deux inspecteurs et d'un sous-inspecteur des eaux et forêts, d'un capitaine de gendarmerie, d'un inspecteur des écoles primaires, d'un commissaire-priseur, d'un commissaire de police, d'un receveur municipal, de 15 avocats, de 8 avoués, de 7 huissiers, de 5 notaires, de 3 agents d'affaires, de 6 médecins, 4 pharmaciens et 3 médecins vétérinaires, de 6 architectes et 8 géomètres arpenteurs.

Les établissements d'instruction y sont nombreux et variés. Outre le lycée communal, auquel est annexé une école primaire supérieure, et le collège libre tenu par les Jésuites, il y a une école primaire à Dole et une succursale au faubourg de la Bedugue, dirigées par les Frères de la doctrine chrétienne, une école primaire de garçons, confiée à un instituteur laïc au hameau de Landon, une école primaire libre, dirigée avec autant de zèle que de talent, depuis 26 ans, par M. Demas, une école gratuite des sciences appliquées aux arts et métiers et aux beaux-arts, une salle d'asile centrale, dirigée gratuitement par une congrégation naissante, dite de l'Enfant Jésus, avec une succursale aux Commards et une autre au Poiset, 6 garderies ou écoles privées de l'enfance, une école primaire de filles, dirigée par les religieuses Ursulines, une autre école primaire de filles, aux Commards, sous la direction d'une institutrice laïque, 4 pensionnats ou écoles libres, tenus par des institutrices laïques, le pensionnat des sœurs de la Retraite chrétienne et celui de la Visitation.

Les collections scientifiques son tla riche bibliothèque de la ville et le musée. Il y a une société d'agriculture et d'horticulture.

Dole occupe un rang distingué par ses nombreux établissements de bienfaisance. On y trouve un hospice civil et militaire, l'hospice de la Charité, l'hospice des Orphelins, les établissements des sœurs de Saint-Charles, de la Retraite chrétienne, de la Providence et des Ursulines, la salle d'Asile, ouverte aux femmes âgées, et dirigée par Marie Colson, religieuse de la congrégation de Saint-Charles, le couvent du Bon Pasteur ou du Repentir, l'asile départemental des aliénés, un bureau de bienfaisance, une société de Saint-Vincent-de-Paul et d'autres associations charitables.

Industrie. — Sans être une ville industrielle, Dole a un certain nombre de fabriques, dont les produits sont généralement estimés, quelques-uns même renommés. On y compte 24 menuisiers, 10 peintres en bâtiments, 5 maîtres maçons entrepreneurs, 4 marbriers sculpteurs, 13 serruriers, 5 couvreurs, 2 paveurs, 7 maîtres charpentiers, 8 ferblantiers, 1 plâtrier, 2 vitriers et 1 peintre en décors; — 7 horlogers, 4 orfèvres, 4 poêliers, 11 maréchaux-ferrants, 3 taillandiers, 1 étameur, 1 armurier, 2 couteliers, 2 fondeurs en cuivre, 1 lampiste, 2 fondeurs d'étain, 4 chaudronniers, 1 tailleur de limes, 3 fabricants de clous; — 2 fabricants de chaises, 4 tourneurs sur bois, 2 boisseliers, 4 tonneliers, 11 charrons, 2 constructeurs de bateaux; — 2 sculpteurs sur bois et pierre, 1 doreur, 1 peintre en équipages; — 3 tailleurs d'habits, 1 fabricant de corsets, 2 fabricants de bas au métier, 2 fabricants de ouate, 1 fabricant de peignes, 1 fabricant de brosses, 1 fabricant de blondes, 2 coiffeurs, 4 perruquiers, 4 fabricants de fleurs artificielles; — 2 imprimeurs, 1 imprimeur lithographe et 4 relieurs de livres; — 4 corroyeurs, 3 selliers-carrossiers, 7 bourreliers, 32 cordonniers, 3 tripiers, 1 cordier, 3 teinturiers; — 9 voituriers, 4 loueurs de voitures à volonté, 6 entrepreneurs de diligences, 3 commissionnaires de transports; — 1 fabricant de liqueurs, une fabrique d'eaux minérales et de limonade gazeuse; — 15 loueurs en garni et 4 logeurs; — 3 fours à chaux et 1 fabricant de plâtre; — 10 entrepreneurs de travaux publics, 1 entrepreneur de l'enlèvement des boues, 1 fermier des halles, 1 fermier des droits de place et marché, 1 adjudicataire de la pêche, 1 maître de jeu de quilles.

Fabrique de stéarine. — Cet établissement appartient à MM. Santonax et Jourdy. On y fabrique chaque jour 300 kil. de bougies dites de *l'étincelle* et des cierges stéariques. Ses produits sont très estimés et exportés dans une partie de la France. On y a annexé une fabrique d'indigo.

Il y a une autre fabrique de bougies et une fabrique de chandelles.

Fabriques de bleus d'indigo. — Il existe à Dole 6 fabriques de bleus d'indigo, qui appartiennent à MM. Boilley, Vernier, Passier, Santonax, Jacquot et Valès. Celle de MM. Boilley est la plus importante; elle occupe 25 ouvriers, y compris les enfants. On compte environ 6 ouvriers dans chacun des autres établissements. Les produits s'exportent dans toute la France et même à l'étranger. L'introduction de cette branche de commerce à Dole, est due à M. Roux-Lecoynet, père, l'un des industriels les plus distingués de cette ville.

Brasseries. — Il y a au faubourg de la Bedugue deux brasseries, l'une dite du *Haut* et l'autre du *Bas*. A celle du Bas est annexée une fabrique de liqueurs. La quantité de bière fabriquée dans ces deux établissements s'élève annuellement à 9000 hectolitres, qui s'exportent dans l'arrondissement de Dole et dans une partie des départements de Saône-et-Loire, de la Côte-d'Or, de la Haute-Saône et du Doubs. Une troisième brasserie est en voie de construction, au Boichot. Elle appartient à M. Veyvada.

Ateliers de mécaniciens. — Il existe à Dole trois ateliers de mécaniciens, établis l'un à la Paule, sur la route de Besançon, sous la direction de M. Jovinet-Thiébaut, un autre vers le château-d'eau, sous la direction de M. Domey et le troisième dans les moulins de MM. Husson-Morel. Plusieurs ouvriers y sont employés. On y exécute tous les détails de machines servant au roulement des forges et des usines.

Tuileries. — Il y a 2 tuileries, l'une qui appartient à M. Roy, et une autre à M. Mayennet-Bertren. On y fabrique annuellement 700,000 tuiles et briques et en outre dans celle de M. Roy, 1300 queues de chaux; il y en avait une troisième appartenant à la ville, qui a été vendue le 27 décembre 1852 et a été supprimée.

Exploitation des carrières. — Il y a sept carrières de pierre à bâtir et à chaux, exploitées à ciel ouvert. Les produits s'écoulent dans l'arrondissement de Dole et s'exportent au loin par le canal.

Haut-fourneau Menans. — Sur la rive gauche du Doubs, au faubourg de la Bedugue, existait une forge à un seul feu. MM. Baille et Febvret, d'Auxonne, y établirent un haut-fourneau, en vertu d'une ordonnance royale du 24 décembre 1836. MM. Menans, frères, de Montrambert (Jura), en sont devenus acquéreurs en 1839. On y fabrique annuellement 100,685 kil. de fonte en gueuses de 1re fusion, qui sont exportés dans les usines des départements du Jura et du Doubs. Le minerai est tiré de Pesmes. Cet établissement occupe les membres de 10 ménages et 6 journaliers.

Fonderie de deuxième fusion. — Cette fonderie est située sur la rive gauche du Doubs, entre la route de Dole à Lons-le-Saunier et le gazomètre. Elle a été fondée par M. Morel, mouleur distingué. On y fabrique des pièces de mécaniques, des ornements de toute espèce, des balcons, des panneaux, des balustres, des pilastres et garnitures pour barreaux d'escalier, des croix, des monuments funèbres, des grilles, des rampes d'escalier, des colonnes, des vases, des bustes et statues, etc., pour un poids d'environ 70,000 kil. par an. Cette usine appartient à M. Vuillamy-Fleury; elle est exploitée par M. Courtot aîné et par ses frères, mouleurs habiles ; ses produits sont très estimés. Six ouvriers sont occupés chaque jour dans cet établissement.

Fabrique de fourneaux économiques et de pompes à incendie de MM. Guyon. — MM. Guyon, Benoît-Joseph aîné, et Claude Guyon, frères, ont établi à Dole, rue du Collége, de beaux ateliers de fabrication de fourneaux de cuisine ou poêles économiques de leur invention, pour laquelle ils ont été brevetés en 1829 et 1834, et qui leur a valu deux fois la médaille d'argent aux expositions de 1844 et 1849. M. Guyon aîné a même reçu, en 1850, des mains du Président de la république, la croix de la légion d'honneur, comme une juste récompense des services qu'il a rendus à son pays par ses utiles découvertes. Leurs ateliers livrent au commerce des poêles à trois marmites, destinés à être chauffés au bois, à la houille et simultanément à la houille et au bois ; des poêles ou fourneaux économiques à deux marmites, avec un bain-marie, un four, une place à rôtir, une tablette servant de potager (8 numéros pour 5 à 6 personnes jusqu'à 300). Le débouché de ces produits s'étend à l'étranger comme à la France. MM. Guyon ont ajouté à cet établissement une fabrique de pompes à incendie, dont on vante la puissance et la bonne exécution. Ils ont été brevetés pour ces pompes en 1849, et leur système ingénieux a été l'objet d'un rapport remarquable de l'académie nationale de Paris, à la suite de l'exposition de 1849.

Frbrique de poêles de cuisine en fonte. — M. Vuillamy-Fleury, à Dole, a obtenu un brevet d'invention et de perfectionnement pour un système de fourneaux de cuisine qu'il fait fabriquer dans les forges des environs. Ses produits jouissent d'une réputation justement méritée. On en exporte en France et à l'étranger, pour une valeur annuelle de 80,000 fr. Les magasins sont établis à Dole, dans la rue des Boucheries.

Moulin-Neuf. — Le Moulin-Neuf a été construit sur l'emplacement d'un moulin très ancien, et érigé en moulin de commerce par décret impérial daté de Bayonne, en 1808. Il y a huit tournants, tous destinés au commerce. On y fabrique annuellement 18,000 sacs de farine de 125 kilogrammes l'un. Les produits s'exportent dans les montagnes du Jura, en Suisse, dans le Midi, par le canal, et se vendent à Dole et aux environs.

Grand-Moulin. — Ce moulin se compose de dix tournants, dont six sont réservés à l'usage du public, par suite de conventions faites entre les propriétaires et la ville, et quatre sont consacrés au commerce. Ces derniers fabriquent annuellement 10,000 sacs de farine.

Il y a dans cet établissement une huilerie, un battoir d'écorce et un atelier d'ajustage et de mécanique. Incendiée dans la nuit du 11 février 1841, cette usine a été rebâtie dans des proportions remarquables.

Le Moulin-Neuf et le Grand-Moulin appartiennent à MM. Husson-Morel, qui les exploitent eux-mêmes avec beaucoup d'intelligence.

Moulin Muneret aîné. — Le moulin Muneret, qui n'était autrefois qu'un moulin à bateau construit en 1565, est situé sur la rive droite du Doubs. Il est composé de huit paires de meules, dont quatre sont affectées aux besoins du public et les quatre autres au commerce. On y fabrique annuellement 7000 sacs de farine, de 125 kilogrammes l'un, pour le commerce, et autant pour le public. Il y a dans cet établissement une scierie hydraulique à deux lames, pour les bois de construction.

Moulin de la Papeterie. — Ce moulin, situé à la Bedugue, près du haut-fourneau de MM. Menans, a remplacé une ancienne papeterie. Il appartient aujourd'hui à M. Muneret, Antoine. Il a cinq tournants, tous affectés à l'usage du public. On y fabrique annuellement 2400 sacs de farine.

Marchés. — Il se tient à Dole un marché considérable le jeudi de chaque semaine. On y vend des grains, du jardinage, des fruits, des volailles, du poisson, du beurre, des œufs, des étoffes et des fromages.

Foires. — Il y a dans cette ville une foire, qui commence le lundi de la Pentecôte et dure quatre jours. On fait le mardi une procession solennelle, dite du Saint-Sacrement. Le jeudi, pour la clôture, se tient la foire du bétail. La foire de la Pentecôte est très renommée. Les populations des contrées voisines y accourent à l'envi. Le Cours Saint-Maurice présente alors le coup-d'œil le plus curieux. Des bateleurs, des jongleurs, des théâtres ambulants, des jeux de toute espèce, des boutiques en plein vent encombrent toutes les allées. On est frappé de la variété des costumes et de la diversité des marchandises qu'on rencontre à chaque pas.

Il y a onze autres foires, fixées au second jeudi des onze mois autres que celui dans lequel arrive la Pentecôte. Une treizième foire, dite de Saint-Antoine, a lieu dans le mois de janvier, et est consacrée exclusivement à la vente des porcs.

Commerce. — Le commerce de Dole embrasse surtout les objets destinés à la consommation locale. On compte dans cette ville, comme soumis à la patente : 101 hôtels, auberges et restaurants, 24 cafés, 17 bouchers, 21 boulangers, 3 pâtissiers, 6 marchands de vins en gros, 39 épiciers, 6 confiseurs, 4 marchands de poissons, 1 marchand de fromages, 6 marchands de grains, 4 marchands de farines, 4 marchands de son, 2 marchands d'eau-de-vie, 3 coquetiers, 1 fruitier; 7 marchands de nouveautés, 8 marchands de tissus, 4 modistes, 3 lingères, 5 chapeliers, 4 marchands de parapluies, 1 marchand de bas et de bonneterie, 1 marchand de laine, 7 marchands de sabots, 3 chiffonniers, 16 fripiers; 9 marchands de bois à brûler, 5 marchands de bois de construction, 3 marchands de bois de sciage, 5 marchands de planches, 1 marchand de charbon de bois, 1 marchand de houille; 5 marchands de faïence, 1 marchand de cristaux, 2 marchands de porcelaine, 1 marchand de poterie de terre; 5 marchands de quincaillerie, 4 marchands de fer, 3 marchands de clous, 1 marchand ferrailleur; 11 marchands de mercerie, 1 marchand de bimbloterie, 3 marchands brocanteurs, 1 marchand de meubles; 3 libraires, 1 marchand tapissier, 1 marchand de papiers peints, 3 marchands ébénistes, 1 marchand de passementerie, 1 marchand de meules, 1 marchand de pipes, 1 marchand de sable, 2 marchands de sangsues, 1 marchand de parfumerie, 3 marchands bottiers, 1 marchand de vieux souliers, 1 marchand de fourrures; 2 marchands de chevaux, 1 marchand d'eaux minérales.

Canal du Rhône au Rhin. — La navigation du Doubs remonte aux temps les plus reculés. Ce fait est attesté par Strabon, géographe, qui florissait sous les empereurs Auguste et Tibère, et par une légende de la Vie de saint Hilaire, évêque de Besançon, dans laquelle on lit que vers l'an 320 de notre ère, un bateau chargé de marbre, d'airain et d'autres matières précieuses, envoyé de Rome par Hélène, mère de Constantin-le-Grand, pour rebâtir avec magnificence l'église de Saint-Etienne de Besançon, au pied du mont Cœlius, disparut dans un gouffre du Doubs et ne put être retrouvé. L'usage des moulins à eau, introduit en Occident vers le IVe siècle après Jésus-Christ, s'étant multiplié à la suite de l'établissement du régime féodal au XIe siècle, les nombreux barrages créés dans le cours du Doubs, interrompirent la navigation. Ce n'est qu'au XVIe siècle (1517) que le célèbre Adam de Crapone, né à Salon (Bouches-du-Rhône), conçut la première idée d'une navigation artificielle par un canal à point de partage, et proposa d'appliquer cette idée à la jonction de la Méditerranée et de l'Océan, au moyen d'une ligne navigable de la Saône et de la Loire par le Charollais. Peu d'années après, l'historien Gollut, vicomte mayeur de Dole, pensa à mettre en communication le Rhône avec le Rhin, en rendant de nouveau le Doubs navigable, par la destruction des écluses des moulins et par l'enlèvement des rochers qui obstruaient son cours.

Il présenta à cet effet un Mémoire aux officiers fiscaux, à la chambre
des comptes et à la ville de Dole. Il indiqua d'une manière précise que,
pour opérer cette jonction, il était de toute nécessité de passer à Montbéliard, ce qui conduisait infailliblement au véritable point du *bief de
partage* des eaux. La pénurie d'argent ne permit pas de donner suite à
ce projet. Le 13 juillet 1613, les habitants de Dole furent très surpris
de voir arriver près du moulin qui appartient aujourd'hui à M. Muneret aîné, un bateau en sapin de 50 pieds de longueur, chargé de
marchandises, et surtout d'oranges, venant directement d'Avignon.
Claude Grasset qui le conduisait, assura qu'il pourrait amener des bateaux chargés en toute saison, pourvu qu'il y eût trois pieds d'eau dans
le Doubs. Le 9 juillet 1661, Hennecard, ingénieur habile, vint à Dole
et soumit au conseil assemblé, un projet, d'après lequel il s'obligeait à
rendre le Doubs navigable, si la ville voulait faire une dépense de
60,000 fr. MM. Boquet, Bouton et de Jallerange furent délégués pour
accompagner cet ingénieur dans ses explorations. Son projet fut admis.
A peine les travaux étaient-ils commencés, qu'ils furent brusquement
interrompus. Après la conquête de la province par Louis XIV, Vauban
fut envoyé pour visiter Dole. Cet illustre ingénieur, saisi d'admiration
à la vue de la magnifique position de cette ville, comprit aussitôt que
rétablir l'ancienne navigation du Doubs, était le moyen le plus certain
pour donner au commerce de Dole une activité puissante, et que cet
accroissement de commerce rendrait la ville florissante et en étendrait
les limites. Il projeta une enceinte beaucoup plus vaste, traversée par
un port de 660 toises de longueur sur 50 de largeur, pouvant contenir 576 bateaux des plus grandes dimensions; des rampes de 10
toises de largeur devaient faciliter l'accès de cette rivière et le ca-
mionage; des quais larges et commodes auraient été mis à l'abri de
toute inondation. L'exécution de ce projet aurait fait de Dole un des
entrepôts les plus considérables de France. Le rêve était trop beau.
Le plan de Vauban resta sans exécution. Le 1er décembre 1738, M. Lachiche, né à Dole, maréchal-de-camp du génie, envoya à M. de Beaumont, intendant de Franche-Comté, un Mémoire dans lequel il parla
d'un projet du canal du Rhône au Rhin et proposait d'ouvrir un canal
du Doubs à la Saône, de Dole à Saint-Symphorien. M. de Beaumont
jugeant que ni le gouvernement, ni la province ne pouvaient se charger d'une entreprise aussi considérable, invita Lachiche à former une
compagnie pour cet objet; mais Lachiche demandait un privilége et on
ne voulait le lui accorder qu'autant que sa compagnie serait constituée.
Malgré l'activité de ses démarches, il ne put jamais parvenir à cette

organisation. Il n'avait du reste aucun plan décisif à présenter et n'était pas fixé sur les localités où le canal devait passer. L'attention publique était éveillée sur cette grave question. Le gouvernement reconnut enfin que la jonction du Rhône au Rhin serait une chose très avantageuse ; il chargea, par décision du 5 novembre 1773, M. Bertrand, ingénieur en chef de la province, de bien reconnaître les obstacles de cette entreprise et de présenter les moyens de les surmonter. En 1780, un arrêté du conseil d'Etat ordonna l'exécution de la partie comprise entre la Saône à Saint-Symphorien et le Doubs à Dole, aux frais des Etats de Bourgogne et de Franche-Comté. Ces travaux furent terminés en 1790. Un décret du 6 septembre 1792, déclarant les citoyens Bertrand et Lachiche bien méritants de la patrie, ordonna la continuation du canal aux frais du trésor public ; mais les troubles politiques empêchèrent d'y donner suite. En 1801, l'ingénieur en chef Liard, commença de nouvelles études. Son projet fut définitivement adopté et les travaux furent repris en 1804 ; après les désastres de 1813, ils restèrent à peu près interrompus jusqu'en 1822. Une loi du 5 août 1821, accepta la soumission d'une compagnie qui offrit à l'Etat une avance de 10 millions pour l'achèvement du canal, aux conditions suivantes : 1° que les travaux seraient terminés par le gouvernement dans le délai de 6 ans ; 2° que la compagnie recevrait un intérêt de 6 pour cent ; 3° qu'après l'amortissement de la somme empruntée, au moyen d'un prélèvement progressif sur le revenu du canal, la même compagnie serait admise (à titre d'indemnité ?) au partage par moitié du produit net pendant 99 ans. Les travaux furent repris en 1822. Au mois de décembre 1832, le canal fut livré à la navigation dans toute son étendue, et les droits de navigation furent perçus sur toute la ligne à partir de 1835. Le canal du Rhône au Rhin prend son origine à Saint-Symphorien sur la Saône, à 3 kil. en amont de Saint-Jean-de-Losne, où débouche le canal de Bourgogne, qui correspond par l'Yonne avec la Seine. Les principaux points de trajet sont : 1° en montant, Dole, Besançon, Montbéliard, Valdieu près de Dannemarie, où le canal atteint son point de partage ou faîte ; 2° en descendant, Mulhouse, Neufbrisach, Marckolsheim et Plobstein. La ligne aboutit dans l'Ill, à 919^m en amont de Strasbourg.

Les principales marchandises transportées par les bateaux qui remontent le canal, sont des houilles provenant des départements de la Haute-Loire et de Saône-et-Loire, de l'épicerie, des vins, des huiles, etc. Les bateaux qui le descendent sont principalement chargés de blés, de farines, de merrains, de bois, de fers, de briques, etc.

Etablissements publics. — Les établissements publics sont nombreux à Dole et plusieurs sont très remarquables. On y compte une église paroissiale, deux oratoires, un cimetière, l'hôtel de la sous-préfecture, le palais de justice, l'hôtel-de-ville, la halle aux grains, l'hospice civil et militaire, l'hospice de la Charité, celui des Orphelins, l'asile départemental des aliénés, le collége, l'école des Frères de la doctrine chrétienne, une salle d'asile centrale au collége, avec des succursales aux Commards et au Poiset, un théâtre, un gazomètre, des prisons, un champ de foire, une écurie pour les étalons impériaux, une caserne de cavalerie, une caserne de gendarmerie, sept bureaux d'octroi, le port Marchand, le port du Pasquier, les places Royale, Napoléon et de la Sous-Préfecture, la place du Marché-aux-Fleurs, le bâtiment du Pasquier, l'abattoir, un Champ-de-Mars pour les manœuvres de la cavalerie, les promenades du Cours-Saint-Maurice, du jardin Philippe et du Pasquier, la machine hydraulique, 13 fontaines monumentales et 11 bornes-fontaines, le réservoir du château-d'eau, la bibliothèque et le musée.

Budget. — Au commencement du xviie siècle, les revenus de la ville en biens-fonds étaient très considérables, mais les évènements politiques survenus plus tard dérangèrent tellement ses finances, qu'elle fut obligée d'aliéner plusieurs immeubles, de contracter des emprunts onéreux et même de demander des lettres de répit aux souverains de la province. Après sa réunion à la France, elle eut a dépenser des sommes énormes pour conserver dans ses murs la chambre des comptes, racheter les offices municipaux que Louis XIV et Louis XV se faisaient un jeu de vendre et de retirer pour les revendre encore. En 1760, les recettes s'élevaient à 50,000 fr. et cette somme suffisait à peine à payer les arrérages des rentes dues par la ville ; l'intendant de la province, résolu à ramener l'équilibre dans cette situation, raya sans pitié du budget toutes les dépenses qui n'étaient pas d'absolue nécessité.

Aujourd'hui, les recettes ordinaires de la ville s'élèvent à près de 120,000 fr. par an, provenant de rentes et fermages, coupes dans ses forêts, octroi, centimes additionnels, etc. Avec ces ressources assez considérables et sagement administrées, la ville entreprend chaque année des travaux d'utilité publique.

En 1855, le budget de la commune est fixé, savoir :

En recettes ordinaires.	117,436 fr.	} 129,436 fr.
— extraordinaires	12,000 fr.	
en dépenses ordinaires.	101,048 fr.	} 125,263 fr.
— extraordinaires	24,215 fr.	
excédant des recettes		4,173 fr.

Octroi. — Le réglement et le tarif de l'octroi municipal de Dole ont été approuvés par ordonnance royale du 24 avril 1840. Il y a sept bureaux placés, à la porte des Arènes, à la porte de Montroland, à la porte de Besançon, à l'entrée de la rue Dusillet, entre le grand Pont et celui du Canal, devant les Boucheries et à la Bedugue. Les droits sont perçus en régie pour le compte de la ville. Leur produit brut pour 1853, est évalué à 70,000 fr.

Bureau de bienfaisance. — Les revenus ordinaires du bureau de bienfaisance s'élèvent à 7000 francs, et sont distribués aux pauvres de la ville ; une partie de ces revenus est affectée, chaque année, au paiement des frais d'apprentissage d'enfants des deux sexes, dont les parents sont dans l'indigence et à l'entretien de dix indigents.

Bois communaux : 395^h 86^a, dont 11^h 64^a sont coupés annuellement. Essences dominantes : chêne, charme et hêtre.

NOTICE HISTORIQUE.

La ville de Dole est bâtie dans une position délicieuse ; elle occupe le penchant et le sommet d'une colline, sur la rive droite du Doubs. Les eaux qui l'entourent, les sites riants qui l'environnent captivent l'attention et charment tous ceux qui la visitent. Une vue admirable s'offre au voyageur, qui arrivant par la route de Besançon, s'arrête sur la promenade du Cours-Saint-Maurice. Ici c'est une fraîche vallée qui, depuis Rochefort, s'étend comme un immense lac de verdure et que le Doubs sillonne de ses mille détours ; à côté, la forêt de Chaux, ce vaste débris de l'antique *saltus Sequanus*, couvrant de son tapis sombre une terre encore toute empreinte de souvenirs druidiques ; à l'horizon, des montagnes bleuâtres découpées en festons, et revêtues, selon l'éloignement, d'une teinte de plus en plus vaporeuse. En face de l'observateur, se présente le village d'Azans, dont les habitations élégantes et les jolies chaumières descendent de gradin en gradin, pour venir coquettement se mirer dans les ondes limpides du Doubs. A l'ouest et au nord, la perspective n'est pas moins saisissante. La poétique montagne de Montroland, une belle prairie arrosée par le Doubs, un terrain mouvementé cachant dans ses replis de nombreux villages, et un rideau de vertes collines forment le fond du tableau. La ville n'a point encore perdu tout-à-fait sa physionomie du moyen-âge. La plupart des rues sont étroites, tortueuses et d'un accès difficile. Les maisons sont bien bâties. A un grand nombre se rattachent des souvenirs historiques. Les hôtels des anciennes familles parlementaires ou échevinales sont dignes d'une grande ville. Les constructions modernes ne dépareraient point une capitale.

Origine. — On ne possède aucune donnée certaine sur l'origine de Dole. Elle est restée comme perdue dans la nuit profonde qui entoure le berceau des villes dont l'existence n'est constatée ni dans les *Commentaires de César*, ni par l'*Itinéraire d'Antonin.* Qu'une peuplade gauloise se soit établie de bonne heure sur le territoire de cette ville et même sur l'autre rive du Doubs, lieux si heureusement disposés pour la culture, la chasse, la pêche, la navigation, l'industrie et le commerce, le fait nous paraît hors de doute. Le nom de Dole appartient à la langue celtique comme celui de Dol en Bretagne, comme celui de cette magnifique montagne qui domine les plaines de la Suisse.

Le culte rendu au creux de Blene, consacré à *Belenus*, aux sources sacrées de Gujan et de la Grande-Fontaine, les dents de sanglier trouvées à Dole et probablement offertes en sacrifice en l'honneur de la terre, la grande divinité des Celtes, l'usage longtemps conservé dans cette ville d'allumer des feux de joie le jour de le fête de saint Jean, de danser autour, d'en traverser les flammes en courant, rappellent à l'esprit des cérémonies païennes qui appartiennent aux plus anciens peuples de la Gaule. Les dénominations locales peuvent aussi donner lieu à de sérieuses conjectures. Sur la rive gauche du Doubs, s'étend une colline qui commence à Némont, se continue au Boichot et se termine à Montciel. Sans trop de témérité, on peut supposer qu'une bourgade appelée *Nemetum* ou *Nemosus*, d'où est venu le nom de Némont, s'était élevée à côté d'un bois sacré, le *Boichot, Boscus*, séjour des druides, et qu'un temple était bâti à la place qu'occupe Montciel, le mont *Cœlius.* Montciel est une éminence naturelle, d'une surface de 4 hectares, enclavée dans le Boichot, à peu de distance de Crissey, et entourée de fossés dont on reconnaît encore les traces. La plupart des villes avaient leur mont *Cœlius.* Près de Clermont Ferrand, était aussi une ville gauloise appelée *Nemetum*, dont l'emplacement porte aujourd'hui le nom de Némont. Dans le voisinage étaient également un bois sacré et à l'extrémité du bois un temple païen. Colonie de pêcheurs, voilà sans doute ce qu'était Dole, quand ensuite, avec les Phocéens de Massalie, la civilisation, les arts et l'industrie de la Grèce, se répandirent dans le centre de la Gaule. Les marchands Massaliotes eurent de nombreux rapports avec notre province. Du temps de Jules-César, leurs bateaux, chargés de marchandises, remontaient le Rhône, la Saône et les affluents de ces fleuves. On ne doit donc nullement être surpris du grand nombre de médailles grecques que recèle le sol de la Séquanie. On a trouvé à Goux, village voisin de Dole, une monnaie de Marseille représentant d'un côté la tête de la belle Gyptis. Si les Romains ne fondèrent pas Dole, ils l'associèrent du moins à l'immense mouvement de l'empire. Cette ville dut être un des entrepôts du commerce important qui, au dire de Strabon, se faisait par la voie du Rhône, de la Saône et du Doubs. Depuis l'embouchure de cette dernière rivière jusqu'à Besançon, il n'y avait point de port si heureusement situé. Cette ville devint très florissante sous cette domination nouvelle. Plusieurs routes furent ouvertes pour la mettre en communication avec les cités environnantes. La grande voie de Lyon au Rhin par Chalon-sur-Saône, Tavaux, Crusinie et Besançon, passait dans ses murs. D'autres chemins la mettaient en communication avec Dijon, Salins, Langres et Ledo. Un camp retranché se liant à un système de fortifications construites sur les rives du Doubs, à Rochefort et à Orchamps, fut établi sur la côte de Plumont. Dole prit bientôt la physionomie d'une ville romaine. On y retrouve, comme dans toutes les villes fondées ou reconstruites par les légions, la distribution normale en trois parties distinctes : le *castrum*, placé au-dessus de la montagne de Plumont; le *palatium*, bâti au-dessous du *castrum* et enfin la *cité* proprement dite. Un amphithéâtre, des temples aux dieux romains, un forum, un champ-de-mars, un palatium, de magnifiques aqueducs, des thermes, un vaste cimetière s'élevèrent peu à peu comme à Besançon et à Autun. Il serait difficile de contester l'existence de ces monuments. Dans tout le midi de la Gaule, les amphithéâtres ne sont pas connus sous d'autre nom que sous celui d'Arènes, *Arenœ*, témoins les arènes de *Nîmes*, d'*Avignon*, du *Mans* et de *Limoges*. A Dole, on a reconnu des débris imposants de l'amphithéâtre, près de la rue d'Arans ou des Arènes. Le cirque a communiqué son nom au faubourg des *Commards*, comme celui de Besançon au quartier de Chamars, *Campus Martis*. Le forum, de même qu'à Lyon, occupait la place appelée plus tard le vieux marché, *forum vetus*. Nous ferons remarquer que cette place était appelée *Vieux-Marché*, à une époque où les marchés s'y tenaient encore. Si là n'avait pas été le *forum*, le mot *vieux* n'aurait pas eu de sens. Il existait dans toutes les principales cités des Gaules un monument appelé le *Palatium*. Il y en avait un à Besançon, à Autun, à Limoges, etc. Pour démontrer qu'un préteur ou un prévôt avait un palais à Dole sur le point même où plus tard les comtes d'Amaous bâtirent une forteresse, il nous suffira de faire remarquer qu'on a trouvé dans cette ville la tombe de la femme ou de la fille de l'un de ces officiers, et d'expliquer l'origine du nom de *Francs d'Arans* que portaient les habitants de la rue des Arènes. Quelques auteurs prenant le mot *franc* à la lettre, ont supposé que les hommes qui habitaient cette rue n'étaient point soumis à la main-morte, tandis que les autres quartiers de la ville étaient soumis à cette servitude ; ces savants se sont singulièrement trompés. Le terme de *franc d'Arans* était encore en usage bien long-temps après l'époque où le territoire entier de Dole était libre. La rue d'Arans était un lieu d'asile, dans lequel tout coupable, même les condamnés à mort, pouvaient impunément se retirer. Si après y avoir séjourné quarante jours, le criminel restait vingt-quatre heures sans être pris, il était absous de toute poursuite. On trouve dans notre province plusieurs exemples d'un semblable privilége. Le château de Blandans, qualifié autrefois de palais, même dans la donation qu'en fit Charles-Quint à M. de Laubespin, était un lieu d'asile. A Voiteur, on disait aussi les *francs de Charin*, parce que le château et la rue qui y conduisaient, était un lieu privilégié. A Chalon-sur-Saône, l'hôtel fortifié de la famille de Sandon était, dit un vieil historien « noble et franc de toutes sortes de droits seigneuriaux et avait de si beaux priviléges, que c'était une sauve-garde et un asyle asseuré pour tous ceux qui s'y pouvaient réfugier ; on y battait même la monnaie au coing du seigneur. » En 1525, deux habitants qui étaient de garde à la porte des Carmes, s'étant battus ensemble, l'un d'eux, nommé Blandin, pour échapper à la punition qui lui était réservée, se réfugia dans la tour de Sandon ; le sire de Montcuet, capitaine de la ville, l'en fit arracher et conduire à la prison du Châtelet. Le sieur de Sandon fit grand bruit de cette insulte faite à sa maison ; il intenta un procès à la ville, et Blandin fut ramené à la tour dont il avait invoqué la franchise. Sous l'empire romain, les palais et les prétoires étaient, comme les temples des dieux, des asiles inviolables. A cette époque, Dole était en quelque sorte calqué à l'image de Besançon et en avait presque l'importance. Les nombreux vestiges d'antiquités qui y ont été trouvés, attestent suffisamment que si cette ville n'est pas, ainsi que l'ont cru Mérula, Ortelius, Fodéré, Normand et de Persan, le *Dittatium* de Ptolémée, ni telle autre cité de la table Théodosienne, son territoire et le sol qui l'avoisine n'en ont pas moins été couverts d'établissements considérables. Besançon et Dole étaient divisés en deux parties principales, appelées l'une la *ville Haute* et l'autre la *ville Basse*. La ville Haute de Dole formée sur l'emplacement du camp, lorsque les légions l'eurent abandonné, occupait le sommet de la colline de Plumont et sa pente mé-

ridionale, appelée aujourd'hui les Perrons, qui s'étendait alors jusqu'à
la rivière du Doubs. Une épaisse ceinture de murailles, dont on reconnaît encore les traces, fermait le *Castrum*. On a trouvé dans l'intérieur une multitude de tuileaux à rebords, des pierres taillées de
toute face, des pavés, des meubles, des armes rongées par la rouille,
des fragments de briques, des restes d'anciens bâtiments, un autel
païen, des ossements et un grand nombre de médailles du Haut-Em-
pire. Gollut a vu les restes de deux aqueducs découverts par la rivière,
près de la fontaine des Arènes et une tombe d'un pied et demi de large
et longue d'environ quatre pieds, sur laquelle était gravé un éléphant
portant son châtelet ; autour de la pierre était écrit :

PONTIA PRÆPOSITA DE DOLA.

Les aqueducs communiquaient entre eux et alimentaient des bains
qui ont été décrits par le P. Dunod. Normand reconnut sur la pente de
Plumont, les vestiges d'une terrasse, sur laquelle passait la grande
voie d'Agrippa, et à peu de distance de là, de grands lambeaux de
pavé de rue. Claude Lullier, dit Arnaud, ramena à la lumière près de
la même fontaine d'Arans, aux Perrons, des piliers cannelés, avec
des statues de Romulus et de Rémus et des médailles de Claude et de
Victorin. Une statuette de Pomone, découverte au pied de Plumont,
dans le champ dit aux Mariquelles, est en la possession de M. Pallu.

La ville Basse renfermait l'amphithéâtre, le Forum, le Palais, des
bains, des fontaines, le Champ-de-Mars et le cimetière. L'amphithéâtre
était taillé à moitié dans le roc, du côté de l'Hôtel Dieu ; il tenait depuis l'ancienne maison des Carmes jusqu'à l'ancien Hôtel-de-ville, et
dès l'Hôtel-Dieu jusqu'au-dessus de la rue d'Arans, contre les murailles de la ville. Normand a vu le roc taillé pour ce sujet au-dessous
des Cordeliers, avec douze caves pour les animaux, le long de la rue
de Beauregard ; la plupart de ces caves étaient encore presque entières, toutes semblables, avec un soupirail à chacune, pour recevoir
le jour et pour jeter à manger aux bêtes. De petits aqueducs, construits avec du masticage romain, étaient destinés à détourner l'eau de
la pluie. A Besançon, les limites de l'amphithéâtre étaient d'une part
l'extrémité de la rue d'Arènes, et de l'autre, l'angle de propriétés
particulières, au-delà des glacis. Ces deux monuments, placés dans des
positions identiques, remontaient probablement à la même époque,
c'est-à-dire au 1er siècle de notre ère. Un canal, partant de la fontaine
de Gujan, amenait dans la ville des eaux pures et abondantes, et jetait
différents embranchements qui se prolongeaient jusqu'aux Perrons.

3

Ce canal était une imitation de celui d'Arcier à Besançon. Le *Champ-Noir*, proche de la rue de Beauregard, était, comme dans cette dernière ville, une vaste colline funéraire toute remplie d'urnes, de fioles, de lacrymatoires, de tombeaux, d'ossements, de clefs, d'armes et de médailles. Il y avait des bains près du bastion du Pont et de la branche du Doubs qui coulait le long de ce bastion. Dans le siècle dernier, il en restait encore deux débris, paraissant suspendus en l'air, entre cette branche du Doubs et la muraille appelée la *Lampinette*. La grande fontaine de la ville, semblable au grand bassin ou réservoir qui était à Besançon, entrait dans les bains; c'était la direction naturelle de son courant. Il n'y avait alors en cet endroit ni bastion ni rivière; le Doubs passait du côté des Minimes et coulait par la morte de Crissey. On reconnaît facilement que le roc et le canal de la Grande-Fontaine ont été taillés par la main des hommes. On comptait plusieurs rues dans la ville Basse; elles étaient parallèles et bordées de somptueux édifices. La Grande-Rue partait du pont romain. En 1695, on trouva devant la porte des Dames d'Ounans, l'ancien pavé de cette rue, à dix pieds de profondeur. La Grande-Rue de Besançon devait aussi forcément partir du pont. M. l'architecte Delacroix en a trouvé les pavés à 3 mètres 80 centimètres sous terre, avec deux médailles d'Auguste et de Tibère. En 1668, en avançant un ouvrage à corne au bastion de Montroland, on mit au jour un reste de bâtiment, dont le pavé mosaïque était formé de petits cubes de marbre de différentes couleurs. A la place du Boulevart de Besançon ou des Bénits, on trouva quatre belles colonnes, qui furent placées à l'église, devant la chapelle de la Conception, et quatre autres piliers, dont on décora la chapelle de Notre-Dame-de-Pitié, des coralines et autres pièces effigiées d'un travail si exquis, qu'on les faisait enchâsser dans des bagues. La ville s'étendait jusqu'au Champ-de-Mars. Sur toute cette surface, on a rencontré des vestiges de bâtiments et des médailles par milliers. En présence de telles découvertes, il est certain que, malgré le silence des anciens géographes, qui ont omis de citer des lieux beaucoup plus importants que Dole, cette ville tenait un rang distingué parmi les cités de la Séquanie. On ne connaît point l'époque précise de sa destruction, mais on pourrait presque affirmer qu'elle périt, ainsi que Mandeure, dans la terrible invasion des Barbares de l'an 275. L'empereur Constance-Chlore envoya, en 293, des colonies de Chamaves ou Amaves, dans la contrée formant aujourd'hui l'arrondissement de Dole, et qui de leur nom prit celui de canton des Amaves ou d'Amaous. Ce fait prouve que notre pays était alors presque en entier dépeuplé. Sous le règne long et fortuné de Constantin, la province se releva de ses ruines et nos villes se rebâtirent; mais une nouvelle invasion, plus terrible que toutes les précédentes, eut lieu en 355, sous Constance : quarante-cinq villes des Gaules tombèrent au pouvoir des Barbares, sans compter les châteaux et les bourgs; une multitude innombrable de Germains campaient tranquillement à côté de leurs murailles renversées. Dans cette effroyable invasion, Besançon fut brûlé et probablement Dole aussi. Les médailles s'arrêtent brusquement à cette époque.

Après l'établissement définitif des Burgondes dans la Séquanie, au ve siècle, leurs rois succédèrent au fisc romain, dans la possession de Dole et des vastes forêts qui l'entouraient. Ils réédifièrent cette ville et lui donnèrent une telle importance, qu'ils la jugèrent digne d'être la capitale du comté d'Amaous, lorsqu'ils divisèrent notre province en *pagi*. Les édifices religieux se multiplièrent autour de son enceinte. Une chapelle, dédiée à saint Martin, s'éleva à Sayens, sur l'emplacement d'un temple de Bacchus. Le sommet de la colline d'Azans, à l'autre extrémité du territoire, se couronna d'une église en l'honneur de saint Germain. Dès que le christianisme se fut répandu dans les campagnes, les paroisses se formèrent; chaque agglomération chrétienne un peu considérable devint une paroisse et eut pour chef religieux un prêtre, subordonné naturel de l'évêque de la cité voisine, de qui il recevait et tenait tous ses pouvoirs. L'église de Dole (située au lieu d'Azans) fut érigée en titre de paroisse et comprenait non-seulement la ville, mais encore de nombreux villages, tels que Villette, Crissey, Foucherans, Nevy, etc. Au vn^e siècle, dans le but de porter dans les relations du clergé diocésain plus de régularité et d'ensemble, on forma de plusieurs paroisses une petite association, connue sous le nom de *chapitre rural*, et à la tête du chapitre rural, fut mis un archiprêtre. Dans cette organisation, Dole devint le chef-lieu d'un archiprêtré. Au commencement du vm^e siècle, on réunit plusieurs chapitres ruraux dans une nouvelle circonscription, appelée *district*, qui fut dirigée par un archidiacre. Dole eut encore l'honneur de devenir le siége d'un archidiaconé. Ainsi, au vm^e siècle, cette ville était le chef-lieu d'un comté, d'une grande paroisse, d'un archiprêtré et d'un archidiaconé. Un monastère de Bénédictins s'était formé à Jouhe (Joë), dans le voisinage de Dole, sur l'emplacement d'un temple consacré à Jupiter. Les moines qui l'habitaient, cherchant par tous les moyens possibles à déraciner le culte des faux dieux, bâtirent, au vm^e siècle, sur la pointe de la montagne de Montroland, un oratoire dédié à Notre-Dame, dans lequel de nombreux miracles ne tardèrent pas à se manifester. On venait de très loin implorer l'intercession de la Vierge, le jour de sa fête. Ce pélerinage devint plus tard célèbre. C'est généralement du viie au viiie siècle que s'établirent les pélerinages en France; de cette époque, datent ceux de Notre-Dame de Boulogne, du Mont-Saint-Michel et une foule d'autres. La présence de saint Martin à la consécration de l'église de Montroland est imaginaire; mais ce fait, attesté dans une légende, tend à prouver que cette église fut élevée sur un ancien asile du druidisme, autour duquel des traditions païennes s'étaient perpétuées. Le ixe siècle vit s'opérer de nombreuses translations de reliques dans la Bourgogne. Sur les places où elles furent déposées, se bâtirent des églises ou des chapelles, et à l'entour, des villages qui subsistent encore. C'est ainsi que les reliques de l'évêque saint Hilaire, apportées de Poitiers, donnèrent naissance à l'église et au village de Saint-Ylie (*Sanctus Hilarius*), établi près de la voie romaine, dans l'endroit où stationnèrent ces reliques et où leur séjour fut probablement marqué par quelque miracle. Les reliques de saint Vivant, apportées en 863 au comté d'Amaous, entre Dole et Auxonne, dans une terre d'Agilmar, fils d'un comte de cette contrée et évêque de Clermont, donnèrent naissance au prieuré de ce nom. Pendant le siége de Paris par les Normands, en 888 ou 889, quelques bandes s'avancèrent dans la Bourgogne, sous Hasting, le plus redoutable de leurs chefs. Elles incendièrent presque tous les villages de la province, soit au midi, soit au nord, et le prieuré de Saint-Vivant qui venait d'être bâti. Il est probable que Dole eut à souffrir de cette invasion, mais l'histoire se tait à ce sujet. Les dévastations de ces barbares ou la crainte qu'elles inspiraient firent fortifier la ville, et donnèrent lieu à la construction d'un château sur le bord de la rivière. En 937, l'Alsace, la Lorraine, la Haute-Bourgogne, furent envahies par les bandes hongroises. Besançon fut emporté et livré au pillage. Il en fut probablement de même de Dole. Cette ville est désignée sous le simple titre de *Dolla,* dans une donation faite, vers l'an 990, par un certain Rainaud, à l'église de Saint-Etienne de Dijon. Pendant le cours du xe siècle, notre province présentait le plus triste spectacle. Les luttes de la féodalité, les pestes, les famines se succédaient sans interruption; les campagnes étaient désertes, les villes presque abandonnées, les églises en ruines. L'épiscopat de Hugues Ier à Besançon, au xie siècle, étendit son heureuse influence sur tout le diocèse. Sous son habile administration, les guerres privées devinrent plus rares, l'agriculture et le commerce furent encouragés, nos villes et nos villages se repeuplèrent, les églises, les monastères furent relevés. On peut se faire une idée assez exacte de Dole à cette époque. Le château était construit sur un rocher, au bord du Doubs ; à côté était un bourg , compris dans les anciennes Arènes. Durant l'anarchie féodale, la guerre était partout ; on se faisait de toutes choses des fortifications, des repaires ou des habitations défensives. L'amphithéâtre romain était encore debout. Il était aisé de le fortifier, il était fort par lui-même. Les habitants s'y réfugièrent. Les arènes d'Arles , de Nimes , furent employées au même usage. Des cabanes en bois et en chaume se groupaient sans ordre autour des murailles , qui leur servaient d'abri. Les villages d'Azans, de Sayens, de Landon , de Truchume , des Mars , étaient épars çà et là , avec leurs meix , leurs champs et leurs vergers. La guerre étant venue souvent interrompre le pieux pèlerinage à Notre-Dame de Montroland , on éleva une église près de l'enceinte de Dole, sous le nom et sur le modèle de l'église de Montroland , où les fidèles purent offrir plus librement leurs hommages à la Mère de Dieu. Des foires s'établirent dans cette ville, le jour où avait lieu le pèlerinage , et devinrent très renommées aux xie et xiie siècles.

Seigneurs. — A la chute de l'empire romain , les rois Burgondes furent les grands propriétaires de la nation séquanaise. Non-seulement ils eurent pour leur part dans le partage des terres , des pays entiers , mais encore ils succédèrent seuls aux vastes possessions du fisc impérial. Leurs domaines étaient si étendus , qu'après en avoir donné une partie aux églises , ils étaient eu quelque sorte embarrassés du surplus et appelaient tout venant à leur demander des bénéfices. Ils disposèrent de Salins et de son château en faveur de l'abbaye d'Agaune , mais ils ne se dessaisirent jamais de Dole. Ils en firent le chef-lieu du canton d'Amaous et en confièrent l'administration à un comte amovible. Les rois Francs ne changèrent rien à cet état de choses. Des comtes d'Amaous, le nom d'un seul est parvenu jusqu'à nous ; c'est celui de Frédéric , qui , sous Charles-le-Chauve, se fit remarquer comme un des bienfaiteurs de l'abbaye de Saint-Oyan. Il fut probablement le père d'Agilmar, évêque de Clermont, fondateur du prieuré de Saint-Vivant. A la fin du xe siècle, notre pays était encore divisé en quatre comtés, outre celui de Besançon , et Dole continuait d'appartenir aux souverains de Bourgogne. Au temps de l'avènement du roi Rodolphe III (993), on voit tout-à-coup apparaître un nouveau comte, Otton-Guillaume, qui commença à régner sur notre province , soit par concession de ce monarque , soit comme représentant du comte Létalde, dont lui ou sa mère réunissait la

fortune et les droits. Ce prince, entreprenant et ambitieux, sut attirer à lui successivement tous les pouvoirs de l'Etat. Son nom, celui
de Henri, duc de Bourgogne, son beau-père, l'éclat de ses aïeux,
tout secondait ses projets. Trop habile pour prendre le titre de roi,
il en usurpait adroitement les prérogatives. L'institution des comtes
inférieurs contrariait ses vues. Il sut y pourvoir. Il supprima ces
vassaux, qui étaient les officiers de la royauté et les remplaça par des
vicomtes ou par des prévôts qui dépendaient immédiatement de lui.
Nos anciens *pagi*, Amaous, Port, Scodingue, etc., ne subsistèrent
plus que par souvenir dans les habitudes des peuples. Il ne s'arrêta
point là. Il finit par envahir les domaines du roi de Bourgogne, les
réunit à ses domaines et en disposa en maître. C'est ainsi que la possession de Dole lui fut acquise et qu'il put la transmettre à ses successeurs. Otton-Guillaume, le premier de nos comtes héréditaires,
mourut le 21 septembre (11 des calendes d'octobre) 1026 et fut inhumé à Dijon. Il avait eu deux femmes : la première était Ermentrude,
fille de Renaud de Roucy, comte de Reims, morte avant l'an 1004 ;
la seconde se nommait Adélaïde. Il eut trois fils, Rainaud Ier, Guy ou
Widon, Brunon, archidiacre et trésorier de Langres, et trois filles. Sa
riche succession fut partagée entre Rainaud Ier, son fils, et Otton son
petit-fils, fils de Guy. Rainaud eut le comté de Bourgogne et Otton reçut le comté de Mâcon, une partie de la contrée de Scodingue et le
ressort d'Auxonne. Rainaud, prince belliqueux, fut presque toujours
en guerre avec les empereurs d'Allemagne, héritiers des rois de la
Haute-Bourgogne, dont il déclinait la suzeraineté. Il mourut en 1057,
et fut inhumé dans le parvis de l'église Saint-Etienne de Besançon. Il
avait été marié vers 1016 à Adelethe, fille de Richard II, duc de
Normandie, puis à Judith, d'une maison inconnue. Il eut quatre
fils et une fille, savoir : Guillaume, qui reçut plus tard le titre de
Grand ; Hugues, Falcon ou Fulchon, Guy et Sybille, épouse de Henri,
second fils de Robert-le-Vieux, premier duc héréditaire de Bourgogne. Guillaume, successeur de Rainaud Ier, fut constamment heureux. Son règne long et florissant porta au plus haut degré la grandeur et la puissance des comtes de Bourgogne. Tout conspirait pour
son agrandissement. Par son mariage avec Etiennette, il devint comte
de Vienne, et son cousin Guy II, en entrant plus tard (1078) dans les
cloîtres de Cluny, lui laissa le comté de Mâcon. Il mourut le 2 des
ides de novembre 1087, et fut inhumé à Besançon, à côté de son
père. Les fils qu'il eut avec Etiennette de Vienne furent les suivants :
Rainaud II, son successeur au comté ; Etienne, qui régna après Rai-

naud II ; Hugues, archevêque de Besançon de 1085 à 1101, mort en
la Terre-Sainte ; Raymond ; Otton, mort avant son père ; Guillaume,
qui ne vivait plus en 1090 et Guy, archevêque de Vienne, puis pape
sous le nom de Callixte II, de 1119 à 1124. Rainaud II continua de
gouverner les deux Bourgognes, après la mort du comte Guillaume,
son père, qui avait abdiqué en sa faveur, déjà en 1084. Raymond eut
dans son lot des terres situées dans Amaous et habitait, soit Dole,
soit sa forteresse de la Neuve-Loye. Il portait, ainsi que ses frères, le
titre de *comte des Bourguignons*. Il paraît en effet avoir gouverné
une partie du comté de Bourgogne avant comme après le décès de son
père. Dans un acte sans date, mais antérieur à 1087, il se qualifie :
« *Providentiâ divinâ Burgundiæ comes, filius Guillelmi nobilissimi
comitis.* » L'année même de cet acte, il partit pour l'Espagne, où
l'appelaient les dangers d'Alphonse VI, armé contre les Sarrasins. Il
accompagnait Henri de Bourgogne-Duché, son cousin, et avait à sa
suite une partie de la noblesse de notre province. Il reçut du monarque Castillan l'accueil que méritait son dévouement à la fois religieux et guerrier, se couvrit de gloire sur les champs de bataille,
obtint la main d'Urraque, fille d'Alphonse VI, et devint ainsi la tige
des rois de Castille. On le retrouve dans sa patrie en 1092, témoin
avec Gislebert, vicomte de Vesoul, de la consécration du prieuré de
Marteroy par Hugues III, alors archevêque de Besançon. Peut-être y
était-il venu chercher sa sœur Berthe, qui dans la même année encore, épousa le roi Alphonse VI. Ce qu'on sait de certain sur Rainaud II,
se réduit à fort peu de chose. Comme son père, il demeura invaria-
blement attaché à la fortune de l'empereur. Il partit pour la Palestine
vers l'an 1094, avec Welf IV, sire de Dampierre-sur-Salon, après
avoir confié à Etienne, son frère, la régence de ses Etats. Arrivé à
Jérusalem, notre comte succombant aux fatigues de ce long pélerinage, termina ses jours dans la ville sainte et y trouva sa sépulture
(1097). Etienne Tête-Hardie, d'abord régent des états de son frère
Rainaud II, pendant son séjour dans la Terre-Sainte, fut son successeur. A la nouvelle de sa mort, il épousa Béatrix, fille de Gérard
d'Alsace, duc de Lorraine, qui le rendit père de deux fils, Rainaud III
et Guillaume, et d'autant de filles. A la nouvelle de la prise de Jérusalem par les croisés, sous la conduite de Godefroy de Bouillon,
Etienne et son frère l'archevêque Hugues III, se déterminèrent au
voyage de la Terre-Sainte (1100), accompagnés de plusieurs de leurs
fidèles et du jeune Guillaume, leur neveu, fils du comte Rainaud II,
dont la perte avait excité de profonds regrets. Les deux frères pé-

rirent dans cette expédition ; Etienne y avait fait des prodiges de
valeur. Prisonnier à Rama, après la plus vigoureuse résistance, lui et
le comte de Blois furent décapités par les Musulmans victorieux (1102).
Guillaume, dit l'Allemand, fils de Raïnaud II, gouverna les comtés
de Bourgogne et de Mâcon, ainsi que la Transjurane, après la mort
de son oncle Etienne. Il prit lui-même le surnom d'Allemand, soit
parce qu'il avait été élevé au milieu du peuple Suève ou Alemma-
nique, dans le château de son aïeul, le comte d'Oltingen, soit à cause
de son mariage avec Agnès, fille de Berthold II, duc de Zæhringen,
dont la maison était de même origine. Ce prince, victime d'un noir
complot, périt assassiné par ses barons en 1125. Un mystère profond
couvre encore sa mort. On lit dans la chronique d'Albéric, qu'il fut
emporté par le diable sur un cheval noir, un jour qu'il était à table
avec ses principaux courtisans, et que dès lors on ne le revit plus.
Quelques historiens prétendent qu'il fut assassiné à Payerne, d'autres
dans le Valais, où il s'était rendu pour châtier quelques sujets rebelles.
M. E. Clerc regarde comme certain qu'il périt à Mâcon. Cette circonstance est attestée par Pierre-le-Vénérable, qui adopta le conte dont on
couvrit sa mort. Cet auteur rapporte que, à Mâcon, le comte Guillaume, en punition des vexations multipliées qu'il exerçait envers les
monastères, fut enlevé dans son palais, au milieu de sa cour, par un
cavalier que personne ne connaissait, et qui entra subitement. L'inconnu l'ayant appelé comme pour lui parler en secret, le plaça derrière lui, puis pressant son cheval, l'emporta à travers les airs,
tandis que le prince criait à la multitude effrayée : *à mon secours!*
chers amis! à mon secours! On le suivit des yeux tant qu'on put l'a-
percevoir, puis on le perdit de vue, et il alla s'associer éternellement
aux diables. C'est sous le règne de ce prince, en 1124, que s'opérèrent
à Dole, qualifié alors de lieu très célèbre, de nombreux miracles dus
à l'intercession des reliques de saint Prudent. Guillaume, dit l'Enfant,
paraît avoir été le seul fruit de l'union de Guillaume l'Allemand avec
Agnès de Zæhringen. Ce jeune prince n'eut pas une fin moins tragique
que son père. Il fut assassiné à Payerne deux ans après, le 9 février,
avec Pierre et Philippe de Glanne, par quelques seigneurs mécontents,
lorsqu'il était en dévotion dans l'église de ce prieuré. Mort en bas âge,
il ne laissait pas d'héritiers directs; sa belle succession, qui comprenait
deux comtés et de vastes terres situées au-delà des Monts, enrichit ses
deux cousins Rainaud III et Guillaume, l'un et l'autre fils d'Etienne Ier,
dit Tête-Hardie. Guillaume eut dans son partage Lons-le-Saunier, la
contrée de Seodingue, les comtés de Vienne et de Mâcon, et la partie

du comté d'Amaous qui formait la terre d'Auxonne. L'intérêt divisa d'abord les deux frères ; mais Guillaume se décida à faire hommage de ses fiefs à Rainaud III et déclara *tenir de lui son consulat*. Rainaud III, consul supérieur des Bourguignons, continua la branche aînée de Bourgogne, et Guillaume fut la tige de la branche cadette, c'est-à-dire des fameuses maisons de Vienne et de Chalon qui, pendant plusieurs siècles, ont joué un rôle si important dans l'histoire du comté de Bourgogne. Rainaud régna avec gloire ; de l'Isère à Bâle il dominait par lui et par ses vassaux ; il possédait tous les fiefs de Guillaume-le-Grand, et de plus ceux que Guillaume l'Allemand avait recueillis par son mariage, dans l'Helvétie romane. Tant de puissance enfla son courage ; il en coûtait à sa fierté de reconnaître la suzeraineté des empereurs. Dans sa pensée, l'empire avait perdu tous ses droits sur le royaume de Bourgogne, par l'extinction de la maison salique. Lothaire II, récemment élevé sur le trône d'Allemagne, mais étranger à cette maison comme au sang des rois Rodolphiens, était sans titre pour recueillir leur héritage. La mort de Henri V avait rendu la Bourgogne à son antique indépendance ; ses hauts-barons recouvraient leur liberté dans le choix d'un nouveau maître. Plein de foi dans la justice de sa cause, il en remit la défense à Dieu seul et à son épée. Sans hésiter, il entra, les armes à la main, dans la Transjùrane, à la tête de ses nombreux vassaux. Ces hostilités qu'il avait fait précéder d'un refus d'hommage, décidèrent l'empereur, alors à Spire, à prononcer contre Rainaud le ban impérial et la confiscation de tous ses Etats, dont il investit Conrad, duc de Zæhringen. Après une lutte de quelque durée, la fortune devint contraire au comte de Bourgogne ; fait prisonnier en combattant, il fut mis en jugement devant une cour plénière assemblée pour cet effet dans la ville de Strasbourg. Les pressantes intercessions des princes qui accompagnaient l'empereur émurent ce monarque et le disposèrent à la clémence. Il fit grâce à Rainaud, après une captivité de six mois, le réduisant d'ailleurs à la seule possession du comté de Bourgogne. Rendu à la liberté, notre comte eut un nouveau recours à la force, qui fut suivi de succès et de revers, et la querelle durait encore quand la mort vint mettre un terme à ses jours si agités (1148). Rainaud, qui fut inhumé dans l'église de Saint-Etienne de Besançon, demeurait habituellement au château de Dole et y avait une cour. C'est de là qu'il signa deux actes sans date, contenant l'un, une donation aux religieux du prieuré de la Neuve-Loye, du droit de pêcher dans la Loue et la Clauge, et l'autre, une confirmation aux mêmes religieux d'un don que leur avait fait le

4

comte Raymond. Au premier acte assistaient comme témoins Guy de Jouhe, prévôt du château de Dole, Hugues, seigneur de la Tour, Vuicard, cuisinier, Ramulphe de Baume, Hugues et Guy, religieux de la Loye, Vuicard et Vivant, frères de Hugues, doyen du château et Anne, prévôt de Liele. Au second acte assistaient, Guillaume, frère de Rainaud, l'abbé Guy, Jérémie de Ruffey, Girard d'Estrabonne, Odile de Montbozon, Guillaume de Traves, gonfalonier, et Etienne de Dole, maître d'hôtel. Par un acte daté à Besançon de l'an 1135, Rainaud donna au chapitre de Saint-Etinnne de Dijon, les coutumes, les ventes, les péages et les autres redevances qu'il percevait à Salins et à Dole. La réforme de Citeaux, encouragée par ce prince, s'étendit des deux côtés du Jura. Il donna à cet ordre naissant dans la ville de Dole, une maison pour y établir un monastère, et de vastes terrains à côté. Il fonda également près de cette ville une commanderie du Temple et la dota magnifiquement. Bernard de Dramelay, premier commandeur du Temple de Dole et devenu plus tard grand-maître des Templiers, était attaché à sa cour en 1135. A la mort de Rainaud, deux femmes, Béatrix, sa fille unique, et sa veuve, Agathe de Lorraine, restaient seules à la tête du comté de Bourgogne. Inquiètes sur l'avenir, elles crurent trouver un appui dans le comte de Mâcon, Guillaume, le frère et l'ami de Rainaud III. Elles ne tardèrent pas à être détrompées. Guillaume, livré aux sombres calculs de l'ambition, voulait à tout prix être comte de Bourgogne. Malgré sa jeunesse et sa beauté, Béatrix fut enfermée dans un château-fort, où elle gémit pendant quatre années au milieu des plus indignes traitements. Sûr de l'appui de la haute noblesse, Guillaume, dont les mesures étaient arrêtées, prit hautement le titre de consul des Bourguignons. Tranquille à l'intérieur, il comptait sur l'impuissance de l'empire. En effet, l'empereur Conrad revenait de la dernière croisade, ramenant à peine la centième partie de son armée. Guillaume n'avait pas prévu que Conrad allait mourir (1152) et qu'on verrait monter sur le trône de Germanie un prince jeune, ardent, intrépide, qui croyait pouvoir aspirer à l'empire du monde. Le nouvel empereur, promptement instruit de la perfidie de Guillaume, résolut de le punir. Aidé des forces de Berthold IV de Zæhringen, il vint à la tête d'une armée délivrer Béatrix de sa prison et lui rendit le comté de Bourgogne. Guillaume, humilié et soumis, suivit alors son vainqueur. Contraint de quitter le titre pompeux de consul des Bourguignons, pour reprendre celui de comte de Mâcon, il marchait avec l'empereur de ville en ville, signait les chartes du prince et, perdu dans la foule des grands qui l'entouraient, il traînait ainsi sous les yeux de la cour la honte d'une mauvaise action. On trouve sa signature à la suite de deux diplômes de l'empereur Frédéric, datés, l'un de Baume-les-Nones, le 18 janvier, l'autre de Besançon, le 15 février 1153. Rendue à la liberté et à ses états, Béatrix parut probablement devant l'empereur. Les auteurs allemands disent qu'elle était belle, de taille moyenne, et d'une stature élégante; ses cheveux étaient blonds, ses yeux bleus, elle avait les dents blanches et les mains plus belles encore. La modestie était peinte sur sa figure et elle alliait la noblesse à l'affabilité. A ces qualités extérieures, Béatrix joignait, aux yeux de l'empereur, le titre précieux de comtesse de Bourgogne. Préoccupé de ses projets sur le royaume d'Arles, Frédéric résolut de l'épouser; il la confia à des mains fidèles et fit dissoudre, en 1153, par décision de la diète de Constance, pour cause de parenté, le mariage qu'il avait contracté en 1149, avec Adèle, fille de Thiébaud, marquis de Vohbourg et de la Bavière septentrionale. Son mariage avec Béatrix fut célébré à Vürtzbourg, au mois de juin 1156, en présence de la plupart des princes et évêques d'Allemagne. Parmi eux figuraient Humbert, archevêque de Besançon, Ortlieb, évêque de Bâle, Etienne Ier, comte en Bourgogne, fils du traître Guillaume, et Thierry II, comte de Montbéliard. Ce mariage accompli, Frédéric commença par se débarrasser de la vice-royauté du duc de Zæhringen qui, vainqueur de Guillaume et fier de ses services, croyait la transmettre à toute sa descendance. Il ne lui restait plus qu'à se proclamer roi de la Bourgogne, à la face de la Bourgogne elle-même. Il était sûr de ne pas trouver de résistance. Besançon fut choisi pour cette prise de possession solennelle. Il y tint une cour plénière, du 23 jusqu'au 29 novembre 1157, et s'y fit proclamer roi de Bourgogne et d'Arles. Dole devint le centre de cette nouvelle monarchie. Béatrix mourut à Spire, le 17 des calendes de décembre (15 novembre 1185), âgée d'envion cinquante ans. L'empereur Frédéric mourut le 10 juin 1190, à Séleucie, à l'âge de soixante-neuf ans, et fut enterré à Antioche. Ce prince, avant de mourir, avait fait la distribution de ses provinces entre ses enfants. Henri, son fils aîné, était roi des Romains depuis 1169; Frédéric gouvernait la Souabe et l'Alsace; Conrad tenait la Franconie, dès 1167; enfin, Otton II, le quatrième des frères, était déjà comte en Bourgogne et vice-roi d'Arles en 1173. Il prit, en 1189, le titre de comte palatin, parce qu'il était né dans le palais impérial. Ce prince habita souvent l'Allemagne; nos archives n'ont conservé presque aucune charte de lui. Dès 1192, il eut dans le comté de Bourgogne un représentant chargé du gouvernement en son absence; ce représentant portait le titre de *bailli de Bourgogne*. Otton II, privé d'enfants mâles, et père seulement de deux filles, prévoyant qu'après sa mort Etienne II, chef de la branche cadette de Bourgogne, fils unique d'Etienne Ier, mort en 1173, et petit fils de Guillaume, aspirerait à la souveraineté du comté, lui donna ordre de quitter le nom de comte de Bourgogne, que ses ancêtres avaient toujours porté, et de prendre seulement celui de comte d'Auxonne. Etienne obéit, mais la rage dans le cœur. Il abjura la vassalité d'Otton et fit hommage à Eudes, duc de Bourgogne, de son château et de sa ville d'Auxonne. Le duc promit de lui fournir des troupes toutes les fois qu'il aurait la guerre avec le comte Otton. Ce dernier mourut à Besançon, au mois de janvier de l'an 1200. Il laissait deux filles en bas âge, Jeanne et Béatrix, sous la tutelle de Marguerite de Blois, leur mère. Cette princesse gouverna le comté au nom de Jeanne, sa fille aînée, qui ne tarda pas à prendre elle-même, d'une main timide, les rênes du gouvernement. Jeanne mourut en 1205 ou 1206, et son corps fut inhumé à Saint-Etienne de Besançon. Sa sœur Béatrix lui succéda. Etienne II aspira à sa main pour Jean de Chalon, son fils. Cette alliance, en confondant les droits prétendus par les cadets de la maison de Bourgogne avec ceux de la branche aînée, aurait mis un terme à toute rivalité ultérieure; mais l'empereur Philippe en avait disposé autrement. Il avait choisi à Béatrix un époux dans la plus riche et peut-être la plus illustre famille de l'empire. Elle épousa Otton III, duc de Méranie. Le mariage fut célébré à Bamberg, le 21 juin 1208, en présence de l'empereur Philippe, et le soir même de ce jour, ce dernier périt sous les coups d'Otton de Wittelsbach. Etienne II, quoique blessé jusqu'au vif de la préférence accordée à un prince étranger, aurait peut-être dissimulé, si la mort violente de Philippe et l'avènement d'Otton de Brunswich au trône de l'empire ne lui eussent pas offert l'occasion propice de donner essor à son ressentiment et de se venger à force ouverte de l'affront qu'il pensait avoir reçu. Il répara ses châteaux, en construisit d'autres, se ménagea des alliés, fit appel à ses *fidèles* et se mit à leur tête, en se proclamant seul comte légitime de Bourgogne. La fortune sourit à ses efforts et de grands succès les couronnèrent. Affaibli par plusieurs défaites et témoin des gémissements de son peuple victime de tous les excès de la part d'un ennemi sans pitié, Otton recourut aux bons offices du duc de Bourgogne, de l'archevêque de Besançon et de l'évêque de Langres. Leur médiation amena la paix de Dijon, conclue le 18 octobre 1211. Le duc de Méranie renonça aux prétentions qu'il avait ou pouvait avoir sur les châteaux et autres possessions du comte Etienne, situés au comté de Bourgogne ; il renonça de même à toute indemnité pour les dommages, de quelque nature qu'ils fussent, commis pendant la guerre à son préjudice et à celui de ses vassaux, consentit au maintien de toutes les forteresses élevées sur plusieurs points de la province, et à toutes les acquisitions de fiefs faites par Etienne, pourvu qu'ils ne fussent pas de sa mouvance comme comte palatin ; il déclara enfin, que ni lui ni sa femme ne pourraient vendre ou engager leur terre de Bourgogne, sans le consentement et même la participation d'Etienne. Nous avons raconté les autres guerres qui eurent lieu entre ces deux princes, à l'article *Chevigny*. Après le dernier traité de 1227, Otton, lassé des guerres civiles, ne songea plus qu'à regagner l'Allemagne. Afin de rétablir ses finances épuisées, il engagea, du consentement de son épouse, le comté de Bourgogne à Thiébaud de Champagne, pour 15,000 livres estevenantes. Le tiers des revenus devait être consacré au remboursement de cette dette ; les deux autres tiers représentaient l'indemnité due à ce prince pour ses peines et ses frais, et la défense du pays en cas de guerre. L'époque du rachat n'est point exactement connue. Pour mieux assurer la paix du comté, Otton convint, par un traité du mois de février 1230 (v. s.), que Hugues, fils du comte Jean de Chalon, et petit-fils d'Etienne II, épouserait dans cinq ans Alix de Méranie, l'une de ses filles, et que sa dot, fixée à 600 livrées de terre, serait assise à Saint-Aubin ou à Colonne, et en cas d'insuffisance, sur le château d'Ornans. Béatrix mourut le 6 mai 1231, et le duc son époux la suivit dans la tombe trois ans après, le même jour et le même mois (6 mai 1234). Tous deux furent inhumés dans l'église de l'abbaye de Langheim, en Franconie. Deux fils et cinq filles étaient nés de leur union : 1° Otton IV, successeur dans tous les biens paternels et maternels; 2° Poppon, évêque de Bamberg, mis au ban de l'empire et remplacé dans son siége en 1242; 3° Béatrix, l'aînée de tous, femme d'Otton, comte d'Orlamunde en Thuringe, veuve en 1247 ; 4° Agnès, mariée en 1230, à Frédéric le Belliqueux, duc d'Autriche, le dernier de l'illustre maison de Babenberg, puis à Ulric, duc de Carinthie ; 5°Elisabeth, qui épousa Frédéric III, fils de Conrad II, burgrave de Nuremberg; 6° Marguerite, femme de Frédéric, comte de Trahendingen en Franconie; et 7° Alix, mariée en 1236, avec Hugues de Chalon. Lorsqu'il commença à régner, le duc Otton IV, qui n'avait que douze ans à la mort de son père, eut pour tuteurs son oncle, l'évêque de Bamberg, et Albert, comte de Tyrol, dont plus tard (1259), il épousa la fille, Elisabeth. Thiébaud de Champagne occupait toutes les forteresses du comté, et les revenus annuels des domaines étaient versés entre ses mains, pour ses frais de garde. Le duc et comte Otton vint pour la première fois, en 1241, visiter l'héritage de sa mère Béatrix, dont il négocia le retrait des mains du comte de Champagne; après l'avoir opéré, il prolongea son séjour pendant une grande partie de l'année suivante, pour traiter de la garde du comté avec Hugues IV, duc de Bourgogne. Les deux princes avaient peine à s'entendre sur les conditions. Aussi intervint-il à ce sujet plusieurs accords successifs, dans l'intervalle des mois d'avril à octobre 1242. Enfin, il fut convenu que cette garde devait durer cinq ans, pendant lesquels le duc « se peut et se pourra aidier de la terre et des hommes, et des fiefs, contre toutes gens, sauve la féauté à l'empereur de Rome; que tous les vassaux et li commun des villes lui feront serment de fidélité; » qu'il donnera secours à ceux d'entre les premiers qui seraient victimes d'atteintes portées à leurs droits, et que la défense des châteaux de Vesoul, Poligny, Baume et Châtillon, serait remise à quatre chevaliers qui seront désignés. En même temps, Hugues IV donna quittance au comte palatin de 8000 livres qu'il lui avait prêtées en deux fois, somme qui, jointe aux 6000 autres fournies vers le même temps par Clémence de Faucogney, femme d'Etienne d'Oiselay, fut sans doute employée au remboursement du comte de Champagne. Après ce traité, Otton retourna en Allemagne. La part qu'il prit dans la guerre de Conrad, comte de Wasserbourg, avec le duc de Bavière, que favorisait l'empereur, attira sur lui l'indignation du monarque. Il fut dépouillé de deux de ses principales places. Cette mesure, dont l'injustice lui semblait flagrante, lui fit embrasser avec ardeur la cause de l'anti-César, Henri Raspon, landgrave de Thuringe, et après sa mort sur un champ de bataille (12 février 1247), celle de son successeur, Guillaume de Hollande. Frédéric II ne tarda pas à le punir de cette félonie, en prononçant contre lui le ban impérial. Il fut déclaré déchu de ses dignités et de ses biens. Dès lors Otton échappe à toutes les recherches des historiens, qui ne le retrouvent que vers la mi-juin 1248, au château de Niesten, en Franconie, étendu sur un lit de douleur et luttant avec la mort. Un double crime, commis à l'aide du poison et du glaive, termina son existence, le 19 juin. Il fut inhumé à Langheim, dans le tombeau de ses pères. La Bourgogne apprit sa mort comme celle d'un prince qui lui était presque inconnu. Avant de mourir, Otton avait fait un testament, dans lequel il instituait Béatrix, comtesse d'Orlamunde, l'aînée de ses sœurs, son héritière universelle. Ce testament ne s'est point retrouvé, mais il existe encore plusieurs de ses codicilles, qui ne contiennent que des legs pieux, et notamment celui portant fondation d'un chapitre de douze chanoines à Poligny. Sa date est du 17 des calendes de juillet (15 juin) 1248. Béatrix, veuve depuis un an, chargée de la tutelle de trois enfants en bas âge, sans relation dans le comté, était hors d'état de faire valoir le choix qu'Otton avait fait d'elle pour lui succéder. Du reste, son frère, mis au ban de l'empire, avait-il le droit de disposer de ses fiefs? Les Comtois étaient fatigués de la domination allemande. Ils reconnurent Hugues de Chalon, comme époux d'Alix, pour leur souverain. Ainsi s'établit sans combats, sans guerres civiles, la dynastie nouvelle. Une grave mésintelligence s'éleva entre Jean de Chalon et Hugues son fils, comte palatin, irrité des préférences que le premier semblait marquer pour ses enfants du second lit. C'est qu'alors il négociait l'acquisition des droits du burgrave de Nuremberg et de sa femme sur le comté de Bourgogne, ainsi que le mariage de leur fille Alix, avec Jean, depuis seigneur de Rochefort, l'aîné des fils qu'il avait eus d'Isabelle de Courtenay. Des actes hostiles ne tardèrent pas à éclater entre eux, et Hugues comptait encore parmi ses adversaires, Henri d'Antigny, seigneur de Sainte-Croix et de Longepierre, Amaury IV, sire de Joux, Jean, sire de Tilchâtel, et Mathey, seigneur de Longwy. Les chances et la durée de cette guerre ne sont pas connues. Un compromis qui devait la terminer fut signé à Dole au mois de mai 1254, mais il demeura sans effet. A son tour le roi Saint-Louis fit accepter sa puissante médiation, et envoyant des gens de son conseil dans la province, « par son pourchas fut faite la paix entre le père et le fils » (1255). Le 23 mai 1256, le burgrave de Nuremberg et son épouse, après avoir obtenu le désistement de Jean de Chalon, transmirent leurs droits héréditaires sur le comté à la palatine Alix, ainsi qu'à Hugues, son époux. Hugues IV, duc de Bourgogne, qui convoitait cette province, acheta, le 1er août 1265, de Béatrix d'Orlamunde, et de ses deux fils, Otton et Herman, toutes leurs prétentions sur ce comté, moyennant 20,000 marcs d'argent. Hugues de Chalon finit ses jours au mois d'octobre 1266, et fut inhumé à Cherlieu. Par son testament du 1er août précédent, il avait confié et ses enfants et la distribution de ses biens à la foi de son épouse. Après la mort de Hugues, Otton V ou Ottenin son fils aîné, prit le titre de sire de Salins et Alix, conservant celui de comtesse palatine, gouverna le comté de Bourgogne. La mort de son mari lui laissait une double guerre à soutenir contre Thiébaud, comte de Champagne et roi de Navarre, et contre le duc de Bourgogne, qui venait d'acheter la souveraineté même du comté. Sentant le besoin de se créer un appui au dehors, quoique déjà mère de douze enfants, elle épousa, au mois de juin 1267, Philippe de Savoie, désigné par son frère Pierre II, pour lui succéder, à défaut d'enfants. Elle lui donna trois mille livres tournois de rente, somme qui équivaudrait à 50,000 fr. de notre monnaie. Le duc IV ne tarda pas à s'avancer, les armes à la main, vers le comté de Bourgogne pour en prendre possession, en vertu de la cession que lui avait faite la comtesse d'Orlamunde. Philippe de Savoie qui, à son titre de comte palatin, venait de joindre celui de comte de Savoie, par la mort de son frère Pierre, accueillit avec vigueur l'attaque du duc de Bourgogne. De sanglants combats eurent lieu. Une négociation termina enfin la guerre. Par traité du 20 avril 1270, douze mille livres viennoises furent promises au duc Hugues, qui renonça à ses droits sur la province, à condition que Dole et sa châtellenie, Rochefort et ses appartenances seraient désormais du fief de ce duc et de ses héritiers. Par une charte du mois de décembre suivant, Philippe fit don et octroi à Alix, des droits ainsi rachetés, et Otton, sire de Salins, s'engagea à rembourser à Philippe, les 12,000 livres viennoises et à ne rien prendre jusque là *aux comté et dépendances pendant la vie de sa mère*. La palatine Alix mourut à Evian en Savoie, le 8 mars 1279 (n. s.). Son époux la suivit dans la tombe le 17 novembre 1285. Rodolphe de Habsbourg, modeste landgrave de la Haute-Alsace, ayant été appelé à l'empire d'Allemagne, conçut la pensée de nommer Hartman, son quatrième fils, roi de Bourgogne. L'Angleterre souriait à ce projet. Le nouveau roi d'Arles, créé presque en même temps roi des Romains, devait épouser Jeanne, fille d'Edouard, roi d'Angleterre. Telle était la situation des choses lorsqu'Otton V ou Ottenin, succédant à sa mère Alix, devint comte palatin de Bourgogne. Marié à Philippine de Bar dès 1258, il arrivait à l'âge de la maturité. Des finances épuisées par les guerres de la Savoie et par la pension de Philippe, une dette de douze mille livres viennoises, prix du rachat des droits de Béatrix, comtesse d'Orlamunde, dont ce prince, créancier exigeant, n'était pas remboursé; un pays désuni par la jalousie et la puissance des princes de Chalon; les fiefs nombreux des ducs de Bourgogne au sein du comté, enfin l'empereur lui-même, qui guerroyant au-delà du Jura, semblait toujours prêt à le franchir, rendaient sa position très difficile. Pour trouver un soutien, il promit la main d'Alix, sa fille et son unique héritière, à Jean, fils aîné de Robert, duc de Bourgogne (janvier 1280). Il avait, le jour même des fiançailles, assuré à sa fille dix mille livres de rente, et même Bracon et Salins s'il n'avait pas d'enfants. Puis un an après, oubliant que ce mariage si désiré n'était pas fait encore, il donna, *sans rappel*, au duc Robert, Salins et ses dépendances, Dole, Rochefort et toutes ses possessions entre la Saône et le Doubs, se réservant seulement le pouvoir de révoquer cette largesse, s'il avait un héritier légitime d'une autre épouse. Cette condition se réalisa. Les deux jeunes fiancés moururent avant la célébration de leur mariage. Otton ayant perdu son épouse, en 1283, marcha la même année, avec ses plus grands vassaux, à la suite des princes français, qui allaient venger contre Pierre d'Arragon le massacre des Vêpres siciliennes. Il est le premier prince Bourguignon que l'on vit se mêler aux expéditions françaises. Cette démarche décida de sa vie entière. Il fut dès lors entièrement livré à la France. Au mois de janvier 1284 (v. s.), il épousa Mahaut, petite-nièce de saint Louis, dont le père, Robert, comte d'Artois, avait fait comme lui, partie du voyage de Sicile. C'est Philippe-le-Hardi qui compta la dot de cette princesse; Otton, dans la quittance l'appelle son *très cher seigneur*, et il donne à Mahaut, si elle lui survit, la moitié du comté de Bourgogne. Entouré d'influences toutes françaises, entraîné à la fois par sa femme et son beau-père, Otton témoigna le plus entier dévouement à Philippe-le-Bel, qui se l'attacha par ses bienfaits. Aux yeux de l'empereur Rodolphe, ces liaisons avec la France étaient un crime. Ce monarque s'avança dans le Jura avec une nombreuse armée, se fit appuyer par Jean de Chalon-Arlay Ier, son beau-frère, et mit au pillage Montbéliard et les contrées voisines, ainsi que les terres de Luxeuil. Otton fut obligé de promettre (2 septembre 1289), de faire hommage-lige à l'empereur de son comté, dans moins de vingt-cinq jours. Pendant ces évènements, Philippe-le-Bel suivit le cours de ses projets sur le royaume d'Arles; d'un côté, il s'assura le comté de Bourgogne, en fiançant l'un de ses fils à Jeanne, alors fille unique du comte palatin (vigile de la Pentecôte 1291); de l'autre, il se saisit de Lyon qu'il réunit à la France (1292). Otton, en butte à tous les évènements, abaissé par les empereurs, aigri par ses mauvais succès, excommunié, ruiné et harcelé par ses créanciers, se livra corps et biens à la France. Par un second traité fait à Vincennes, le 2 mars 1294 (v. s.), il déclara abandonner à jamais à Philippe-le-Bel, pour la dot de Jeanne, l'aînée de ses deux filles, promise à l'un des fils de France, *son comté, sa baronie, sa terre, ses droits, ses hommages et ses fiefs*. Pour gage de cet étrange traité, il livra au roi ses propres enfants, même ceux qui n'étaient pas nés, même les enfants mâles qu'il pourrait avoir. Tous devaient être mis, jusqu'à l'âge de 17 ans,

5

entre les mains du monarque, qui dès lors fut possesseur absolu du comté. En retour, Philippe lui donna une somme pour payer ses dettes, une pension pour vivre et assura à ses enfants une pension sur le trésor de France. Après cette abdication, Otton abandonna le comté de Bourgogne avec sa femme et ses enfants et alla cacher sa honte à Paris. La nouvelle de ce traité fit frémir la noblesse. Les hauts barons protestèrent, s'unirent et jurèrent que jamais le roi de France ne régnerait sur eux. Sans s'intimider, Philippe-le-Bel fit envahir le comté. Il nomma Hugues de Bourgogne, frère du comte palatin, son lieutenant. Ses troupes se saisirent des châteaux et des domaines d'Otton et entrèrent même dans les forteresses de l'empire. Il se fortifia de l'alliance de Robert, duc de Bourgogne. Par un acte du mois de janvier 1296 (v. s.), il le nomma gardien du comté et de la seigneurie de Salins, avec pouvoir « d'y ordonner et les défendre en son pouvoir. » Les barons comtois, soutenus par l'or de l'Angleterre, luttèrent pendant deux ans. Après une série de succès et de revers, les confédérés firent demander la paix, par la médiation du pape Boniface VIII, le 20 avril 1298. Elle ne leur fut accordée qu'en 1301. Otton, le dernier de nos comtes résidents, mourut à Melun dans les dix derniers jours de mars 1303 (n. s.). Il avait testé le 13 septembre précédent. Son corps fut inhumé solennellement dans l'abbaye de Cherlieu, le 3 mars 1310. Il eut de Mahaut, sa seconde épouse, deux filles, Jeanne, Blanche, qui fut une des plus belles personnes de l'Europe, et deux fils, du nom de Robert, tous deux les cadets de Jeanne. Le premier, mort dans sa tendre enfance et avant le décès de son père, fut inhumé à Poligny ; le second, né vers l'an 1300, mourut à Paris, âgé d'environ seize ans. Les Comtois haïssaient Philippe-le-Bel, qui avait acheté leur pays. Au mois de mai 1304, le baron d'Arlay reçut d'Edouard, roi d'Angleterre, qui convoitait le comté d'Artois, le pouvoir de fiancer Eléonore, sa fille, avec le jeune Robert. On se préparait ainsi de loin les moyens de rompre un joug imposé par la force. Philippe-le-Bel, instruit de ces démarches, avait pourvu à tout. Il fit conduire à Paris Robert et ses deux sœurs, que d'après le traité de Vincennes il devait *garder en sa main*. La comtesse Mahaut, qui tantôt habitait Poligny, Salins et Arbois, tantôt résidait à Paris près de ses enfants, craignait la France. Elle essayait pourtant, quand elle en trouvait l'occasion, de faire quelque acte au nom de son fils, qu'elle appelait *comte de Bourgogne*. C'est à ce titre qu'au mois de janvier 1305, elle fit pour elle et lui un traité de gardienneté avec la ville de Besançon. Jean de Châlon-Arlay, maire et vicomte de la cité, en exhala hautement sa

colère ; quelques jours après il envoya défier Mahaut. Cette princesse
vint humblement à Dole, où le fier baron avait appelé le duc de Bourgogne, son beau-frère, et après six jours de conférence, elle déclara
que par son alliance avec les citoyens, elle n'avait jamais entendu
porter la moindre atteinte aux tribunaux du vicomte et du maire. Dans
la réalité, toute la force était entre les mains du roi de France. On employait son sceau dans les actes publics ; sa fausse monnaie était répandue dans le comté ; il convoquait lui-même le ban et l'arrière-ban
des féodaux. Il était donc le véritable comte de Bourgogne. Robert,
que Dunod et d'autres historiens mettent au nombre de nos comtes, ne
fut jamais que le pupille, ou si l'on veut le prisonnier du roi de France.
Quand il fut un peu plus grand, le roi, d'après le traité de Vincennes, lui donna 5000 livres de rente. Ce fut toute sa part dans la
succession de son père. Philippe, par un titre du mois de décembre
1306, nomma et choisit son second fils, Philippe, comte de Poitiers,
pour époux de Jeanne. L'époque où cette princesse devait épouser le
fils du roi de France étant arrivée, il demanda au pape une dispense
pour cause de parenté, fit ratifier par Mahaut, en décembre 1306, les
traités de 1291 et de 1295, et exigea que cette princesse s'engageât,
sous la peine de 200,000 livres tournois, à les faire exécuter par
Blanche et Robert. Le 2 avril 1314, Robert, alors majeur de 14 ans,
les approuva lui-même, renonçant à tous les droits qu'il pouvait prétendre sur le comté de Bourgogne. Il mourut peu après (février 1315,
v. s.), et fut inhumé à Paris, dans l'église des pères Mineurs. Le mariage de Jeanne et de Philippe-le-Long, célébré à Corbeil, en janvier
1307 (n. s.), fit définitivement passer le comté à la maison de France.
Quelques historiens prétendent que Philippe-le-Bel régna sur cette
province jusqu'à sa mort, arrivée à Fontainebleau en 1314 ; d'autres
soutiennent que Philippe-le-Long et Jeanne son épouse, en prirent le
gouvernement en leur nom personnel, et sans autre concours, dès le
moment de leur mariage. Ce qu'il y a de certain, c'est que jusqu'en
1314, on usa à la chancellerie de Dole du sceau du roi de France et
que ce ne fut qu'au mois d'avril 1315, que les nouveaux époux vinrent
prendre possession de leurs Etats. Cependant, dès le 19 mai 1309,
le partage des fiefs du comté s'était opéré entre la comtesse Mahaut et
son nouveau gendre. Par un acte du mois d'août 1315, Philippe assigna pour douaire à la comtesse Jeanne, son épouse, tout le comté
de Bourgogne et dépendances, dans le cas où lui-même viendrait à
prédécéder sans enfants légitimes. Devenu roi de France en 1316, par
la mort de Louis-le-Hutin, son frère, il donna définitivement ce comté à

son épouse, le 10 février 1317 (v. s.), et lui assura cent mille francs pour soutenir sa dignité royale. Il mourut le 3 janvier 1321, et fut inhumé à Saint-Denis. Jeanne II l'avait rendu père de cinq enfants, Louis, qui mourut au berceau, Jeanne III, Marguerite, Isabelle et Blanche, religieuse à Longchamp. Après la mort de son époux, Jeanne quitta Paris et vint se fixer dans notre province qu'habitait déjà sa mère. La princesse Mahaut mourut le 27 octobre 1329. Elle avait fait son testament à Paris, le 4 mars précédent, voulant être inhumée dans l'église de Sainte-Marie, près de Pontoise. Jeanne partit peu de temps après, pour aller prendre possession de l'Artois. Elle tomba brusquement malade à Roye en Picardie, et mourut le 21 janvier 1330 (n. s.). Cette reine avait des vues nobles et élevées. Le collége de Paris, qu'elle fonda pour vingt boursiers comtois, les affranchissements des bourgs et des villes qu'elle favorisa, la paix qu'elle sut entretenir avec les hauts barons, la placent au rang des grandes princesses qui ont gouverné le pays. Par son testament du 11 mai 1329, elle avait institué pour son héritière universelle, Jeanne III, sa fille aînée, mariée en 1318 à Eudes IV, duc de Bourgogne, à charge de payer une modique pension à ses sœurs. Marguerite était alliée au puissant comte de Flandres, et Isabelle au dauphin du Viennois. On comprit que la guerre allait éclater entre le duc et ses beaux-frères. Ces deux princes unirent leurs plaintes, leurs ressentiments et leurs armes. Une lutte acharnée s'engagea. Le roi de France, Philippe de Valois, fit accepter sa médiation. L'apanage des princesses fut augmenté et le calme se rétablit. Le 9 juillet 1330, Marguerite reçut Chissey, Arbois, Quingey, Liesle et d'autres places. Au mois de mai 1331, le lot d'Isabelle fut augmenté de 10,000 livres. La noblesse supportait impatiemment les innovations que le parlement et les baillis s'efforçaient d'introduire à son préjudice. Elle se confédéra et déclara la guerre au duc Eudes (1336). La nécessité força les hauts barons à accepter la médiation du roi de France, beau-frère de leur ennemi. Philippe de Valois entendit leurs plaintes, mais il lui était difficile de concilier la féodalité indépendante et les plans de souveraineté du vainqueur. Par une sentence rendue au bois de Vincennes, le 13 juin 1337, le baron d'Arlay et le sire de Montfaucon furent condamnés à demeurer un mois dans la prison du Louvre, puis à être conduits en l'un des châteaux du duc, à leur choix, où ils resteraient l'espace de quatre jours seulement. Jean de Faucogney ayant épousé en 1336, Isabelle, veuve du dauphin du Viennois, prétendit que le traité de 1331, fait avec son épouse, contenait une énorme lésion. Il se ligua avec Thiébaud VI de Neufchâtel et réclama en 1341, les armes à la main, une nouvelle indemnité au duc Eudes son beau-frère. Le gardien du comté marcha contre ces confédérés, les battit et les força à demander grâce. La fortune avait été constamment heureuse au duc. Il avait créé et affermi de grandes institutions, publié de sages ordonnances, réprimé le brigandage et enchaîné la féodalité. De grands revers l'attendaient dans sa vieillesse. Une nouvelle guerre éclata en 1346 et 1347, avec les deux sœurs de la duchesse de Bourgogne. Elles étaient aidées par le baron d'Arlay, Louis, comte, et Thiébaud VI, sire de Neufchâtel, Jean et Henri de Faucogney, et les subsides anglais entretenaient les hostilités. Une paix onéreuse pour le duc fut imposée par le roi, Philippe de Valois, choisi pour médiateur. Jeanne III mourut en 1347, et le duc Eudes, son mari, atteint par la peste, mourut à Sens au mois d'avril 1349. Deux fils, Philippe et Jean (ce dernier mort peu après sa naissance), avaient été le fruit de leur union. Philippe périt le 26 septembre 1346, des suites d'une chute de cheval qu'il avait faite au siège d'Aiguillon. Il avait épousé, le 26 septembre 1338, Jeanne, fille de Guillaume, comte de Boulogne et de Marguerite d'Evreux, dont il eut un seul fils, Philippe, dit de Rouvres, né en 1345. A la mort du duc Eudes, Jeanne de Boulogne gouverna les deux Bourgognes, au nom de son fils, dont elle avait la tutelle. Cette princesse fiancée, le 26 septembre 1349, à Jean, duc de Normandie, fils et présomptif héritier de Philippe de Valois, l'épousa le 10 février suivant. Elle trouvait dans cette union l'appui tutélaire de la France, et l'intérêt pressant du roi était de soustraire les deux Bourgognes à l'influence de l'Angleterre. Jean devint roi de France, le 22 août 1350, et fut sacré à Reims avec son épouse, le 26 septembre. Le 10 juin 1353, il fit assembler à Dole tous les officiers du comté, et leur déclara que pour *certaines causes* « les duché et comté de Bourgogne, sont et demeureront soubs son gouvernement et de ses officiers, nonobstant que par aucun temps ils aient été au bail de sa très chière compagne la royne. » Des nécessités extraordinaires, amenées par la guerre au dehors et les dilapidations au dedans, forcèrent le roi et ses ministres à chercher du secours à tout prix et mirent à nu leur impuissance à remédier aux malheurs publics. La proposition de nouveaux impôts, leur répartition sur toute les classes de personnes, une levée générale d'hommes de l'âge de 18 à 60 ans, aigrirent la noblesse. En 1355, le jeune Philippe de Rouvres fut fiancé à Marguerite de Flandres. A la suite de ces promesses de mariage, l'empereur Charles IV, « en vertu de son autorité et par la plénitude de son pou-

voir impérial » accorda au jeune Philippe, en qualité de comte de
Bourgogne, « la dispense d'âge et le privilége de majorité, » (titre
du 12 des calendes de septembre 1355). Après l'imprudente bataille
de Poitiers, livrée en 1356, on vit le roi prisonnier, la plupart des
nobles pris dans la déroute, les forces du royaume anéanties et le
gouvernement dissous au milieu de la guerre étrangère, des discordes
intestines et de l'irritation des esprits. Les classes roturières éprou-
vaient un sentiment de douleur nationale, mêlé d'indignation et de mépris pour la noblesse qui avait lâché pied devant une armée très infé-
rieure en nombre. La reine apprit avec effroi qu'une partie de l'ancienne confédération venait de passer au service de l'Angleterre. Elle
n'en fit pas moins un appel à la fidélité nationale et vint en plein hiver
dans le comté, montrer son fils aux barons, aux chevaliers et surtout
aux bourgeois (janvier 1357). Une convention, pour la délivrance du
roi Jean, fut signée à Londres, le 24 mars 1358 (v. s.), mais les
États-généraux refusèrent de la ratifier. Un traité de paix eut lieu le
8 mai 1360. Sa ratification par les deux monarques fut consentie à
Calais, le 24 octobre suivant. Dès le 21 et dans la même ville, le roi
Jean avait remis au duc Philippe, *estant en l'aage de quinze ans ou
environ*, l'administration de son comté de Bourgogne. Les Anglais
avaient pénétré dans notre pays et y commettaient toutes sortes d'excès. Le jeune duc n'obtint leur départ qu'en leur promettant une somme
de 200 mille moutons d'or. Il leur fit délivrer un premier à-compte
de 50 mille moutons, le 24 juin 1360, et donna des ôtages pour le
surplus. Aux Anglais succédèrent les grandes compagnies. Cette foule
de capitaines, de *soudoyers* sans emploi, de nobles ruinés, qu'on
appela les Malandrins ou Tards-Venus, mirent le comté au pillage.
Sur ces entrefaites, le duc Philippe mourut, le 20 ou le 22 novembre 1361, au château de Rouvres, des suites d'une chute. Il avait
testé le 11 novembre précédent. Son opulente succession fut divisée.
Le roi Jean, alors prisonnier en Angleterre, fit déclarer que le duché
lui était dévolu, non comme fief faisant retour au domaine royal,
mais à titre héréditaire, et parce qu'il était le plus proche parent du
duc. Le comté et l'Artois échurent en vertu du même principe, à
Marguerite, grande-tante du jeune prince. Philippe, duc de Touraine,
appuyé par le roi Jean, son père, se fit investir par l'empereur Charles IV, du comté de Bourgogne, suivant un acte daté à Nuremberg,
du 15 janvier 1362 (v. s.), et se prépara aussitôt à la guerre pour
faire valoir cette concession. Marguerite, dont les justes droits avaient
pour soutiens et défenseurs le comte de Montbéliard, Etienne de Mont-

faucon, sire de Cicon, son fils, Jean de Montfaucon, sire de Vuil-
lafans-le-Viel, Hugues de Chalon, baron d'Arlay, Louis de Chalon,
sire d'Arguel et de Cuisel, son frère, etc., se disposa à repousser par
la force les injustes prétentions de son compétiteur. La rencontre des
deux armées, vers la mi-juillet 1364, semblait rendre inévitable une
lutte entre elles, lorsque des préliminaires, proposés par le roi de
France, arrêtèrent l'effusion du sang (15 juillet). Philippe, auquel
le roi Jean, son père, avait donné le duché de Bourgogne, le 6 septembre 1363, sous la seule réserve de reversibilité à la couronne, à
défaut d'héritiers mâles, libéralité qui fut confirmée par le roi Charles V, le 2 juin 1364, apprit que Marguerite, fille de Louis de Mâle
et veuve du jeune Philippe de Rouvres, avait été fiancée le 19 octobre
1364, sur les vives sollicitations des Etats de Flandres, à Edmond,
comte de Cambrige, le cinquième des fils du roi Edouard. La guerre
injuste qu'il avait faite à la comtesse Marguerite n'avait fait, en ai-
grissant le père de la jeune princesse, qu'assurer à l'Angleterre ce
riche·parti, l'un des plus recherchés de l'Europe. Le roi Charles V
réussit à empêcher ce mariage, en décidant le pape Urbain V, à refuser
au comte de Cambrige les dispenses nécessaires, attendu la proche
parenté et il demanda pour son frère la main de cette princesse. La
comtesse Marguerite, oubliant le passé, sollicita elle-même Louis de
Mâle son fils, à rompre ses engagements avec l'Angleterre. Ce prince
était inflexible. Un jour, à Malines, Marguerite, dans son désespoir,
découvrit son sein, « Voilà, lui dit-elle, la mamelle qui t'a nourri :
je vais la trancher et la jeter aux chiens. Les Anglais ont tué ton père :
sache bien que jamais tu n'auras mon comté d'Artois, pour le livrer
à ses meurtriers. » Louis troublé tomba aux pieds de sa mère et consentit à donner sa fille au duc de Bourgogne. Le 18 avril 1369, le
mariage fut arrêté ; Louis exigea 100,000 écus d'or et la restitution
des villes d'Orchies, de Douai et de Lille. Ce mariage, célébré au mois
de juin suivant, sauva la France d'un péril imminent, et prépara la
puissance de cette grande maison de Bourgogne, destinée à devenir
l'une des premières de la chrétienté. Marguerite gouverna le comté de
Bourgogne jusqu'à sa mort, arrivée le 9 mai 1382. Louis de Mâle son
fils lui succéda. Le 30 juin, ses conseillers se rendirent à Dole et pro-
clamèrent le comte palatin. C'était un Flamand, Josse de Hallewin ;
Humbert de la Platière et Ancel de Salins, sire de Montferrand. Ils
étaient, en l'absence du comte, chargés de gouverner le pays. Ce
prince mourut le 28 janvier 1384, ou de maladie ou poignardé. Le
duc Philippe, surnommé le Hardi, absorbé par les guerres de Flan-

dres, ne put venir en Bourgogne que dans l'automne de l'année 1384. Son règne est marqué par l'organisation régulière du parlement de Dole (20 mai 1386), par les descentes des Français et des Bourguignons en Angleterre, sous la conduite de l'amiral Jean de Vienne (1386), par la fondation de la confrérie de Saint-Georges (1388), par l'admission de la bourgeoisie aux Etats provinciaux (1389), par les luttes du duc contre la féodalité, par l'embellissement de nos villes et par la guerre de Hongrie. Ce prince mourut à Hall, le 27 avril 1404, à l'âge de 63 ans. Le luxe inouï qu'il déploya pendant tout le cours de sa vie le ruina. Il ne laissa pas de quoi se faire inhumer. Pour pourvoir à ses funérailles, ses fils furent obligés de mettre en gage son argenterie. Marguerite, malgré sa fierté, afin de s'affranchir des dettes incalculables de son mari, déposa sur le cercueil, en signe de renonciation à la communauté, sa bourse, sa ceinture et ses clefs. A la mort de son père, Jean, surnommé Sans-Peur, ne posséda que le duché de Bourgogne. La duchesse Marguerite, sa mère, gouvernait le comté et tous ses états héréditaires. Elle survécut peu à son mari. Elle mourut au mois de mars 1405. Le duc Jean recueillit son riche héritage. Le gouvernement de ce prince commença par des actes de sagesse ; il corrigea par une commission de réformateurs choisis, les abus de la justice et il accorda de nombreuses faveurs aux villes de son domaine. Mais Paris l'appelait, et lui-même brûlait du désir d'y reprendre le haut rang qu'avait occupé son père. Les évènements de son règne, appartenant à l'histoire générale, nous nous dispensons de les rapporter. Jean avait épousé Marguerite, fille d'Albert de Bavière, comte de Hainault, Hollande et Zélande, dont il eut Philippe, surnommé le Bon, né le 50 juin 1396, et plusieurs filles. Il fut assassiné sur le pont de Montereau, par ordre du dauphin de France, le 10 septembre 1419. Il eut peu de relations avec ses peuples des deux Bourgognes. A peine visita-t-il quelquefois ces provinces, dont sa femme avait le gouvernement en son absence. Philippe-le-Bon, son fils unique, lui succéda. Pour venger son père, ce prince s'allia aux Anglais et signa le traité de Troyes. Enfin il revint à lui-même et se réconcilia avec Charles VII. Il avait épousé en premières noces Michelle de France, qui mourut le 8 juillet 1422, sans laisser de postérité. Il se remaria en 1424 avec Bonne, fille de Philippe d'Artois, comte d'Eu, et veuve de Philippe, comte de Nevers, morte le 17 septembre 1425, et enfin le 10 janvier 1430, avec Isabelle, fille de dom Juan Ier, roi de Portugal, dont il eut le prince Charles, son successeur, et deux autres fils morts avant lui. Le duc Philippe mourut à Bruges, le 15 janvier

1467, à l'âge de 71 ans, après en avoir régné 48. Ce n'est pas seulement dans ses Etats qu'il fut regretté : prince populaire, ennemi généreux, chevalier sans tache, sa courtoisie et sa bonté lui avaient gagné tous les cœurs. Erasme le jugeait comparable aux plus grands hommes de l'antiquité. Magnifique et courageux autant que prince de son temps, il eut d'autres qualités bien rares à cette époque ; il aima et protégea les arts et les lettres. Il avait la cour la plus brillante et exerçait avec faste et majesté le pouvoir souverain. Tout autre fut son fils et son successeur, Charles, surnommé le Téméraire, le Bataillard ou le Travaillant, né à Dijon, le 10 novembre 1433. Son règne ne fut qu'une longue bataille, une bataille contre Louis XI. Les Bourgognes souffrirent beaucoup sous son règne : dix ans durant, sa noblesse avait vécu à cheval et s'était fait décimer sur vingt champs de bataille ; il avait épuisé ses bonnes villes d'hommes et d'argent. A ces malheurs s'étaient ajoutés ceux de l'invasion étrangère. Le duc Charles avait épousé en premières noces, à Saint-Omer, Charlotte de France, dont il n'eut pas d'enfants. Il se remaria avec Isabelle de Bourbon, sa cousine germaine, fille de Charles, duc de Bourbon, dont il eut la princesse Marie qui lui succéda, et enfin en juillet 1468, avec Marguerite, fille de Richard, duc d'York, qui lui survécut jusqu'en 1503. Il fut tué dans un combat près de Nancy, le 5 janvier 1476 (v. s.). Il est difficile de ne pas partager le soupçon des historiens, qui pensent que cette mort est due plutôt à la trahison qu'aux accidents ordinaires des combats. On trouva le duc renversé et pris dans les glaces d'un fossé, dépouillé de tous ses vêtements, avec trois blessures, dont la principale, à la tête, s'étendait depuis l'oreille gauche jusqu'aux dents. A la mort de Charles, l'intérêt de Louis XI était de réunir à la couronne la plus grande part possible des domaines de la maison de Bourgogne. Suivant les lieux, il fit valoir des droits différents. Dans le duché, il ne pouvait se prévaloir de la clause *hœrede non succedente*, formulée dans la donation du roi Jean, puisqu'il existait encore un des descendants de Philippe-le-Hardi, Jean, comte de Nemours ; mais il se présenta comme ayant la garde noble de Marie, fille unique du feu duc, et voulant lui garder son bien, et dès ce moment, il annonça le désir de l'unir au dauphin. Ce n'était qu'une feinte, il eût craint de rendre son fils trop puissant ; mais en Bourgogne on souhaitait ce mariage. Le duc Charles avait indisposé Jean de Chalon, prince d'Orange, en confisquant quelques-unes de ses seigneuries. Louis lui en promit la restitution ainsi que le gouvernement des deux Bourgognes, à condition qu'il y ferait admettre les troupes françaises- Jean de Chalon réussit facilement dans le duché, qui fut remis entre les mains du roi. Le 18 février 1476 (v. s.), les trois États du comté firent également au roi la remise de cette province, pour la garder au profit de l'héritière du duc défunt. La noblesse fit décider qu'on admettrait des garnisons françaises à Salins, à Dole et à Gray. Cependant les choses n'en devaient pas rester là. Louis XI perdit le fruit de son hypocrite politique, quand les Gantois forcèrent la princesse Marie, qu'ils tenaient presque captive, à épouser l'archiduc Maximilien d'Autriche (19 août 1477). Cette année même, les troupes du roi de France furent expulsées de toute la province. Pendant ce temps, Maximilien se battait avec succès contre les Français dans l'Artois. Une trève d'un an fut conclue. Elle fut signée le 6 juillet 1478, par les plénipotentiaires des deux princes, et ratifiée le 11 par le roi, étant alors à Arras, qui s'engagea à la restitution de toutes les places qu'il tenait ou qu'il pouvait tenir dans le comté de Bourgogne. L'archiduc Maximilien, instruit que le roi de France ne respectait point la trève, fit entrer dans le duché une petite armée, qui prit Beaune, Châtillon-sur-Seine, Semur, Bar-sur-Seine, et qui peut-être eût conquis toute la province; mais l'empereur Frédéric, père de l'archiduc, sur qui l'on avait compté, n'envoyait ni assez de troupes, ni assez d'argent. Charles d'Amboise ayant acheté le secours des Suisses, recouvra sans difficulté les villes perdues et, bientôt après (mai 1479), par la réduction de Dole, de Salins, de Poligny, d'Arbois, d'Auxonne et de Vesoul, il acheva de se rendre maître du comté. La princesse Marie succomba à la suite d'une chute de cheval, le 22 mars 1482 (v. s.). Sa mort fut suivie du traité d'Arras, signé le 22 décembre suivant ; le principal article était le mariage du dauphin Charles VIII avec Marguerite, fille de Marie, née à Bruxelles, le 10 janvier 1479 (v. s.), qui apporterait en dot les comtés de Bourgogne, d'Auxerre, de Mâcon, d'Artois, de Bar-sur-Seine, reversibles à son frère Philippe, dans le cas où le mariage n'aurait pas lieu. Nulle mention ne fut faite du duché, qui demeura réuni à la couronne. Les fiançailles furent célébrées l'année suivante. Selon les conditions du traité, la jeune princesse fut conduite à la cour de France, pour y être élevée comme dauphine, et le comté de Bourgogne fut livré au roi. Mais cette réunion du comté à la France ne devait pas être définitive. Au mépris du traité d'Arras, le dauphin, devenu roi sous le nom de Charles VIII, épousa Anne de Bretagne (1491), et conserva néanmoins les provinces qui lui avaient été livrées. Les hostilités recommencèrent aussitôt. Maximilien ne tarda pas à reconquérir le comté. Il se préparait à entrer

dans le duché, quand le roi, qui n'avait alors souci que de son expédition d'Italie, fit demander la paix ; elle fut conclue à Senlis, le 23
mai 1493. Charles rendit alors les comtés de Bourgogne, de Charollais et d'Artois et renvoya avec honneur Marguerite d'Autriche. L'archiduc Philippe, fils de l'empereur Maximilien et de Marie de Bourgogne, donna pouvoir, le 23 août 1495, au prince d'Orange, de recevoir en son nom les foi et hommage des vassaux du comté de Bourgogne. Quant à sa prise de possession de la province, cette solennité
n'eut lieu qu'au mois de juin 1499. Il avait épousé à Lire en Brabant,
le 21 août 1496, l'infante Jeanne, fille de Ferdinand, roi d'Arragon,
de Naples et de Sicile, et d'Isabelle, reine de Castille. La princesse
Marguerite, sa sœur, épousa, le 4 avril 1497, l'infant dom Juan, fils
aussi de Ferdinand et d'Isabelle. Ce mariage fut rompu six mois après
par la mort du prince. Jeanne, surnommée la *Folle*, épouse de l'archiduc Philippe, fut proclamée reine de Castille, à la mort d'Isabelle,
sa mère, en 1504. Elle succéda au trône d'Arragon en 1516, après
le décès du roi Ferdinand, et son fils Charles fut élu roi des Romains,
le 28 juin 1519. Philippe, qui aux formes extérieures les plus agréables, joignait les plus aimables qualités, et qui faisait déjà les délices
de ses peuples, mourut à Burgos, le 25 septembre 1506. Sa femme
fut tellement affectée de sa mort, qu'elle en perdit entièrement la
raison. Elle lui avait donné deux fils, Charles et Ferdinand, et quatre
filles. Le gouvernement des Pays-Bas fut accordé à Marguerite d'Autriche, au mois d'avril 1507. Le 17 février suivant, l'empereur Maximilien et l'archiduc Charles, son petit-fils, lui accordèrent la propriété
et la jouissance viagère des comtés de Bourgogne et de Charollais, et
celle des seigneuries de Salins, Noyers, Châtel-Chinon, Chaussin et
la Perrière. Afin de mettre le comté de Bourgogne à l'abri des longues
guerres que la France soutenait contre l'empire et l'Espagne, les Etats
de cette province avaient, du consentement de l'empereur, traité d'une
neutralité avec Louis de la Trémouille, lieutenant - général du roi
Louis XII dans les deux Bourgognes. L'accord en fut conclu à Saint-
Jean-de-Losne, au mois d'avril 1508. Un nouveau traité fut conclu
dans la même ville, le 28 août 1512, et renouvelé successivement
par les bons offices des Suisses, en 1522, 1527, 1542, 1544, 1552,
1555, 1562, 1580, 1595 et 1611. Ce dernier traité devait avoir son
effet dès le 29 juillet 1609 et durer 29 ans. Charles-Quint ayant atteint
sa quinzième année, le 24 février 1515, fut déclaré majeur et proclamé solennellement souverain des Pays-Bas et du comté de Bourgogne ; Marguerite d'Autriche conserva néanmoins l'administration.

de ces provinces jusqu'à sa mort, arrivée le 1er décembre 1530. Il
fut sacré et couronné à Aix-la-Chapelle, le 23 octobre 1520. Ce prince
affectionnait singulièrement la ville de Dole et la combla de faveurs. Son
mariage avec Claude de France avait été arrêté en 1503, dans les
conférences de Lyon, et ratifié par le fraité de Blois, conclu l'année
suivante ; mais sur les remontrances des Etats-généraux réunis à
Tours en 1506, Louis XII révoqua cet engagement. Il épousa, le 16
mars 1526, Isabelle de Portugal, qui expira le 1er mai 1539 ; elle
venait d'accoucher d'un enfant mort. Philippe son fils, était né le 25
mai 1527. Par deux traités conclus avec les états de l'empire, le 26
juin 1548, à la diète d'Ausbourg, l'empereur *unit et attacha indis-
solublement* au corps germanique les dix-sept provinces des Pays-Bas
et la Franche-Comté, comme formant ensemble le cercle de Bourgogne, pour demeurer sous la protection, tutelle et conservation du
Saint-Empire et jouir des prérogatives et droits communs à tous ses
membres. Charles-Quint, affaibli par l'âge et les infirmités, convoqua
à Bruxelles, le 25 octobre 1555, les Etats-généraux des Pays-Bas,
abdiqua, en faveur de son fils Philippe, la grande maîtrise de l'ordre
de la Toison-d'or et les Etats héréditaires, c'est-à-dire le comté de
Bourgogne et les Pays-Bas. Une seconde abdication, relative aux
royaumes d'Espagne, faite le 16 janvier 1556, fut rendue publique le
6 février, et le 30 avril suivant, le roi Philippe V, dit le IIe comme
roi d'Espagne, transmit ses pouvoirs au gouverneur Claude de Vergy,
à Pierre Desbarres, président du parlement, et à Jean de Poupet, à
l'effet de prendre en son nom la possession solennelle du comté de
Bourgogne. Les commissaires jurèrent, au nom du souverain, en
présence des Etats assemblés à Dole, le 10 juin, de maintenir les franchises, libertés et bonnes coutumes du pays. Charles-Quint mourut au
monastère de Saint-Just, près de Piacenza, où il s'était retiré pour faire
pénitence, le 20 septembre 1558. Au mois de novembre 1549, il
avait publié à Bruxelles une pragmatique pour la souveraineté des
Pays-Bas et du comté de Bourgogne. Il déclara dans cet acte, que la
représentation des mâles et des femelles aurait lieu, tant en ligne directe que collatérale, jusqu'à l'infini, nonobstant toute loi ou coutume
contraire. Lorsque Philippe apprit la mort de son père, il se disposa
à quitter les Pays-Bas, où il résidait depuis quelques années. Il appela près de lui Marguerite d'Autriche, duchesse de Parme, fille naturelle de son père. A son arrivée, il la nomma gouvernante du cercle
de Bourgogne, et s'embarqua pour l'Espagne, dont il ne sortit plus.
Il mourut le 3 septembre 1598, ayant été marié quatre fois. Il avait

épousé en premières noces Marie , sœur de Jean III, roi de Portugal ,
dont il eut l'infortuné dom Carlos ; en secondes noces Marie , reine
d'Angleterre , dont il n'eut pas d'enfants ; en troisièmes noces Isabelle
de France, dont it eut deux filles, Isabelle-Claire-Eugénie et Catherine,
et enfin Anne d'Autriche , fille de Maximilien II , qui lui donna Philippe III, son successeur.

Quand le roi de France eut déclaré la guerre à l'Espagne (1595) ,
Louis de Beauveau-Tremblecourt entra dans le comté avec 8000 hommes , parcourut le bailliage d'Amont , dont il prit les villes et brûla
les villages. Repoussé devant Besançon , il passa à Salins et continua
ses ravages dans les montagnes. L'occupation française ne fut pas de
longue durée ; le traité de Vervins (2 mai 1598) mit fin aux hostilités
et restitua la Franche-Comté à l'Espagne. Par un acte du 6 mai de la
même année, Philippe II céda à Isabelle-Claire-Eugénie , sa fille aînée,
en faveur de son mariage avec l'archiduc Albert , les Pays-Bas et le
comté de Bourgogne , pour elle et ses descendants mâles et femelles, à
charge de reversion à la couronne d'Espagne , à défaut d'héritiers.
Cette donation fut approuvée et ratifiée par Philippe , son fils unique
et son successeur. Isabelle partagea l'autorité avec Albert. Nos pieux
archiducs favorisèrent l'établissement d'une foule de communautés
religieuses et de maisons de charité, dans le diocèse de Besançon. Albert étant mort sans postérité, le 13 juillet 1621, Isabelle ne se regarda
plus comme la souveraine des Pays-Bas et du comté de Bourgogne ;
elle se contenta de les gouverner sous l'autorité de Philippe IV, son
neveu , et n'agit plus dès-lors qu'en son nom. Ce monarque , qui était
monté sur le trône d'Espagne après Philippe III, décédé quelques
mois avant l'archiduc , rentra en possession de la haute souveraineté
du comté. Inquiet des progrès de la maison d'Autriche , le cardinal
de Richelieu fit déclarer la guerre à l'Espagne , le 26 mars 1655.
Trente mille hommes entrèrent, au mois de mai 1636, dans le
comté, sous les ordres du prince de Condé. Alors commença pour
cette province une nouvelle lutte contre la domination française , lutte
héroïque, qui dura dix années , et dont chaque jour fut marqué par
un exploit ou par un malheur. La résistance fut si vigoureuse , que
des quatre principales villes fortifiées de la province, Besançon, Dole,
Salins et Gray, aucune ne fut prise. Ruinée et dépeuplée, la province
obtint enfin un traité de neutralité (1644). La paix de Munster , conclue le 24 octobre 1648 et encore plus, celle des Pyrénées du 7 novembre 1659 , mirent fin aux hostilités entre la France et l'Espagne.
Cette paix ne dura pas assez longtemps, pour permettre à la Franche-

Comté de réparer ses pertes et d'oublier ses infortunes. Après la mort de Philippe IV, arrivée le 17 septembre 1666, Charles II, son fils, lui succéda, à l'âge de quatre ans. La reine mère, Marie-Anne d'Autriche, fut reconnue régente des Etats du jeune monarque. Louis XIV prétendit que la Franche-Comté devait revenir à sa femme, fille aînée de Philippe IV, et y envoya une armée de 20,000 hommes (1668). Quinze jours de campagne suffirent pour réduire entièrement cette province. Le 14 février 1668, le parlement de Dole signa les articles de la capitulation du pays. Rendu à l'Espagne, par le traité d'Aix-la-Chapelle, du 2 mai 1668, le comté de Bourgogne fut de nouveau envahi et conquis en deux mois ; une nouvelle capitulation eut lieu le 7 juin 1674. Le traité de Nimègue, du 17 septembre 1678, intervenu entre Louis XIV et Charles II, réunit définitivement la Franche-Comté à la France, qui l'a gardée depuis ce temps. On nous reprochera peut-être d'avoir hérissé ce chapitre de dates : les nombreuses erreurs commises par la plupart des historiens sur la chronologie de nos souverains et sur les principaux évènements qui se rapportent à chaque règne, nous ont fait un devoir de préciser les époques, à l'aide de documents authentiques.

Châtellenie. Le château de Dole était le chef-lieu d'une grande seigneurie domaniale et le siége d'un châtelain. L'autorité de cet officier, au fait des armes, s'étendait sur la ville jointe au château, et sur les villages de Belmont, Augerans, la Loye, Goux, Parcey, Baverans, Authume, Archelange, Menotey, Brevans, Foucherans, Montroland, Sampans, Saligney, Monnières, Saint-Vivant, Champvans, Saint-Ylie, la moitié de Tavaux et Jouhe. Cette seigneurie, dont relevaient plusieurs fiefs, était divisée, quant à l'administration de la justice, en trois prévôtés : c'étaient celles de la ville, de la Loye et de Villette. Chacune avait sous elle plusieurs mairies et sergenteries inféodées. Les baillis de Dole étaient le plus souvent les châtelains et capitaines du château. L'office de châtelain était militaire et civil. Cet officier commandait la garnison du château, conduisait à la guerre et aux expéditions d'armes les vassaux de son district, sous la bannière du prince, seigneur de cette ville, et administrait la justice à ses justiciables, ou par lui-même, ou par un lieutenant tenu à résidence. Son autorité était bornée au gouvernement et à la police du château, à ordonner les corvées, le paiement des prestations dues par quelques villages voisins, et à punir les défaillants par des amendes de 60 sols, de 7 sols et de 3 sols. Tous les habitants de la châtellenie étaient tenus de se retirer au château en cas d'imminent péril, d'y faire le guet et garde, la montre d'armes et de contribuer à l'entretien des fortifications. Ceux de Dole étaient seuls dispensés de cette dernière obligation. Les Etats reçurent souvent des plaintes amères de la part des retrahants. Ils avaient dans leurs villages des seigneurs particuliers, qui les forçaient à réparer leurs forteresses, et il fallait en outre qu'ils contribuassent à l'entretien des murailles de Dole. Des deux côtés, on les soumettait au guet et garde. Ces doubles charges étaient réellement intolérables. Les châtelains de Dole étaient choisis dans les familles les plus distinguées de la province, telles que celles de Bonboillon, de Toulongeon, de Rye et de Côtebrune. Le premier châtelain connu de Dole, est Jean de Jouhe, qui signa, comme témoin, vers l'an 1134, une charte du comte Rainaud III.

Seigneurie. — La ville de Dole formait une seigneurie particulière, appartenant en plein domaine au souverain de la province.

D'après un terrier dressé sous Charles - Quint, en 1540, on voit qu'à sa Majesté appartenait la ville et le château (alors en ruine) de Dole, avec la justice haute, moyenne et basse ; que pour l'exercice de cette justice, il y avait, 1° une cour souveraine, instituée « pour réformer toute autre justice, tant au regard des baillis, châtelains, prévôts, sergents, que autres officiers quelconques, pour punir et corriger ceux qu'elle trouvera avoir abusé de leurs fonctions, de telle punition qu'elle verra au cas appartenir, et pour remédier et pourvoir au fait de la dite justice et y mettre ordre et règle. » 2° Et un bailliage ressortissant à la cour du parlement. Le seigneur de Dole pouvait avoir un signe patibulaire pour l'exécution des criminels, et un pilori pour l'exposition des délinquants. Le signe patibulaire, à quatre piliers, dont l'entretien était à la charge exclusive des habitants de Champvans, s'élevait au faubourg de la Bedugue, à l'embranchement de deux chemins. A côté était le cimetière, dit des *Pendus*. Le pilori était au devant des halles. Les sujets étaient tenus de payer un droit d'aide au souverain, en cas de voyage d'outre-mer, de nouvelle chevalerie, de mariage d'une fille ou de rançon de guerre. Ils ne pouvaient disposer des biens communaux sans son consentement. Sa Majesté avait la prévôté de Dole, celle de Villette et moitié de celle de la Vieille-Loye, le greffe de ces prévôtés, celui de la gruerie au siége de Rochefort, le tabellionné, le scel et le greffe du bailliage de Dole, le banvin, les péages et ventes, l'éminage de cette ville, le greffe de la gruerie, le péage d'Augerans, la halle aux boucheries, la conciergerie des halles, la glandée et la paisson du bois du Deffay, les épaves d'amont et d'aval de la rivière du Doubs, et en outre, de nombreuses redevances et des cens. Elle pouvait instituer pour la garde de la ville, un capitaine ayant le droit d'assister avec le mayeur et les échevins, à la fermeture et à l'ouverture des portes, et d'avoir une des doubles clefs de ces portes.

Prévôté. — De même que le capitaine commandant dans le château en était le juge prévôt, *præpositus castri*, l'officier qui était à la tête des affaires de la ville et de la commune, et qui y administrait la justice au premier degré pour le comte de Bourgogne, en était le juge ordinaire, sous le nom de prévôt, *præpositus oppidi*. Sous l'empire romain, Dole était déjà gouvernée par un préteur ou un prévôt, comme la plupart des autres cités. On en trouve la preuve dans l'épitaphe inscrite sur une tombe, dont nous avons parlé. Pontia était la femme ou la fille d'un prévôt de Dole. Lorsque Otton-Guillaume supprima les comtes bénéficiaires, il les remplaça par des vicomtes ou des prévôts. Il n'y eut jamais à Dole de vicomtes, ainsi qu'on l'a écrit bien souvent, mais des prévôts, qui reçurent cet office à titre héréditaire et prirent le nom de la ville. Un Etienne de Dole, était maître d'hôtel du comte Rainaud III, en 1135. Robert de Dole était prévôt de cette ville en 1147. Guy de Dole, chevalier, avec ses frères Etienne et Odilon, figurait, en 1173, parmi les bienfaiteurs de l'abbaye de Rosières. En 1188, Guillaume de Dole, aussi chevalier, est témoin d'une donation faite par Etienne Ier, comte de Bourgogne et d'Auxonne, à l'église de la Charité. Cette famille se divisa en plusieurs branches ; l'une fut surnommée de l'*Hôpital*, une autre du *Châtel*, une troisième de la *Porte*, et une dernière des *Halles*. Huguenin, fils de Guyon de Dole, dit de l'Hôpital, est mentionné dans un titre de 1272, et Gérard, son frère, chanoine de la Magdeleine de Besançon, possédait, six ans auparavant, un meix à Crissey, avec justice sur les hommes attachés à sa culture. Dans une rixe qui eut lieu le 12 mai 1278, dans le *Pré-aux-Clercs*, à Paris, entre les religieux de l'abbaye de Saint-Germain-des-Prés et des étudiants, Gérard de Dole, bacheliers-ès-arts, tomba mortellement blessé d'un coup d'épée. Les moines furent condamnés à fonder une chapellenie perpétuelle de 20 livres parisis dans l'église Sainte-Catherine-du-Val-des-Ecoliers pour le défunt qui y était inhumé et à payer 400 livres à ses parents à titre d'indemnité. En 1281, un Gérard de Dole, dit de l'Hôpital, était chambellan du comte de Bourgogne. Les seigneurs dits du Châtel, de la Porte et des Halles, figurent comme bienfaiteurs de la maison de Citeaux à Dole, aux XIIIe et XIVe siècles. En 1320, la prévôté de Dole était possédée par la maison dite de Gevry.

Le prévôt connaissait des différends, des querelles et des dommages, punissait les délinquants par des amendes pécuniaires, faisait des règlements de police, ou seul, ou assisté des jurés de la commune; il exigeait ou faisait exiger par les sergents qui lui étaient subordonnés, les droits du seigneur, en rendait compte, et menait en ost (expédition de guerre) les soldats de la prévôté, dont il était le capitaine né. En qualité de chef de la commune, il présidait les jurés et notables assemblés, conduisait aux expéditions militaires les bourgeois et les commandait en l'absence du bailli châtelain. En qualité de juge ordinaire du lieu, il connaissait des actions personnelles jusqu'à 60 sols, des actions réelles jusqu'à litiscontestation, et des délits punissables par des amendes de 60 sols et au dessous. L'usage s'introduisit, au xive siècle, de donner les prévôtés à ferme, ou de les confier à des officiers qui les exerçaient sans prendre intérêt à leur produit. C'étaient des nobles, des licenciés ou des clercs. On les appelait gouverneurs de la prévôté. Il y avait en outre un prévôt fermier, qui jouissait du produit des amendes et des autres profits appartenant à cette juridiction. Il visitait les poids et mesures, dressait des procès-verbaux et dirigeait des poursuites. L'archiduc Maximilien et Marie son épouse, par une charte datée du mois de février 1478 (n. s.), ayant institué la mairie de Dole, attribua au mayeur la justice haute, moyenne et basse sur la ville et ses banlieues; ce magistrat eut le pouvoir de conférer les tutelles, faire les inventaires, entériner les lettres de grâce, rendre des sentences provisionnelles, d'instituer des sergents au nombre de huit, des messiers, des vigniers, de régler les droits de chauffage et de panage des habitants dans la forêt de Chaux, d'échantillonner et vérifier les poids et mesures, de régler le ban des vendanges, d'adjuger les amendes au profit de la ville et de faire les informations en cas de crimes ou délits. Les appels des sentences du mayeur se portaient directement devant le bailliage. Cette nouvelle juridiction annihilait à peu près complètement les droits du prévôt. Chaque jour voyait naître de nouveaux conflits. Le roi Charles VIII, par une charte datée de Nantes, au mois d'avril 1491, ayant déclaré que la mairie de Dole serait organisée à l'instar de celles de Dijon, de Beaune et d'Auxonne, on envoya des commissaires dans la première de ces villes, pour connaître exactement quels y étaient les pouvoirs du mayeur et du prévôt. Il fut décidé que ce dernier exercerait exclusivement ses fonctions dans les villages de la prévôté, mais que dans la ville il ne pouvait prendre aucune connaissance des crimes et délits, à moins que le maire n'en négligeât la poursuite. En 1495, Etienne Vuirot, dit Poulailler, avait

7

commis un viol : le prévôt le fit arrêter et commença l'instruction ;
mais le maire fit réintégrer immédiatement le coupable dans les prisons de l'hôtel-de-ville. La police, la juridiction du prévôt de la ville et
celle du châtelain finirent, au xvii⁰ siècle, par être réunies entre les
mains du mayeur, qui en eut l'exercice immédiatement et dans tous ses
degrés.

Sergenterie.— Les sergenteries étaient des offices très anciens. Ceux
qui les possédaient eurent autrefois la charge de faire valoir les terres
domaniales, autrement *terres fiscales.* Les prévôts et les sergents
étaient spécialement chargés de veiller sur la bonne administration des
métairies du souverain, d'en recueillir les produits et d'en rendre
compte; mais les sergents étaient subordonnés aux prévôts, lieutenants du comte et exécutaient leurs commandements. L'office de sergent de Dole était possédé héréditairement par une branche de la
famille dite de Dole. En 1281, Jean, fils de Huguenin de Dole, vendit
à Otton, comte de Bourgogne, ses droits à la sergenterie de cette
ville. En 1307, cet office était exercé par Guy de la Loye. En général,
les sergenteries étaient tenues par des gentilshommes de noms distingués. Les possesseurs de ces fiefs se déchargeaient de leurs fonctions
sur des sujets qu'ils commettaient pour les représenter ; ils les faisaient recevoir et leur faisaient prêter serment en justice; on les appelait pour cela leurs *commandements jurés.*

Foresterie. — Les foresteries et les sergenteries des bois furent,
comme les autres prévôtés et sergenteries, données en fief et possé-
dées héréditairement, à charge de l'hommage. L'inspection, la garde
et le soin des chasses et des bois du seigneur étaient originairement
attachés à ces fiefs. Les forestiers visitaient les forêts, faisaient leurs
rapports des délits et des abus, et prélevaient une légère somme sur
les amendes. La foresterie de Dole appartenait, en 1310, à Jean, fils
au sire, c'est-à-dire à un fils naturel d'Otton V, dernier comte résident de Bourgogne, et elle resta plus d'un siècle dans cette famille.

Fiefs divers. — Une foule de fiefs particuliers, relevant du château
de Dole, étaient disséminés sur le territoire de cette ville. Les uns
avaient pour origine des terres tenues à titre d'alleux, dont les possesseurs consentirent ou furent contraints de faire hommage à leur seigneur suzerain ; d'autres résultaient de concessions directes faites par
les comtes de Bourgogne, dans le but de se créer des vassaux, pour
résister aux ambitieuses prétentions de la maison de Chalon. Non-
seulement des domaines furent donnés en fief, mais même les tours
du château, les tours et les portes de la ville, les offices les plus mi-

nimes, les redevances seigneuriales, les péages, dont les plus grands seigneurs étaient fiers de faire hommage.

Fief de Landon. — Le hameau de Landon était une seigneurie en haute, moyenne et basse justice, qui fut possédée pendant plusieurs siècles, par une famille noble qui en portait le nom. En 1528, Jean et Bernard de Landon, frères, damoiseaux, faisaient une donation importante à la maison de Citeaux. Jean Leveau, seigneur du Landon, déjà mort en 1502, eut pour fils et héritier Quentin Leveau, professeur en droit, puis avocat général et enfin conseiller au parlement de Dole. C'était un des hommes les plus éloquents de son temps. Il mourut en 1540.

Fief du Boichot. — La maison féodale de ce fief était bâtie sur l'éminence appelée *Montciel.* Le Boichot formait une seigneurie en haute, moyenne et basse justice, appartenant en 1545, à Charles Grandjean, sieur de Romain, avocat fiscal, puis conseiller au parlement de Dole, nommé en 1561 membre du conseil privé des Pays-Bas. Cette terre fut acquise par M. François Chaumont, vice-président du parlement. Anne-Françoise Chaumont, fille et héritière de ce magistrat, épousa Claude-François Terrier, écuyer, lieutenant-général du bailliage de Vesoul en 1647, et lui porta en dot le fief de Montciel. Quentin Terrier, l'aîné de ses fils, reçu chevalier d'honneur à la chambre des comptes de Dole, en 1702, le recueillit dans sa succession et fit ériger Montciel, Parcey et Vaudrey en marquisat, sous le nom de Montciel. Claude-François Terrier, marquis de Montciel, fils de Quentin, épousa Marie-Charlotte-Félicité de Rochefort-d'Ailly, dont il eut Claude-François, IIIe du nom. Claude-François Terrier, marquis de Montciel, maréchal des camps et armées du roi, et ministre plénipotentiaire à Stuttgard, épousa, le 22 mars 1753, Marie-Thérèse-Gabrielle, fille de Simon-Joseph de Raousset, marquis de Scillion, dont il eut Antoine-Réné-Marie de Montciel, ancien ministre d'Etat sous Louis XVI, et chargé des affaires étrangères, Marie-Félicité, mariée à Georges-Simon de Vaulchier, marquis du [Deschaux, et Antoinette, chanoinesse, comtesse de Neuville. Le manoir de Montciel se compose d'une tour carrée faisant avant-corps, et de deux ailes de bâtiment à côté. Il va être converti en brasserie par M. Veyvada, propriétaire actuel.

Fief du Poiset. — Le Poiset formait aussi une seigneurie en haute, moyenne et basse justice, qui appartint pendant plusieurs siècles à la famille de Reculot.

Fief de Sayens. — Le village de Sayens se composait de 14 maisons, lorsqu'il fut ruiné par les *grandes compagnies* au xive siècle. Il formait un fief en toute justice, haute, moyenne et basse, possédé par une famille noble qui en portait le nom. En 1307, Ethevin de Sayens était marié avec Douçate de Dole, fille de Renard de la Porte.

Fief d'Assaut. — La grange d'Assaut, isolée au milieu d'une prairie, sur les bords du Doubs, était autrefois un château-fort, entouré de murailles, de fossés, et défendu par un pont-levis. Il appartint pendant plusieurs siècles à la famille Duchamp, dont plusieurs membres tinrent un rang distingué à Dole, comme vicomtes-mayeurs, ingénieurs ou généraux des monnaies. Ce fief est possédé aujourd'hui par M. le comte de Boisdenemetz, maire de Dole.

Fief des Mars. — Le village des Mars était à droite de l'église de Saint-Martin-de-Sayens, sur les bords de l'ancien chemin d'Auxonne. Il fut ruiné en même temps que celui de Sayens. Une famille noble le tenait, à titre de fief, et en portait le nom. Le comte Otton V nomma en 1294, la dame des Mars parmi ses principaux vassaux. Après la destruction de ce hameau, ses seigneurs allèrent habiter Chaussin et Poligny.

Fief de Rougemont. — Un climat du territoire de Dole porte le nom de *Rougemont.* Il y avait là quelques maisons et un manoir féodal qu'occupait une famille très distinguée dans la noblesse. En 1230, Etienne de Rougemont, chevalier, après avoir longtemps inquiété la maison de Citeaux à Dole, lui donna de vastes propriétés, à condition qu'il serait admis dans ce monastère, comme religieux.

Meix Lambrey. — L'emplacement qu'occupe l'hôtel de la sous-préfecture et la maison qui lui est contiguë, étaient un fief, dont les possesseurs avaient le droit de percevoir les langues de bœufs et de toutes les autres grosses bêtes à cornes, ainsi que les filets de porcs qui se tuaient et se vendaient à Dole, les vendredi, samedi, dimanche, lundi et mardi de chaque semaine. Ce fief appartint d'abord à une famille noble qui en portait le nom. Guillaume de Lambrey accompagnait le comte Vert dans son expédition de Bulgarie, en 1388. Un autre Guillaume de Lambrey, petit-fils du précédent, faisait partie en 1485, de la confrérie des chevaliers de Saint-Georges. Jean de Lambrey, de 1513 à 1536, et Etienne de Lambrey, de 1536 à 1542, étaient du nombre des mêmes chevaliers. Il fut ensuite possédé par Pierre Grillet, écuyer, d'une ancienne noblesse de Bresse, qui le transmit à Claudine Grillet, sa fille, épouse de Louis Barangier, secrétaire de l'archiduchesse Marguerite. Antoine Barangier, fils de Louis, l'aliéna en faveur de Jean de Rupt. Une partie passa par une alliance à la famille Duchamp d'Assaut. En 1597, Etienne Duchamp en possédait moitié;

l'autre partie appartenait à Guillemette Lemoine, dame de Mutigney, et à Jeanne Mairot, veuve de Désiré Cannet.

Ces portions se divisèrent à l'infini. On les trouve, en 1785, entre les mains de Pierre-Ferdinand Garnier, écuyer, seigneur de Choisey, ancien capitaine de dragons, de Ferdinand-François Duchamp, seigneur de Chevigny, d'Assaut et de la Motte, de dame Bonaventure Masson et de Charles-Ferdinand-Hippolyte Laborey de Chargey, seigneur de Salans. D'un autre côté, Claude-François Terrier de Montciel, chevalier, président de la chambre des comptes de Dole, achetait, le 11 mai 1718, de François-Hyacinte Bereur, écuyer, seigneur de Malans et Saint-Ylie, maître de camp de cavalerie, la moitié de la maison devenue plus tard l'hôtel de la sous-préfecture, et les droits qui y étaient attachés; le surplus appartenait à Antoine Bereur, conseiller au parlement de Besançon.

Fief des Halles. — Les Halles de Dole étaient, dans l'origine, un lieu public où l'on tenait les plaids, où la commune s'assemblait, où l'on négociait et où les marchandises étaient mises en dépôt ou étalées. Une tour forte ou petit château avait été édifié pour protéger le commerce, les assemblées des Notables et des Jurés, et les tenues de justice. Cette tour était tenue en fief par une branche de la maison de Dole, qui prit le nom de la Halle. Pierre de la Halle était chanoine de Dole en 1445; Elisabeth de la Halle vivait en 1553.

Fief de la Porte. — La porte du Pont fut tenue en fief par une autre branche de la maison de Dole, qui prit le nom de la Porte. Renard de Dole, dit de la Porte, vivait en 1307. Pierre de la Porte était, en 1626, l'un des co-propriétaires de la grange d'Assaut, par son mariage avec une demoiselle Duchamp.

Fief de la Tour. — Il y avait, près du prieuré, une tour semblable à la tour Saint-Quentin de Besançon. Elle appartenait à une famille qui en portait le nom. Hugues de la Tour, chevalier, vivait en 1134. Odon de la Tour fit hommage de ce fief au duc Otton de Méranie, comte de Bourgogne, la veille de Saint-Mathieu, apôtre (20 septembre) 1241. Cette tour disparut lors du siége de 1479, mais ses propriétaires acquirent une autre maison dans la rue de Montroland. Odon de la Tour était conseiller-clerc au parlement de Dole, de 1520 à 1540, Jean de la Tour en 1556, et Humbert de la Tour était sommelier de l'oratoire du roi Philippe II, de 1575 à 1586.

Maisons féodales. — A la fin du XIᵉ siècle, non-seulement les villes, les châteaux, les monastères, les églises se fortifièrent, mais encore les simples maisons de nobles. Les fortifications pénètrèrent partout,

comme la guerre. L'ennemi était souvent au dedans des murs, dans la
rue voisine, dans la maison mitoyenne. Les luttes pouvaient éclater,
éclataient en effet de quartier à quartier, de porte à porte. Chaque
maison avait sa tour, ses meurtrières, sa plate-forme. Cet état de
choses existait encore à Dole au xive et même au xve siècle. A chaque
tour était attaché quelque droit seigneurial. Ainsi, la rue des Cordiers
était tout entière chargée de cens envers les possesseurs de la tour
de Vergy; la place autour de l'église, envers la maison de Saint-
Moris; la tuilerie du souverain, avec la tour qui en dépendait, était in-
féodée à une famille noble qui en portait le nom. Renaud de la Tu-
lière vivait en 1328; la garde de l'hôpital de Notre-Dame-du-Pont
était tenue en fief par la branche de la maison de Dole, dite de l'Hôpital, qui avait en même temps une partie du péage d'Augerans. Une
tour, en dehors du pont, servait pour la défense de l'hôpital et pour
la perception des droits de péage. Un des châteaux les plus forts était
celui appelé la *Motte de la Palu*, devenu plus tard l'hôtel de l'illustre
famille de Rye.

Château. — La Tour-Magne, *turris magna*, située au bord du
Doubs, était le *palatium* de la cité de Dole; elle était occupée par le
préteur ou le prévôt, chef civil et militaire de cette ville. Il n'est plus
possible d'en déterminer la forme primitive. Elle est mentionnée dans
un titre de l'an 1323, sous le nom de *magna turris lapidea*. A Nimes,
il y avait une tour romaine qui s'appelait aussi la *Tour-Magne*. Gollut
nous apprend que « dedans la rivière du Doubs, estoit bastie une
principale tour qui estoit nommée la *grande*. » Après la chute de l'empire, les chefs Bourguignons s'y logèrent. Les comtes d'Amaous en
firent leur résidence. Ils se bornèrent à la faire réparer au moment
des invasions normandes. Les comtes de Bourgogne, jusqu'à Rainaud
III, n'eurent pas d'autre château à Dole. Nous sommes disposé à penser
qu'Otton-Guillaume, le premier de nos comtes héréditaires, l'habita
quelquefois et qu'il songeait déjà à faire de cette ville la capitale du
comté de Bourgogne et l'une de ses principales résidences. Cette idée
seule a pu le détourner d'y instituer un vicomte, comme il le fit pour
Salins, Vesoul, Gray, Baume, etc. Les comtes souverains se gardaient
bien de nommer des lieutenants, avec le titre de vicomtes, dans les
villes qu'ils habitaient et qu'ils gouvernaient eux-mêmes. Ils auraient
craint de s'y créer des rivaux. Il n'y en eut jamais ni à Poligny, ni à
Arbois, ni à Dole. On ne connaît pas de chartes d'Otton-Guillaume,
datées de Dole, mais ce prince en signa plusieurs dans des lieux qui
en étaient rapprochés. On a trouvé une médaille en or à son effigie,

sur l'emplacement même du vieux château. Rainaud Ier, son fils et son successeur, paraît avoir habité ce château et y avoir reçu la visite de Rodolphe III, roi de Bourgogne, dont il attendait la mort, pour se proclamer indépendant. Par une charte datée de la Loye, en 1029, ce roi confirma la fondation du monastère de Vaux. La Loye était une maison de chasse, bâtie dans l'immense et giboyeuse forêt de Chaux, sur le bord de la voie romaine tirant à Salins. Guillaume-le-Grand, fils de Rainaud Ier, a dû également faire quelques séjours à Dole, car il vendit, en 1083, à l'abbé de Baume, la chapelle bâtie dans cette ville, du consentement du prêtre Richard, qui la desservait. Le comte Raymond, l'un de ses fils, ayant été apanagé dans le canton d'Amaous, habitait Dole ou la Loye, déjà du vivant de son père, et ne cessa d'y résider qu'au moment de son départ pour l'Espagne, vers l'an 1087. Peu de temps avant de quitter sa patrie, il donna le village de la Neuve-Loye à l'abbaye de Saint-Bénigne de Dijon. Cette donation contient en même temps les franchises de ses habitants. C'est le premier exemple de telles concessions dans notre Bourgogne. *Perdonavit omnibus in terrâ quam sancto dedit manentibus, albergarias, corvatas, expeditiones, ostitias (ost) et justitias, sine ullo retinaculo, liberè et quietè, in quanto potest melius cogitare.* Les croisades occupèrent tellement Rainaud II, frère de Raymond et comte de Bourgogne, que ce prince ne visita jamais ses domaines. Rainaud III, consul des Bourguignons, demeurait habituellement au château de Dole; sur le petit nombre de chartes que nous avons de ce prince, deux sont datées de ce château. On voit qu'il y avait un prévôt, un doyen, un cuisinier, un maître d'hôtel, un gonfalonier (porte-étendard) et une cour nombreuse. Tout prouve donc que, plus tard, l'empereur Frédéric, en séjournant à Dole, ne fit que continuer les habitudes de ses prédécesseurs, et embellir le séjour où avait été élevée sa chère Béatrix. Frédéric s'étant fait proclamer, en 1157, à Besançon, roi de Bourgogne et d'Arles, par les évêques et les Grands, fit de Dole le centre de cette monarchie. Il comprenait qu'il n'aurait de force réelle, dans un royaume si longtemps indépendant, qu'autant qu'il y résiderait. Les gracieux paysages de cette ville et son bel emplacement sur la rive du Doubs, l'avaient charmé. Ces beaux lieux, placés à l'extrémité de son vaste empire, étaient peu éloignés de la France et de ses états d'Allemagne, de Lorraine et d'Alsace. A côté de la forteresse de son beau-père, il fit bâtir un palais de *merveilleuse étendue*, disent les chroniqueurs. Il se composait d'un grand bâtiment flanqué de quatre tours carrées aux angles, de plusieurs corps de logis disposés çà et là pour servir de logement aux seigneurs de la cour, d'une basse-cour renfermant les écuries et de nombreuses dépendances, et d'une grande place destinée à recevoir les retrahants, avec leurs meubles et leurs bestiaux. Le tout était clos d'une ceinture de murailles descendant jusqu'à la rivière, et garnies de tours de distance en distance. L'ancien château servait de donjon. Les pentes abruptes du rocher, la rivière du Doubs, de larges fossés rendaient l'accès très difficile. Une porte principale, défendue par une herse et précédée d'un pont-levis, communiquait avec la ville. Une autre porte, appelée la *porte d'Arans*, était destinée à donner passage aux retrahants. Les murailles étaient surmontées de *chaffaux*, galeries en bois destinées à faire le guet et à repousser les attaques. Chaque chaffaut portait le nom du village qui était chargé de l'entretenir. Ainsi, il y avait le chaffaut de Champvans, le chaffaut de Sampans, etc. Les fortifications de la ville se reliaient aux murailles du château. Deux conduits souterrains parallèles, construits en pierre, donnaient accès dans la campagne. Ils avaient 3 mètres 90 centimètres de largeur dans œuvre, 5 mètres de hauteur et environ 200 mètres de longueur. L'un aboutissait au bord du Doubs et l'autre longeait la rue du Vieux-Château. Chaque tour était tenue en fief par quelque famille noble qui lui donnait son nom. Les jardins se prolongeaient du côté des Perrons, et des bosquets couvraient les pentes de la colline jusqu'aux bords du Doubs. Nul souverain n'habita autant ce château que l'empereur Frédéric. Depuis qu'il eut retranché la vice-royauté de Bourgogne, il fut son seul ministre dans cette province. Il paraissait au milieu de nos villes, entouré de la majesté de l'empire ; toute puissance se trouvait petite et faible à côté de lui, lorsque, le front ceint d'un triple diadème, ce successeur des empereurs romains paraissait dans son palais de Dole, où les rois, à genoux, venaient faire hommage de leurs États et recevoir leur couronne, ainsi que le firent le roi de Dannemarck et celui de Bohême. Les ressorts les plus puissants de sa domination en Bourgogne, c'étaient ses légats et sa cour impériale. Par ses légats, il en surveillait toutes les provinces. Ces légats étaient des officiers dévoués et choisis avec soin, chargés d'avertir le maître des usurpations ou des entreprises, de juger les affaires les plus faciles, d'instruire les autres et de les renvoyer devant la cour impériale. Au-dessus des légats, s'élevait la cour impériale, tribunal supérieur, devant lequel comparaissaient les plus hauts barons de Bourgogne. Le chancelier les citait devant cette cour, sur l'appel des sentences des légats ou des justices seigneuriales ; elle connaissait aussi des simples différends des serfs contre leurs seigneurs. L'empereur présidait sa cour lorsqu'il était en Bourgogne, ainsi que le prouve le passage suivant : « *Dùm nos apud Dolam pro tribunali sederemus*, etc. » Elle se composait des barons du pays ; en son absence, il paraît qu'elle était présidée par un de ses légats. Réunissant ses vassaux bourguignons par ses expéditions guerrières, Frédéric les réunissait aussi par ses fêtes. Rien n'égalait la magnificence de son palais de Dole : c'était pendant la paix, le théâtre des jeux, des fêtes, des tournois, le rendez-vous chéri des trouvères. Cupelin et Hue de Braye-Selves, renommés à la cour de France, apportaient à ces fêtes le tribut de leur gaîté, de leurs chants et des danses nouvelles dont ils étaient les auteurs. Ils s'accompagnaient de la lyre ; la poésie faisait entendre un langage inconnu. Les hauts barons de Bourgogne, jusqu'alors isolés et farouches, écoutaient avec étonnement ces professeurs de la *gaie science*. Ils s'accoutumaient à briguer la faveur du maître ou le suffrage des dames, arbitres délicats de la grâce et de la valeur. Des parlements du *gentil esprit* se tenaient à l'ombre des forêts, car Frédéric aimait à faire succéder aux jeux brillants de son palais l'éclat plus paisible des fêtes champêtres.

Ce qui se passait à la cour de Frédéric, avait lieu en même temps dans toutes les autres cours du midi de la France. Ainsi, de 1153 à 1173, Raymond V, comte de Toulouse, ne cessa de s'entourer de troubadours. On cite, parmi ces joyeux parasites, Bernard de Ventadour, Pierre Vidal le Toulousain, Brunencs de Rodez, Pierre d'Auvergne, Bernardin de Palazol et une foule d'autres qu'il serait trop long d'énumérer. Les guerres que Frédéric eut constamment à soutenir pendant la durée de son règne ne lui permirent pas de séjourner à Dole aussi souvent qu'il l'aurait voulu. Sa présence dans cette ville n'est attestée par les chartes qu'en 1157, 1162, 1166, 1168 et 1178. Béatrix, son épouse, y vint seule en 1173, 1181 et 1183. Au mois de juillet 1181, cette princesse conclut au Temple, près de Dole, un traité d'association avec le monastère de Romain-Moutier. Au mois d'octobre 1183, on la rencontre à Dole, à Saint-Renobert, dans la forêt près de la Vieille-Loye, constamment livrée à des actes de bienfaisance et prête à soulager toutes les misères. Otton II, fils de Frédéric, habita constamment l'Allemagne et ne parut point dans le comté de Bourgogne ; mais Otton III, duc de Méranie, l'un de ses successeurs, vint plusieurs fois à Dole, pour défendre cette ville cernée de toutes parts par les princes de Chalon et de Vienne, ses mortels ennemis. Il y signa une charte le lendemain de la fête de saint Jacques

et de saint Christophe (1227), en faveur de l'église de Saint-Etienne
de Besançon. Il y était encore au mois de novembre de la même année
avec Béatrix II, son épouse, et y fit une donation conjointement avec
cette princesse au monastère de Vaux. Otton IV, de Méranie, vint
pour la première fois, en 1241, visiter l'héritage de sa mère Béatrix.
Il reçut à Dole, le 20 septembre de cette année, la reprise de fief
d'Odo de la Tour et ne quitta la province qu'au mois d'octobre 1242.
Alix sa fille, n'habitait point Dole ordinairement pendant la vie de
Hugues de Chalon, son premier époux, mais elle y faisait de fréquents
voyages. C'est dans le château de cette ville que le comte Hugues signa,
au mois de mai 1254, un compromis qui devait terminer la guerre
qu'il soutenait contre Jean de Chalon l'Antique, son père. Alix y était
seule le samedi avant la fête de la Madeleine, 20 juillet 1266, peu
de mois avant la mort de son mari, lorsque Jean, fils du noble baron
Hugues, chevalier, sire de Rans et sénéchal de Bourgogne, lui engagea sa seigneurie de Fraisans et ses droits sur la senéchaussée.
Elle s'y trouvait encore le 24 juin 1277, à l'époque précise de son second mariage avec Philippe de Savoie; elle y recevait l'hommage de
Philippe de Vienne, sire de Mirebel. Il est très probable que c'est
là que furent célébrées les cérémonies de son union avec le comte
Philippe. Cette princesse ne cessa de donner des marques de son attachement pour cette ville. Elle chercha à réunir à son domaine de
Dole, tous les droits que les vassaux avaient sur les moulins, sur les
fours, sur les péages et qui étaient une occasion de vexations pour les
citoyens; elle accorda une charte de franchises aux habitants en 1274,
racheta au mois de mai 1276, avec Philippe, son mari, de Robert, duc
de Bourgogne, le village de Saint-Ylie, pour le réunir à son domaine,
transféra par son testament du 17 mars 1277 (v. s.), le chapitre de
chanoines fondé à Poligny, par Otton IV de Méranie, son frère, dans
sa ville de Dole et voulut peu de temps après que ces chanoines fussent ses aumôniers et en prissent le titre. Otton V, fils d'Alix, préfé-
rait le séjour de Bracon à celui de Dole, et se montra peu bienveillant
pour cette ville. Il la visita rarement. Loin de se conformer aux intentions de sa mère pour la translation de la collégiale, il s'empara des
biens et des revenus destinés à cette fondation. Il tenta de révoquer
le droit de commune accordé aux habitants en 1274, et de les priver
de leurs priviléges; lorsqu'il voulut fonder une université pour le
comté de Bourgogne, en 1287, il préféra l'établir à Gray plutôt qu'à
Dole, qui cependant avait beaucoup plus d'importance. On connaît peu
de chartes de ce prince datées de cette dernière ville. Pendant que le

roi Philippe-le-Bel tenait le comté de Bourgogne, son fils Charles IV, devenu plus tard roi de France, vint plusieurs fois à Dole. En 1305, il y faisait frapper monnaie au coin de son père.

Philippe-le-Long, devenu comte de Bourgogne, soit par son mariage contracté en 1307 avec Jeanne, fille d'Otton V, soit par l'acquisition que Philippe-le-Bel, son père, avait faite de cette province, ne vint cependant prendre possession de ses nouveaux états qu'en 1315. Au mois d'avril de cette année, la renommée publia son arrivée et celle de son épouse. Une partie de la noblesse alla les recevoir à la frontière, vers Auxonne, pour les conduire à Dole. Le jeune prince, remarquable par sa haute taille, montait un cheval blanc richement enharnaché; le palefroi de madame Jeanne, que suivaient ses Dames et Damoiselles, était *adestré* par les plus grands seigneurs du pays. Dans les premiers rangs de ce cortége brillaient sur des coursiers magnifiques, Hugues et Renaud de Bourgogne, oncles paternels de la princesse, Hugues de Chalon, sire d'Arlay, son cousin germain, les sires de Vienne, de Neufchâtel et nombre de chevaliers et barons. Philippe de France descendit au château de Frédéric Barberousse. Le lendemain (16 avril) et les jours suivants furent consacrés aux hommages; la noblesse se rendit au palais pour reprendre de fief. Il fallut que le prince se prêtât à la fierté des usages de Bourgogne, où le vassal ne se prosternait pas devant son suzerain orgueilleusement assis. Le comte devait, comme son vassal, se tenir debout, le chaperon à la main, prendre les mains du féal dans les siennes et le baiser à la bouche. Philippe et Jeanne quittèrent Dole le 22 avril et arrivèrent le lendemain au château de Bracon, où la comtesse Mahaut, mère de la princesse, les attendait. Au mois de novembre 1319, la comtesse Jeanne revint seule dans cette ville et confirma les franchises des habitants. Son mari devenu roi de France en 1316, lui avait abandonné entièrement l'administration du comté. A la mort du roi Philippe, arrivée le 3 janvier 1322 (n. s.), la reine Jeanne quitta Paris et vint fixer son principal séjour à Dole, qu'elle ne quittait quelquefois que pour habiter le château de Gray. Le contrat de mariage d'Isabelle, fille de Philippe-le-Long, avec Guy, dauphin du Viennois, fut passé au château de Gray, le mardi après le dimanche des Rameaux 1323 (n. s.), en présence de la reine Jeanne, sa mère, et de Henri, évêque de Metz, oncle du futur époux. Tous deux, ainsi que Hugues et Henri de Bourgogne, le comte de Genève et un grand nombre d'autres seigneurs assistèrent à la bénédiction nuptiale, donnée par Vitalis, archevêque de Besançon, dans le donjon du château de Dole, *in magna*

turris lapidea de Dolâ, le mardi après la Pentecôte de l'an 1323. Ce
qui prouve que la reine Jeanne quittait rarement notre pays, c'est qu'on
la trouve en 1325 à Poligny, recevant l'hommage de plusieurs vassaux.
Le 27 mai 1327, veille de la Trinité, elle était à Dole avec Thomas de
Savoie, Guillaume de Vadans, maître Jean de Salins, Othenin de
Gevry et Jacquot de Fraitte. Le 17 avril précédent, elle était à Gray,
le 22 mars 1328 à Poligny, peu de temps après à Dole, et en 1329
à Poligny. Cette princesse étant morte le 21 janvier 1330 (n. s.), à
Roye en Picardie, dans le cours d'un voyage, Jeanne sa fille aînée,
épouse d'Eudes IV, duc de Bourgogne, se transporta immédiatement
à Dole pour prendre possession du comté. Le 27 janvier, le jour même
des funérailles de sa mère, elle signa dans cette ville une charte par laquelle elle déclara que les usuriers ne pourraient être traduits devant
aucune autre justice que celle de son bailli ou de son prévôt; que les
amendes pour délit d'usure ne pourraient dépasser 60 sols; que personne ne pourrait plaider sans fournir caution et que les prud'hommes
ne pourraient être inquiétés à raison des meubles qu'ils auront fait
vendre à la suite de saisie. Le 31 janvier, Jeanne étant encore à Dole
avec son grand conseil, confirma les franchises de la ville et promit
de les faire approuver par le duc Eudes, son époux. Ce prince vint en
effet dans cette ville le 20 février et ratifia tous les engagements pris
par son épouse. Le duc Eudes s'occupa beaucoup de Dole. Les
prud'hommes l'ayant informé que ses meuniers se refusaient d'exécuter les conditions qui leur avaient été imposées par la charte de franchises de 1274, il envoya le 4 mars 1331, Guy de Villefrancon, son
terrible bailli, pour faire une enquête, et ce dernier, par une sentence
rendue le samedi après l'Ascension de la même année, enjoignit au
prévôt de faire jouir les habitants de tous leurs droits. Par lettres du
9 février 1332 (v. s.), ce prince établit à Dole le parlement et une
chambre des comptes, et vint lui-même installer le parlement avant
de visiter le comté de Bourgogne, accompagné de la noblesse, qui le
suivait à cheval. Lorsqu'il connut le complot tramé contre lui par les
hauts barons comtois confédérés, il se prépara à la résistance. Son
grand mandement de guerre fut fixé à l'octave de la saint Jean-Baptiste, 1er juillet 1336; le rendez-vous était à Dole. Au premier signal de l'insurrection, il était venu lui-même renforcer la garnison de
cette ville (26 avril), celles des places voisines de la Saône et faire
creuser les gués de la rivière, plus haut et plus bas que Gray. Enfin
ses troupes rassemblées franchirent la rivière de Saône. Le 1er juillet,
le duc en passa, dans les campagnes de Dole, la brillante revue. Elles

ne comptaient pas moins de 9000 chevaux, sans les gens de pied et de trait. Là, flottaient les bannières de Flandres, de Savoie, de Genève, de la terre de Saint-Oyan-de-Joux, celles d'Henri de Bourgogne, des Vienne, du seigneur de Roussillon, des Vergy, des trois frères de Rougemont, du sire de Beaujeu en Beaujolais et des nobles du duché, convoqués par des ordres absolus. Après la mort du duc Eudes, arrivée en 1349, Jeanne de Boulogne et d'Auvergne, mère et tutrice de Philippe de Rouvres, gouverna le comté de Bourgogne. Elle épousa, le 19 février 1350 (n. s.), Jean, duc de Normandie et de Guyenne, fils et présomptif héritier du roi Philippe de Valois. Ce prince vint à la tête d'un brillant cortége prendre possession des nouveaux états qu'il allait gouverner. Le 17 avril 1350, il se rendit à Dole, où les hauts barons étaient convoqués, et descendit au château. En ce moment, Jean de Chalon y arrivait de son château de Lorme. L'attitude fière du sire d'Arlay annonçait le chef des confédérés; c'était moins un vassal prêt à s'incliner, qu'un égal venant entendre et au besoin dicter des conditions. Deux cent trente chevaux marchaient à sa suite. Ses nombreux valets portaient la branche livrée de peaux d'agneaux. Dans les premiers rangs des chevaliers aux brillantes armures, aux écussons variés, se montraient près de lui les Neufchâtel, les Faucogney, les Montfaucon et tous les grands feudataires qui avaient si souvent troublé le sommeil du dernier duc. Nombreuse, malgré les désastres de la dernière peste, l'assemblée était attentive et défiante. Monsieur de Normandie parla avec douceur, avec déférence. Il se montra disposé à réparer les injustices de son prédécesseur. Il jura de respecter les antiques franchises féodales, de maintenir l'expulsion des Lombards, de suivre, dans l'administration du pays, les avis d'un conseil pris dans la haute noblesse, mais où les confédérés dominaient. Le duc séjourna quinze jours à Dole, puis après avoir reçu le serment prêté debout par ses fiers vassaux, visité châteaux et bonnes villes, il rentra en France par le duché, et bientôt la mort de son père lui ouvrit le chemin du trône (22 août). Lorsque l'issue de la fatale journée de Poitiers fut connue, et que la reine apprit qu'une partie des barons comtois venait de passer au service de l'Angleterre, elle vint en plein hiver montrer son jeune fils à ses sujets restés fidèles. Elle exigea l'hommage de tous ses vassaux et vint elle-même recevoir leurs serments. Le 3 janvier 1357 (n. s.), le petit duc était à Gray, le surlendemain au château de Montmirey, quelques jours après à Dole et ensuite à Bracon. Les Anglais s'étant répandus dans toute la France, la reine vint de nouveau dans le comté pour réclamer le secours de la noblesse et des villes. De Dijon, elle s'était rendue à Auxonne, traînée dans un chariot avec son fils, puis à Dole, où elle avait fait assembler les nobles du pays. Elle y passa huit jours, au mois de novembre 1359. Le jeune duc Philippe de Rouvres étant mort en 1361, Marguerite de France, sa grande tante, recueillit dans sa succession le comté de Bourgogne. Cette princesse vint aussitôt fixer son séjour dans cette province et habita souvent le château de Dole. Elle y était au mois de janvier 1362 (v. s.) et s'efforçait de défendre cette ville contre les *grandes compagnies*. Elle y revint quelques mois après. Le 12 juin 1363, elle signa à Dole un traité avec les seigneurs de Chalon et peu de jours après, par un acte daté du château de cette ville, elle permit aux habitants de construire une tuilerie, d'y faire des tuiles, des carreaux et de la chaux pour la construction de leurs édifices et la réparation des murailles, et de couper dans la forêt de Chaux tout bois, tant mort que vif, pour l'usage de cette tuilerie. Elle passa tout l'hiver dans cette ville avec son conseil, composé ordinairement du comte de Montbéliard, du chancelier Ancel de Salins, de Charles de Poitiers, d'Humbert de la Platière, de Thiébaud, sire de Rye, d'Eudes de Quingey, et du doyen de Besançon. Elle y était encore le 15 janvier 1364 (n. s.). Dans le mois de novembre 1366, elle y reçut la visite de son gendre, Philippe-le-Hardi, qui revenait de faire un pèlerinage à Saint-Claude. Elle quitta le comté en 1369 et n'y reparut qu'en 1374. Elle arriva au mois de juillet. Le 5 août, elle était au château de Gray, le 4 septembre à Quingey, le 24 à Salins, le 5 octobre à Salins et le 12 à Dole. Elle resta quatre mois dans notre pays et retourna ensuite dans les Pays-Bas. Le duc Philippe, revenant d'un nouveau pèlerinage à Saint-Claude, passa par Dole pour se rendre à Chevigny, chez l'amiral Jean de Vienne, et y revint en 1386, pour aller à Montroland, remercier le Ciel de l'heureux succès de ses vastes entreprises. Le bruit de l'assassinat de Guillaume Faguier, sergent du duc, commis par ordre de Jean de Chalon-Arlay III, le 23 avril 1391 (n. s.), s'étant répandu, Marguerite II de Flandres, duchesse de Bourgogne, qui gouvernait le comté en l'absence de son mari, se rendit à Dole et assembla un grand conseil, composé des seigneurs et des ecclésiastiques du pays. Ce conseil siégea dès le 15 juin jusqu'au 4 juillet 1391.

Il fut décidé qu'injonction serait faite aux officiers de Chalon, de livrer à la justice les meurtriers et le témoin qui devait les accuser ou les défendre. Cette princesse revint dans la même ville avec le comte de Nevers, son fils, présider un autre conseil chargé de continuer l'instruction de la même affaire. Ce conseil était composé du chancelier et du maréchal de Bourgogne, de l'abbé de Saint-Bénigne de Dijon, de Jean de Ville-sur-Arce, bailli du comté et de plusieurs autres grands personnages. Philippe-le-Hardi séjourna au château de Dole, en allant à Besançon, au mois de novembre 1594. Marguerite de Bavière, épouse du duc Jean-sans-Peur, ayant convoqué les Etats à Dole, au mois de juin 1410, se présenta elle-même dans cette assemblée, pour favoriser par sa présence le vote d'un don gratuit de 8000 livres. Le duc Jean-sans-Peur parcourut le comté de Bourgogne au mois de février 1415 (n. s.), et s'y rendit par Dole, Rochefort et Salins. Il en visita toutes les bonnes villes et forteresses. Le comte de Savoie, son beau-frère, qui vint le trouver avec une partie de sa cour, fut gracieusement accueilli pendant ce voyage, ainsi que son gendre Adolphe, comte de Clèves, marié depuis quelques années à Marie de Bourgogne. Michelle de France, fille du roi Charles VI et épouse de Philippe-le-Bon, vint présider l'assemblée des Etats réunie à Dole, au mois de juin 1421. Le duc Philippe-le-Bon, qui n'avait pas revu nos contrées depuis la mort de son père, fit son entrée à Dijon le 19 février 1422. Il vint ensuite dans le comté pour en prendre la possession solennelle. Ses nombreux vassaux, réunis à Dole, lui firent hommage debout, selon l'usage de Bourgogne. Le parlement s'ouvrit avec magnificence, et le duc y régla avec précision la police, la justice et les finances, puis il se dirigea vers Besançon. Ce prince revint au mois de juillet 1423 à Dole, où l'appelait la création de l'université, qui devait lui assurer dans les Bourgognes le titre de restaurateur des lettres.

Le 12 mai 1439, Catherine de France, fille du roi Charles VII, fiancée au comte de Charollais, fils de Philippe-le-Bon, fit une entrée magnifique à Dole, au milieu des Etats assemblés à cette occasion. La princesse était accompagnée des archevêques de Reims et de Narbonne, des comtes de Vendôme, de Dunois et de Tonnerre, du sire de Beaujeu, fils du duc de Bourbon, du seigneur de Dampierre, de plusieurs autres grands personnages, de 300 chevaucheurs, de la dame de Rochefort et d'autres grandes dames et damoiselles. La jeune duchesse, âgée de sept ans seulement, était portée dans une litière richement ornée. Les magistrats des différents ordres et dix à douze gentilshommes allèrent au-devant du cortége jusqu'aux portes de la ville et l'accompagnèrent jusqu'au château. Ethevenin de Falletans fut délégué par la ville de Salins pour assister à cette cérémonie. Philippe-le-Bon avait accompagné sa belle-fille à travers le comté, pour protéger sa marche contre les bandes d'écorcheurs. Charles-le-Téméraire fit faire des réparations importantes au château de Dole; mais ses guerres continuelles ne lui permirent probablement pas de venir le visiter. Après la prise de cette ville par les Français, en 1479, ce palais fut démantelé ; les habitants en employèrent les matériaux à reconstruire leurs maisons. De cet immense château, il ne reste aujourd'hui qu'un fragment de mur, d'une épaisseur extraordinaire, percé d'une ouverture. En faisant exécuter les fortifications ordonnées par Charles-Quint, Ambroise de Précipiano rencontra le pavé d'une basse-cour fait avec une pierre si blanche et si polie, qu'elle imitait le marbre. On éprouvait plus d'obstacle à séparer chacune de ces pierres, qu'à tailler dans le roc vif, tant le ciment était solide. Les ouvriers occupés, en 1764, à creuser les fondations de la partie des casernes appelée le pavillon des officiers, trouvèrent à une profondeur de douze mètres, la base d'une tour ayant plus de 27^m de circonférence, bâtie et taillée en bossages parfaits. Cette tour était construite en glacis en taille. En construisant la maison située sur le côté droit de la rue des Arènes, qui porte aujourd'hui le n° 58, on reconnut un glacis semblable au précédent, et deux autres tours au midi et au nord de l'arsenal. Tels sont les seuls restes qu'on ait trouvés du magnifique château de Frédéric Barberousse.

Charte de franchises. — Au moment où s'élevait en France la première constitution communale, il n'y avait presque pas une ville qui n'eût en elle le germe d'un semblable changement, mais il fallait pour le développer des circonstances favorables; il fallait surtout que l'exemple fût donné par quelque ville voisine : tantôt c'était le bruit d'une insurrection qui en faisait éclater d'autres, comme un incendie se propage; tantôt c'était une charte octroyée qui mettait le trouble dans la province. La commune établie à Besançon en 1191, par l'empereur d'Allemagne, révoquée en 1225 et 1231, son rétablissement en 1260, l'exemple donné par les princes de la maison de Vienne, qui avaient affranchi leur bourg de Montmorot en 1229, par les princes de Chalon, qui avaient affranchi le Bourg-Dessus de Salins, en 1249, et Orgelet en 1266, amenèrent forcément les souverains de Bourgogne à accorder des chartes semblables, aux villes de leur domaine. Dole fut la première de ces villes qui, dans le Jura, fut érigée en commune. Si les intentions des comtes de Bourgogne avaient été favorables à ces innovations, c'est dans leurs propres villes qu'on les aurait vues se manifester de la manière la plus éclatante. Eh bien ! pas une d'elles, même les plus florissantes, n'obtint un affranchissement aussi complet que celui des villes seigneuriales : c'est que tout projet d'insurrection y était aussitôt déjoué par une puissance de beaucoup supérieure à celle des plus grands seigneurs. Quand par suite de l'insurrection et des traités qui la légitimèrent, le mouvement de la bourgeoisie fut devenu une des nécessités de l'époque, les puissances du temps s'y prétèrent avec une bonne grâce apparente, toutes les fois qu'elles y entrevirent quelque profit matériel, sans aucun péril imminent. De là vint l'énorme quantité de chartes consenties durant le xiiiᵉ siècle. Celle de Dole a été octroyée par Alix, comtesse palatine de Bourgogne, du consentement de Philippe de Savoie, son second mari, le lendemain de la fête *de la bien ahurée Marie Magdaloine*, en 1274. Elle est datée de Saint-Georges de l'Esprancle et commence en ces termes :

« Nous Aalis de Savoie et de Bourgongne, contesse palatine, fas-
» sons savoir à tous ceulx qui verront et orront ces presentes letres,
» que pour ce que nous avons grant desir de faire pour nostre ville
» de Dole soit mehux multiplié, pour nostre grand proufit mesmes
» que nous y vehons (voyons), volons les franchises de laditte ville
» de Dole, et de tous les gens habitans en la ditte ville, et dedans
» les boines qui seront cy-après devisées en ceste letre, crestre, mul-
» tiplier et amender, et d'éclairier : cest assavoir que nous volons
» et ottroyons, et commandons entièrement que tuit cilz et toutes
» celles qui seront habitans en la ditte ville de Dole, et dedans les
» boines cy-après devisées, soyent frans, quites et délivrés de toutes
» manières de tailles et de toutes manières de corvées, de toltes, de
» exauctions, de toutes manières de prises, de mainmorte, de toute
» force et de toutes manières de servitute. Et pour ceste franchise en
» ces letres escriptes mehux déclairier, nous devisons notre signorie,
» notre justice et nos droitures que nous retenons en la ditte ville en
» telle manière. »

La princesse déclare ensuite que ses sujets lui devront l'ost et la chevauchée dans l'étendue de l'archevêché de Besançon, à toute réquisition de son prévôt de Dole ou de son bailli, mais pour des causes légitimes seulement, et à condition que ce service ne sera pas personnel et qu'on pourra se faire remplacer. En seront dispensés les hommes non mariés, les malades, les femmes veuves, qui ne seront pas chefs de famille et ceux qui auront une femme en couche. Elle se réserve la justice haute, moyenne et basse, et les amendes. Elle garantit la liberté individuelle, de telle sorte que nul ne pourra être arrêté sans jugement, si ce n'est les voleurs et les meurtriers pris en flagrant délit, qu'elle ou ses officiers pourront condamner sans le conseil de la ville. Les accusés de tous autres crimes ou délits ne pourront être jugés que de l'avis de ce conseil ou des prud'hommes. Le taux des amendes

9

ne pourra dépasser 60 sols, à moins qu'il ne s'agisse de vol, d'assassinat, de déloyauté ou de trahison. Les voleurs pris en flagrant délit, ailleurs que dans l'église, paieront 60 sols ou auront l'oreille coupée (cette peine était à peu près générale en France). En cas de récidive, le coupable restera à la miséricorde du seigneur (ce qui signifiait à peu près qu'il sera pendu). Une blessure faite avec des armes émoulues, avec une pierre lancée, que le sang jaillisse ou non, un couteau tiré sur autrui, le refus de se rendre à l'ost ou à la chevauchée, les délits commis de nuit dans les champs, les dommages causés par les animaux domestiques autres que les chiens, l'usage de faux poids et de fausses mesures, le transport de pieds de chêne coupés dans la forêt de Chaux, hors des limites de la franchise, donneront lieu à une amende de 60 sols. Seront punis d'une amende de 3 sols ceux qui auront fait une blessure avec des armes non émoulues ou porté un coup qui n'aura pas amené une perte de sang, ou dit des injures ; ceux qui porteront une plainte, juste ou non, qui contreviendront aux réglements du prévôt, ou se refuseront d'exécuter les ordres des prud'hommes ; ceux qui achèteront les jours de marché hors des murs, ou qui achèteront du poisson pour le revendre, dans les limites de la franchise ; et enfin les délits commis de jour dans les champs par les hommes ou par les animaux. Alix se réserve la banalité des fours et des moulins, mais elle abandonne aux habitants la propriété de ses battoirs à chanvre, à écorce et à drap, situés dans la ville, les pêcheries de la rivière de Dole et des canaux des moulins, à charge d'entretenir les écluses, le droit de couper dans la forêt de Chaux du bois mort et vif pour construire et faire du merrain, et du bois mort pour leur chauffage et toutes leurs nécessités, le droit de paisson pour les porcs et de pâturage pour le bétail. Elle leur permet d'élire quatre *jurés* pour l'administration des affaires communales et de les changer à leur volonté. Elle autorise ces jurés à faire tous réglements de police, à instituer les messiers, les vigniers, les gardes des biens de la ville et à recevoir leur serment, à ordonner les bans, d'imposer des tailles et des corvées. Elle s'interdit la faculté d'instituer plus de quatre sergents sous les ordres du prévôt. Elle veut que pour les causes judiciaires qui offriront des points de droits difficiles à résoudre ou sur lesquelles ne s'accorderaient point ses officiers et les prud'hommes, il soit pris un avis à Dijon. A défaut par les habitants de se conformer à cet avis, le bailli ou le prévôt aura pouvoir de statuer en dernier ressort. La charte de franchise devra être jurée par les seigneurs de Dole, à leur avènement, par le bailli, le prévôt, les habitants et les nobles ayant fief dans la ville. Les bornes de cette franchise comprendront Dole, Séans et le territoire enclavé entre le pont, la porte et les ormes d'Arans, la porte de Séans, celle de Besançon et la croix Bouchier.

Au nombre des droits les plus importants accordés aux habitants, était celui de pouvoir aller résider où ils voudraient et même de s'avouer à un autre seigneur, sans perdre la propriété des biens qu'ils avaient dans la ville. Afin d'attirer la population, Alix déclara Dole un lieu de franchise ; elle voulut qu'aucun de ses sujets ne pût y être arrêté ; que les plaids fussent tenus à la halle, et que personne ne fût tenu de comparaître devant aucune autre justice que la sienne. Pour prix de toutes ces faveurs, elle exigea que le cens de 240 livres, que la commune lui devait chaque année, fût augmenté de 60 livres, ce qui le portait à 300 livres, somme énorme pour le temps.

Au moment de la concession de la charte que nous venons d'analyser, le territoire de Dole était entre les mains de propriétaires qui le possédaient à des titres différents. Il y avait des *terres allodiales*, c'est-à-dire des meix que le possesseur ne tenait de personne, qui ne lui imposaient envers personne aucune obligation. Il y a lieu de croire que les premiers alleux furent les terres que sous diverses formes et sans partage général ou systématique, s'approprièrent les Bourguignons, au moment de leur établissement. Celles-là étaient complètement indépendantes ; on les recevait du sort et non d'un supérieur. Tels étaient à Dole le meix Lambrey, le meix de Neufchâtel-Beauregard, la maison de Saint-Moris, la *Maison-Franche*, la rue d'Arans, le meix où était bâtie la tour de Vergy et celui sur lequel s'élevait la maison fortifiée de la Motte de la Palu. D'autres terres étaient tenues du souverain, à titre de bénéfice, et devinrent des fiefs. Le nombre en était considérable dans cette ville. Il y en avait d'autres enfin, dont l'exploitation avait été originairement confiée à des hommes de travail, colons ou esclaves, et qui par suite de la révolution déjà très avancée au ixe siècle et terminée dans le xe, devinrent la propriété de ces colons, moyennant certaines redevances et des travaux réglés. Ce sont ces dernières qui, pendant l'époque féodale, devinrent des meix main-mortables. Ces explications étaient nécessaires, pour détruire l'opinion généralement répandue, que Dole était une ville absolument main-mortable, et par conséquent sans importance à l'époque de ses franchises. On se fondait sur la clause de la charte par laquelle la princesse Alix déclarait délivrer les habitants de la main-morte et de toute manière de servitudes. Les colons de Besançon furent aussi affranchis de la main-morte en 1179, et ceux d'Orléans vers le même temps.

Par une charte du mois de mai 1279, le comte Otton, fils d'Alix, promit par serment juré sur les saints Evangiles, de maintenir les franchises accordées par sa mère, voulut que ses successeurs s'engageassent par serment à les respecter, et ordonna à son bailli et à son prévôt de jurer de les défendre et de les maintenir. Des querelles ne tardèrent pourtant pas à s'élever entre ce prince et ses sujets. Les prud'hommes avaient mis un impôt sur le vin et sur les toiles qui se vendaient dans la ville, avaient imposé les francs d'Arans, les nobles, les sergents; ils se plaignaient de ce que les mesures du marché, celles de l'éminage et des moulins avaient été changées. Une émeute allait éclater, lorsqu'Otton, effrayé, approuva tout ce qui avait été fait. Par une déclaration du mois de septembre 1281, il abandonna ses prétentions, autorisa les prud'hommes à maintenir l'impôt établi sur les vins et les toiles, à continuer d'imposer les francs d'Arans, ses francs hommes et l'un de ses quatre sergents, de quelque condition qu'il fût, pourvu qu'il fût marié; il s'interdit le droit de modifier les mesures et d'en employer d'autres que celles qui seraient semblables au type en pierre, dont la garde resterait confiée aux prud'hommes; il permit à ces derniers de créer toute espèce d'impôts, d'en faire la répartition comme ils l'entendraient et sans en excepter personne, sauf à exécuter les traités faits avec la ville d'Auxonne. Il existait en effet entre les habitants de cette ville et ceux de Dole, une espèce de confédération, d'après laquelle ils pouvaient commercer librement entre eux, fréquenter leurs marchés et leurs foires, sans payer ni péages, ni droit d'entrée, ni aucun autre impôt communal. Des traités semblables existaient déjà entre les principales villes des bords du Rhin.

Les baillis et les prévôts du comte Otton ayant enfreint les priviléges de la cité, ce prince, par une charte datée à Bracon, le jeudi avant la Saint-Georges 1295, leur ordonna, ainsi qu'à ses autres officiers, de maintenir loyalement les franchises de Dole, de ne point les empirer, *ni en fours, ni en moulins, ni en autre chose.* Les habitants ne permettaient à aucun souverain d'entrer dans leurs murs, sans avoir préalablement juré de maintenir leurs priviléges. La comtesse Jeanne, épouse du roi Philippe-le-Long, remplit cette formalité au mois d'avril 1315, et la renouvela en 1319. Son procureur s'étant emparé des îles et accrues du Doubs, dont la ville était propriétaire depuis un temps immémorial, les prud'hommes allèrent à Gray trouver leur souveraine, pour se plaindre de cette usurpation, et ils obtinrent d'elle, le samedi après la fête de saint Georges 1324, une déclaration, par laquelle il fut reconnu que ces îles et accrues appartenaient aux habitants, ainsi que la pêcherie de la rivière. Les clers, les nobles, les propriétaires non résidents prétendaient être exempts de toute contributions communales, mais différentes sentences des 4 avril 1342 et 8 mai 1376, leur refusèrent ce privilége, et ne le réservèrent qu'aux clers non mariés. Par une charte donnée à Bruxelles, le 17 juillet 1531, l'empereur Charles-Quint accensa à perpétuité les fours et les moulins à la ville, moyennant la redevance annuelle de 170 livres 8 sols tournois, avec défense de les aliéner.

Régime municipal. — Le gouvernement des villes, sous la domination romaine, se composait de trois choses distinctes. Il y avait :

1° L'administration intérieure et locale de la cité ;

2° La juridiction contentieuse ou des tribunaux civils, et la juridiction criminelle ;

3° La juridiction volontaire, analogue à celle qu'exercent en France de nos jours, les notaires, et en certains cas, les juges de paix. Le pouvoir central avait laissé aux villes l'administration intérieure, la juridiction volontaire, et ce que nous appelons aujourd'hui la police correctionnelle ; il s'était réservé la juridiction criminelle et la juridiction contentieuse. Par le seul fait de la dissolution de l'Empire, les magistrats municipaux se virent subitement investis d'une autorité qu'ils n'avaient point eue jusqu'alors. Les membres de la Curie gardèrent leurs anciennes attributions et exercèrent en outre dans une étendue plus ou moins grande, selon les cas de nécessité, la juridiction criminelle et la juridiction contentieuse. Il se fit à la même époque de graves changements dans le personnel de la magistrature urbaine. Les cadres de l'ancienne Curie furent brisés, et le corps municipal se forma de tous les citoyens notables, à quelque titre que ce fût. Les rois Bourguignons établirent dans chaque ville importante, sur tout le territoire occupé par eux, des hommes auxquels ils déléguèrent leur autorité, et qui, sous le titre de comtes, exercèrent les hautes fonctions de juges et d'administrateurs civils et militaires. L'établissement de ces officiers ne fit nullement disparaître les institutions municipales. Les comtes avaient pour charge de lever les impôts et de présider les assemblées où, selon la coutume germanique, les principaux hommes libres du canton siégeaient comme juges au criminel et exerçaient la juridiction contentieuse et la juridiction volontaire. Dans les cités, séjour des familles riches, les notables convoqués par le comte pour juger au civil et au criminel, c'était la Curie elle-même, sauf sa constitution héréditaire et le nombre fixe de ses membres. Les comtes laissèrent subsister les diverses prérogatives de l'ancien droit municipal. Charlemagne modela sur un plan nouveau les institutions judiciaires. Il créa, sous le nom d'*échevins,* un véritable corps de juges. Ces juges devaient être choisis soit dans les cités, soit dans les districts du plat pays, par le comte du lieu, les commissaires impériaux et le peuple. Sous ce dernier nom était comprise, dans les cantons ruraux, la généralité des hommes libres selon le droit germanique, et dans les villes, la généralité des citoyens selon le droit municipal romain. Cette révolution judiciaire donna aux villes un droit tout nouveau, celui d'instituer des juges conjointement avec le comte. Cet ordre de choses, qui substituait les échevins, *scabini,* ou juges élus par le comte et le peuple, aux anciens magistrats de la Curie, produisit par le fait une révolution dans le régime municipal. L'organisation féodale envahit et transforma les anciens pouvoirs sociaux de toute nature et de toute origine. Elle avait ruiné plus ou moins complètement les institutions urbaines, et les villes, morcelées en seigneuries diverses, privées de l'unité politique et de la juridiction civile, se voyaient régies, à titre de domaine, par des feudataires grands ou petits. Quand s'ouvrit le xiie siècle, un besoin universel de réforme politique agitait d'une manière diverse et à différents degrés la population urbaine. Le but de ce mouvement était partout le même et peut se résumer ainsi : raviver les souvenirs de l'ancien ordre civil et rallier tous les débris épars de l'existence municipale, les compléter et les fixer par une nouvelle constitution ; ressaisir, de gré ou de force, le droit de juridiction urbaine, et substituer aux offices féodaux, des magistratures électives ; reconquérir les droits utiles de l'ancienne municipalité, ses revenus, ses biens communs ; enfin, ériger l'universalité des citoyens en corporation libre, investie de droits politiques et ayant le pouvoir de déléguer les fonctions administratives et judiciaires. A Dole on aperçoit très distinctement au xiiie siècle, la trace d'un gouvernement immémorial, présentant tous les caractères du municipe romain. On y reconnaît qu'antérieurement à la charte de 1274, il y avait un conseil de ville appelé à juger, avec le prévôt, dans toutes les causes criminelles et correctionnelles autres que celles concernant les voleurs et les meurtriers pris en flagrant délit ; que le lieu des plaids devait être déterminé par le prévôt et par la ville. L'institution de jurés par la charte de 1274, se rapporte à une division de la ville en quatre quartiers, qui remonte très haut et semble appartenir au *castrum* des temps romains. Le mot *jurés* lui-même, appliqué aux prud'hommes, dans le sens de fonctionnaires assermentés, est une locution qui se rattache

aussi aux débris du régime municipal romain. Généralement, le nombre
de quatre pour les officiers municipaux était de règle dans les villes
principales de Franche-Comté, et celui de deux pour les bourgs. Dès
la seconde moitié du xiii° siècle, la ville de Dole était régie par quatre
prud'hommes élus chaque année, qui avaient le droit de justice criminelle et correctionnelle concurremment avec le prévôt et la justice
moyenne et basse, pour contraindre les débiteurs en retard de payer
les tailles communales. Ils administraient toutes les affaires communes,
avec le concours d'un conseil composé de 20 membres. Lorsqu'il s'a-
gissait d'acquisitions, de ventes et d'autres affaires d'importance, ils
étaient tenus de consulter l'assemblée générale des habitants. Chaque
quartier élisait un prud'homme. Il y avait les quartiers de Besançon,
d'Arans, du Pont et de Montroland, ayant chacun leur bannière. Par
une charte datée à Bruges, au mois de février 1478 (n. s.), l'archiduc Maximilien et Marie, son épouse, voulant récompenser la fidélité des habitants, leur concéda la justice haute, moyenne et basse,
avec pouvoir d'élire un mayeur chaque année, pour l'exercice de cette
justice ; d'avoir un procureur, un scribe, et de créer des sergents
jusqu'au nombre de huit. Par lettres-patentes datées de Nantes, au mois
d'avril 1491, le roi Charles VIII confirma la concession de la justice
haute, moyenne et basse, pour être exercée par un mayeur élu chaque année par le conseil de la ville et agréé par le peuple, lequel
administrerait les affaires de la commune et connaîtrait de toutes causes
criminelles, civiles et de police en première instance, sous le ressort
du bailli et du parlement. Les échevins furent autorisés à donner
ajournements, citations et autres exploits, avec pouvoir d'instituer
huit sergents. Il déclara que le mayeur et les échevins jouiraient des
mêmes prérogatives que ceux des villes de Dijon, Beaune et Auxonne.
L'archiduc Maximilien donna pouvoir, le 8 avril 1494, au maire et à
son lieutenant, de condamner par provision et de contraindre les habitants au paiement des impôts communaux. Le 16 septembre suivant,
d'accord avec son fils Philippe, il ratifia l'octroi de la haute, moyenne
et basse justice et du pouvoir d'élire un mayeur, un procureur, un
scribe et huit sergents. L'archiduc Philippe confirma cette ratification
en 1503. Charles-Quint ajouta à toutes ces faveurs, en 1538, l'abandon, au profit de la ville, de toutes les amendes prononcées par la justice de mairie. Le mode et le jour des élections ont varié plusieurs
fois. Primitivement, le peuple nommait directement le conseil, et le
conseil élisait le mayeur, les échevins et le receveur de la ville. On
assemblait la commune au son de la cloche, et le peuple agréait ou

repoussait par acclamation les officiers élus par le conseil. Lorsque le choix fait par le conseil ne convenait pas, le peuple proposait un autre membre et l'élisait par acclamation. Marguerite d'Autriche trouva ce procédé trop révolutionnaire et supprima l'élection directe. Elle décida, le 14 janvier 1526, qu'à l'avenir ces élections se feraient toujours le lendemain de Noël, au lieu accoutumé; que le peuple assemblé au son de la cloche, choisirait seize notables des plus *idoines* de la ville et y ayant résidé au moins pendant dix ans; que ces notables réunis au mayeur, aux échevins et au conseil, éliraient le mayeur nouveau et les échevins; qu'ensuite le conseil serait renouvelé, en remplaçant quatre membres anciens par quatre autres pris parmi les notables. Les personnes élues ne pouvaient refuser leurs fonctions, sous peine d'une amende très forte, à moins d'excuses reconnues légitimes. Un arrêt du parlement, du 17 novembre 1528, décida que les conseillers ne seraient remplacés que tous les trois ans. Le parlement, par un décret du 2 décembre 1647, rendit le mode d'élection uniforme dans toutes villes à mairie de la province, et anéantit tous les usages anciens. Ce réglement fixait d'abord le nombre de personnes dont serait composé chaque corps des magistrats. Il abolissait tous usages d'assembler le peuple, pour donner son suffrage dans les élections, aux lieux où cette coutume s'observait. Il ordonnait que chaque ville serait répartie en quatre quartiers, dans chacun desquels les magistrats nommeraient un nombre égal des *plus apparents et notables* entre les bourgeois et habitants, de manière que le nombre des notables fût double de celui des magistrats. Il ordonnait ensuite que les noms de tous ces notables seraient écrits sur des bulletins et mis dans quatre boîtes destinées pour chacun des quartiers, desquelles boîtes serait tiré un nombre de billets égal à celui des magistrats; que les notables ainsi élus par le sort, se réuniraient aux mayeur, échevins et conseillers, pour nommer, ensemble par serment et à haute voix, le mayeur; que ce dernier serait tenu d'accepter cette fonction, sans pouvoir la conserver plus d'un an; que l'élection des échevins aurait lieu de la même manière; que le conseil serait renouvelé en totalité tous les trois ans; que les conseillers seraient élus à haute voix par les notables, et pris moitié dans le conseil ancien et moitié parmi les bourgeois et habitants. Ce système était des plus vicieux, en ce qu'il favorisait les intrigues. Le parlement, s'apercevant qu'il s'était trompé, fit un autre réglement, le 24 janvier 1656, pour changer la forme de choisir les notables. Il décida que les mayeur, échevins et conseillers des villes à mairie, s'assembleraient un mois après la publication de ce réglement et nommeraient, sans distinction de quartier, tous les plus apparents et notables entre les bourgeois et habitants ; que leurs noms seraient inscrits sur un registre et en même temps sur des billets mis dans une boîte ; et que lorsqu'il y aurait lieu de convoquer les notables, soit pour les élections du mayeur, des échevins et du conseil, soit pour délibérer sur les affaires importantes où leur participation était nécessaire, on tirerait au sort, sans distinction de quartier, un nombre de billets double de celui des mayeur, échevins et conseillers ; que les notables, dont le nom serait sorti de l'urne, vaqueraient immédiatement avec ces derniers aux affaires intéressant la chose publique. Les Etats-généraux ayant été convoqués en 1657, la chambre du Tiers-état insista, pour obtenir le rétablissement des anciens usages. Le parlement adressa une circulaire à toutes les villes, pour leur demander quel était le mode autrefois employé dans chacune d'elles pour les élections et quels en étaient les avantages et les abus. Toutes répondirent qu'il n'y avait qu'un seul moyen de ramener la tranquillité dans la province : c'était de rétablir les pratiques et formes anciennes des élections. Sur cet avis, le parlement fit un réglement particulier pour chaque ville. Il décida, le 18 décembre 1657, que le magistrat de Dole serait composé d'un mayeur, trois échevins, seize conseillers, un secrétaire et un syndic ; que l'élection du mayeur et des échevins se ferait tous les ans, le 31 décembre ; que ce jour-là, le mayeur, les échevins, les conseillers assemblés choisiraient vingt notables parmi les plus apparents et les mieux qualifiés de la ville, sans différence de quartier et avec faculté de faire porter leur choix sur des officiers royaux ; que les notables choisiraient le mayeur, même en dehors du conseil s'ils le voulaient ; que cet officier ne resterait en fonction qu'un an et ne pourrait être réélu que trois ans après ; que les échevins seraient élus à haute voix par les mayeurs ancien et nouveau, par les anciens échevins, par le conseil et par les notables. Il n'y eut rien de changé en ce qui concernait le conseil. La chambre du Tiers-état porta de nouvelles plaintes au roi Philippe IV, en 1662. Le roi renvoya l'affaire au marquis de Castel-Rodrigo, gouverneur et lieutenant-général des Pays-Bas et comté de Bourgogne. La solution se faisait attendre ; les députés des villes exposèrent alors à ce prince, en 1666, que la désunion des peuples était un présage certain de la ruine des Etats ; que les soulèvements occasionnés par les changements apportés dans le régime municipal pourraient avoir des suites funestes, et persistèrent à demander que les magistrats fussent rétablis dans leurs anciens droits, en les laissant dans la libre jouissance des formes anciennes de leurs élections.

Les choses étaient au même état, lorsque Louis XIV fit la conquête de la province. Le 26 août 1676, ce monarque signa des lettres-patentes, par lesquelles il supprima l'ancien magistrat de Besançon et créa de nouveaux offices, à l'instar de ceux de l'hôtel-de-ville de Dole. Il y eut dès lors, dans chacune de ces deux villes, un maire ayant le titre de vicomte, avec pouvoir de choisir un lieutenant pendant le temps et pour l'année de sa magistrature , trois échevins, seize conseillers, vingt notables, un syndic et un sous-syndic. Le maire avait la justice haute, moyenne et basse, et la police sur les citoyens en toutes causes réelles, mixtes et autres quelconques en première instance; le maire et les échevins pouvaient élire un scribe pour enregistrer et expédier les appointements, sentences et autres actes rendus par le maire et des sergents au nombre de six. Un coup d'état fiscal, plutôt que politique, abolit en droit et en fait l'ancien régime municipal, et ne lui laissa qu'une existence précaire et conditionnelle. Au plus fort d'une guerre, dont la dépense n'était couverte qu'à l'aide d'expédients financiers, parmi lesquels figurait la création d'offices, l'idée vint au gouvernement de s'emparer des magistratures urbaines et de tous les emplois à la nomination des villes, de les ériger en offices héréditaires et de les vendre le plus cher possible, soit à des particuliers, soit aux villes elles-mêmes. [Un maire perpétuel et des assesseurs, candidats-nés pour les fonctions d'échevins, furent imposés à toutes les municipalités du royaume qui cessaient d'être électives, à moins qu'elles n'eussent acquis de leurs deniers les nouveaux offices, pour les éteindre ou, comme on disait, pour les *réunir au corps de ville* (édit d'août 1692). En mettant à l'enchère ces offices devenus royaux et parés du titre de conseillers du roi, on avait spéculé d'une part, sur la passion des riches familles bourgeoises pour les charges héréditaires, de l'autre, sur l'attachement des villes à leurs franchises immémoriales, et cette audacieuse confiscation du régime municipal était fondée avant tout sur l'impuissance politique, où, malgré la popularité de ses formes, ce régime se trouvait réduit. En effet, aucun soulèvement n'eut lieu pour sa défense ; il n'y eut qu'une plainte universelle plus ou moins vive, plus ou moins amère, mais partout suivie de soumission. La ville de Dole se fit un devoir et un point d'honneur du rachat de ses priviléges ; au prix de sacrifices onéreux, elle devint adjudicataire, en 1694 et en 1703 ; de la majeure partie des offices nouvellement créés. Au mois de juin 1716, le prince qui gouvernait au nom de Louis XV mineur, décréta que toutes les villes du royaume rentreraient dans la plénitude de leurs droits. Cet édit, par lequel étaient supprimés tous les offices, réunis ou non, remboursés ou non par les villes, proclamait la restauration de l'ancien ordre municipal et semblait en garantir sérieusement le respect et le maintien; mais l'illusion fut courte. Six ans après (édit d'août 1722), dans une crise formidable pour le trésor, tous les offices municipaux créés et mis en vente par Louis XIV, le furent de nouveau par le régent. Dole, cette fois, ne put racheter ses offices. Cette confiscation des libertés communales, plus franche que la première, marqua pour l'avenir leur destinée. Elles furent comptées depuis lors parmi les moyens de battre monnaie dans les moments extrêmes. Ce fut un jeu pour le gouvernement de vendre, de retirer et de vendre encore ses titres de maires, lieutenants de maires, assesseurs, échevins, procureurs du roi, syndics perpétuels, et de pressurer les villes par la menace renouvelée d'une intrusion d'offices héréditaires. De 1722 à 1789, il n'y eut pas, pour le régime municipal, seize ans de liberté sans rançon. Dans cet espace de temps, sauf deux intervalles, l'un de 1724 à 1753, l'autre de 1764 à 1771, aucune élection de magistrats dans les communes ne put se faire qu'en vertu de brevets d'offices acquis par elle. Dole dépensa plus de 60,000 f. pour ces acquisitions successives. En 1789, le magistrat de cette ville se composait d'un vicomte-mayeur, lieutenant-général de police, de cinq échevins, six conseillers, un secrétaire, un procureur du roi de police et de mairie, un receveur des revenus patrimoniaux, un contrôleur architecte, un substitut du procureur du roi de police, un receveur des impositions royales et un secrétaire de l'échevinage. Les agents subalternes étaient deux commissaires de police, quatre sergents de ville et deux gardes de police.

Avant la réunion de la Franche-Comté à la France, les fonctions de maire de Dole étaient environnées d'un grand prestige. Ce magistrat se qualifiait de vicomte-mayeur, comme le maire de Dijon. Les sergents formaient, pour ainsi dire, sa garde personnelle; ils étaient, à tour de rôle, de service à la porte de son hôtel, depuis cinq heures du matin jusqu'au soir et ne pouvaient le quitter pour quelque cause que ce fût. Ils devaient avoir pour lui le plus grand respect et lui obéir dans tout ce qu'il leur commandait. S'il arrivait des gens de guerre en ville, tous les sergents devaient se trouver à sa porte; le jour des fêtes solennelles, ils l'assistaient aux grand'messes et aux processions. S'élevait-il des troubles, des émeutes, deux sergents l'accompagnaient;

l'un d'eux portait le fallot dans les rondes et patrouilles qu'il faisait. Aussitôt après son élection, le maire « en était averti en sa maison, » d'où il était conduit, avec ceux qui l'avaient choisi, à l'hôtel du lieu-tenant-général du bailliage; puis on en sortait en compagnie. Les sergents de la mairie, avec leurs manteaux a ix couleurs de la ville (incarnat), précédaient le cortége, la hallebarde sur l'épaule, la pointe en haut, et l'on se rendait à l'église Notre-Dame, où le maire faisait, au pied du maître-autel, la main sur les évangiles, le serment suivant, entre les mains du lieutenant-général.

« Je jure Dieu, le tout-puissant, le Père, le Fils et le Saint-Esprit; que je suis et veux demeurer en la communion de la sainte Eglise de Dieu, catholique, apostolique et romaine, et n'ai part à aucune hérésie ou secte et autant qu'il sera en moi, serai l'adversaire à icelles, sans permettre à aucun qui soit sous ma puissance d'y adhérer;

» Que je serai toujours obéissant et fidèle au roi, mon souverain seigneur et prince naturel, et que en cet état ou office je m'emploierai de bon cœur, sincérité et affection et de tout mon pouvoir pour son service, honneur et utilité de la république, si avant que ledit office et charges y dues le requerront;

» Que j'administrerai bonne, sincère et droiturière justice à ceux m'en requérant, sans avoir respect à gain, haine ou amitié d'aucun et sans favoriser personne plus que raison et équité ne permet, traitant les bons autant doucement que je pourrai et châtiant les méchants selon le droit et justice, en la qualité de leurs démérites;

» Que je ne demanderai ni n'exigerai de qui que ce soit aucune chose, ni recevrai quoique gratuitement elle me soit offerte ou donnée outre ce que raisonnablement m'advient, ains serai content de mes gages ordinaires et gains légitimes ni permettrai qu'aucun sous ma charge ou m'assistant à l'exercice d'icelle en use autrement, ainsi me venant à connaissance, en pousserai le ressentiment qu'il convient;

» Qu'à l'occasion dudit office ou pour avoir suffrage, faveur ou assistance, je n'ai donné ou donnerai à qui que ce soit quelque chose, directement ou indirectement;

» Et pour dernier, je jure qu'en effet je ferai tout ce que homme de bien, bon et droiturier administrateur d'office pareil doit et est tenu de faire. Ainsi Dieu m'aide et tous les saints. »

Le serment prêté, les prêtres chantaient le *Te Deum*, et ensuite le maire était ramené en cérémonie à son hôtel.

Le costume des officiers municipaux de Dole était le même que celui du magistrat de Dijon. Le vicomte-mayeur portait dans les occasions solennelles une robe longue de satin plein, de couleur violette, doublée de satin rouge cramoisi, avec le chaperon de même étoffe et couleur, bordé d'hermine; les échevins, le secrétaire, le procureur syndic et le receveur, avaient une robe semblable, de gros de Naples ou de camelot de Hollande, de même couleur violette, avec le chaperon aussi bordé d'hermine. Ce costume cessa d'être en usage après les guerres de l'an 1636. En offrant à Louis XIV une somme de 30,000 fr. pour racheter ses offices municipaux, au mois de novembre 1693, la ville mit pour condition que dans les *Te Deum*, feux de joie, réjouissances et assemblées publiques, le maire serait revêtu d'une robe rouge, et les échevins d'une robe violette, mais cette condition ne fut point admise. A l'entrée des princes dans la ville, le vicomte-mayeur précédait à cheval le corps municipal; dans les autres occasions, il marchait à la gauche du lieutenant-général du bailliage. Pendant son année d'exercice, il ne payait aucun impôt. Il recevait un traitement annuel qui varia de 48 à 80 livres et trois livres de cire. La ville lui donnait, ainsi qu'aux échevins, secrétaire et conseillers, une médaille d'honneur en valeur de huit écus, portant d'un côté l'effigie du roi, et de l'autre les armes de la cité. Son mariage et celui de son fils aîné donnaient lieu à de grandes réjouissances. Les échevins, précédés de deux sergents, allaient attendre les nouveaux époux à la porte de la ville par laquelle ils devaient entrer; 100 ou 150 hommes de la milice bourgeoise étaient commandés pour accompagner le cortége; un membre du conseil était délégué pour faire un compliment; à l'arrivée, on tirait douze volées de canon au nom de la ville, et le capitaine gouverneur en faisait tirer trois volées au nom du roi; la milice faisait des salves de mousquetterie. Après le compliment, le syndic offrait à la nouvelle mariée le *présent de la ville*, consistant ordinairement en une coupe en argent, douze boîtes de confiture et du sucre.

Libertés, priviléges et immunités de la ville. — Dole a joui de tout temps de priviléges très étendus, résultant soit d'usages immémoriaux, soit de concessions successives des souverains. Nous allons indiquer les principaux.

1° *Franchise.* Tout l'espace compris entre les quatre croix, c'est-à-dire tout le terrain affranchi par la charte d'Alix, de 1274, était un lieu d'asile, sauf les halles, les fours et les moulins. Personne ne pouvait y être arrêté, pour quelque crime que ce fût, si ce n'est en cas de flagrant délit. Si un habitant était privé de sa liberté, en criant *franchise*, le peuple devait le délivrer. (Enquête du 29 décembre

1429). Marguerite de Flandres ayant fait incarcérer l'un de ses sujets, les habitants forcèrent immédiatement le bailli de la duchesse à le relâcher.

La rue d'Arans, outre le privilége qu'elle avait d'être un lieu d'asile, était affranchie de tous impôts. Ce n'est qu'en 1281, que les prud'hommes portèrent atteinte à cette prérogative. Il y avait aussi plusieurs maisons éparses dans la ville, qui étaient qualifiées de *franches*.

Garde des portes et des clefs de la ville. — Dans l'origine, les citoyens avaient la garde des portes et des clefs de la ville. Ces clefs étaient portées chaque soir chez le mayeur, et c'est là que le matin on venait les prendre pour ouvrir les portes. Lorsque Philippe-le-Bon eut institué un capitaine pour la défense de la place, cet officier prétendit qu'à lui seul appartenait la garde des portes et des clefs. Marguerite d'Autriche, duchesse de Parme, gouvernante des Pays-Bas et du comté de Bourgogne, décida, le 5 février 1560, que les clefs resteraient à la garde de la ville, et que le mayeur et le capitaine ouvriraient et fermeraient ensemble les portes. Le conseil délibéra en même temps que le mayeur garderait les clefs et qu'il les remettrait aux trois échevins, le soir et le matin, pour ouvrir et fermer; qu'à raison de cette charge, les fonctions d'échevins cesseraient d'être triennales et deviendraient annuelles. Une autre sentence du 10 janvier 1565, porta que le capitaine ne pourrait ouvrir les portes qu'avec le mayeur, mais qu'il pourrait les fermer seul, en cas d'imminent péril; que le mayeur ne pourrait les fermer sans l'avis du capitaine, et qu'il pourrait requérir ce dernier ou son lieutenant, de le faire quand il le jugerait à propos. En 1673, le comte de Berry, commandant de la garnison, au moment de partir avec son régiment, avait renvoyé les clefs au président de la chambre des comptes : le maire, instruit de ce fait, les réclama aussitôt et se les fit remettre.

Privilége des foires franches. — Il existait à Dole une foire très ancienne, qui se tenait le jour de la fête de la Nativité de Notre-Dame, et qui avait eu pour origine le pélerinage de Montroland. Comme elle entravait les cérémonies religieuses, on la transféra au troisième jour après cette fête. On l'appelait la *foire chaude*. Une autre foire fut autorisée et se tenait le jeudi après la fête de saint André; c'était la *foire froide*. Par une charte donnée à Arras, au mois de novembre 1430, le duc Philippe-le-Bon, considérant l'importance que la ville avait prise depuis l'établissement de l'université, en créa deux autres qui seraient tenues, l'une le jeudi après la Purification

Notre-Dame, l'autre, le jeudi après la Pentecôte, et transféra celle de
Saint-André au jeudi après la Saint-Barthélemy. Il permit à tous marchands de ses pays, pourvu qu'ils ne fussent ennemis, bannis ou
fugitifs, d'y venir librement trois jours avant, et d'y rester trois jours
après, sans pouvoir y être arrêtés pour aucune dette, si ce n'est pour
celles créées pendant les foires mêmes ou aux foires de Chalon ; il
ordonna en même temps à son bailli de veiller à ce qu'elles fussent
fréquentées et de les annoncer au loin. Par une autre charte datée à
Bruxelles, du mois d'août 1497, l'archiduc Philippe, dans le but de
favoriser le rétablissement de Dole, ruinée en 1479, accorda deux
autres foires franches, devant durer trois jours chacune et se tenir,
l'une le mercredi, le jeudi et le vendredi après le jour de Quasimodo,
et l'autre les mêmes jours avant la fête de saint Denis. Il déclara que
les marchands pourraient y venir deux jours auparavant et y rester
deux jours après, sans que ni eux, ni leurs commis, ni leurs marchandises pussent être arrêtés ni saisis pour quelque cause que ce fût,
n'exceptant de cette faveur que ses ennemis, les criminels, les bannis
et les fugitifs du comté de Bourgogne. En 1624, l'infante Isabelle en
créa une nouvelle qui devait se tenir le lendemain des féries de la Pentecôte. Les guerres du XVIIe siècle avaient fait tomber ces foires en
désuétude ; elles ne furent rétablies qu'en 1648.

Droit d'assistance aux Etats-généraux. — Le maire avait droit
d'assister aux Etats-généraux de la province avec deux assesseurs
nommés par le conseil. Il prétendait avoir la préséance sur toutes les
autres villes dans la chambre du Tiers-état. Cette prérogative lui fut
disputée par le maire de Salins, qui soutenait que le rang des villes
devant se régler par l'ancienneté de leurs affranchissements, il devait
nécessairement avoir la priorité. Une sentence provisionnelle donna
gain de cause à Salins ; mais un arrêt définitif, rendu par le parlement, le 5 juillet 1664, défendit à cette ville de prendre à l'avenir la
préséance sur celle de Dole et de se qualifier de capitale du comté, sous
peine d'une amende de 200 écus. Le procureur-général fut chargé de
poursuivre les auteurs de l'imprimé dans lequel les droits de la ville
de Dole étaient contestés.

Droit de chasse. — Les bourgeois jouirent en tout temps et sans
concession expresse, du droit de chasser à cor et à cri en tous lieux,
finage et territoire de Dole, même dans la forêt de Chaux, à la grosse
et à la petite bête, aux oiseaux et même aux cailles, avec filets. Les
réglements sur la chasse étaient faits par le mayeur. Le 23 avril 1509,
on défendit la chasse des perdrix à la chanterelle, depuis l'entrée du

carême jusqu'à la fête de saint Jean. Le 14 juin 1513, la ville fit faire
une haie dans la forêt de Chaux, pour retenir le gibier et afin de conserver ses priviléges. Le 17 avril 1575, le mayeur ayant appris que
M. de Champagne avait arrêté un cerf à la porte de Besançon, demanda qu'il lui fût remis. M. de Champagne ne consentait à le faire
qu'à condition qu'on lui en délivrerait gratuitement un quartier. Un
procès s'engagea devant la Cour, et la ville fut maintenue dans son
droit. Les chasseurs étaient organisés en confrérie, sous le vocable de
saint Hubert, et faisaient dans les bois de fréquentes battues, suivies
de festins et de copieuses libations. Le 5 février 1692, ils envoyèrent
frère Guillaume Pernot, cordelier, à Saint-Hubert en Ardennes, pour
y célébrer une messe en leur intention, y offrir un cierge à leur patron, une oblation de dix francs et cinquante sols pour le pélerinage
voué tous les cinquante ans.

Droit de pêche. — La ville avait, en vertu de la charte de franchises
de 1274, le droit de la pêche des fossés et de la rivière du Doubs,
dite la rivière de Dole, depuis les écluses de Baverans jusqu'à la
grosse tour de Gevry. Les villages voisins ne pouvaient pêcher dans
cette rivière qu'à la ligne. La pêche se louait et rapportait près de
600 fr. par an.

Droit de posséder fief. — Un des priviléges les plus honorables dont
jouissait Dole, était celui qu'avaient les bourgeois, d'y acquérir des
fiefs et des héritages nobles, saus permission du souverain et sans
payer finance. Ce privilége existait de temps immémorial et sans
concession expresse.

Droit d'incolat. — Nul étranger ne pouvait venir habiter Dole, sans
justifier qu'il était libre ou qu'il avait été affranchi par son seigneur.
Il devait en outre payer un droit appelé droit d'habitantage, qui variait, selon la fortune, de 6 francs à 60 francs, et fournir un seau
en cuir pour les incendies. Les étrangers, quoique admis comme
habitants, n'étaient point de la *commune,* et étaient désignés sous le
nom de *non-jurés.*

Droit de bourgeoisie. — Il était très difficile d'obtenir la qualité de
bourgeois de Dole : aussi, ce titre était-il fort recherché, même par
les familles nobles. Il fallait justifier qu'on n'avait jamais été main-
mortable ; qu'on avait toujours professé la religion catholique, apostolique et romaine, et qu'on était de bonnes vie et mœurs. Au moment de la délivrance des lettres de bourgeoisie, on payait une
somme variant de 300 à 800 francs, et on ajouta plus tard l'obligation
de fournir un mousquet. Les bourgeois seuls étaient jurés et compo-

saient *la commune*. Ce droit qu'on payait pour entrer dans la commune, répondait à la cotisation primitive que d'après le principe de la *guilde*, tous les membres de l'association-jurée avaient versée simultanément pour former le premier fonds de la caisse communale.

Droit de cote de la boucherie. — Il consistait dans une certaine somme perçue sur chaque espèce d'animaux tués à la boucherie, dans la ville et dans sa banlieue. La taxe était de 6 livres 4 sols 6 deniers par bœuf, 4 livres 8 sols 3 deniers par vache, 16 sols par mouton, bouc ou chèvre, et 1 livre 6 sols 8 deniers par cochon.

Droit de boulangerie. — Il était de 8 sols par mesure de froment que les boulangers faisaient moudre.

Droit de rouage des portes. — La ville percevait 2 engrognes sur les étrangers par chaque chariot ou charrette ferrés, 1 engrogne par chaque chariot ou charrette non ferrés et 10 deniers sur les premiers fonds de tonneaux sortant hors des portes.

Ces trois derniers droits étaient exigés depuis l'érection de la ville en commune, et furent maintenus par un arrêt du conseil d'Etat du 3 juillet 1717, confirmé par lettres-patentes du 10 octobre de la même année.

Droit d'entrée sur les vins. — Il consistait dans la perception d'un impôt sur tous les vins introduits dans la ville qui n'étaient pas du crû des bourgeois. Les membres du parlement, de l'université, de la chambre des comptes, les ecclésias tiques étaientexempts de cette charge. Un arrêt du conseil d'Etat, du 14 septembre 1753, maintint la ville dans la perception de ce droit, considéré comme bien patrimonial.

Droit sur les cabaretiers. — Nul ne pouvait tenir un cabaret, sans payer un impôt annuel. La taxe était plus élevée, lorsque les aubergistes voulaient avoir la faculté de mettre des nappes sur leurs tables. Cet impôt rapportait, en 1760, 971 francs.

Droit sur les revendeurs. — La permission de revendre des fruits, des herbages, des graines, du porc frais, se payait 3 francs et était dû chaque année.

Droit de figue grasse. — La ville percevait un droit sur tous les draps et les étoffes en laine qui se vendaient dans les boutiques en plein vent.

Droit sur le sel. — Lorsque les finances de la commnue étaient obérées, les souverains permettaient de percevoir de 2 jusqu'à 5 sols sur chaque pain de sel de l'ordinaire. C'était une des principales ressources. Ce droit rapporta en 1770, 6270 fr.

11

Droits seigneuriaux. — La commune percevait non-seulement des cens sur les maisons et terrains qui lui appartenaient, mais encore des droits de lots et de retenue sur chaque mutation d'immeubles censables envers elle.

Droit d'usage dans la forêt de Chaux. — Par la charte de franchises de 1274, la comtesse palatine Alix permit aux habitants, de couper toute espèce de bois dans cette forêt pour la clôture de la ville, l'entretien et le rétablissement des bannes, des écluses, des battoirs et des ponts, pour la construction de leurs maisons et pour faire du merrain, leur donna le droit de paisson pour leurs porcs, de pâturage pour leur bétail et celui de prendre du bois mort pour toutes leurs nécessités. Elle défendit seulement de couper des pieds d'arbres pour le chauffage. Les successeurs d'Alix confirmèrent, à différentes époques, cette concession sans aucune réserve. Le roi Jean, époux de Jeanne de Boulogne et administrateur du comté de Bourgogne, au nom du jeune Philippe de Rouvres, alla plus loin. Afin d'attirer la population, il donna aux habitants, par une charte de l'an 1360, l'usage du *bois vif,* en la forêt de Chaux, *haut et bas, pour ardoir et escolompner* (c'est-à-dire pour le chauffage et les constructions) *et pour faire toutes leurs autres aisances et nécessités,* avec ordre à son gruyer et à ses autres officiers de respecter cette concession. Le gruyer de Bourgogne ayant voulu les troubler dans la possession de leurs droits, le conseil municipal obtint en 1521, un arrêt du parlement qui débouta cet officier trop zélé.

L'ordonnance des eaux et forêts de 1669, qui révoquait les droits d'usage dans les forêts domaniales, n'ayant été enregistrée au parlement de la province qu'en 1694, ne pouvait être applicable aux habitants de Dole, puisque à cette date de 1669, Louis XIV n'avait aucun droit sur le comté de Bourgogne. Par la capitulation de 1668, ce monarque avait juré de maintenir bien et loyalement les priviléges, franchises et libertés, anciennes possessions, usages, coutumes et les ordonnances de la Franche-Comté. Dans celle de 1774, il est dit que les droits, priviléges et immunités de la province sont conservés dans leur entier, et des lettres-patentes, du 28 septembre 1728, avaient décidé que tous les possesseurs de biens et droits acquis des anciens souverains jusqu'en l'année 1674, devaient être maintenus en leur propriété et possession. Par lettres-patentes sur arrêt du 21 octobre 1724, la forêt de Chaux fut divisée en 20 triages et aménagée de manière à rester toujours en nature de futaie. Plus tard, les fermiers des salines furent chargés de son exploitation et changèrent l'aménagement. La

ville de Dole transigea pour la quantité de 4470 cordes de bois par
an, plus pour celle de 150 cordes destinées à l'usage de la tuilerie.
Malgré des titres aussi incontestables, les habitants sont aujourd'hui
privés de toute espèce de droit dans la forêt de Chaux, par suite d'un
jugement rendu le 20 juillet 1836, confirmé par la cour d'appel de
Besançon, le 9 janvier 1839, et par la cour de cassation le 15 juin
1843. Le principal motif de ces arrêts repose sur l'inobservation de
l'article 58 du Code forestier, qui obligeait la ville à se pourvoir devant les tribunaux dans l'année, à partir de la publication de cette loi.
C'est donc un simple vice de forme qui a privé les habitants de droits
d'usage aussi importants. Ne pourrait-on pas espérer que le gouvernement réparateur sous lequel nous vivons, présentera une loi pour
les relever d'une aussi fatale déchéance?

Droit de four banal. — Le 23 juillet 1254, la comtesse Alix avait
donné à la ville l'un de ses fours banaux. Cette concession eut un
double avantage. Elle permettait le louage de ce four et en outre au-
torisait le magistrat à accorder aux particuliers le droit de construire
des fours dans leurs maisons, moyennant finance.

Droit exclusif de vendre la viande pendant le carême. — Aucun
boucher ne pouvait vendre de la viande pendant le carême. Ce droit
appartenait exclusivement à la ville et se louait plus de 200 fr. annuellement.

Biens communaux. — Sous l'empire romain, les villes jouissaient
déjà de biens municipaux. Dole en avait de considérables, dont la possession remontait aux temps les plus reculés. Ainsi elle avait des terrains, qu'elle accensait à son profit, les accrues du Doubs, qui formaient plus de 630 soitures de pré, une portion de la forêt de la Serre
(740 arpents), dont la possession fut reconnue par arrêt de la réformation du 26 février 1725. D'autres biens résultaient de la concession des souverains, tels que les moulins, les battoirs, les foules,
les fours, la tuilerie, les bancs de boucheries, les boutiques devant
les halles, plusieurs maisons dans l'enceinte de la ville, une île dans
le Doubs, l'emplacement des vieilles murailles, etc.

Amendes. — La plupart des crimes, délits et contraventions prévus par la charte de 1274, étaient punis par des amendes pécuniaires
perçues au profit du souverain. Ce système de droit pénal n'était
point une institution nouvelle, une création de la Commune; c'était
l'ancien droit coutumier de la ville et du comte qui en était le suzerain.
L'application des peines pécuniaires à tous les genres de délit, s'introduisit comme principe du droit au sein de la Gaule romaine, par

l'invasion et l'établissement des populations germaniques. Tant que dura la distinction des lois personnelles, ce principe resta borné dans son action aux seuls jugements prononcés contre les hommes d'origine barbare ; les descendants des Gallo-Romains demeurèrent soumis à la pénalité des lois romaines, et comme on sait, les villes étaient presque entièrement peuplées d'habitants indigènes. Mais quand les lois personnelles fléchirent et disparurent sous la juridiction territoriale des seigneurs, et que des usages locaux se substituèrent partout aux lois écrites, la coutume, dans les villes, comme hors des villes, dut favoriser et développer le système des peines pécuniaires aux dépens de tout autre système. En effet, le droit de justice étant devenu la propriété du seigneur justicier, le seigneur avait pour principal intérêt de tirer de cette propriété le meilleur revenu possible ; de là vint que, dans le droit coutumier, à sa première époque, les amendes prédominèrent sur les peines corporelles, et que pour celles-ci, fut admise presque toujours la faculté de rachat. Lorsque Charles-Quint eut donné pouvoir à la ville, en 1538, de connaître de toutes causes criminelles, civiles, réelles, personnelles, mixtes et autres et d'adjuger les amendes à son profit, le magistrat maintint l'ancienne pénalité, dont le produit était une des sources abondantes du revenu municipal.

Exemption de péage.—De tout temps, les habitants furent exempts de payer les deux droits de péages dits, le *péage d'Augerans* et le *péage d'Auxonne.* Ils étaient francs de tout impôt indirect dans cette dernière ville.

Droits honorifiques et de justice. — Il était défendu, sous la peine du bannissement, de tenir des propos injurieux contre le maire ou les échevins. Un noble s'étant permis en 1503, d'insulter un échevin, n'obtint sa grâce qu'en venant demander *merci* à M. du conseil, les deux genoux en terre et la tête nue. Lorsque la ville eut obtenu la concession de la haute, moyenne et basse justice, le vicomte-mayeur avait le droit de vie et de mort sur tous les habitants. Le 3 novembre 1557, Laurent de Cluny ayant tué un écolier de Saint-Jean-de-Losne, avoua son crime. Le conseil laissa le jugement de ce crime au lieutenant du maire. L'assassin fut condamné à être exécuté devant la maison de Jean Huot, proche de l'université, où le meurtre avait été commis. Le procureur fiscal du bailliage réclama le prisonnier, qui était détenu dans les prisons de la ville, mais la Cour décida que justice serait faite par le mayeur. Le conseil fut si satisfait de cet arrêt, qu'il offrit un présent d'hypocras au président, huit livres de sucre au rapporteur et à M. Seguin, et quatre livres de sucre aux autres conseillers.

Le maire, comme exerçant la souveraineté municipale, au nom du corps des citoyens, scellait ses actes du sceau de la commune. Il était le capitaine-né des compagnies de l'arc et de l'arquebuse. La ville avait sa maison commune, ses armoiries et son beffroi ; au conseil appartenait la collation d'un grand nombre de chapelles dans l'église, la présentation des familiers, l'administration des hôpitaux, la nomination d'un boursier au collége Saint-Jérôme, d'un autre boursier au collége Merlin de Paris, et de l'un des trois distributeurs de l'université.

Armoiries. — Ce que dit Gollut des différentes armoiries de Dole, ne repose que sur des suppositions et de fausses traditions. Il est certain que ces armoiries furent conservées dès leur origine jusqu'en 1811, sans aucune altération de signes ni de couleurs. Des gravures et bas-reliefs, exécutés à différentes époques sur une clef de porte de la tour de la cathédrale, sur une autre clef de porte de communication du jardin des Orphelins au jardin du Prélot, sur le trophée qui décore la façade du pavillon des casernes, sur une borne séparative du territoire de Dole avec celui de Foucherans, sur des sceaux très anciens, et enfin sur le frontispice de plusieurs livres imprimés, prouvent évidemment ce que j'avance. Ces armes étaient : d'*azur à un lion naissant d'or, ayant la queue passée en sautoir, armé et lampassé de gueules, accompagné de douze billettes d'or ; coupé de gueules à un soleil rayonnant d'or.* Par lettres-patentes de Napoléon, du 20 juin 1811, sous la mairie de M. Rigollier aîné, les armoiries de Dole furent ainsi accordées : « coupé d'azur et de gueules, l'azur semé
» de billettes d'or et chargé d'un lion issant du même, armé et
» lampassé de gueules. La gueule à la montagne d'argent, mou-
» vante à la pointe ; franc quartier des villes de 2ᵉ ordre (chefs-lieux
» d'arrondissement), qui est d'azur à un N, surmonté d'une étoile
» rayonnante d'or. Pour livrées, rouge, bleu, jaune, blanc. Les or-
» nements extérieurs de ces armoiries consistent en une couronne
» murale à cinq créneaux d'argent, traversée en face d'un caducée
» contourné de même, auquel sont suspendus deux festons de lam-
» brequin, l'un à dextre d'olivier, l'autre à senestre de chêne aussi
» d'argent, noués et rattachés par bandelettes d'azur. » Précédemment les supports étaient deux anges de grandeur naturelle, aux ailes non éployées, et le tout était surmonté d'une couronne de comte. La devise était : *Justitià et armis Dola.* Par lettres-patentes de Louis

XVIII, du 14 décembre 1816, sous la mairie de M. Dusillet, les armoiries de Dole ont été ainsi octroyées : d'*azur à un lion d'or, armé
et lampassé de gueules, accompagné de douze billettes d'or, coupé
de gueules à un soleil rayonnant d'or.*

Etat civil et politique de la banlieue d'Azans. — D'après une circonscription très ancienne, et qui remontait probablement aux temps
romains, Azans était considéré comme une banlieue de Dole, même
après avoir obtenu une séparation de territoire. Deux prud'hommes
administraient cette petite communauté, sous la dépendance immédiate du magistrat de la ville. Nul étranger n'y était admis avant
d'avoir reçu le titre d'habitant de Dole. Les réglements de police, les
impôts communaux de toute espèce étaient applicables à Azans comme
à Dole.

Commerce et industrie au moyen-âge. — Dès l'époque romaine, la
ville de Dole se trouvait en communication avec le midi de la Gaule,
avec Lyon, Chalon et Besançon, par des voies navigables et par de
grands chemins; avec Dijon, Salins, Pontarlier, la Suisse, et avec
Langres, par des routes fréquentées. La facilité de ces rapports dut
être favorable au commerce de cette cité. Les règnes de Charlemagne,
de Louis-le-Débonnaire, furent une époque de renaissance pour le
commerce. Les dévastations des Normands, des Hongrois, les luttes
de la féodalité replongèrent notre pays dans la barbarie et en amenèrent la ruine. Ce n'est qu'au xie siècle que le commerce reprit quelque énergie. Cependant, il ne se faisait encore que de proche en proche et n'avait pour objet que les choses les plus nécessaires à l'homme
et à la culture des terres. Le pélerinage de Montroland donna naissance à cette époque, à une *vogue* qui ne tarda pas à devenir une
foire importante. Les croisades donnèrent aux relations commerciales
un développement prodigieux. On apprit à connaître les côtes d'Espagne, d'Italie, d'Afrique, d'Orient, et de ces contrées lointaines arrivèrent une infinité de produits livrés en échange, de grains et de
bestiaux. Les marchands de Venise, de Gênes, de Florence, de Pise,
connus sous le nom de *Lombards*, favorisèrent ces transactions. Une
colonie de ces étrangers vint s'établir à Dole. Ils ouvrirent des boutiques d'étoffes et firent construire une tour, appelée la *tour des Lombards*, pour protéger leurs marchandises. Cet édifice était près des
halles et contigu à la maison d'Arducius, conseiller du comte Otton V.
Des Juifs ne tardèrent pas à établir dans cette ville une table pour le
change. Ils occupèrent un quartier spécial appelé la ruette du *Bourg*
ou des *Juifs.* Ils y acquirent d'immenses richesses. Les grands sei-

gneurs leur engageaient des bourgades entières. En 1264, Marnay était engagé pour cinq ans à des Juifs de Dole et de Villars. Les intérêts usuraires qu'ils percevaient, ne les empêchaient pas de se faire donner de sérieuses garanties. Jean de Chalon-Arlay Ier eut besoin du cautionnement de Jean de Montbéliard, sire de Montfaucon, pour un prêt de 150 livres qu'un Juif de Dole lui avait fait. Il est vrai que les villes vendaient fort cher à ces négociants le droit de cité et celui de commercer dans leurs murs. Indépendamment du cens annuel que les Lombards acquittaient, ils étaient soumis à des droits de péages considérables à Gevry, à Dole, à Augerans, à la Loye, à Pontarlier et à Chalamont, ainsi qu'on le voit dans l'acte passé en 1294, entre les envoyés des chefs des marchands d'Italie, et Otton V, comte de Bourgogne et Hugues son frère. La charte de franchises de 1274, ayant fait de Dole un lieu d'asile, on y vit affluer une foule d'ouvriers ambulants et de petits marchands colporteurs. Par les termes de cet acte, on peut reconnaître qu'il y avait déjà une halle, un marché chaque semaine, des moulins et des battoirs d'écorce, de chanvre et de draps, ce qui suppose l'existence de tanneurs, de tisserands et de drapiers. La charte d'Otton V, de 1281, prouve qu'il existait entre Dole et Auxonne, une société de commerce, semblable à celles qui liaient entre elles les cités flamandes. La création successive de plusieurs foires franches, l'établissement de l'université qui attirait une foule d'étudiants rendirent le commerce et l'industrie de cette ville florissants. Les hôtelleries, les bouchers, les boulangers, les cordonniers, les tailleurs, les boutonniers, les marchands d'étoffes s'y multiplièrent. On y comptait quatre maîtres drapiers, au commencement du xve siècle. Pierre Amidey y dirigeait en 1413 une forge importante, dans laquelle on fondait des canons de moyen calibre, pouvant lancer des mortiers en pierre de 11 à 12 livres. Ce fut en 1490, que Pierre Metlinger, allemand d'origine, vint s'établir à Dole et y imprima les ordonnances du comté de Bourgogne. Antoine Dominique, docteur ès-droit, Poyvre et Ravoillot, imprimeurs, y arrivèrent presque en même temps en 1584. Jean Binard, de 1627 à 1674 ; Claude Figurey en 1671 ; Bonaventure Magnin en 1700 ; Antoine Binard et sa veuve, de 1705 à 1713 ; Jean-Baptiste Tonnet, de 1721 à 1760 ; Pierre-François Tonnet, de 1744 à 1765 ; la veuve de ce dernier, de 1765 à 1783 ; Joseph-François-Xavier Joly, de Nancy, de 1784 à 1818, firent valoir des imprimeries dans cette ville et y ouvrirent en même temps des magasins de librairie. Le 29 janvier 1591, le conseil accensa à Jean Henri, une place à l'extrémité du grand pont, vers l'hôpital, pour y construire une papeterie, moyennant la redevance annuelle de 5 sols et d'une demi-rame de papier. Cet établissement exista pendant plusieurs siècles. En 1606, on construisit un nouveau moulin sous le vieux château et des foules à drap. Déjà en 1565, on avait élevé un nouveau moulin sur bateau. Les tanneurs occupaient une rue entière, qui prit le nom de *rue des Tanneurs*. Ils faisaient un commerce très étendu. En 1572, ils furent assujettis à imprimer sur leurs cuirs une marque particulière et à les faire timbrer des armes de la ville. En 1590, il fut décidé que nul artisan ne serait reçu avant d'avoir fait un chef-d'œuvre de sa profession, dont le mérite serait apprécié par le mayeur, deux échevins et deux commissaires. En 1572, il y avait 10 hôteliers, 12 cabaretiers, plusieurs fabriques de cordes, de seaux et de chandelles, des barbiers, des apothicaires, des armuriers, des potiers d'étain et de nombreux revendeurs. La plupart des marchandises étaient tarifées et ne pouvaient être vendues au-dessus de la taxe, sous peine de confiscation. Chaque genre de commerce avait un quartier spécial qui lui était assigné. D'après un réglement de 1575, les merciers ambulants et les marchands étrangers ne pouvaient séjourner et vendre dans la ville, que trois jours seulement et de trois mois en trois mois. Une fabrique de soie fut établie au commencement du XVIIe siècle, mais elle ne put prospérer. Après Besançon et Salins, Dole était, au moyen-âge, la ville la plus commerçante de la province. Ses foires jouissaient de la même réputation que celles de Châlon-sur-Saône.

Fortifications. — Il est probable que cette ville fut fortifiée dès les temps celtiques et formait à cette époque un *oppidum ;* mais comme les Gaulois se bornaient à faire des murs composés de longues poutres de chêne placées longitudinalement et espacées entre elles, avec des interstices remplis de terre et de pierres, ces fortifications ne pouvaient avoir de longue durée. Il n'est donc pas étonnant de n'en pas retrouver de vestiges. La forme de la ville, à l'époque féodale, qui était celle d'un ovale assez régulier, dont un côté était coupé par une sécante qui était le Doubs, indique tout d'abord son origine romaine ; car nous savons par les auteurs que les Romains, pour rendre plus facile la défense de leurs enceintes, se gardaient bien de les faire sur un plan autre que celui de l'ellipse ou du cercle, afin de ne pas créer des angles toujours plus vulnérables que des faces arrondies. Comparons un instant Dole à Chalon-sur-Saône, l'une des cités importantes des Gaules et dont on a retrouvé les fortifications romaines, nous y rencontrerons de nombreux points de ressemblance. Ces deux villes étaient bâties sur le bord d'une rivière navigable et traversées par la grande voie d'Agrippa de Lyon au Rhin ; leur emplacement s'élevait en amphithéàtre en s'éloignant de la rivière. Trois grandes rues les divisaient dans leur longueur. A Chalon, la rue principale traversant toute la cité en ligne droite, la partageait en deux segments mathématiquement égaux. Cette voie aboutissait aux deux portes les plus importantes : la porte de Beaune, qui était à l'extrémité de la Grande-Rue et la porte du pont de la Saône, où commençait cette rue. Deux autres voies s'étendaient dans la partie longitudinale de la ville. Des rues transversales coupaient ensuite ces trois grandes rues, en partie assez régulières. C'était exactement la distribution de Dole. Sens, bâti par les Romains, avait la plus grande analogie avec Chalon et avec Dole. Son plan était elliptique comme celui de ces deux villes. Une grande voie, accompagnée de deux autres voies parallèles, le traversait dans toute sa longueur, et des rues transversales le coupaient dans sa largeur. Sens et Chalon avaient du reste comme Dole quatre portes, tournées à peu près vers les quatre points cardinaux. Il est facile de voir dans ces lignes se coupant à angles droits, dans ces rues d'un dégagement si facile pour les quartiers qu'elles forment, cet esprit de méthode, d'ordre et de grandeur qui caractérise les œuvres du peuple-roi. Tout porte à croire que l'enceinte gallo-romaine de Dole se composait d'une muraille percée de quatre portes et flanquée de tours rondes comme celles de Chalon. Si on observe la base des vieilles murailles, c'est-à-dire de celles démolies au moment du siége de 1479, on remarquera qu'elle était faite avec des blocs de pierre d'un grand appareil. Les murs gallo-romains de Chalon et de Sens étaient exactement construits de la même manière. L'invasion des Normands et celle des Hongrois, engagèrent les villes à relever leurs enceintes mutilées, en même temps que la féodalité se murait dans ses châteaux et que les seigneurs abritaient leur puissance derrière leurs hautes murailles. Les murs de Dole étaient déjà reconstruits au commencement du xII[e] siècle, puisqu'on rencontre dans la relation des miracles de saint Prudent, à la date de 1124, les mots de *castellum*, de *castrum*, d'*oppidani*, appliqués à cette ville, ce qui indique l'existence d'un château, d'un bourg fortifié et d'habitants garantis par une enceinte. Des faubourgs s'étant formés, on dut songer à les mettre à l'abri d'un coup de main et on les enveloppa d'une fortification qui ne consista dans le principe que dans un fossé et une ligne de palissades, mais à laquelle on substitua bientôt une muraille solide. La charte de 1274, fait une mention formelle de ces murs et des quatre

12

portes. Nous allons maintenant décrire la forme de cette enceinte, telle qu'elle était au moment du siége de 1479.

Elle avait en circuit 820 toises, la toise de sept grands pieds le comte. Elle était percée de quatre portes, appelées *porte du Pont*, *porte de Besançon*, ou *Porte-Verte*, *porte de Montroland*, ou de *Séans*, et *porte d'Arans*. Elle était en outre défendue par 12 tours rondes, appelées tour des *Bénits*, ou *Tour-Ronde*, tour *Pénisse*, grande tour de *Landon*, tour *Marchand*, tour de *Citeaux*, tour *Drohot*, tour *Nicole*, tour d'*Ingoule*, tour *Fendue*, tour *Barnault*, et une autre sans nom ; par neuf tours carrées, appelées tour des *Cigognes*, tour *Frémy*, grosse tour *Thiébaut*, tour *Nourrice*, tour *Mal-Couverte*, tour du *Crot*, tour *Marcousse*, tour de l'*Abreuvoir*, tour à *Bosse*, couvrant les moulins par-dessus le pont, et la tour *Carrée* ; par sept demi-tours, appelées *Coutes* (c'était un demi flanc carré), par une demi-tour carrée, appelée *Demi-Tour-Brûlée*, et enfin par un angle rentrant, dit le *Fer-à-cheval*. Les murs étaient percés de meurtrières et baignés à leur base par un double fossé. La plupart des tours étaient inféodées à des familles nobles, dont elles portaient le nom. Chacune d'elles avait une destination particulière. Un chemin de ronde longeait les murailles, auxquelles on montait à l'aide d'escaliers en pierre. Des galeries couvertes en bois, appelées *chaffaux* ou *chauffaux*, régnaient au-dessus de l'enceinte et surmontaient quelques tours. Chaque porte était percée dans une grande tour carrée, surmontée d'un toit aigu. Elles étaient défendues par une herse, un pont-levis et un pont en pierre jeté sur les fossés. Une portelle, ou porte de secours, communiquait avec le château. Un réseau de souterrains sillonnait la ville et donnait accès dans la campagne. Ces fortifications étaient déjà en mauvais état en 1360. Le 12 juillet de cette année, le duc de Bourgogne ayant eu avis de l'arrivée des Anglais et des *grandes compagnies* dans le comté, donna un ordre, daté d'Auxonne, pour *enforcir de murs*, travaux et eschiffes la ville de Dole. De nouvelles réparations furent faites en 1375. Les habitants, justement alarmés de la ruine de leurs murs, se proposèrent d'y remédier, afin de se mettre en sûreté contre les courses et les attaques des ennemis. Au mois de mars 1412, ils supplièrent le duc Jean-sans-Peur de leur permettre de réparer et fortifier les tours, les murs et les portes de la ville et de les aider à faire cette dépense. Le duc, après avoir pris l'avis de son conseil, accorda cette permission et autorisa les échevins à toucher chaque année, pendant quatre ans, sur son trésor, une somme de 300 livres, à condition que la ville fournirait de ses propres deniers, pendant le même temps, une somme de 600 livres. Les travaux commencèrent immédiatement. Les fortifications furent entièrement ruinées par les Français en 1479. En 1573, le roi d'Espagne céda les vieilles murailles aux habitants, ainsi que le terrain compris entre elles et la nouvelle enceinte, à condition qu'aucune place ne pourrait y être accensée pour bâtir.

L'Assemblée des Etats, réunie à Besançon en 1483, demanda au roi Charles VIII, la liberté pour les habitants des villes et bourgs, de rétablir leurs murs et de se garder eux-mêmes. En 1491, ce monarque donna 2000 francs pour rétablir les murailles de Dole. On commença par relever, en 1502, les portes et les ponts-levis. En 1506, l'empereur Maximilien envoya des commissaires pour lever le plan de nouvelles fortifications. Charles-Quint, informé de l'importance de la capitale du comté de Bourgogne et de la nécessité de la mettre en état de défense, résolut de faire des remparts, d'après un nouveau système de stratégie inventé par les Italiens. Les boulevarts dont l'ingénieur San-Micheli entoura Véronne en 1529, devaient servir de modèle. Sur le rapport de Henri de Nassau, qui était venu en 1530 en Franche-Comté, pour assister aux funérailles de Philibert de Chalon, il envoya la même année l'ingénieur François Précipiano, de Gavia, près de Gênes, pour diriger les constructions. Afin de prévenir toute surprise pendant que la ville se trouverait ouverte, on y avait fait entrer 250 piquiers et 50 arquebusiers, levés au val de Morteau et aux environs. Cette troupe ayant voulu exiger des habitants des choses déraisonnables, ceux-ci, à un certain signal, prirent les armes, placèrent quelques pièces d'artillerie à l'entrée des rues, et forcèrent ces soldats à quitter la ville, sans leur permettre de se saisir de leurs armes, qu'on leur porta sur le tertre où ils s'etaient arrêtés. On tira ensuite, par-dessus leurs têtes, plusieurs volées de canon, pour leur faire connaître qu'ils devaient s'éloigner promptement, s'ils ne voulaient pas être exposés à un traitement plus fâcheux. Dans les instructions que Charles-Quint donna, avant de mourir, à Philippe IV, son fils, ce monarque lui recommanda de faire terminer les fortifications de Dole, de Gray et du château de Joux, et d'employer tout ce qu'il retirerait de la province à cet usage. Pour se conformer à ce vœu, Philippe IV consacra les 120,000 francs qui lui furent offerts par les Etats assemblés à Dole en 1556, à la continuation des ouvrages commencés par ordre de son père. Le canal dit de Charles-Quint fut ouvert en 1575. La porte neuve du Pont fut achevée et bénite le jour de fête Saint-André, 1603. Les travaux s'exécutaient avec

beaucoup de lenteur. Les Etats ne cessaient pourtant de solliciter des
souverains de Bourgogne leur entier achèvement. Commencés avec
trop de somptuosité, on ne pouvait trouver aucun moyen pour les terminer.

Les nouveaux remparts ne ressemblaient en rien aux anciennes
fortifications. Aux tours et aux murailles couronnées de leurs galeries
de bois, avaient été substitués des bastions et des courtines. Du fond
des fossés s'élevaient des demi-lunes, des lunettes et des contre-
escarpes. Cette seconde ceinture donnait du reste à Dole un périmètre
un peu plus grand que celui qu'elle avait eu jusqu'alors. Elle se composait de six boulevarts appelés boulevart des *Bénits*, boulevart *Ber-
gère*, boulevart *Impérial*, boulevart *Montroland*, boulevart d'*Arens*,
boulevart *Ferdinande* ou du *Vieux-Château*, et de deux demi-lunes
placées devant la porte de Besançon et devant celle d'Arans. Le circuit
de la ville était de 824 toises 5 pieds.

Il y avait trois portes, appelées portes du Pont, de Besançon et des
Arènes ; elles avaient chacune 36 pieds de largeur.

La ville avait 292 toises de longueur depuis la demi-lune de Besançon à celle des Arènes, et 192 toises de longueur depuis la porte
du Pont à la portelle de Montroland. Depuis le boulevart des Bénits,
il y avait une contre-escarpe en avant des fortifications et à la distance de 18 toises, qui régnait du pourtour de la ville jusqu'au Vieux-
Château et présentait les mêmes saillies que les boulevarts, en formant leurs avant et arrière becs. En 1632, les conseillers Boyvin et
Bereur, aidés des avis de M. Vernier, général des monnaies et ingénieur habile, firent réhausser les deux courtines du côté de la rivière
et élever des parapets sur tous les boulevarts, avec des embrasures
aux faces et aux oreilles, pour y pointer le canon. Ils dressèrent les
deux demi-lunes qui étaient devant les deux portes des Arènes et de
Besançon, avec de la terre bien battue, et sur lesquelles on pouvait
ranger cinq cents combattants en bataille. Le grand fossé de la ville
n'avait que 15 pas d'épaisseur devant les fronts des bastions et était
couvert de certaine levée de terre, sans corridor ni esplanade. Ils
donnèrent à ce fossé 36 pas de largeur par le haut et 50 en bas, avec
7 à 8 pas au moins de profondeur, et le revêtirent d'un chemin couvert de 10 pas, avec deux ou trois banquettes, parapets et esplanades.
Ils firent faire de grandes pointes enfoncées au milieu de chaque courtine, pour nettoyer les côtés, faire places d'armes et éloigner les
assiégeants. Avant le siége de 1636, on commença un retranche-
ment sur le tertre qui commandait la ville au-delà du Doubs, du côté

des Mhimes, pour enfermer le faubourg de la Bedugue et une partie
du village d'Azans. Les suites de ce siége furent funestes pour les fortifications. Beaucoup de parties furent endommagées. On y fit des réparations jusqu'en 1668, mais après la capitulation de la province,
Louis XIV en ordonna la destruction. Le 23 mars de cette même année,
le marquis de Gadagne, commandant à Dole, prévint le magistrat de
l'ordre qu'il venait de recevoir de faire raser les murailles. MM. de
Mesmay et Raclet furent délégués par le conseil, pour aller supplier
l'intendant, de vouloir bien consentir que les courtines, les portes et
les ponts fussent conservés. L'intendant, qui avait reçu des instructions précises, resta inébranlable. M. le chanoine de Marenches fit de
nouvelles instances auprès du marquis de Louvois, mais il n'obtint pas
un meilleur succès. La destruction était déjà très avancée, lorsque
la province fut rendue à l'Espagne. Le 21 août 1668, la ville offrit
100,000 francs pour rétablir son enceinte. Le roi d'Espagne ordonna,
en 1672, une contribution de 100,000 écus pour cette restauration,
et décida que les communautés religieuses y contribueraient comme
les autres particuliers. Après la conquête de 1674, la destruction des
murailles fut définitivement ordonnée. La ville ne fut plus entourée
dès-lors que d'un mur de deux pieds d'épaisseur sur douze pieds d'é-
lévation. Au mois de juillet 1698, Louis XIV céda à l'hôpital général
le terrain renfermé dans l'étendue du bastion du Pont, pour y construire la maison dudit hôpital, à charge de ne point endommager ce
bastion et de le laisser en son entier. En 1706, il lui céda tout le
terrain dépendant des remparts et des fossés. Aujourd'hui l'emplacement des murailles, des fossés, des glacis, est couvert de maisons,
de jardins, de vergers. On remarque encore au haut d'une partie de la
courtine qui réunissait le bastion d'Arans à celui du Vieux-Château et
dont une partie subsiste, ces mots gravés sur la pierre, en très gros
caractères : *A. Præcipianus mandato condebat.* Ambroise de Précipiano avait succédé, comme ingénieur des fortifications, à François,
son père.

Guerres et siéges. — Dans les différentes guerres que le duc de
Méranie soutint, au xiiie siècle, contre les maisons de Chalon et de
Vienne, la ville de Dole resta constamment fidèle à son souverain et
résista à toutes les attaques dirigées contre elle par les garnisons de
Rochefort et de Montmirey. Le duc Eudes accorda différentes faveurs
aux habitants en 1342, pour les récompenser de leur dévouement à sa
cause, dans les luttes qu'il eut à soutenir contre les barons comtois
confédérés. Les Anglais et les *grandes compagnies* ravagèrent, de

1361 à 1365, toutes les campagnes des environs de Dole ; ils détruisirent les villages de Sayens, des Mars, de Truchume; ils tenaient nuit et jour d'*embler* Dole, mais la solidité des murailles et le courage des habitants ne leur permirent jamais de pénétrer dans la ville. En 1435, Charles, duc de Bourbon, profitant de l'absence du duc Philippe-le-Bon, son beau-frère, dont il était l'ennemi, pénétra dans le duché de Bourgogne et s'empara de plusieurs places importantes. Il entra ensuite dans le comté, et y prit par force plusieurs bonnes villes et forteresses. Il vint mettre le siége devant Dole, fit battre le rempart du côté de la rue des Chavannes, et après avoir fait une brèche raisonnable, ordonna l'assaut. Il fut reçu de telle sorte, qu'il perdit le plus grand nombre de ses plus braves officiers et soldats, et se vit dans la honteuse nécessité de se retirer. Le duc Philippe reprit toutes ses places, et donna à la ville une somme de 1800 francs, payable en six ans, pour rétablir les dommages causés à ses murs.

Après la mort de Charles-le-Téméraire, arrivée le 5 janvier 1477 (n. s.), les trois Etats du comté de Bourgogne, réunis à Dole, le 18 février suivant, firent la remise de cette province à Louis XI, pour la garder au profit de l'héritière du duc défunt, et consentirent que le roi plaçât des garnisons françaises à Dole, à Gray et à Salins. Les Dolois, attachés sincèrement à Marie de Bourgogne, seule fille et héritière du duc Charles, ne voulurent point ratifier les décisions prises par les Etats. Il fut délibéré, dans un conseil secret, que la princesse Marie serait seule proclamée souveraine légitime, et que la garnison française qui venait d'arriver, serait expulsée. Cette résolution ayant été communiquée aux principaux personnages de la ville, on convint de surprendre la garnison à l'improviste et de la chasser. Tout-à-coup, à un coup de cloche sonné par ordre du mayeur, le peuple se rua sur les soldats de garde, en tua plusieurs et mit tout le reste de la troupe en fuite, en les poursuivant aux cris de : *Bourgogne et Dole! vive dame Marie! vive dame Marie et Bourgogne!* Jean IV de Chalon-Arlay, prince d'Orange, qui s'était dévoué aux intérêts de Louis XI, parce que ce monarque lui avait promis le gouvernement des deux Bourgognes et la restitution de différentes places confisquées à son préjudice par le duc Charles, ayant appris ce qui venait de se passer à Dole et la nomination du sire de Craon aux fonctions de gouverneur des deux Bourgognes, se rallia immédiatement au parti de la princesse Marie et traita, dès avant le 23 mars 1477 (n. s.), avec les mandataires de Hugues de Chalon-Châtelguyon, pour la remise en ses mains, des places tenues par ce dernier, afin d'y mettre garnison, *pour le service* de Mademoiselle de Bourgogne, auquel *il voulait employer tous ses jours et pouvoir.*

La conduite des Dolois et du prince d'Orange entraîna dans le même parti toutes les villes et la noblesse du pays. Les habitants de Dole prévoyaient bien que les Français voudraient se venger, et que leur ville serait prochainement attaquée. Ils firent leurs préparatifs de défense. Ils appelèrent au milieu d'eux une nombreuse garnison allemande. Les Français s'avançaient à chaque instant jusqu'aux pieds des murailles, pour enlever le bétail qu'ils rencontraient dans les champs. Les Allemands se décidèrent un jour à les poursuivre. Ils sonnèrent leurs gros tambourins et sortirent de la place, pour reprendre le butin enlevé par les ennemis. Les pillards firent semblant de prendre la fuite, afin de les attirer dans une ambuscade. Tout-à-coup 300 soldats armés de lances parurent, et tuèrent plus de 600 Allemands. Fiers de ce succès, les Français ne doutèrent plus qu'ils se rendraient facilement maîtres de Dole. Ils s'avancèrent au nombre de 20,000 et se disposaient à livrer l'assaut. Il y avait dans la ville 900 Suisses, commandés par M. de Berne, et 1000 hommes environ de milice bourgeoise, sous les ordres du capitaine de Montboillon. Les assiégeants battirent la muraille pendant huit jours continuels, creusèrent plusieurs mines et ouvrirent une large brèche. Neuf cents d'entre eux étaient déjà au-dessus des murailles et se croyaient vainqueurs ; « mais quand bon sembla aux Allemands de besongner, dit une relation manuscrite que nous avons consultée, ils deschargèrent leurs engins tout à coup et renversèrent les Français du haut en bas dedans les fossés, puis par une secrète voye sortirent hors de leurs forts et les desconfirent tellement, que tost après levèrent leur siége, boutèrent le feu en leurs tentes et pavillons et abandonnèrent leur artillerie, c'est à scavoir les trois frères de Beugres, le chien d'Orléans (canon de gros calibre qui fit merveille pour la défense d'Orléans au temps de la Pucelle), une bombardelle et autres engins, puis se retirèrent en le duché. » Les Dolois comprirent que ce succès ne ferait qu'irriter davantage Louis XI. Ils formèrent un nouveau corps de milice, dont le commandement fut confié à quelques gentilshommes et à de bons et vieux soldats résidant dans la ville ou aux environs. Ils décidèrent que la garnison serait fournie, logée et nourrie par les particuliers, selon leur fortune ; que chaque habitant ferait venir de ses amis, parents, grangers, serviteurs ou sujets propres à la guerre, en nombre tel que celui pour lequel il était imposé, et que celui qui voudrait se retirer et ne pas contribuer de sa personne à la défense de la ville, serait imposé doublement ;

que ses caves et ses greniers seraient les premiers ouverts. On décida encore que des deniers empruntés pour les nécessités de la guerre, le remboursement serait mis en grande partie à la charge des absents et le surplus à la charge du conseil. Le prix du salignon de sel fut élevé à cinq sols. Les capitaines faisaient faire de fréquents exercices aux soldats, même les jours de fêtes. On se prémunit contre la disette, en faisant d'abondantes provisions de bouche. Les portes, les tours, les corps-de-garde étaient confiés à la défense des plus honorables bourgeois, accompagnés de quelques gentilshommes et de soldats pratiques. Les grands corps-de-garde étaient en la main d'Adrien de Toulongeon, de Simon de Quingey et de N. de Thoisy, ayant chacun leur lieutenant. Rien ne pouvait se faire sans la participation du conseil, qui était presque toujours en permanence. Toutes ces précautions n'étaient point inutiles. Les garnisons françaises et écossaises qui étaient à Gray et autres lieux, vinrent, le 13 avril 1477, charger à l'improviste les troupes de la prévôté de Gendrey, aux portes de Marnay, et tuèrent plus de 300 hommes, s'emparèrent ensuite de Marnay, Corcondray, Balançon, Ougney et Pesmes, et s'avancèrent jusqu'aux portes de Besançon. Ce n'est que sur la fin du mois d'août de la même année, que Georges de la Trémouille, sire de Craon, comte Delmey, seigneur de Lisle, Bouchard, de Jonvelle et de Rochefort, premier chambellan de Louis XI, vint mettre le siége devant Dole, à la tête d'une armée de 14,000 hommes et d'une nombreuse artillerie. La ville était commandée par Adrien de Toulongeon et par le mayeur Etienne Duchamp, assistés de plusieurs gentilshommes. Outre la milice, il y avait dans la place sept à huit cents auxiliaires suisses. Le sire de Craon établit son camp près de l'église de Saint-Martin et sur l'emplacement des villages des Mars et de Truchume. Le siége était à peine commencé, que les habitants inquiétèrent les troupes françaises par des sorties continuelles, et les empêchèrent durant plusieurs jours d'établir leurs batteries. Craon dirigea principalement le feu de ses pièces contre le quartier de Montroland. Les tours et les murailles furent battues si furieusement de ce côté, pendant plusieurs jours, qu'elles furent renversées dans le fossé. La brèche étant très large, les assiégeants résolurent de livrer l'assaut. Les Français attaquèrent avec une grande impétuosité, et se soutenaient en remplaçant les troupes fatiguées par des troupes fraîches. Le courage calme des assiégés triompha de leurs efforts et les contraignit à se retirer dans leurs tranchées. Cet échec fut tellement grave, que Georges de la Trémouille perdit l'espoir d'enlever la place par assaut et se décida à convertir le siége en blocus. Il espérait affamer les habitants et les obliger ainsi à se rendre. Le 28 septembre, Claude de Vaudrey, qui s'était ménagé des intelligences avec quelques habitants de Gray, s'avança à la tête de 1000 à 1200 hommes, pour s'emparer de cette dernière ville. Les portes lui sont ouvertes, et la garnison, commandée par l'Ecossais Salazar, impuissante pour se défendre tout à la fois contre les assaillants du dehors et la population de la ville, met le feu aux maisons et se retire dans le château, qu'elle est forcée d'abandonner bientôt après avec une grande perte. Les bourgeois de Dole, instruits de ce succès, se décidèrent à attaquer Craon jusque dans son camp. Le 1er octobre « (voïant une nuict fort obscure, venteuse et pluvieuse), dit Gollut, heurent opinion que l'ennemy seroit facilement veincu, si lon le chargeoit à l'improviste et brusquement. Et pour ce, estans conduicts par quelques valeureux chefs, sortirent par lieux couverts, et, haïans trompé les escoutes et vedettes, feirent charger le corps de garde par quelques-unes de leurs troupes, et avec le surplus de leurs gens donérent dedans les tentes et cabanes ennemies, mettant à fil d'espée tout ce qu'ilz rencontroient; et feirent de sorte qu'ilz gaignérent l'artillerie, et qu'ilz tornérent en fuitte Craon et son camp de 14,000 homes, diminué de 3000, qui engraissèrent de leurs corps le lieu sur lequel ils furent en ceste charge étendus, et qui hat esté depuis tousiours appellé la *Ruette des morts*, à cause de ce que en ce quartier estroict le nombre des morts y fut treuvé bien grand. » Craon était un homme extrêmement violent et rapace. Ses concussions et le mauvais succès de ses armes le firent disgracier. Charles d'Amboise, sire de Chaumont, gouverneur de Champagne, lui succéda dans le gouvernement de la Bourgogne. Une trève fut signée pour un an, le 6 juillet 1478, entre l'archiduc Maximilien et Louis XI. Cette trève n'était point encore expirée, lorsque d'Amboise pénétra dans la Franche-Comté, avec une armée plus nombreuse encore que celle de Craon, au mois d'avril 1479. Après s'être rendu maître de plusieurs châteaux situés dans les environs de Dole, il fit enlever par quelques soldats tout le troupeau de vaches de la ville, qui paissait dans la forêt de Chaux. Les habitants, prévenus de cet enlèvement par les bergers, résolurent de reprendre ce bétail. C'était tout l'espoir de Charles d'Amboise. Il dressa une embuscade dans la forêt, et lorsque les jeunes gens de Dole, parmi lesquels on comptait un grand nombre d'écoliers de l'université, se lançaient avec une ardeur imprudente à la poursuite des maraudeurs, ils furent taillés eu pièces (27 avril). Cette perte était grave, dans un moment où les Dolois se trouvaient réduits

13

à leurs propres forces, n'ayant pu obtenir le secours des Suisses, achetés par Louis XI. La ville contenait cependant encore un nombre assez considérable d'habitants, pourvus de munitions de guerre et de bouche. Ils auraient probablement soutenu longtemps les efforts de l'armée française, s'ils n'avaient pas été victimes de la plus exécrable trahison. Après un siége de quelques jours, d'Amboise s'empara de Rochefort, défendu vaillamment par Claude de Vaudrey. Il prit ensuite Gendrey et les châteaux environnants. Aussitôt après, il vint mettre son camp devant Dole. Sans perdre de temps, il fit battre la muraille par son artillerie. A chaque instant, les habitants faisaient de vigoureuses sorties : ils repoussèrent un assaut, reprirent le château de Bontemps, tuèrent Taneguy du Châtel, gouverneur du comté de Roussillon, qui le défendait, et mirent d'Amboise dans la nécessité de faire un siége en règle. Un corps d'Alsaciens et de Ferrettois, envoyé au secours de Dole par l'archiduc Sigismond, cousin de Maximilien, était arrivé en vue de la ville, lorsque d'Amboise s'étant abouché avec ces auxiliaires, parvint à les corrompre. Il fut convenu que les Alsaciens et les Ferrettois recevraient dans leurs rangs un certain nombre de francs archers français, avec lesquels ils entreraient dans la place. Les Dolois étaient loin de soupçonner une telle perfidie. Ils décidèrent cependant, comme une simple précaution, qu'avant d'admettre les troupes étrangères dans leurs murs, on leur ferait jurer devant Dieu et devant les hommes qu'ils venaient défendre la ville contre les ennemis qui la tenaient assiégée, et qu'ils se conduiraient en gens de cœur. Le 25 mai, les habitants dressèrent, près d'une des portes par laquelle les Allemands devaient entrer, un autel, sur lequel on plaça le saint-sacrement. Là, en présence du magistrat et des notables, un prêtre, revêtu de ses insignes sacerdotaux, recevait le serment des officiers. Les soldats, levant la main et les armes, faisaient le même serment. A mesure que ces étrangers entraient dans la ville, les habitants leur offraient le pain et le vin, placés dans la rue sur des tables. Lorsque les premiers rangs furent arrivés dans la rue des Arènes, en face de la rue Saint-Jacques et qu'ils surent que les Français étaient maîtres de la porte, ils se mirent à crier tout-à-coup : *Ville gagnée ! France ! France !* A ces cris, répétés de toute part, ceux des bourgeois qui composaient les deux grands corps-de-garde placés devant l'église paroissiale et l'hôtel de M. de Montbarrey, prirent les armes, et soutenus par les autres habitants, qui accouraient se joindre à eux, ils attaquèrent l'ennemi et firent des efforts héroïques pour le rejeter hors de la ville ; mais ce fut en vain. Les soldats d'Amboise étaient maîtres des portes. Les habitants n'avaient plus qu'à chercher une mort honorable, les armes à la main. La plupart des soldats alsaciens et ferrettois entrés les premiers, furent tués. Une lutte inégale, mais acharnée, s'engagea près de l'église. Les courageux habitants, réunis sur la grande place, opposèrent encore une longue et vigoureuse résistance. Enfin, accablés par le nombre toujours croissant de leurs ennemis, ils furent taillés en pièces. Quelques-uns, échappés au massacre, furent emmenés prisonniers. De ce nombre fut le sieur de Thoisy, qui fut détenu pendant sept ans dans une cage de bois. D'autres parvinrent à s'échapper par la porte du Pont, abandonnant la ville et leurs biens à l'ennemi, qui pilla et saccagea les édifices pendant deux jours entiers et mit le feu aux quatre coins de la ville. Telle est la relation de Gollut. Un historien flamand raconte les faits autrement. Il dit qu'après le siége de Rochefort, les habitants de Dole, aidés d'une faible garnison, se préparèrent à la résistance. D'Amboise, ayant dressé ses batteries et engagé en vain les assiégés à capituler, commença le feu contre les murailles. Lorsqu'il eut fait une brèche raisonnable, il ordonna l'assaut. Les Français et les Suisses cherchèrent à pénétrer dans la ville ; mais les citoyens firent un rempart de leurs corps ; on se battit pendant trois heures avec un courage et un acharnement incroyables. De temps en temps d'Amboise, remplaçait ses hommes blessés ou fatigués par des troupes plus fraîches. Les assiégés faisaient de même ; leurs femmes, leurs enfants leur prêtaient secours et leur apportaient du vin et des armes. Les plus courageux des Dolois ayant été tués ou blessés, les Suisses unis aux Français firent un dernier effort et se rendirent maîtres de la place, que d'Amboise livra à leur discrétion. Les habitants furent égorgés sans distinction d'âge ni de sexe. Le pillage, les viols, les meurtres, ne cessèrent que lorsque le feu mis sur tous les points eût anéanti cette cité. Les détails manuscrits manquent absolument sur ce douloureux évènement. Dans une requête présentée à l'archiduc Maximilien, en 1494, les habitants exposent que : « comme vivant feue de bonne mémoire Madame Marie, le roi Louis de France fit assiéger par son armée leur ville, laquelle soubtint le premier siége et rebouta ladite armée, et au second, que fut en l'an 1479, fut prinse, pillée et bruslée et la plupart des bourgeois et habitans d'icelle tués et occis et les autres prins prisonniers et mis à rançon, etc. » Suivant Gollut, il ne resta debout dans la ville que la maison de Jean Vurry, où était logé d'Amboise, celles des Toubin et de Lyonnel de Battefort, qui étaient à côté, et le couvent des Cordeliers. Plusieurs filles, femmes et hommes s'étant réfugiés dans l'église de ce monastère, furent faits prisonniers et emmenés à Auxonne, où on les relâcha, moyennant rançon. On prétend que quelques hommes, cachés dans une cave de la rue de Besançon, firent un feu si vif contre l'ennemi, qu'on ne put les en déloger. Elle fut appelée depuis, *Cave d'Enfer*. Une inscription, gravée sur une plaque en marbre, rappelle le souvenir de cette résistance héroïque. Louis XI, pour tirer vengeance du dévouement des Dolois à leur souverain, rendit un décret qui rappelle assez bien les décrets de l'Assemblée nationale. Il fit annoncer qu'il était défendu à tous les habitants, hommes, femmes, enfants, prêtres, de jamais rentrer dans la ville, et céda à différents individus étrangers, en toute propriété, les biens de la commune et des bourgeois dépouillés. La fureur était ici, comme on voit, compagne du délire. Il aurait voulu effacer de toutes les mémoires jusqu'au glorieux nom de Dole. Il faut convenir que ce monarque fut un des plus méchants princes qui aient gouverné le monde depuis les Tibère, les Commode et les Héliogabale. Charles d'Amboise chercha à adoucir la rigueur des ordres de son maître. Par une lettre datée à Dijon, du 22 mars 1480, il permit aux manants et habitants de la ville de Dole qui voudraient s'y retirer, d'y pouvoir faire leur résidence, *leurs labeurs, négoce et commerce*, à condition toutefois qu'ils ne relèveront leurs murailles ni leurs maisons, avant d'en avoir obtenu la permission du roi; il les autorisa cependant à faire quelques appentis bas sur les caves, pour les préserver de la pluie et empêcher qu'elles ne tombassent en ruine; il leur donna main-levée et pleine jouissance de leurs biens et éritages, pour « d'*iceulx* jouir pleinement, et paisiblement, nonohbstant quelque don qui pourroit avoir esté fait à quelques personnes que ce soit, à l'occasion de ce qu'ils ont tenu parti contraire au roy. » Il leur permit enfin de percevoir les rentes et revenus appartenant à la ville, pour être employés tant à la réparation d'anciennes chapelles demeurées en l'église qu'à leurs autres affaires.

Dole se releva promptement de ses ruines, et Charles V lui rendit son attitude guerrière. Les Français voulant profiter de la facilité qu'ils avaient de s'emparer de cette ville pendant qu'elle était ouverte, par suite des travaux que l'on faisait aux nouvelles fortifications, ourdirent, en 1543, une conspiration, qui était sur le point d'éclater. Jean Voiron, natif de Dijon et habitant Dole, entretenait des intelligences avec les Français et devait leur livrer la place. Jean Michel, domicilié à Dole depuis l'an 1536, instruit de ce complot, en prévint le magistrat. Voiron et ses complices furent immédiatement arrêtés et punis exemplairement. Pour récompenser Jean Michel du service qu'il avait rendu, on l'exempta pendant sa vie du guet et garde et de tout impôt. Cet ouvrier ne pouvait plus mettre le pied dans une ville de France, sans être menacé d'être assassiné. Il n'osait plus se rendre à Lyon ou à Vienne, où il avait coutume de faire les achats nécessaires pour l'exercice de son état. Sur sa demande, le roi Philippe II, par une charte datée de Bruxelles, le 16 janvier 1558 (v. s.), lui accorda 30 journaux de bois dans la forêt de Chaux, avec faculté de les défricher et réduire en culture, et d'ériger sur la rivière de Clauge, en un lieu dit la Tinche-Robin, une forge pour faire *espées, autres armes et bastons de guerre*, à condition que cette forge serait terminée dans deux ans; que le terrain concédé ne pourrait servir à un autre usage; que le cours de la rivière ne pourrait être détourné au préjudice des propriétaires de moulins, foules ou battoirs, et enfin, qu'il serait payé à son trésorier de Dole un cens annuel de neuf deniers estevenants. Il reçut en même temps la faculté de prendre dans ladite forêt du bois mort pour son chauffage, et des pieds de fayard pour faire le charbon nécessaire à la forge.

Le gouvernement, les États, le parlement, firent tous leurs efforts pour empêcher l'introduction de la religion réformée dans la province et pour repousser la guerre civile, qui désolait les autres parties de la France. Le 29 juin 1571, une bande de huguenots ayant pénétré dans le comté, le magistrat de Dole décida que les portes seraient redoublées, que chacun monterait la garde en personne, sans exception aucune, et que trois hommes pendant le jour et deux pendant la nuit, feraient continuellement le guet au clocher. On apprit, le 20 septembre 1577, que Bussy d'Amboise s'avançait pour surprendre la ville. Etienne Vurry, vicomte-mayeur, assembla immédiatement le conseil. On délibéra sur la question de savoir s'il convenait, 1° de démanteler le château de Rochefort, de le garder ou de le brûler, après en avoir fait sortir la garnison; 2° d'expulser de la ville les femmes et les enfants qui n'y étaient pas nés ou n'avaient pas la qualité d'habitants; 3° de pourvoir à la réparation des forteresses et de se procurer des chevaux pour le service. Il fut convenu qu'on consulterait le comte de Champlitte, gouverneur de la province, sur les mesures à prendre. Ce dernier répondit qu'il fallait se borner à faire un recensement des armes, de la population et des munitions qui étaient dans la ville, et à mettre à sa disposition quatre bichots de farine et cinq bœufs par jour, ainsi que 60 queues de vin. Il se chargeait personnellement de repousser d'Amboise. Le 8 septembre 1582, plusieurs compagnies de protestants pénétrèrent dans le comté et s'établirent à Annoire, Longwy, Beauchemin, Saint-Loup, Peseux, Villangrette, l'Abergement-de-la-Ronce, Damparis, Champvans, Biarne, Jouhe, Menotey, Gredisans, Montmirey et lieux voisins, où ils commirent toutes sortes d'excès. Ils prenaient les hommes à rançon, violaient les femmes et les filles, enfonçaient les portes et les fenêtres des maisons, enlevaient les meubles et le bétail. Les habitants de Dole effrayés, prièrent le comte de Champlitte de leur envoyer un de ses lieutenants et de laisser dans leurs murs quelques compagnies Albanaises avec l'arrière-ban. On ne parvint à expulser ces bandes indisciplinées que le 12 octobre, et à chaque instant on craignait leur retour.

Philippe II, ne renonçant pas à ses prétentions sur la France, Henri IV lui déclara la guerre, le 17 janvier 1595, et battit les Espagnols le 5 juin suivant, au terrible combat de Fontaine-Française. Le roi de France et le maréchal de Biron entrèrent ensuite dans le comté pour en faire la conquête. Désespérant de prendre Dole par la force, ils tentèrent de s'en emparer par surprise. Plusieurs détachements de cavalerie, cachés dans un bois, envoyèrent, le 1er juillet 1595, quelques fourrageurs se saisir du bétail qui paissait près de la grange d'Assaut, croyant que les habitants de Dole allaient se lancer imprudemment sur ces pillards. Le capitaine Bereur, à la tête de six cents bourgeois déterminés et de trente chevaux, avait pris position au fond d'un vallon entre Dole et Authume. Les Français marchaient sans défiance dans cette direction, lorsqu'ils se virent tout-à-coup cernés de toutes parts. Ceux qui ne purent trouver leur salut dans la fuite, furent taillés en pièces. Biron vint en personne faire le siége de Rochefort, qu'il emporta le 28 juillet suivant; mais il ne fut point tenté d'attaquer Dole. Le comte de Champlitte reprit Rochefort le 29 août et fit raser le château.

La conception d'un nouveau système politique de l'Europe, fondé sur l'équilibre des forces rivales, et où la France exerçât, non à son profit, mais pour le maintien de l'indépendance commune, l'ascendant ravi à l'Espagne, cette conception de Henri IV, évanouie à sa mort comme un rêve, fut exécutée par Richelieu, à force de négociations et de victoires. Le grand ministre de Louis XIV, après avoir prêté son aide aux protestants, ferma la France du côté de l'Allemagne, en confisquant la Lorraine, et déclara la guerre à la maison d'Autriche, le 26 mars 1635. La Franche-Comté aurait pu espérer de rester étrangère à cette lutte, puisque le traité de neutralité conclu en 1611 était toujours en vigueur. Depuis la mort du comte de Champlitte,

gouverneur de la province, arrivée le 28 novembre 1630, l'infante
Isabelle avait confié l'autorité souveraine sur le pays à l'archevêque de
Besançon et au parlement de Dole. Les commis au gouvernement n'a-
vaient pas attendu le commencement des hostilités pour préparer
leurs moyens de défense. On prévit que Dole, principale place de la
province, serait la première attaquée. On se hâta de faire réparer et
augmenter ses fortifications. On appela une nombreuse garnison dans
la ville, qu'on pourvut de grands approvisionnements de vivres et de
munitions de guerre. Vers les derniers jours du mois de mai 1636,
le prince de Condé traversa la Saône avec une armée de 20,000 fantassins et de 8000 chevaux, et s'avança dans le comté. Il s'était fait
précéder par un manifeste royal, qui rejetait sur les Comtois la viola-
tion du pacte de neutralité et qui justifiait la nécessité de mettre la
province hors d'état de secourir les ennemis de la France. Il annonçait en même temps avoir enjoint, sous les peines les plus sévères,
à ses soldats, de se comporter dans les campagnes comme en pays
ami. Ces prétendus ménagements manquèrent leur but, et le 28 mai,
entre 9 et 10 heures du matin, le prince de Condé parut à la vue de
Dole; il fit étendre sa cavalerie sur une colline entre Authume et Archelange, et rangea son infanterie en bataille sur Montroland. Il établit
son quartier général à Saint-Ylie et s'y logea avec la Meilleraie, grand-
maître de l'artillerie, cousin-germain du cardinal de Richelieu, le
marquis de Villeroy, maréchal de camp, et Mahaut, intendant de la
justice militaire. Le 29 mai, il fit porter à Dole, par un trompette,
des lettres de sa main, où il disait que si l'on voulait conférer avec lui,
on pourrait en toute sûreté députer en son quartier général. La réponse donnée par les commis au gouverment ne laissa plus douter au
chef de l'armée française que la victoire seule ouvrirait à ses soldats
les portes de Dole. Il établit un second quartier aux environs du village de Brevans et un troisième du côté de l'église Saint-Martin. Le
colonel Gassion, à la tête de régiments allemands appelés Suédois,
passa le Doubs à Crissey, occupa ce village, le Boichot, le couvent des
Capucins, les Tuileries, Azans, et se présenta au faubourg de la Bedugue avec toute sa cavalerie et les fantassins du régiment de Picardie.
Cent Dolois, tant soldats que bourgeois, avec quelques paysans d'A-
zans et de la Bedugue, firent une sortie et chassèrent Gassion. Quatre
cavaliers de la ville allèrent ensuite brûler les maisons de ce faubourg.
Le 30 mai, le siége commença et les tranchées furent ouvertes. Les
assiégés, après avoir imploré le secours de Dieu, et fait un vœu pour
leur délivrance, se préparèrent à la lutte. On nomma un conseil de

guerre, qui se tenait au logis de l'archevêque de Besançon, et on en nomma membres Charles de Poitiers, conseiller au parlement et colonel au régiment d'Aval, le colonel de la Verne, commandant de la place, les conseillers du parlement Boyvin, Gollut, Bereur et Matherot, le procureur général Brun, Jean-Baptiste de Saint-Mauris, vicomte-mayeur de la ville, et en son absence, l'avocat Pétremand, premier échevin. Ce conseil, toujours en permanence, délibérait sur tout ce qu'il y avait à faire et soumettait ses résolutions importantes à l'archevêque et aux conseillers commis au gouvernement. Le magistrat avait réparti la bourgeoisie en neuf compagnies, dont sept avaient chacune à garder un boulevart, ses batteries et la courtine à droite ; les deux autres compagnies devaient se tenir à la halle ou sur la grande place et être prêtes à se porter sur les divers points où leur présence serait nécessaire. Aucun habitant ne pouvait se dispenser de monter la garde, de trois jours l'un ; les ecclésiastiques, les religieux, les étrangers, étaient tenus à ce service personnel. Les soldats de la garnison ordinaire, du régiment de la Verne et de la milice, gardaient les portes, les demi-lunes, les contre-escarpes, les chemins couverts et autres ouvrages avancés et n'avaient d'autre repos que le changement d'un poste dangereux et difficile à un autre poste moins menacé. La garnison se composait de cinq compagnies du régiment de la Verne, de cinq autres compagnies du même régiment, sous les ordres des capitaines de Grammont-Vellechevreux, du baron de Châtillon, Perrin, Georget et des Gaudières, tous officiers pratiques élevés dans les Pays-Bas, de cinq compagnies d'élus de la province, commandées par les capitaines d'Evans, de Mont-Saint-Ligier, de Chassagne, de Légna, et de Goux, Alphère de la Colonelle du régiment de Dole. Le magistrat fit encore lever une nouvelle compagnie de 100 fantassins, sous le capitaine de Tauch et une compagnie de soixante cuirassiers, sous le capitaine de Byans.

Le premier soin des assiégés fut de combler de terre la porte du Pont, d'abattre la première arche du pont de pierre et les ponts-levis, d'avoir quelques issues secrètes pour descendre aux grands fossés ; et enfin, de placer le canon sur les boulevarts, dans les flancs et les batteries.

Le 2 juin, le capitaine de Grammont-Vellechevreux, avec 200 soldats et 100 bourgeois volontaires armés de piques, mousquets et arquebuses, fit une sortie sur les gens de Lambert, qui avançaient leurs travaux contre l'esplanade de la demi-lune de Besançon, et chargea si brusquement le régiment de Bourbonné, en garde dans les tranchées, qu'il le mit en fuite. Un corps de cavalerie, accouru pour le secourir, fut également repoussé. Enfin, M. de Grammont, voyant encore arriver deux escadrons français, jugea prudent de songer à la retraite, qu'il exécuta en bon ordre et avec une perte peu considérable, quoiqu'il eût tué beaucoup de monde aux assiégeants. Le lendemain, la batterie du colonel Gassion, composée de quatre gros canons de 32 à 33 livres de balles et placée près de la Bedugue, commença à jouer contre la ville, sans obtenir un grand succès. Les couleuvrines de Dole, braquées sur les boulevarts des Bénits et du Vieux-Château, ainsi que deux canons placés sur le boulevart du pont, répondirent au feu de Gassion avec un avantage marqué. Le même jour, les soldats de garde dans la demi-lune d'Arans, firent une sortie sur le régiment de Nanteuil et tuèrent beaucoup de monde. Le 4 juin, les assiégeants établirent deux nouvelles batteries, de quatre gros canons chacune, l'une contre la porte d'Arans, et l'autre contre la porte de Besançon, et envoyèrent des boulets contre les remparts, qu'ils ne firent qu'effleurer, tant les murs étaient solides. Le lendemain, les trois batteries tirèrent tout le jour contre les tours, les églises et les toits des maisons. Le 6 juin, la Meilleraie fit pleuvoir sur la ville une grêle de bombes qui effrayèrent d'abord les habitants; mais ils se familiarisèrent bientôt avec ce nouveau danger. Aucun jour ne passait sans être marqué par quelque action plus ou moins importante. Le courage des Dolois et de la garnison ne se démentit jamais. Il faut étudier ces faits d'armes dans la relation si vive, si animée de Jean Boyvin, conseiller au parlement et l'un des plus actifs promoteurs de la défense.

Le 7 juin, les Français attaquèrent la contre-escarpe qui couvrait la face du bastion du Vieux-Château; le colonel Gassion avait fait transporter à Némont sa batterie de grosses pièces. De ce lieu, il incommodait grandement les assiégés, car cette redoutable batterie enfilait la contre-escarpe et l'issue de la demi-lune pratiquée pour y arriver, elle rasait la face du bastion du Vieux-Château, embouchait le flanc et les batteries du bastion d'Arans et découvrait le pont par lequel on sortait de la ville.

Les 8 et 9 juin, la canonnade et la mousquetade ne cessèrent pas pendant que les bombes continuaient à pleuvoir sur les maisons. La plus grande partie des archives du parlement périrent par l'effet d'un de ces projectiles destructeurs, qui mit le feu aux salles où elles étaient conservées.

Le 10 juin, le régiment de Conti attaqua la contre-escarpe d'Arans,

14

mais il se vit repoussé avec perte et il eût été poursuivi jusqu'au quartier du prince, si des troupes fraîches ne fussent venues arrêter l'élan des Dolois. Les trois jours suivants se passèrent en canonnades.

Le prince de Condé, furieux de voir que le siége n'avançait pas, choisit l'élite de ses troupes et prépara tout pour une nouvelle attaque contre la contre-escarpe d'Arans ; mais le colonel de la Verne, instruit des dispositions des Français par les signaux des sentinelles placées en observation sur le clocher de l'église Notre-Dame, avait immédiatement pris ses mesures pour recevoir l'assaut. Il était à peu près cinq heures du soir (14 juin), lorsque les Français s'approchèrent de la contre-escarpe et l'attaquèrent avec leur impétuosité naturelle. D'abord repoussés, ils revinrent plusieurs fois à la charge. Après trois heures du combat le plus opiniâtre, ils furent enfin contraints de battre en retraite. Boyvin rapporte que dans cette rencontre, les assiégés se servirent entre autres armes, de fléaux armés de pointes de fer, avec lesquels ils assommaient les ennemis. Il cite l'exemple de trois soldats français *couchés par terre d'un seul coup de fléau ferré qu'un paysan robuste et duit au maniement de semblables bastons avait décoché sur eux.* Les femmes de la ville prirent une noble part à cette défense. « On vit, continue le même écrivain, un nombre considérable d'entre elles passer à travers les soldats, et l'horreur des coups, avec une hardiesse non pareille, aucunes chargées de pierres, les autres portant ce rafraîchissement de vin à la soldatesque altérée plus par la chaleur de cette furieuse meslée que par celle de la saison. » Le courage de ces héroïnes ne faiblit pas jusqu'à la fin du siége. La perte des assiégés dans cet assaut, fut de 17 soldats et 3 bourgeois, tandis que l'ennemi compta plus de 200 morts, parmi lesquels se trouvaient presque tous les officiers du régiment de Picardie. Le frère Eustache, capucin, le baron d'Ische, son frère, le père Barnabé, les capitaines Georget et Desgaudières se distinguèrent par leur courage dans cette lutte. Le lendemain, le prince de Condé demanda une suspension d'armes de trois heures, pour enlever les morts et fit ensuite recommencer le feu, surtout contre le clocher, où il savait que des hommes placés en observation découvraient tous ses mouvements. Cependant le siége commençait à traîner en longueur, et le prince, espérant mieux réussir par les négociations que par les armes, fit tenter la fidélité des gouverneurs de la ville ; ses propositions furent rejetées.

Le 27 juin, plusieurs corps de l'armée française étant sortis du camp pour ravager le pays, et les tranchées ne se trouvant pas gar-

dées comme à l'ordinaire, le capitaine de Grammont, alors de service
à la demi-lune de Besançon, pensa qu'il serait avantageux d'aller reconnaître la situation des travaux des ennemis. « Il sortit, dit Boyvin, environ le midy, tout sur le bout de la contrescarpe devers la
rivière, et se glissa jusques assés bas au penchant d'une motte de
terre et de rochers, qui couvre l'entrée du fossé, vis-à-vis du boulevart des Bénis ; là se soustenant d'une pique, il s'alla coulant jusqu'à ce qu'il descouvrit ceux qui gardoient les tranchées. Il remarqua
qu'ils estoient dans une grande nonchalance, occupés à disner, et
atroupés alentour d'une bouteille et de quelques plats. Aussi tost il
remonte et fait filer le long du fossé une douzaine de mousquetaires
des siens, pour aller servir d'un petit entremets, et porter le fruit
à ses messieurs qui se festoioient à leur aise. Plusieurs des bourgeois
et des soldats de la vieille garnison, qui estoient aux corps de garde
de la même porte, sortirent de leur plain gré pour le suivre et prendre part au déduit de sa chasse. » Dans cette sortie audacieuse, les
assiégés mirent en désordre le régiment de Tonneins qui gardait les
premiers retranchements, et s'emparèrent de plusieurs canons qu'ils
ne purent ni emmener, ni enclouer. Le tocsin sonné au clocher jeta
l'alarme dans le camp ennemi. Le prince de Condé fut obligé de monter à cheval pour repousser l'attaque. Dans cette brillante sortie, les
assiégeants eurent plus de 200 hommes tués. Parmi les bourgeois qui
se firent remarquer, Boyvin cite Sanche, Broch, de Saint-Mauris Falletans et Florimond, tous quatre avocats. Le colonel de la Verne ré-
primanda le capitaine de Grammont, tout en admirant son courage.
Pendant plusieurs jours, l'ennemi se borna à lancer des boulets contre
le clocher et des bombes sur les maisons. On cherchait surtout à at-
teindre le collége Saint-Jérôme, où logeait l'archevêque, et où se tenait le conseil de guerre. Dans les derniers jours de juin, le prince de
Condé se décida à employer la sape et la mine, mais les assiégés
contre-minèrent aussitôt dans tous les endroits où ils soupçonnaient
qu'il pouvait y avoir des mineurs. On livra plusieurs combats souterrains. Condé avait fait établir des galeries pour mettre ses travailleurs
à couvert. Cette précaution était devenue indispensable, « car, selon
Boyvin, les bourgeois estoient tout le long de la journée aux aguets sur
les bastions, affustés avec leurs mousquets, et longues arquebuses
de chasse et de sible, dont plusieurs tenoient deux ou trois prestes
pour changer, et ne voioient paroître une seule teste, qu'ils ne la sa-
luassent à l'instant de cinq ou six bales. Entre ceux que l'on y ren-
controit presque à toutes les heures de la iournée, estoit l'advocat

Michoutey, aujourd'huy conseiller de ville, qui par sa dextérité avoit abattu par trois années de suite, l'oiseau du jeu de l'arquebuse : il estoit ordinairement en quelque coin de boulevard, la teste couverte d'un pot à l'Hongroise et à la preuve, qu'il avoit gaigné sur l'ennemy en une sortie, et l'arquebuse en joue, et ne perdoit aucune commodité de lascher son coup si à propos, que l'on tint pour asseuré qu'il en a fait mourir plus de soixante. »

Le 10 juillet, les assiégeants mirent avec assez peu de succès le feu à deux mines. Pendant plusieurs jours, les combats continuèrent sans aucun avantage marqué de part ni d'autre. Une tempête effroyable interrompit les attaques dans la nuit du 7 au 8 août. Elle commença par des éclairs si fréquents que le ciel parut tout en feu pendant plus d'une demi-heure; le grondement du tonnerre ne discontinuait point. Tout-à-coup il s'éleva un vent si terrible, que la tour de Notre-Dame, déjà ébranlée par les bombes et les boulets, s'écroula jusqu'à la première galerie. Les Français eurent beaucoup à souffrir dans leur camp; toutes les tentes, baraques et pavillons furent renversés. Les ouvrages se remplirent d'eau et les soldats fuyaient sans pouvoir trouver un abri. Cet orage donna quelque répit aux assiégés épuisés par la fatigue, les maladies et les privations. La ville avait encore du grain, il est vrai, mais toutes les autres denrées étaient devenues très rares et très chères. Dans cette position, les gouverneurs écrivirent au marquis de Conflans, maréchal-de-camp de l'armée de Bourgogne, pour l'engager à se hâter de venir au secours de la place. Enfin, les troupes du duc de Lorraine et de Lamboy, sergent de bataille des armées impériales, réunies à la cavalerie du marquis de Conflans, marchèrent sur Dole. Cette armée, forte de 8000 hommes d'infanterie, de 8000 chevaux et de 14 pièces de canon, alla s'établir à une lieue du camp français. Le prince de Condé, qui avait été prévenu depuis plusieurs jours de l'approche de ces troupes, fit de nouveaux efforts pour presser le travail du mineur, que les assiégés retardaient par tous les moyens en leur pouvoir. Louis Prévost, contrôleur des fortifications, y contribuait, par ses soins, ses sueurs et ses veilles : déchiré « en cent pièces » par l'éclat d'une bombe, il périt victime de son zèle.

Condé, pressé par le cardinal de Richelieu qui lui demandait ses meilleurs régiments, se décida, non sans regret, à lever le siége. Le 14 août, les troupes du duc de Lorraine parurent en bataille sur les hauteurs, entre Authume et Rochefort. Le duc, voyant l'armée ennemie se disposer à la retraite, voulait attaquer aussitôt; mais sur les représentations qu'on lui fit, il se décida à différer jusqu'au lendemain,

pour attendre son infanterie restée en arrière. Cependant le prince de
Condé faisait partir son artillerie et ses bagages ; le gros de l'armée
se mit en route pendant la nuit et le quartier général suivit à la pointe
du jour, après avoir mis le feu à la maison de campagne du noble conseiller Boyvin, laquelle n'avait été épargnée, lors de l'incendie du
village de Saint-Ylie, que pour servir de logement aux chefs de l'armée. Les Français perdirent dans ce siége mémorable 5000 hommes,
tandis que la ville ne comptait que 700 morts. Le duc de Lorraine entra dans Dole le jour de l'Assomption.

Philippe IV, instruit de la belle défense de la ville, fut au comble
de la joie ; dans son enthousiasme, il voulait faire nommer l'archevêque de Besançon cardinal, le colonel de la Verne, comte ; il ordonnait
que des médailles, des chaînes en or, des lettres de noblesse fussent
accordées aux bourgeois ; il allouait des sommes énormes à la ville
pour réparer ses pertes. De toutes ces faveurs, aucune ne se réalisa.
Le magistrat plus reconnaissant fit présent à M. et à Mme de la Verne,
de magnifiques pièces de vaisselle en argent, donna 30 pistoles à chaque capitaine et 15 pistoles aux alphères et aux adjudants.

Au mois de juillet 1640, le marquis de Villeroy, chargé par le gouvernement français de dévaster les environs de Dole, de Salins et des
autres places fortes, d'en enlever les récoltes, pour tâcher d'affamer
la contrée, s'approcha de la première de ces villes. Quelques escarmouches lui ayant fait abandonner la position qu'il avait prise du
côté de la porte du Pont, il tourna et se posta vers la porte d'Arans.
Vigoureusement assailli, Villeroy conduisit ses faucheurs vers la porte
de Besançon et prit position à Brevans. La moisson la plus riche était
dans cette partie. Deux sorties, l'une de jour, l'autre de nuit, déterminèrent les Français à se retirer ; mais le mal était fait : les moissons,
les prés avaient été fauchés. Cette perte consterna la population.

Louis XIV avait épousé Marie-Thérèse d'Autriche, fille du premier
lit de Philippe IV ; mais en se mariant, cette princesse avait renoncé,
moyennant une dot qu'on lui paierait, à tous les biens qu'elle aurait
pu prétendre dans la succession du roi d'Espagne. Philippe IV étant
mort le 17 septembre 1666, le roi de France prétendit que les Pays-
Bas et la Franche-Comté devaient appartenir à son épouse, soit à titre
héréditaire, suivant la coutume de ces deux provinces, soit en paiement de la dot qui lui avait été promise et qui n'avait pas été payée.
Les négociations entamées avec la cour de Madrid ne produisant aucun
résultat, on prévit qu'une guerre était imminente. Par une lettre datée
de Gray, le 4 mars 1667, le marquis d'Yenne sollicita des députés des

Etats une certaine somme pour rétablir les fortifications de différentes villes, et surtout de celle de Salins.

Le 11 mars, le marquis de Castel-Rodrigo adressa des instructions à ces mêmes députés pour traiter d'une ligue défensive avec les Suisses. Le 13 avril suivant, le gouverneur et le parlement ayant reçu différents avis d'une rupture prochaine de la paix, reconnurent que les principales places étaient dans l'état le plus déplorable et complètement dépourvues de garnisons; qu'il n'y avait aucun secours à attendre de l'Espagne; ils sollicitèrent en conséquence du pays un prêt de 200,000 fr. garanti sur les dons gratuits accordés et à accorder au roi. L'abbé dom Jean de Vatteville reçut commission, le 22 avril, de se rendre en Suisse pour faire un traité d'alliance avec les treize cantons. Cet ambassadeur partit immédiatement et fit connaître, le 16 mai, les conditions exorbitantes que mettaient les Suisses pour promettre leur secours. M. Mousliere, résident de France à Soleure, avait ordre de faire traîner cette négociation en longueur. Le 30 mai, le roi Charles II institua à Dole un conseil chargé de la défense du pays. Il le composa de Philippe de la Baume, marquis d'Yenne, gouverneur du comté; de Jean-Jacques Bonvalot, président du parlement; de Charles-Emmanuel Pétrey de Champvans; de François d'Enskerque, abbé de Goailles; de Philibert-Emmanuel de Savoyeux, gouverneur de Gray, et de Daniel Privey, conseiller-maître à la chambre des comptes.

Le parlement se trouva offensé de la nomination d'un corps qui le dépouillait d'une partie de ses attributions. D'un autre côté, le marquis d'Yenne regardait sa nomination comme un piége. Il crut y voir l'intention de le rendre responsable des évènements, dans le cas où le pays ne réussirait pas à se défendre avec les ressources insuffisantes dont il disposait. Le parlement et le gouverneur restèrent enfin chargés de l'administration et de la défense de la province.

Louis XIV avait signifié, le 1er mai, qu'il était résolu à marcher en personne pour prendre possession des domaines de son épouse. Il entra en effet en Flandres avec trois armées. Les principales villes lui ouvrirent leurs portes, ou ne lui opposèrent qu'une faible résistance. Ces grandes et rapides conquêtes ne suffirent pas pour déterminer le cabinet de Madrid à accepter les conditions qui lui avaient été offertes avant la guerre. Le roi de France médita alors de s'emparer de la Franche-Comté. Il fit ses préparatifs dans le plus grand secret. Le prince de Condé fut envoyé dans son gouvernement du duché, sous prétexte d'y tenir les Etats, de visiter les places frontières et d'y mettre garnison. M. Mouslierc reçut l'ordre de ne pas rompre les négociations relatives au traité de neutralité que sollicitait le comté de Bourgogne, mais de trouver le moyen de les prolonger sous un prétexte ou sous un autre. Le prince de Condé apprit par des relations sûres que les milices du comté n'étaient pas assemblées ; qu'il n'y avait que de faibles garnisons dans les places fortes ; que les fortifications des villes étaient en mauvais état ; que l'on avait fait revêtir à la hâte trois des demi-lunes de Dole ; que la maçonnerie de celle de Montroland s'était écroulée ; que la demi-lune de la porte d'Arans était entièrement tombée le 14 décembre 1667, et que le pays ne se préparait nullement à la défense, persuadé qu'il était d'obtenir le renouvellement de la neutralité. Le comte de Chamilly, gouverneur de Dijon, prévint le parlement de Dole que le prince de Condé était disposé à intervenir pour obtenir du roi la trève désirée, et qu'il conviendrait de lui envoyer des députés pour solliciter sa protection. Le greffier du parlement eut mission de correspondre avec Chamilly. On se décida enfin à envoyer des députés. Le comte de Laubespin et le conseiller Jobelot furent chargés de se rendre à Dijon. Ils arrivèrent dans cette ville le 6 janvier 1668, et se présentèrent le lendemain chez le prince. Ils commencèrent par le remercier de ses bonnes dispositions pour la province, et lui annoncèrent que le parlement était décidé à offrir au roi la somme convenue avec le sieur Mouslierc, afin d'obtenir une trève de trois ans, c'est-à-dire la somme de 300,000 fr. par an. Condé répondit qu'il fallait perdre tout espoir si on n'offrait au roi 500,000 livres ; que cependant il désirait connaître les engagements pris par Mouslierc, et qu'il fallait pour cela aller à Neufchâtel, chercher une déclaration de ce dernier. Il finit par peindre l'état désastreux des finances de l'Espagne, la faiblesse de cette puissance et les avantages que le pays trouverait à vivre sous la domination française. Il fut décidé que le comte de Chamilly irait seul consulter Mouslierc, et qu'à son retour on ferait connaître au parlement la résolution du roi. Le marquis d'Yenne, qui soupçonnait la ruse, offrit sans contestation la somme demandée par le prince. On lui répondit qu'il n'avait pas de pouvoirs suffisants pour consentir à ce traité, et qu'il lui fallait une autorisation spéciale du marquis de Castel-Rodrigo. MM. de Laubespin et Jobelot se disposaient à retourner à Dijon pour annoncer que le parlement, le gouverneur et les Etats avaient les pouvoirs les plus étendus pour traiter, lorsqu'arrivés à Auxonne ils rencontrèrent le comte de Chamilly, qui les invita à se retourner, en leur disant que le prince de Condé avait envoyé un courrier au roi, alors à Metz, et que dans huit ou dix jours on leur ferait connaître la réponse. Les députés arrivèrent à Dole le 25 janvier, et instruisirent le parlement des préparatifs qui se faisaient dans le duché. On ne douta plus qu'on avait été joué et qu'il fallait se préparer à la guerre. Le 31 janvier on apprit qu'une armée française s'avançait secrètement du côté de Langres. On publia à son de trompe, dans la ville de Dole, le péril imminent et l'ordre à tous les bourgeois et ecclésiastiques de prendre les armes. On renvoya tous les étrangers. Le 1er février, on porta en procession la sainte hostie de Faverney, on ordonna un jeûne général, et l'on fit des prières publiques. Le lendemain, le bruit courut que Bletterans avait été pris. Le parlement convoqua aussitôt l'arrière-ban et fit couper les haies qui étaient proche des murailles. Le 4, le prince de Condé s'avança à la tête d'une armée de 19,000 hommes des meilleures troupes du royaume et d'une nombreuse artillerie. Le même jour, des détachements s'emparèrent de Rochefort, Pesmes et Marnay, et coupèrent ainsi toute communication entre Dole, Besançon et Gray.

Cette nouvelle venait de parvenir à Dole, lorsqu'un trompette se présenta à la porte d'Arans. Il fit aux approches le cri de guerre ordinaire, et demanda à parler au gouverneur de la ville. Le major y accourut et manifesta sa surprise de ce que ce messager agissait comme si la place était déjà assiégée. Il lui fit bander les yeux et le fit escorter par des cavaliers qui le dirigèrent autour des remparts et l'introduisirent par la porte de Besançon. Quand le trompette fut arrivé devant l'hôtel du gouverneur, il remit les lettres dont il était porteur en présence du marquis de Laubespin, du conseiller Jobelot, du maire et du premier échevin, et ensuite les présenta au parlement. Le contenu de ces lettres était que le roi, loin d'accorder la neutralité demandée, était résolu d'entrer bientôt dans le pays avec une armée. Cette déclaration fut à peine connue, que la population entière se mit à travailler aux fortifications et à planter des palissades autour de la ville. Besançon et Salins, investis le 6, capitulèrent sans résistance le lendemain. Besançon n'avait nul attachement pour la domination espagnole, et espérait obtenir du roi de France le transport du parlement, qu'il sollicitait vainement depuis plusieurs siècles. Le peuple de Salins était furieux de n'avoir point reçu le secours qu'on lui avait promis. Le parlement ayant appris que les soldats de la milice, au lieu de se retirer dans les villes pour les défendre, se retiraient dans les châteaux qui avaient des sauvegardes, fit défense d'accepter aucune sauvegarde donnée par le roi de France ou par ses officiers, et ordonna de brûler toutes les maisons placées sous cette protection. On prévoyait que, puisque Besançon et Salins étaient pris, toutes les troupes allaient se concentrer sur Dole. Le 10 février, les habitants reçurent l'injonction de continuer à travailler aux fortifications et de porter de l'eau sur les toits de leurs maisons, afin d'éteindre les incendies qu'occasionneraient les balles ardentes et les feux d'artifices des ennemis. Le même jour Louis XIV arriva à une demi-lieue de Dole, et campa à Foucherans. Il envoya un trompette à la ville, avec deux lettres, l'une pour le gouverneur et l'autre pour le parlement. Il les engageait à venir traiter avec lui. Le marquis de Saint-Martin, gouverneur de la ville, répondit qu'il ne pensait qu'à défendre la place qui lui avait été confiée, et le parlement chargea le trompette de revenir le lendemain chercher sa réponse. Ayant remarqué que la suscription de leur lettre portait : *A nos améz et féaux, le vice-président et les conseillers de notre parlement de Dole*, ce corps répondit le lendemain qu'il ne recevait point de lettre ainsi adressée venant du roi très chrétien.

« Sur l'entrée de la nuit du 12 février, dit une relation manuscrite, la sentinelle du clocher sonna l'alarme pour avertir les deux portes de Besançon et d'Arans, et continua de sonner, par diverses reprises, jusqu'à cinq heures du matin. Au premier signe, tous les soldats du dehors se mirent en défense, les bourgeois coururent à leur poste ou dans les corps-de-garde, ou sur les boulevarts, ou sur les murailles, avec une ferme résolution de mourir à la défense de leur patrie. Ils avaient avec eux plusieurs prêtres et plusieurs religieux, non-seulement pour les confesser, mais pour combattre de compagnie, et pour tirer sur l'ennemi. Les femmes coururent se mettre en prières dans l'église devant le sacrement du miracle, qui y fut exposé durant toute la nuit.

» Les assiégeants, qui avaient résolu de donner cette nuit un assaut à deux demi-lunes, détachèrent de l'armée cinq mille hommes, et ceux-ci, à la faveur de la nuit, s'approchèrent secrètement de la contre-escarpe et employèrent, pour tromper les assiégés, plusieurs stratagèmes de guerre. Les enfants perdus tirèrent cinq coups de mousquet sur les sentinelles de la ville, et ces cinq coups servirent de signal aux assiégeants, qui dès-lors firent paraître aux champs plusieurs faux feux et des mèches allumées en des endroits où il n'y avait personne, et où les assiégés dressèrent inutilement leur première décharge, tant du canon que de la mousquetterie; après quoi les assiégeants se jettent de la contre-escarpe dans les fossés, rompent d'assaut les palissades, font quelques fausses attaques en des lieux

15

plus ou moins voisins des portes, et puis montent sur deux demi-lunes avec une impétuosité et un courage prodigieux.

» Le marquis de Villeroy, à la tête de son régiment, monte le premier à l'une des deux ; il est soutenu des siens, qui se mêlent incontinent avec les assiégés et viennent aux mains, les uns et les autres combattant avec une fureur guerrière sans exemple. Le combat dura huit heures entières. Ceux qui tiraient des courtines ne pouvant pas discerner sous les ténèbres les amis des ennemis, tuent pêle-mêle les uns et les autres. Les amis criaient aux autres citoyens : « Ne tirez pas, car vous nous tuez ; » et quand ils cessaient de le faire, les assiégeants les taillaient en pièces ou les mettaient en fuite, et puis s'étant emparés des deux demi-lunes, ils continuaient de crier aux bourgeois, comme s'ils étaient encore des leurs : « Ne tirez pas, car vous nous tuez ; » et ayant ainsi fait arrêter quelque temps leurs décharges, ils se retranchèrent incontinent sur une des demi-lunes ; mais comme on criait aussi sur l'autre, un des assiégés connut sur les remparts, par l'accent de ceux qui criaient, que c'étaient des Français, et fit un si grand feu sur eux, qu'il les contraignit d'en sortir. Ceux-ci néanmoins empêchèrent les assiégés d'y remonter, et travaillèrent toute la nuit à se retrancher sur le glacis, tout autour de la même demi-lune.

» Cependant le combat continuait toujours, ou sur la contre-escarpe pêle-mêle, ou dans les fossés, jusqu'à ce que le jour l'interrompit. Le roi avait passé la nuit à donner les ordres, tantôt à la portée du canon, tantôt à celle du pistolet ; et une fois la balle d'un canon, qui passa à deux pieds de sa tête, alla tuer un cheval de prix dont le maître avait refusé la veille 200 pistoles. Une autre fois, il venait de quitter une éminence où il était resté deux heures, lorsque l'éclat d'une pierre brisée par un boulet coupa la gorge à un soldat qui se trouvait au lieu même que le roi avait occupé.

» Durant les huit heures du combat, on vit, sous les feux continuels de l'artillerie, une horrible image de l'enfer. On entendait crier incessamment des hommes acharnés les uns contre les autres, qui se colletaient ou se déchiraient à coups de cimeterre, ou s'assommaient avec les pieux arrachés aux palissades, ou se cassaient la tête à coups de mousquet, n'ayant pas le loisir de les charger.

» On voyait parfois, sous la grêle des balles et des grenades, sauter en l'air des bras, des têtes, des jambes. Le feu ayant pris à la poudre qu'on distribuait aux fossés et aux bandoulières de quelques soldats maladroits, les brûla tout vifs durant le combat. Les assiégeants s'obstinèrent d'autant plus qu'ils entendaient les assiégés crier du fossé vers la courtine que le plomb manquait et qu'on leur en jetât.

» Les ennemis eurent 600 tués ou blessés dans ce combat, et les Dolois 120 seulement.

» Le 13 février, on se préparait de part et d'autre à un assaut général qui devait se donner la nuit suivante, près de la demi-lune retranchée. Les Français avaient l'intention de prendre la ville de ce côté, par escalade, et, en cas d'échec, d'attacher ce même soir le mineur à la muraille, et de mettre la mine en état de jouer à midi du jour suivant. Les assiégés se disposaient tous à la mort et faisaient foule dans les églises pour se confesser comme pour la dernière fois, et pour gagner le pardon des quarante heures dans l'église des Jésuites. On ne voyait alors que des visages abattus de crainte et de tristesse, ou transportés de fureur et de colère. »

M. de Toulongeon, gentilhomme comtois, ayant été fait prisonnier de guerre, obtint du roi, sur sa parole, la permission d'entrer à Dole, pour chercher ses deux fils, qu'il avait perdus dans le combat, sans savoir ce qu'ils étaient devenus. Louis XIV le fit accompagner par M. de Grammont, qui somma les assiégés de se rendre, s'ils ne voulaient souffrir un assaut général et le plus furieux qu'on eût vu de longtemps. Ce gentilhomme ajouta que le roi était résolu de perdre cette même nuit plus de 10,000 hommes pour se rendre maître de la place, et à faire passer tous les habitants au fil de l'épée.

Cette sommation et ces menaces décidèrent le parlement et le magistrat à s'assembler et à délibérer sur le parti à prendre.

Le peuple fut convoqué aux Halles. A cette réunion se trouvèrent les sieurs Baquet, vicomte-mayeur, de Bretenière, de Mesmay, de la Clef, de Myon, de Parcey, de Moissey, de Preigney et cinq autres conseillers ; un professeur de l'université, trois chanoines, un familier et vingt-un bourgeois. On leur fit remarquer que la ville n'était défendue que par 390 soldats, 250 miliciens, quelques recrues sans expérience et 600 bourgeois en état de porter les armes, et qu'une plus longue résistance exposerait à des malheurs inouïs. Le parlement délibéra de son côté, et à part les conseillers Dusillet, de Froissard-Broissia et Boyvin, tous furent d'avis de capituler. Plusieurs personnes du peuple demandaient s'il ne leur était pas permis de tuer ceux qui parlaient de se rendre ; d'autres menaçaient quelques officiers du parlement et du magistrat, parce que durant la nuit précédente, ils n'avaient pas paru au combat, et qu'ils les soupçonnaient de lâcheté ou de trahison : néanmoins, il fut convenu qu'on répondrait au roi que la ville était prête à se rendre. Aussitôt que Louis XIV fut informé de cette résolution, il ordonna une trève et chargea M. de Grammont de retourner à la ville, pour connaître quelles conditions on entendait exiger de lui. Le parlement et le magistrat ordonnèrent aussi une suspension d'armes et défendirent de tirer sur l'ennemi. «Ceci parut suspect à quelques habitants, qui firent grand bruit et semblaient vouloir commencer une sédition contre le maire, au devant de sa maison; les autres ne déférant point à la trève, tirèrent encore contre les Français et en tuèrent plusieurs qui n'étaient point sur la défiance. » Le parlement et le magistrat, contre le gré du marquis de Saint-Martin, gouverneur de la ville, envoyèrent des députés le 14, et proposèrent, chacun en ce qui le concernait, des articles de capitulation. M. de Louvois, ministre de la guerre, les accepta sans en contester un seul, à condition que la place serait rendue avant une heure après midi.

Ces articles étaient : 1° que tous les priviléges, franchises et immunités de la province seraient maintenus; 2° que la religion catholique, apostolique et romaine y serait seule tolérée, suivant les ordonnances, édits et usages anciens; 3° que tous les officiers de justice et autres, seraient conservés dans la jouissance de leurs offices, avec permission de les céder; que les membres du parlement seraient exempts du logement des gens de guerre et de tous subsides et impositions quelconques; 4° que les institutions, établissements et instructions du parlement continueraient d'être exécutés et la justice administrée suivant le droit canon, les lois civiles et romaines, et les coutumes, ordonnances et édits de Franche-Comté; 5° que le parlement et les autres officiers de justice seraient conservés dans leurs droits, autorité, exemptions et prééminences, et qu'il serait pourvu aux offices, en cas de vacance, comme précédemment; 6° que le roi ferait payer sur les domaines du pays les dettes créées au nom du roi d'Espagne; 7° que le prix du sel serait délivré comme à l'ordinaire, sans haussement de prix; 8° et enfin, que les députés des Etats-généraux seraient admis à présenter leurs articles. M. de Guitaud, après avoir remis cette capitulation signée du roi, alla saluer les chefs de tous les corps de la ville, du chapitre, du parlement, de l'université et du magistrat. « Et lorsque cette paix fut publiée et que l'armée décampait et prenait le chemin de Gray, on vit sur le visage des habitants, la joie en quelques-uns, mais en quelques autres la tristesse ou la rage. Alors on vit plusieurs soldats de la milice qui rompaient par dépit, contre les étaux des boutiques et contre les pavés des rues, leurs mousquets et leurs piques, dont les femmes ramassaient les débris. Cependant plusieurs autres personnes, sans s'amuser à toutes ces lamentations, couraient au pillage des palissades qui avaient été posées autour de l'enceinte. »

Sur les quatre heures du soir, le roi entra à cheval dans la ville, sous le seul son des cloches, accompagné du prince de Condé, du duc d'Enghein et d'un très grand nombre de hauts personnages et de grands seigneurs ; il alla droit à l'église Notre-Dame, où il fut harangué par le doyen du chapitre ; il assista au *Te Deum*, à genoux devant le saint-sacrement du miracle, exposé au maître-autel ; il alla ensuite à la Sainte-Chapelle, où l'attendait le parlement, et reçut le serment de cette compagnie. Après cette cérémonie, il remonta à cheval et retourna coucher dans son camp à Foucherans. Il nomma le marquis de Gadagne gouverneur de Dole et son lieutenant pour toute la province, et laissa dans la ville une garnison de plus de 2000 hommes. Chaque famille eut pendant plusieurs jours 120 soldats au moins à loger. M. de Gadagne fit conduire à Auxonne tous les canons, au nombre de 40, les bombes, les boulets, les poudres et le salpêtre qu'il trouva à l'arsenal. Le 23 mars, il ordonna la démolition des fortifications. La Franche-Comté ayant été rendue à l'Espagne par le traité d'Aix-la-Chapelle, du 2 mai 1668, le marquis de Gadagne quitta la province le 9 juin ; les garnisons françaises se retirèrent avec tant d'ordre, qu'elles ne donnèrent aucun sujet de plainte. Durant le peu de temps que le pays resta sans gouverneur, après le départ des Français, plusieurs émeutes éclatèrent à Besançon, à Salins, à Gray et à Dole, et étaient dirigées contre les magistrats, accusés d'avoir trahi la patrie au mois de février précédent, en capitulant avec la France. La sédition qui éclata à Dole, dans la nuit du 10 au 11 juin 1668, eut pour chef Simon Bourgeois, marchand et Laurent Chalon. Ce dernier ne pouvait pardonner au parlement de n'avoir point voulu l'admettre, comme procureur, à cause de ses mauvaises mœurs. Après avoir brisé les portes et les fenêtres du conseiller Gollut, les insurgés jetèrent dans la rue la riche et précieuse bibliothèque qui avait appartenu à l'historien Gollut, père de ce conseiller, et elle fut foulée aux pieds et dispersée. Ces excès furent suivis d'impiétés devant le saint-sacrement et de vols dans les maisons des plus respectables citoyens. Les paysans du voisinage, instruits dès le matin de ce qui se passait, accoururent en foule pour prendre part au butin. Le tumulte et le pillage ne pouvaient que s'accroître par leur arrivée, et l'on aurait pu passer du pillage au meurtre, si sept ou huit notables bourgeois n'eussent pris les armes, fait battre la caisse et invité les citoyens bien intentionnés à se joindre à eux pour rétablir le calme. Le maire se mit à leur tête, et ayant rassemblé cinq ou six cents personnes armées, il en posta une grande partie sur la place principale, distribua le surplus sur les avenues de la ville et fit faire des patrouilles jour et nuit. Le 12 juin, le mayeur, M. Jean de Froissard-Broissia, convoqua le parlement, les nobles, les ecclésiastiques, les notables, les bourgeois, et leur demanda s'il continuait d'avoir leur confiance ou s'il devait se retirer. On le pria, par acclamation, de conserver ses fonctions et de prendre les mesures les plus énergiques pour assurer la tranquillité publique. Ce magistrat prit aussitôt un arrêté pour faire sortir de la ville les étrangers non résidents et leur défendre d'y rentrer sans permission ; il défendit, sous peine de mort, aux habitants, de s'assembler en armes, de parcourir les rues avec des épées ou des mousquets, et de tendre les chaînes des rues. La porte du Pont fut seule laissée libre pour la circulation. Toutes les autres furent fermées. Les bourgeois, exténués par la garde continuelle qu'ils étaient obligés de faire, se décidèrent, le 28 juin, à appeler à leurs frais 200 fantassins et 50 cavaliers, pour les aider à protéger la vie et la fortune des citoyens.

Le marquis de Castel-Rodrigo, trompé par les démonstrations populaires qui se manifestaient sur plusieurs points, accusa le parlement et le marquis d'Yenne de la perte de la province. Il nomma à la place de ce dernier le prince d'Aremberg au gouvernement du pays, suspendit le parlement et envoya des commissaires chargés d'administrer la justice en dernier ressort et de procéder à une enquête sur la conduite des principaux seigneurs francs-comtois.

Les commissaires et le prince d'Aremberg se fixèrent à Besançon, au mois de juillet. Sept juges, un procureur-général et un greffier furent choisis pour y former une chambre de justice. Le gouvernement fit afficher des placards, pour inviter les habitants à venir déposer devant ce tribunal, contre les conseillers du parlement et les députés des Etats qui avaient manqué à la fidélité due au souverain. Les conseillers Jacquot et Gollut furent cités à Bruxelles, pour répondre de leur participation à la prise de Gray par le roi de France. Après beaucoup d'informations, les juges ne pouvant condamner les accusés, durent renoncer à la procédure. MM. de Vatteville, de Laubespin et le marquis d'Yenne, gravement soupçonnés, se retirèrent à Paris, dans la crainte d'une arrestation.

Le moment est venu d'examiner sans prévention, sans esprit de parti, si le parlement et la noblesse ont réellement conspiré contre l'Espagne, ainsi que le prétendaient alors le peuple et le gouverneur des Pays-Bas et comme le soutiennent encore des historiens modernes, tels que MM. Rougebief, Perrin et autres. Nous déclarons à l'avance, qu'après avoir étudié avec soin les documents contemporains de la conquête et les faits qui l'ont précédée, nous restons convaincu que les accusations portées contre ces deux corps n'ont aucun fondement. Les preuves ne nous manqueraient point pour faire partager notre opinion par tous les esprits impartiaux.

Lorsqu'en 1667, Louis XIV porta la guerre en Flandre, le gouverneur des Pays-Bas, entouré d'influences flamandes, était sans sympathie pour le comté de Bourgogne. La reine régente d'Espagne, oubliant les instructions de Charles-Quint et de ses successeurs, était disposée à abandonner cette province pour obtenir la paix. On ne s'occupait d'elle que pour l'accabler d'impôts et de levées d'hommes. Décidé à ne fournir aucun secours, Castel-Rodrigo pressait les Comtois de traiter avec les Suisses d'une ligue défensive. Le parlement, instruit par l'expérience que les secours promis par cette nation à différentes époques avaient toujours fait défaut, croyait trouver un gage plus certain de paix dans une trêve signée avec la France. Ces deux négociations furent entamées à la fois. Toutes deux paraissaient avoir des chances de succès; mais il fallait beaucoup d'argent. L'abbé de Vatteville, chargé de traiter avec les Suisses, regardait leur concours comme assuré, si le pays pouvait disposer d'une somme de 400,000 francs. De son côté, Louis XIV laissa espérer jusqu'au dernier moment qu'il signerait une trêve de trois ans, si on lui comptait 500,000 livres. On supplia Castel-Rodrigo et la reine régente de faciliter ces traités, en aidant la province à payer l'une ou l'autre de ces sommes. Un refus de subsides fut la seule réponse. Les députés des Etats avisèrent alors aux moyens de pourvoir au paiement du capital qui serait promis, soit aux Suisses, soit au roi de France. Cette somme une fois réalisée, on resta convaincu que la paix ne serait point troublée. Personne ne pouvait prévoir que Louis XIV, dont on ne soupçonnait ni les intentions ni les préparatifs, se disposerait à envahir le comté, à une époque où les neiges devaient rendre tous les chemins impraticables, au moment surtout où le parlement lui faisait offrir tout ce qu'il était convenu d'accepter pour signer une trêve de trois ans. Ce n'est que dans les derniers jours de janvier que la nouvelle parvint à Dole que nos frontières étaient encombrées de troupes. Le 1er février, le marquis d'Yenne conféra avec le parlement des mesures à prendre, et se fit adjoindre le conseiller Demesmay, pour agir en commun avec lui. Ces deux personnages se mettent en route, le 2 février, parcourent la province, pressent les communautés d'envoyer les élus de la milice dans les villes, courent à Gray, à Baume, à Besançon, pour pourvoir ces villes de garnisons. Le 4 février, l'abbé de Vatteville se rend en toute hâte en Suisse, afin d'obtenir du secours des cantons. Le lendemain, le marquis d'Yenne prévint Castel-Rodrigo de ce qui se passait, et le supplia d'envoyer des renforts. Le même avis fut donné aux conseillers de Bellevaux et Philippe, qui assistaient à la Diète de Ratisbonne, avec prière de solliciter l'appui de l'empereur d'Allemagne. Des exprès furent envoyés à Vesoul, à Salins, pour qu'on y fît conduire tous les miliciens disponibles. Le 6, un autre exprès fut envoyé à dom Ponce de Léon, gouverneur du Milanais, pour l'avertir de l'entrée de l'ennemi. Le baron de Saint-Mauris alla prendre le commandement du château de Joux. Les populations étaient si effrayées, qu'elles fuyaient en Suisse, en France ou se cachaient dans les bois ; la milice refusait de marcher. Besançon, Salins, capitulaient sans se défendre. Dole, dépourvue de garnison, sans espoir d'en recevoir, aurait pu résister huit ou dix jours avec ses remparts, mais la résistance n'aurait abouti qu'à irriter un roi conquérant, à exposer la ville au sac, au pillage et à une ruine semblable à celle qui était arrivée sous Louis XI. Cette ville pouvait perdre du moins les avantages dont elle avait joui comme capitale de la province et voir ses grands corps judiciaires transférés à Besançon. Il était donc prudent de capituler de bonne heure, pour obtenir des conditions avantageuses. Si Vatteville, le marquis d'Yenne, les conseillers Gollut et Jacquot ont accompagné le roi à Gray et engagé les bourgeois à se rendre, c'est qu'ils sentaient que cette ville étant la seule qui restait à conquérir, sa résistance ne pouvait plus sauver la province et l'exposait à une perte certaine. Le parlement ne cessa d'engager la reine régente à ne jamais abandonner la Franche-Comté à la France ; il faisait mettre le feu aux maisons qui acceptaient des sauvegardes de Louis XIV. Aurait-il agi ainsi, si la pensée lui était venue de soustraire le pays à la domination espagnole ? Quels étaient les hommes qui criaient à la trahison ? C'étaient des ambitieux de bas étage, des intrigants, des hommes déclassés ou flétris par la justice. C'est du moins ce que déclarèrent avec beaucoup de franchise, en 1669, les députés des États au cabinet de Madrid. Castel-Rodrigo avait bien mauvaise grâce à accuser les hommes du pouvoir, lui qui s'était laissé enlever en quelques jours les plus belles villes de Flandrs. On reproche au parlement d'avoir prêté serment à Louis XIV. Pouvait-il le refuser ? Il y avait alors à Dole dix mille soldats dans la place prêts à commettre tous les excès. Du reste, son serment ne fut point isolé : les officiers du bailliage, de l'université, de la chambre des comptes, du magistrat, le prêtèrent également. On lui fait un crime d'avoir stipulé dans la capitulation, des articles qui lui garantissaient son existence et ses privilèges. Cette capitulation ressemble à celle de Besançon, dans laquelle il est également stipulé que les offices et bénéfices tenus par les citoyens leur seraient conservés. M. de Laubespin a été dupe des habiles manœuvres diplomatiques du prince de Condé, mais il y a loin de là à une trahison. Que nos écrivains cessent donc de déclamer contre des hommes, dont les intentions ne peuvent être suspectées et de prononcer des jugements sévères sans examen.

Le prince d'Aremberg, instruit que le peuple demandait l'élargissement de Simon Bourgeois et de Laurent Chalon, principaux fauteurs de l'émeute du 10 juin, chargea le 7 août, M. de Santans, de les faire mettre en liberté. Il vint à Dole, le 15 août, entendit les plaintes portées contre le magistrat, accepta la démission du maire, des échevins et de tous les conseillers, et fit procéder à une nouvelle élection. Ce gouverneur s'occupa activement pendant son administration de la défense des places. Il y fit conduire plusieurs pièces d'artillerie, qu'il avait fait fondre à Pontarlier et à Montcley, et donna les ordres nécessaires pour relever les fortifications de Dole et de Gray, qui avaient été démolies par les Français. Ces travaux ne pouvaient se faire qu'à l'aide de nouveaux impôts que les députés des Etats refusaient de lever. Contrarié dans ses plans, le prince d'Aremberg demanda son rappel et fut remplacé en juin 1671, par dom Hieronimo Benavento de Quinones, homme d'esprit et de mérite, qui avait commandé pendant plusieurs années les armées d'Espagne. Ce dernier trouva la province dans des dispositions peu favorables. On levait depuis deux ou trois ans un impôt de 3000 francs par jour, nonobstant les réclamations des dix-huit députés des trois Etats. Les villes refusèrent de payer. M. de Quinones fut obligé d'en venir à la violence. Il fit incarcérer les maires récalcitrants, les débiteurs retardataires. Le 26 avril 1672, M. de Quinones fut remplacé par dom Francisco Gonzalès d'Alvéda, gentilhomme espagnol, dont le nom ni les services n'avaient rien d'éclatant, et qui ne relevait ni par son esprit ni par son luxe, ce que son extérieur avait de repoussant. Il ne parut occupé au comté de Bourgogne, que du soin d'augmenter sa fortune, à laquelle il ne dédaigna pas de faire contribuer le jeu. Tout conspirait pour détacher la population du gouvernement espagnol et pour lui faire désirer la domina-

16

tion française. La guerre faite à la Hollande par Louis XIV émut les
puissances européennes et amena une fédération, qui fut publiée à
Bruxelles, le 15 octobre 1673. Cinq jours après, le roi de France
déclara la guerre à l'Espagne et résolut d'entreprendre de nouveau la
conquête de la Franche-Comté. Il commença par s'assurer des Suisses
et chargea le vicomte de Turenne d'occuper le pays de Montbéliard,
pour couper toute communication avec le Haut-Rhin. Après ces précautions, le duc de Noailles entra au comté de Bourgogne, au mois
de février 1674, à la tête d'une armée de 10,000 hommes et mit le
siége devant Gray. Cette ville, sans fortifications, sans artillerie et
avec une faible garnison, après avoir résisté pendant sept à huit jours
et soutenu un assaut général, se décida à capituler. Le 26 mars, les
troupes françaises, au nombre de cinq mille hommes, commandés par
M. d'Allamont, se présentèrent devant Arbois, dont la garnison se
défendit avec tant de vigueur, que ce dernier fut obligé de lever le
siége à l'approche de Vaudemont, qui s'avançait pour secourir cette
place. Le 24 avril, sur l'avis que le duc d'Enghein s'avançait pour
investir Besançon, M. d'Alvéda se retira à Salins, pour tenir la campagne et mettre ordre aux affaires de la province. Charles d'Est, marquis de Bareyn-Maneiro sortit de même pour aller commander à Dole.
Besançon capitula le 21 mai. Le roi envoya alors investir Dole, le 27
mai, et prévint le commandant de la place qu'il assisterait en personne
au siége. Le marquis répondit qu'il ne doutait point de sa perte et de
celle de la ville qu'il était chargé de défendre contre un si puissant
monarque, mais que lui et ses soldats étaient résolus à vendre chè-
rement leurs vies. Dans cette dernière lutte, ce n'était plus les habitants qui défendaient leur pays, mais des garnisons et des chefs étrangers combattant pour le roi d'Espagne.

   La tranchée fut ouverte du côté de la porte du Pont, le 28 mai, et
poussée le 30 jusqu'aux fossés, dont la descente fut vivement disputée.
Le 6 juin, une mine fit une large ouverture au bastion, déjà endom-
magé par une batterie de six grosses pièces de canon. Le dauphin
arriva au camp le même jour, accompagné des princes de Conti et de
la Roche-sur-Yon. Les assiégés, informés qu'on avait fait un four-
neau sous ce bastion pour le faire sauter, envoyèrent le comte de
Staremberg, colonel d'un régiment allemand de la garnison, pour demander une suspension d'armes jusqu'au midi du lendemain. Le roi
la refusa, monta à cheval et fit voir au dauphin les dehors de la place,
les travaux et les batteries. De retour dans son camp de Champvans, il
trouva le comte de Staremberg accompagné d'une nombreuse dépu-

tation des officiers de la garnison et du magistrat, qui lui présentèrent les articles de la capitulation. Il les accepta après y avoir fait plusieurs changements. Nous ne rapporterons pas ces articles, car Louis XIV n'en respecta presque aucun. Le même jour, 7 juin, Charles-Emmanuel d'Est donna une attestation par laquelle il déclara que les bourgeois et les habitants s'étaient conduits avec bravoure, et que ce n'est que sur ses instances et ses ordres qu'ils ont consenti à se rendre, la place n'étant plus défendable. Il y avait en effet deux mines ouvertes, deux autres prêtes à jouer, une brèche dans les murailles, et l'ennemi était déjà maître des casemates du bastion Chassagne. Le 9 juin, tous les corps se rendirent auprès du roi pour lui prêter serment de fidélité. A la tête, pendant plusieurs siècles, des destinées de la Franche-Comté, Dole a été, avec cette province, réunie par le traité de Nimègue au royaume de France, et comme elle, envahie et rançonnée en 1814 et 1815. Quelques tentatives de résistance furent organisées pour interdire l'entrée de la ville aux Autrichiens, mais elles restèrent sans résultat. Nous ne nous sommes occupé que des siéges intéressant directement Dole : il serait trop long de rapporter en détail toutes les expéditions auxquelles prirent part ses habitants sous les ducs de Bourgogne. On les vit figurer avec honneur aux siéges de Montréal, de Vellexon et dans les guerres de Flandres.

Pestes et famines. — Gollut parle d'une peste universelle survenue en 869, qui détruisit une partie de la population. Le passage des Normands, au IXe siècle, fut suivi de la plus complète dévastation, de la ruine la plus profonde. En 987, 989, 990 et 992, la France presque tout entière fut désolée par la famine. Les auteurs s'accordent à dire que, durant le Xe siècle, dix famines et treize pestes réduisirent le comté de Bourgogne à la plus affreuse de toutes les positions.

En 1001, la famine reparut et fut suivie, deux ans après, d'une maladie épidémique qui ne cessa ses ravages qu'en 1010. Ces fléaux se manifestèrent de nouveau de 1021 à 1027. Les hommes dévoraient les chiens, les souris et les chats ; on avait de la peine à les empêcher de s'entre-tuer. On arrêtait les voyageurs sur les routes, on les égorgeait et on se partageait leurs membres. On vendait de la chair humaine sur le marché de Tournus. En 1045, 1055 et 1060, la misère et la mortalité dépeuplèrent beaucoup de villes, de bourgs et de villages. Le XIe siècle, si fécond en malheurs publics, finit par la peste de 1080 et la famine de 1081. On s'attendait, comme en l'an 1000, à la fin du monde. En 1315, des pluies générales et continuelles détruisirent les récoltes et amenèrent la famine. En 1349, une maladie cruelle, appelée *fièvre noire*, transmise depuis l'Orient de pays en pays, parcourait l'Europe. Arrivant par l'Italie et franchissant les Alpes, elle aborda le comté de Bourgogne, pénétra à Poligny, à Arbois, et de là gagna Salins, Dole et Besançon. Bientôt tout le pays en fut infecté. On ignorait alors le soin de séquestrer les personnes malades, d'enfermer les vagabonds, d'établir des barrières hors des villes, de soumettre à la quarantaine les convalescents ou de les purifier par des parfums. Les corps, exposés à la porte des maisons ou jetés par les fenêtres, se corrompaient dans les rues. Les villes et les villages devinrent déserts; les terres restèrent incultes, et le nom de cette année terrible se conserva sous celui d'*année de la grande mort*. Les deux tiers au moins de la population de Dole furent enlevés. En 1374, Rochefort, Audelange, Chatenois, Falletans, étaient encore complètement inhabités. En 1429, la peste ravagea une partie du comté et du duché de Bourgogne. Il paraît que Dole en fut préservée, puisque le parlement de Dijon vint s'y établir. Les années 1442, 1451, 1466, 1476, 1482, 1485 et 1494 furent des époques de disette et de maladies populaires. Au mois d'août 1496, le *mal de Naples* faisait de grands ravages à Dole. Les syndics et les sergents eurent l'ordre de faire sortir de la ville les personnes qui en étaient atteintes. En 1525, les maladies épidémiques reparurent, et se manifestèrent de nouveau en 1530, 1531, 1554, 1564, 1565, 1566, 1567, 1571, 1574, 1575, 1580, 1586, 1587, 1595, 1629, 1652 et 1636. En 1565, les trois quarts des habitants quittèrent la ville, et 700 personnes de celles qui y demeurèrent, payèrent le tribut au fléau, qui dura deux ans, avec des périodes d'exacerbation et de rémittence. La cherté des grains fut telle, que le blé se payait 36 livres le bichet, c'est-à-dire les douze mesures, et le vin dans une proportion relative. En 1586, il ne restait plus que six notables pour administrer la ville. On fut obligé de requérir seize notables des quatre quartiers de rentrer en ville, pour que les habitants ne fussent pas exposés à rester sans magistrats. Il mourait vingt personnes par jour au moins. La peste de 1629 éclata le 28 juillet, chez Philippe Oudet, cordonnier, demeurant rue du Vieux-Marché. En moins de cinq ou six jours, la ville fut abandonnée par plus des trois quarts des habitants; elle ressemblait à un désert, excepté depuis la maison de ville jusqu'à la porte des Arènes, qui était occupée par les vignerons et les pauvres. Au 11 novembre suivant, la maladie avait cessé. En 1632, il n'y eut que quelques quartiers d'atteints. La peste éclata pendant le siége de 1636, et enleva en peu de temps plus de 7000 personnes. En effet, la population de Dole était, en 1614, de 871 ménages, et en 1637, il ne restait que 662 habitants. La ville devint tellement déserte, qu'on aurait fauché l'herbe dans les rues comme dans un pré. La famine qui suivit ne fut pas moins terrible. Le blé, qui ne se vendait ordinairement que 12 sols la mesure, se vendit jusqu'à 6 à 7 fr. Nous n'avons plus à signaler que les disettes de 1356, 1598, 1599, 1600, 1709, 1740, 1790 et 1817, qui furent communes à toute la France. Aussitôt que la peste éclatait, la ville prenait l'aspect le plus lugubre. Les habitants aisés fuyaient en toute hâte ; le parlement allait s'établir dans une autre ville du ressort, et les officiers du bailliage se retiraient dans un bourg, afin de ne pas interrompre le cours de la justice. Le maire et quelques conseillers devaient rester à leur poste. Le doyen du chapitre nommait d'office un vicaire pour entendre les confessions et assister aux inhumations ; la corporation des barbiers élisait deux d'entre eux pour soigner les malades. Le mayeur restait seul revêtu de l'autorité suprême, même sur les militaires. Ses édits avaient force de loi, et les moindres infractions donnaient lieu à la peine de mort. Les pauvres, les vagabonds et les étrangers étaient expulsés de la ville, et ceux qui persistaient à rester étaient pendus ou étranglés. Dès qu'une personne était atteinte de la maladie, les parents devaient en faire la déclaration au maire dans les quatre heures, sous peine de bannissement. Les pestiférés étaient conduits dans des loges en planches construites au Bizard ou dans les fossés. Les suspects étaient barrés dans leurs maisons. On ne voyait dans les rues que les nettoyeurs et les parfumeurs, armés de longs bâtons blancs surmontés de grelots, les barbiers coiffés de chapeaux rouges, et l'enterreur revêtu d'une casaque rouge, escortant une charrette pleine de morts, revêtue de toile noire et surmontée d'une clochette. Les pestiférés et même les simples suspects rencontrés dans la ville étaient arquebusés. Des hommes étaient requis pour porter des vivres dans les loges et pour pourvoir à la nourriture des malades. Le maire avait le droit de faire des emprunts forcés, c'est-à-dire de prendre de l'argent partout où il en trouvait, et de lever des impôts sur les absents, pour fournir d'aliments les pestiférés.

Les caractères de la peste nous sont peu connus ; nous ne pouvons indiquer que les remèdes qu'on employait pour la combattre. Les moyens préservatifs en usage étaient des pilules composées d'aloës, de myrrhe et de safran, de la thériaque, du *nitridat* et du parfum de soufre. Les moyens curatifs étaient les lavements et la saignée. Une maison dans laquelle il y avait eu des malades ne pouvait être habitée que lorsque les nettoyeurs et les parfumeurs en avaient dissipé les miasmes.

Incendies. — L'usage des toitures en tuiles , la solidité des constructions, de sages réglements de police, ont rendu les sinistres moins fréquents à Dole que dans aucune autre ville de la province. Nous n'y connaissons que trois incendies considérables , l'un arrivé en 1352, qui détruisit presque tout le quartier autour de l'église , l'autre en 1479 , après le siége , qui fut général, et le troisième en l'an XII, qui dévora en grande partie la rue des Vieilles-Boucheries. Le 19 mars 1821, le feu éclata dans une maison de la rue de la Bière. Deux femmes et quatre enfants périrent dans les flammes; un homme n'échappa à une mort certaine qu'en s'élançant d'une fenêtre élevée dans la rue. De tout temps la municipalité prit des soins minutieux pour prévenir et arrêter les accidents. Aucun étranger n'était reçu habitant avant d'avoir fait don à la ville d'un seau en cuir. Dès que le feu éclatait, la milice bourgeoise devait accourir au lieu du sinistre ; chaque personne était tenue d'illuminer les fenêtres de sa maison et d'avoir un seau plein d'eau devant sa porte. Une compagnie de gardes-feu fut organisée en 1762, et régie par des statuts approuvés par l'intendant de la province.

Inondations. — Les annales de Dole ne mentionnent que deux grandes inondations, arrivées l'une en 1570 et l'autre en 1763. Elles rompirent toutes les écluses et les ponts construits sur le Doubs.

Evènements divers. — L'inauguration faite le 14 décembre 1785, de la statue de Louis XVI , œuvre d'Attiret , sur la place principale de Dole , avait attiré dans cette ville un immense concours d'étrangers venus de tous les points du comté et du duché de Bourgogne. Le conseil municipal , les fonctionnaires de tous ordres , le commandant et le major de la place, le régiment de la Reine , cavalerie , le chapitre , la familiarité, les deux compagnies bourgeoises de l'Arquebuse et de l'Arc, toute la noblesse , assistaient à la cérémonie. Après les discours , les musiques militaires de la ville et du régiment se firent entendre, des décharges de mousquetterie se mêlèrent au son de toutes les cloches , aux cris de joie, aux *vivat.* Une messe chantée en musique , et le soir , de magnifiques illuminations terminèrent cette fête. Louis XVI s'était opposé longtemps à l'érection de ce monument. Ce malheureux roi paraissait déjà se défier de l'inconstance des hommes. Le 6 avril 1789 , les trois Etats du bailliage de Dole s'assemblèrent dans les salles du collége, pour nommer des députés aux Etats-généraux; la noblesse et le clergé se montrèrent disposés à accepter de sages réformes, à faire même une large part à l'esprit du temps ; mais la révolution demandait davantage, et bientôt le Tiers-Etat devait rester seul debout avec sa volonté souveraine. Chaque évènement de cette grande époque eut son écho à Dole. C'est un Dolois, Joseph Arnay, sergent des gardes-françaises, qui le premier monta à l'assaut à la prise de la Bastille. Il fut porté en triomphe dans les rues de Paris, et on frappa une médaille d'or en son honneur. Le décret de l'Assemblée nationale qui avait arrêté, pendant la nuit mémorable du 4 août 1789, l'abolition de tous les priviléges, mit fin à l'antique constitution de la ville. Le 11 novembre, les députés des quatorze principales villes de la province signèrent à Dole un pacte fédératif pour le maintien de l'ordre public et la conservation des subsistances. Le 21 février suivant, cette ville célébra une nouvelle fête fédérale, à laquelle assistèrent les autorités. On y avait convié les gardes nationaux de la Franche-Comté, de l'Alsace et de la Champagne. Cent cinquante mille hommes y étaient sous les armes et formaient un immense carré. C'était un spectacle magnifique, à la fois militaire et national. Après le service divin, les officiers prêtèrent le serment de fidélité à la nation, à la loi et au roi. C'était certainement une fête splendide ; l'enthousiasme était dans tous les cœurs. La révolution, encore pure des crimes dont elle fut souillée plus tard par quelques fanatiques, semblait avoir fait renaître les temps primitifs, où tous les hommes étaient frères. Hélas! pourquoi ces moments furent-ils si courts ? Dès le commencement du mois de mai, il se forma une société des Amis de la Constitution, qui s'affilia au club des Jacobins de Paris, et en adopta les statuts. Les partis commencèrent à se dessiner. La division se mit entre les différentes classes de citoyens. Les décrets qui ordonnaient la vente des biens du clergé et qui imposaient aux prêtres l'obligation du serment, faisaient à la révolution des adversaires d'autant plus irrités qu'ils y voyaient une atteinte portée aux droits les plus sacrés de l'homme, la liberté de conscience. La fête de la fédération fut célébrée à Dole, le 14 juillet 1790, avec une grande pompe. Une immense plate-forme avait été élevée dans la prairie dominée par le cours Saint-Maurice ; au centre de cette plate-forme, une seconde servait de base à l'autel de la patrie, derrière lequel se rangèrent circulairement les musiciens. Un portique avec arcades se dressait en avant de ces constructions, puis un obélisque de 130 pieds, portant le pavillon tricolore avec la couronne civique et un médaillon où on lisait : *Confédération nationale.* L'autel se trouvait exhaussé de plus de douze pieds au-dessus du niveau de la prairie.

Dans un vase antique, placé sur l'autel, brûlait pendant toute la cérémonie un encens préparé, qui jetait une flamme tricolore. Des pièces
de canon faisaient de temps en temps des décharges.

Les troupes, maréchaussée, cavalerie et garde nationale, formaient
un bataillon carré. Derrière chaque corps, des tentes étaient dres-
sées, toutes surmontées du drapeau national. Un régiment d'*enfants
de la patrie*, avec tambour et drapeau; les dames, les jeunes filles,
vêtues de blanc, avec écharpes, ceintures et rubans aux trois couleurs; les enfants de toutes les écoles, les laboureurs, vignerons,
jardiniers, tous avaient leurs places désignées d'avance. Une distribution de 1000 livres de pain fut aussi faite aux indigents. Tous les
ordres religieux, Minimes, Capucins, Carmes, Cordeliers, Bénédictins, avaient été convoqués. Une jeune fille, au commencement de la
cérémonie, escortée de deux de ses compagnes, devait, avec un verre
ardent, *extraire du soleil le feu sacré*, pour enflammer le brasier préparé dans le vase; puis des religieux apportèrent l'encens que la main
d'un prêtre répandit sur le brasier; quatre vignerons, armés d'une
torche, l'allumèrent au feu sacré, et se placèrent debout aux quatre
coins de l'autel. Les jardiniers ornèrent l'autel de guirlandes de fleurs,
et les laboureurs, chargés d'une gerbe, la consacrèrent sur cet autel.
Deux mariages, *symbole heureux de l'union qui allait régner entre
tous les citoyens*, furent célébrés à l'autel de la patrie. Enfin vint la
messe, et après de nombreuses salves d'artillerie, la formule du serment fut lue par le maire, et chacun, levant la main, répéta : Je le
jure ! Cette explosion fut suivie de fanfares, de roulements de tam-
bours et de détonations. On chanta ensuite le *Te Deum*, et au signal
donné par le maire, retentirent les cris de : Vive la nation ! vive l'Assemblée nationale! vive le roi ! vivent les Parisiens ! vive Royal-
Etranger! vivent les Dolois! Des jeux, des danses autour de l'autel
de la patrie et une illumination générale complétèrent cette fête. Les
espérances qu'elle avait fait naître s'évanouirent bientôt. Le retour du
bataillon des gardes nationales du Jura, qui avait assisté, sous les ordres de M. Mallet, à la fédération de Paris, donna lieu, le 3 août, à
de nouvelles démonstrations de joie et à un banquet patriotique. Dès
le 30 août, chaque marché fut troublé par des émeutes qui avaient
pour motif ou pour prétexte la cherté des grains. Le maire, en re-
fusant constamment de proclamer la loi martiale et en traitant avec
les insurgés, encourageait les perturbateurs. Toutes les nuits, on pei-
gnait des gibets sur les portes, on enlevait les escaliers des maisons,
on poussait des vociférations sous les fenêtres des citoyens paisibles.

La municipalité, si faible devant l'insurrection, ne relevait la tête que pour se proclamer indépendante de toute autre autorité et pour résister aux ordres des Directoires du district et du département. L'éloignement des membres de ces administrations pour toute espèce d'excès les faisait accuser d'incivisme.

Le 26 juin 1791, Regnault de Saint-Jean-d'Angély, de la Cour d'Ambérieux, et Dépré-Dumsier, arrivèrent à Dole pour recevoir le serment des compagnies de Royal-Etranger qui s'y trouvaient en garnison. Dans la nuit, quelques individus substituèrent le nom de *place de la Fédération* à celui de *place Royale*, et écrivirent au bas de la statue de Louis XVI : *Premier et dernier roi des Français*. On décerna une prise de corps contre une soixantaine de républicains. Pendant que la maréchaussée cherchait à en saisir quelques-uns, il se forma un rassemblement considérable sur la place. Les chefs de l'émeute se portèrent aux halles, en criant : Aux armes ! aux armes ! et envahirent l'hôtel-de-ville. Le Directoire fit arborer le drapeau rouge et proclamer la loi martiale. Le calme ne put être ramené que le lendemain. Nous passerons rapidement sur cette époque lugubre, pendant laquelle quelques misérables disposaient à leur gré de la liberté des citoyens et entassaient pêle-mêle d'innocentes victimes dans les caveaux les plus sombres du couvent des Cordeliers ou de celui des Annonciades. Nous nous réservons la pénible tâche de retracer ailleurs les faits les plus saillants de la révolution dans le *Jura*. En 1793, les églises de Dole furent définitivement fermées et converties en magasins ; l'église paroissiale devint le temple de la Raison et fut profanée par la célébration des cérémonies ridicules de la fête de l'Etre suprême. Tous les habitants furent tenus de se munir d'un certificat de civisme, que délivrait le club des Jacobins, constitué en comité de surveillance. Ceux qui n'en avaient pas, étaient déclarés suspects et incarcérés. Les personnes riches furent écrasées de réquisitions de toutes sortes et sous toutes les formes. Lorsque l'administration du département, accusée d'avoir pris des mesures liberticides, fut destituée, elle fut remplacée par une commission administrative que les représentants du peuple Bassal et Bernard vinrent installer à Dole au mois d'août 1793. La ville ne fut délivrée de la tyrannie des Jacobins qu'à l'arrivée de Bailly, en 1795. Celui-ci épura les différentes administrations, et mit à leur tête des hommes qui jouissaient de la confiance publique. Les églises furent rendues au culte la même année. Les terroristes qui avaient été le plus exaltés se virent dès-lors en butte à de nombreuses vengeances particulières. Les gouvernements

17

qui se succédèrent en France, depuis le consulat jusqu'à la révolution de 1848, ne furent signalés à Dole que par des évènements peu
importants. L'ère nouvelle, sortie des barricades de février, entraîna la multitude à la suite de quelques agitateurs qui cherchaient
dans la république bien plus un profit matériel que le bonheur du
pays, et fit naître des scènes déplorables.

Le 26 mars 1848, une bande d'hommes, femmes et enfants, se
porta dans la soirée sur la maison du Bon-Pasteur, et menaçait d'autres
couvents, sous prétexte que ces établissements ôtaient le travail à la
classe ouvrière. Des carreaux furent brisés; les femmes furent insul-
tées. Le rassemblement se dissipa à l'arrivée de la garde nationale;
mais le lendemain l'autorité fit évacuer la maison. Des désordres plus
graves se préparaient pour le lendemain. Vers midi, une insurrection
se manifesta dans le 10ᵉ régiment de chasseurs à cheval. Renfermés
dans les casernes et méconnaissant la voix de leurs chefs, les soldats,
à l'instigation de plusieurs sous-officiers, brisent tout ce qui se trouve
sous leur main, jettent les meubles par les fenêtres et poursuivent un
adjudant, dont on ne sauve la vie qu'avec beaucoup de peine. Le tumulte diminuant, on espère que l'agitation va cesser, lorsque les
portes de la caserne s'ouvrent. Le régiment sort sans chefs et parcourt
la ville en poussant des vociférations. La garde nationale eut la présence d'esprit de crier : Vive le 10ᵉ chasseurs! et de fraterniser avec
les soldats. Le régiment rentra alors dans ses quartiers en chantant.
Bientôt après, le désordre se renouvela d'une autre manière et sur
un autre point. Des bandes nombreuses se forment dans la ville, se
dirigent vers le club des Cordeliers et empêchent la réunion. De là
elles se portent au faubourg de la Bedugue, sur le couvent dit des
Minimes, où elles cherchent à pénétrer de vive force en escaladant
les murs. La garde nationale accourt et les rejette dans la ville, où
elles rentrent en tumulte, se rassemblent devant quelques maisons,
dont elles insultent les habitants et contre lesquelles elles apposent des
écrits menaçants. Enfin, grâce à la garde nationale, le calme se rétablit. Nous constatons avec d'autant plus de plaisir les services rendus
par la garde nationale en 1848, que cette milice était l'effroi des bons
citoyens lors de la première révolution. Non-seulement elle ne prêtait point son concours pour protéger l'ordre public, mais c'est dans
ses rangs que se recrutaient les fauteurs des insurrections.

Vœux et fondations de la ville. — Rien ne peint mieux la foi vive
de nos pères, que les cérémonies par lesquelles ils cherchaient à
apaiser la colère de Dieu, lorsqu'ils se voyaient menacés d'un grand

malheur. La crainte du péril les poussait à faire des vœux souvent imprudents, à fonder des offices solennels et dispendieux. Le danger passé, ils oubliaient de tenir leurs promesses, ou plutôt ils se trouvaient dans l'impossibilité de les exécuter. Les vœux et les fondations faits par la ville de Dole sont tellement nombreux, que nous nous bornerons à rappeler les principaux. En 1477, on fonda une procession et un *Salve regina* dans l'église paroissiale, pour être préservé de l'invasion des Français. Le 22 mai 1564, la ville fut vouée à saint Gengulphe, pendant la peste, et on promit de solenniser la fête de ce saint deux fois par an, le 26 mai et le 19 octobre. En 1586, il fut décidé pour la même cause que l'église serait cintrée de cire, que la ville serait vouée à saint Sébastien et à sainte Anne, et qu'on ferait chaque année une procession générale et une prédication le 20 janvier et le 26 juillet. Le 18 décembre 1608, jour de la remise d'une des deux hosties miraculeuses de Faverney, le magistrat fonda une procession perpétuelle, qui devait se faire chaque année, le premier dimanche avant le 25 mars, transférée plus tard au mardi de la semaine de la Pentecôte, et une messe à haute voix, à diacre et sous-diacre, dans l'église de Faverney. Le 30 avril 1609, le clergé fit vœu d'exécuter un pèlerinage à Saint-Claude, accompagné de 100 hommes, de 700 femmes ou filles, et d'offrir une image de Notre-Dame en valeur de 500 fr. En 1628, la peste ravageait les villages d'Audelange, Rochefort et Malange. La ville de Dole n'en fut pas atteinte. Le maire fit alors le vœu d'aller en procession à Notre-Dame-de-Gray, et de lui offrir un étau ou une bougie de même longueur que tout le circuit de la ville. La procession eut lieu le 12 mai 1629. Plus de 2000 personnes y assistèrent. Le 1er juillet 1636, au commencement du siége, le vicomte-mayeur, les trois échevins, les douze conseillers, le syndic et le secrétaire, après s'être confessés et avoir communié dans la Sainte-Chapelle, firent le vœu solennel, dans le cas où les Français seraient repoussés, d'offrir deux lampes d'argent de la valeur de 1000 fr. chacune, et de fournir le luminaire pour les éclairer perpétuellement, l'une devant l'hostie de Faverney, et l'autre dans la Sainte-Chapelle. Ils promirent en outre que le jour anniversaire de la levée du siége, il y aurait un jeûne général et une procession pareille à celle qui se célébrait chaque année le 1er octobre, en vertu d'un vœu précédent. Quelques jours après, les chanoines et familiers de l'église Notre-Dame, revêtus de leurs aubes blanches et les pieds nus, firent une procession et promirent d'envoyer, aussitôt après la délivrance de la ville, quatre députés de leur corps, en pèlerinage à

pied à Saint-Claude. Le 18 juin suivant, le magistrat délibéra de faire
dire le lendemain une messe solennelle à *la dévotion et invocation* de
l'ange gardien et tutélaire de la ville, une messe chaque jour pendant
le siége, dans la chapelle de Notre-Dame-la-Blanche, et après le
siége, de faire faire un tableau en l'honneur de l'ange gardien. Le 6
juillet, on résolut, sur la proposition du père Marmet, de faire placer
au-dessus du clocher un guidon représentant le saint-suaire et un
ange semblant le porter, et de faire bénir la poudre et les canons. Le
20 août, la peste augmentant ses ravages, on chargea les prêtres et
les religieux de dire des messes en l'honneur de Notre-Dame, de
l'ange gardien, de saint François de Paule, de saint Sébastien, de
saint Roch, de saint Gond, de saint Charles Borromée, de sainte
Anne et de saint Nicolas Tolentin. Le 14 septembre, le conseil délibéra de faire dire trente-trois messes devant le saint-sacrement de
miracle, de faire mettre en la Sainte-Chapelle deux tableaux de saint
Charles Borromée et de saint Roch, d'envoyer des religieux à Milan et
à Venise, et de porter l'*estaud* à Notre-Dame-de-Gray, le plus tôt
possible. Le 13 octobre, il décida que, le dimanche suivant, jour de
fête de saint Gond, on ferait une procession où l'on porterait le saint-
sacrement ordinaire, et à laquelle assisteraient deux religieux et
douze petits garçons de l'âge de sept ans, habillés de blanc et la corde
au cou, suivis du magistrat. Le 22 octobre, on écrivit à Besançon
pour obtenir six suaires à placer dans les différents quartiers de la
ville. La procession à Notre-Dame-de-Gray, vouée au mois de septembre 1636, eut lieu en 1649. Elle partit de Dole le 1er mai, et rentra le 4. Le parlement, l'université, la chambre des comptes, le magistrat, les bénédictins, les cordeliers, les capucins, les minimes et
les carmes y étaient représentés par des députés. De temps immémorial, il se faisait chaque année une procession à Notre-Dame-de-
Montroland le samedi après Pâques. La ville devait un déjeûner au
vicaire et aux enfants de chœur qui accompagnaient le cortége.

Processions. — Les processions de Dole devaient, aux xvie et xviie
siècles, présenter un spectacle aussi pittoresque qu'imposant. Voici
quel en était le cérémonial. En tête du cortége marchaient le doyen,
les douze chanoines, les quarante familiers, les enfants de chœur,
précédés des serviteurs de l'église, portant la livrée du souverain.
Venaient ensuite les membres du parlement, de l'université, de la
chambre des comptes, du bailliage et de la gruerie, précédés de leurs
huissiers et de leurs bedeaux, le vicomte-mayeur, les échevins et les
conseillers, à la tête desquels marchaient les sergents couverts de

manteaux d'écarlate, l'homme de fer portant l'étendard de la ville, et
que suivaient les corporations d'arts et métiers avec leurs emblèmes
et leurs bannières. Les Cordeliers, les Capucins, les Carmes déchaussés, les Jésuites, les Minimes, les Bernardins, les Bénédictins
du collége Saint-Jérôme, étaient suivis de dix ou douze confréries
d'hommes et de femmes se distinguant par la bizarrerie des costumes.
Le cortége militaire était non moins brillant. Le capitaine gouverneur
de la ville, son état-major, les officiers et les soldats de la garnison,
la garde urbaine, les compagnies de l'Arc et de l'Arquebuse aux riches
vêtements, offraient un aspect splendide. Qu'on ajoute à cela deux
mille écoliers avec le costume de leurs nations, de nombreuses jeunes
filles vêtues de blanc, voilées et tenant à la main des vergettes blanches que leur fournissait la ville, les rues tendues de tapisseries, le
bruit du canon, de la mousquetterie, se mêlant au son des cloches de
toutes les églises, et on comprendra tout ce qu'il y avait de majestueux
dans un tel spectacle. La description de la procession qui se rendit à
Faverney, le 15 décembre 1608, pour chercher l'hostie miraculeuse
donnée à la ville de Dole, sur la demande de l'archiduc Albert,
donnera une idée du luxe déployé dans ces sortes de cérémonies.

Une troupe de cent hommes à cheval accompagnait deux chevaliers
du parlement, deux conseillers laïcs et deux conseillers ecclésiastiques, le doyen et seize chanoines ou familiers de l'église collégiale
de Notre-Dame, deux professeurs de l'université, un maître et un
auditeur de la chambre des comptes, le vicomte-mayeur et cinq députés du conseil, soixante-dix bourgeois, tant écuyers, avocats,
procureurs, marchands, qu'autres personnes notables. Le cortége
arriva à Faverney le 18 décembre, et alla descendre devant l'église de
l'Abbaye, où il entra pour adorer les saintes hosties.

« Le lendemain, dit une relation manuscrite due à la plume de
Jean Boyvin, après s'estre tous confessés et communiés à la messe,
qui fut solennellement chantée avec une agréable et dévote musique,
ils virent mettre l'hostie destinée pour Dole entre deux corporaux et
deux coussinets de taffetas, dans un coffret de velours cramoisy,
bordé de galons d'or, avec les ferrements, serrures, clefs et clous
dorés qu'ils présentèrent à ce dessein et reposés sur le grand autel,
jusqu'après midy, que ce joyau de prix inestimable fut livré par le
révérend abbé, revêtu des ornements de sa dignité, au doyen et au
mayeur de la ville de Dole. Ceux-ci, joints à toute leur suite, l'accep-
tèrent au nom du corps de la ville, avec la sainte allégresse et les
cordiaux remerciements qu'on se peut imaginer, et au sortir de l'é-

glise, firent mettre le coffret et son adorable dépost dans une litière qu'ils lui avoient préparée. Elle étoit revestue dedans et dehors de damas cramoisy chargé de clinquans et bordé de franges d'or, ayant le dôme à l'impériale, avec ses pommes dorées, et au-dedans les carreaux de velours. Elle étoit portée par deux chevaux couverts d'écarlate, et conduite par quatre estafiers avec longues casaques de mesme livrée, et autres quatre de semblable parure, qui portoient chacun une grande lanterne montée sur une longue hante, et des flambeaux allumés au-dedans, allant toujours aux quatre coins de la litière.

» Ainsi marchoit pompeusement cette véritable arche d'alliance, au milieu du clergé, dont douze l'accompagnoient toujours à pied, psalmodiant le long du chemin. Le reste de la compagnie demeuroit à cheval répartie en deux troupes, dont l'une luy servoit d'avant-garde, et l'autre d'arrière-garde.

» Sur l'avis que l'on eut à la ville, par des avant-coureurs qui furent expressément envoyés, que la Sainte-Hostie étoit non-seulement accordée, mais en chemin, on en fit bientôt esclatter l'allégresse par le son et le carillonnement de toutes les cloches, et par autres signes d'une pieuse réjouissance.

» Quand elle fut à demi-lieue près de la ville, on y prépara la procession la plus solemnelle qu'on y eût jamais vûe pour aller accueillir un hoste tant désiré. Les jeunes filles marchoient les premières après le confanon, voilées et vestues de blanc, qui entonnoient doucement les litanies de la Vierge immaculée. Les écoliers du collége les suivoient et alloient chantans avec mélodie celles du très-saint-sacrement, ensuitte les pères capucins, et après eux les cordeliers de l'Observance, couverts de leurs plus riches chappes, parmy lesquels il y en avoit six qui portoient deux à deux, avec des brancarts sur leurs épaules, trois grands reliquaires d'argent. Plusieurs curés et autres ecclésiastiques des lieux voisins portoient de la mesme sorte les images d'argent et autres reliques de la ville. Tout le reste du clergé marchoit après et étoient tous revêtus de leurs grands manteaux de drap d'or et de soye enrichis de broderies. Le chœur des musiciens tenoit le milieu. Ils alloient tous psalmodians alternativement avec la musique.

» Le corps du parlement suivoit immédiatement les ecclésiastiques, ayant son chef président à la teste, signalé par ses ornements royaux et son mortier de velours, couronné d'un cercle d'or, qu'il portoit à la main. Le magnifique recteur de l'université tenoit rang à sa gauche, avec sa longue robbe d'écarlatte, et le chaperon doublé d'hermine au col.

» Ils étoient devancés à l'ordinaire des quatre huissiers de la cour
et du bedeau-général de l'université, qui portoient leurs masses
d'argent. Après tous ceux du parlement, brillans par la splendeur de
la pourpre dont ils étoient parés, le reste de l'université suivoit, et
puis la chambre des comptes, les officiers du bailliage et le magistrat de la ville, distingué par ses quatre sergents à baguette, vestus de
leurs livrées ordinaires. Tous ceux des corps avoient chacun le flambeau de cire blanche allumé ; le surplus du peuple venoit après, les
hommes les premiers, et les femmes ensuitte, tout cela suivant deux
à deux avec grande dévotion, silence et modestie.

» La procession passa de cette sorte jusqu'au villagel de Brevans,
à demi-lieue de la ville, où elle rencontra la troupe qui conduisoit
la litière, en l'attente de son agréable charge, qui avoit été déposée
dans l'église du lieu. L'abbé de Faverney, qui l'avoit toujours suivie,
se revestit promptement de ses ornements abbatiaux, et ayant à ses
côtés deux siens religieux revestus de tuniques, chargea révéremment entre ses bras le coffret où étoit l'hostie miraculeuse, et se vint
mettre sous un dais de drap d'or porté par le mayeur et par les
trois plus anciens qui l'avoient devancé en la mesme magistrature.
Tous ceux qui avoient fait le voyage de Faverney ayant mis pied à
terre, se séparèrent. Ceux qui étoient des corps principaux, prenant
les ornements de leurs offices, se joignirent à leurs confrères pour
marcher au mesme rang. Tous les autres étans encore avec les bottes
et les esperons, l'espée au costé et le flambeau blanc à la main, se
mirent immédiatement après le dais et la litière qui le suivoit avec
ses estafiers et porte-flambeaux. Quarante hallebardiers venus de la
ville, fort bien enharnachés, avec plastrons de cuirasse devant et
derrière, l'écharpe rouge dessus et la pertuisane dorée, la hampe
garnie de velours cramoisy à crespines de soye et de fil d'or sur l'espaule, se vinrent aussitôt ranger de l'un des costés et de l'autre du
poisle, comme pour luy servir de garde royale.

» Douze jeunes garçons de l'âge de dix à douze ans, des meilleures
familles de la ville, vestus de longues casaques de velours et d'armes
en rouge chargées de larges clinquans d'or, et au reste très somp-
tueusement et richement parés, le flambeau en main, prirent le devant pour y faire l'office de pages.

» Quatre jeunes seigneurs allemands, tous comtes et barons, qui
estudioient lors à Dole, couverts à l'avantage de mesme livrée, se
placèrent aux quatre coins du dais, portant chacun une grande
couppe dorée à vermeil, fumante de l'encens et des parfums qui

brûloient dedans. En mesme temps s'avancèrent six enfants musiciens très proprement et magnifiquement habillés en anges, qui entonnèrent mélodieusement par trois fois : « Soyés bény, vous qui venez au » nom du Seigneur. Louange au fils de David! » Cependant toutes choses étant disposées et tout le peuple en ordre, la procession retourna devers la ville en grande magnificence et dévotion, par le grand chemin royal, qui avoit été soigneusement nettoyé, réparé et égalé.

» Dès aussitôt que le poisle parut à la portée du mousquet, il fut salué de vingt-quatre volées de canon, dès les deux boulevars royaux qui regardent de ce costé-là, et ensuitte les cloches de toutes les églises commencèrent de retentir et de redoubler leurs carillons.

» A l'arrivée de l'hostie sacrée sainte entre les deux corps-de-garde de la porte qu'on appelle de Besançon, elle fut tirée hors du coffre et mise à découvert entre deux cristaux, dans un riche ciboire, et portée par le preslat sous le pavillon; et au mesme instant, un jeune homme vestu en nymphe, la cotte de velours rouge cramoisy parsemée de soleils d'or, la juppe d'armes en bleu céleste, chargée de lyons et de billettes nuancées d'or, la teste ornée des plus riches et des plus rares joyaux de la ville qu'elle représentoit, s'avança, et se prosternant révéremment à deux genoux, avec de profondes inclinations, prononça, d'une modeste hardiesse, un panégyrique des merveilles de l'hostie miraculeuse, l'invitant de prendre son logement dans l'enclos de ses murailles, de recevoir les cœurs qu'elle lui offroit de tous ses dévosts et fidèles bourgeois, la suppliant en très humble respect, de les daigner prendre sous son inviolable protection; et sur ce discours, elle fit avancer un jeune enfant accompagné de six autres qui portoient les clefs des portes de la ville, attachées d'un cordon de soye cramoisy, dans un grand bassin d'argent doré qu'ils présentèrent en très grande révérence à l'innefable sacrement, et puis tous ensemble, d'un mélodieux concert, firent retentir jusqu'à trois fois : « Soyés bény, vous qui venés au nom du Seigneur ! » Louange au fils de David! » et finissant, se mirent à la suite du dais.

» Après tous ces accueils, la procession poursuivit son chemin et entra dans la ville entre les soldats de la garnison rangés en haye sous les armes. Le pont de pierre qui est entre les deux portes étoit orné de part et d'autre avec des portraits au naturel des souverains comtes de Bourgogne, issus des maisons de Flandres, de France et d'Autriche, qui étoient placés, selon l'ordre des temps, sous des arcs entourés de festons de buis verdoïant et de cartouches. A

l'entrée de la ville, sur la porte du pont-levis, regardant du côté
du dehors, il y avoit aussi un arc de verdure avec la représentation
du miracle, et les armes de la ville au pied, avec une inscription.

» D'autre part, au dedans de la ville, étoit un tableau de Dieu
le Père, comme l'on le peint souvent, tenant entre ses bras le corps
de son Fils, après qu'on l'eut détaché de la croix, avec une épitaphe.

» Toutes les maisons de la rue, dès l'entrée de la porte jusqu'à la
grande église, étoient magnifiquement tapissées à droite et à gauche,
et il y avoit encore au bout de la mesme rue un arc triomphant,
assorty de quantité d'emblesmes, de devises et d'inscriptions ingé-
nieuses. Il y en avoit un autre plus majestueux sur la Grande-Place,
qui étoit dressé d'architecture peinte comme de marbre blanc, à trois
arcades et huit colonnes d'ordre ionique, accompagnées de leurs ornements fort bien ordonnés. Dans les vuides, entre les colonnes, il y
avoit des hystoires peintes et tirées du Vieux-Testament.

» Le portique, sous la grande tour de Notre-Dame, étoit entouré
de feüillages avec une infinité d'emblesmes, d'épigrammes et d'autres
pièces d'esprit; à quoy les régents du collège des Jésuittes et tous les
écoliers s'étoient exercés à l'envy l'un de l'autre, par une loüable
émulation, et la nef même de l'église, dès la naissance des basses
voûtes jusques en bas, en étoit presque toute tendue en forme de tapisseries.

» On avoit dressé au devant des hâles, vis-à-vis du grand portail de
l'église, un échaffaud sur lequel plusieurs jeunes hommes vestus en
anges faisoient une agréable musique à divers chœurs. »

Usages. — Le faste et les réjouissances publiques étaient dans le
goût des Dolois et il n'est pas de ville, dans notre province, chez laquelle on retrouve plus qu'à Dole, de cérémonies symboliques, de
coutumes remplies d'originalité et de poésie. Parmi tant d'institutions
romanesques, on y distinguait celle du *roi de la Pie*. Le jeune homme
investi de cette dignité, était chargé d'assurer et d'ordonner les plai-
sirs dont ses concitoyens devaient jouir pendant l'année. Le dimanche
qui précédait le jour des Cendres, le roi qui allait déposer le sceptre
invitait à un banquet les principaux habitants et ceux qui avaient été
autrefois honorés de la royauté. Le mardi suivant, avait lieu l'élection
du nouveau roi. On le conduisait sur la place, où il était reconnu
du peuple, et un héraut d'armes lui présentait une branche d'épines.
Ramené chez lui en grande pompe, il réglait le lendemain l'ordre
des fêtes par lesquelles il devait inaugurer sa pacifique et joyeuse

18

domination. Le vendredi, le roi, suivi de femmes vêtues en Amazones, de chevaliers et d'un grand concours de peuple, se rendait dans l'église Saint-Georges, pour prier ce saint de lui accorder un heureux règne. Les fêtes commençaient le dimanche suivant. Le roi de la Pie y présidait à cheval, armé et revêtu d'un surtout de satin moitié blanc et moitié noir. Cette royauté devint bientôt ruineuse; les plus riches bourgeois ne pouvaient suffire aux dépenses toujours croissantes qu'elle entraînait; elle tomba en désuétude. Cette fête avait été introduite par de riches écoliers flamands, qui suivaient les cours de l'université. Si Dole perdit son roi de la Pie, elle conserva dans toute sa splendeur primitive la procession semi-religieuse et semi-profane dont l'origine remontait au xiiie siècle. Cette cérémonie avait lieu le dimanche dans l'octave de la Fête-Dieu. Toutes les châsses des saints dont les églises et les couvents de la ville possédaient des reliques, y étaient solennellement portées. Les corps de métiers y figuraient avec leurs emblèmes et leurs bannières, surmontés d'un flambeau historié. Les compagnies bourgeoises de canonniers, archers, arbalétriers et arquebusiers, précédées de leur musique, ouvraient la marche. Le fou de la ville, appelé le prévôt de la folie, personnage important, investi de prérogatives et de priviléges, courait en avant pour faire ranger la foule. Derrière les compagnies venaient des chars de triomphe, représentant la cour des anges, le paradis, l'enfer, etc., puis, à une assez longue distance, la procession chantant des psaumes.

C'était un évènement grave que le retour de cette fête, dont le but était tout à la fois d'émerveiller, d'édifier et d'enrichir la cité, en attirant dans ses murs un grand concours de monde. La veille, une cavalcade, dirigée par le fou de la ville, jetant des dragées au peuple, parcourait les rues, les ponts, les remparts, afin de s'assurer si tout était en bon état de réparation et si la marche triomphale pouvait circuler sans encombre. Chacun des corps qui devaient y figurer y avait son représentant. On y voyait un chanoine, le secrétaire du chapitre, le prévôt de la ville, deux échevins, le greffier et les sergents du magistrat. La cavalcade rentrait sur la grande place après la visite, et un grand souper lui était offert par les chanoines. Cette institution dégénéra en abus. Les prêtres cessèrent d'en faire partie. Les jeunes gens continuèrent de former une société sous le nom d'*Abbaye de la Folie*. Le souverain fut obligé de rendre une ordonnance, le 4 juillet 1570, pour la supprimer. Elle est conçue en ces termes : « Informés des grandes insolences, tumultes, séditions, outrages et actes volontaires qui se font journellement en notre ville de Dole, tant par aucuns

escoliers de notre université, qu'enfans d'icelle ville et austres jeunes
gens y résidents, au grand scandale d'un chascun... par le moyen des
assemblées qu'ils font en leurs *Abbayes* et *Pères Folies* (ainsi les nom-
ment-ils), etc., avons, par avis de nos très chiers et féaux. le sieur de
Vergy, commis au gouvernement de notre comté de Bourgogne, et
gens tenant notre cour, aboly les dites *Abbayes et Pères Folies*. Inter-
disons aux dits escoliers , etc., de cy-après eslire ni avoir aucun *père
fou*, chef, capitaine ou autres semblables états ; ni eux s'assembler
en quelque lieu que ce soit à cet effet, ni point faire les alliances qu'ils
ont accoutumé avec les jeunes filles de la dite ville et autres y rési-
dentes, qu'ils nomment *Valentines ;* aux pères, mères et maîtresses
de souffrir semblables alliances , etc., le tout à peine arbitraire, et
estre promptement expulsé de la ville, et privé d'y rentrer, par le
temps et terme de trois ans. »

La corporation des enfants de la ville était sous la conduite d'un
officier électif qui prenait le nom d'*abbé de la grande Abbaye*. Cet abbé
était élu chaque fois qu'un souverain ou un gouverneur de la province
faisait sa joyeuse entrée à Dole. Le temps de l'exercice de chaque abbaye était variable et ne durait que pendant l'intervalle d'une entrée
à l'autre. L'abbé était soumis à des charges très lourdes ; il lui fallait
dépenser pour les festins et pour les *accoustrements* des officiers subalternes de la corporation , faire confectionner casaques, enseignes
et tambourins, et tenir la compagnie sur un bon pied, car il importait
à son honneur de parader en brillant équipage aux jours solennels. Ces
enfants richement vêtus, étaient placés sur un théâtre dans la rue
principale , haranguaient les princes et offraient le don de la ville.

Lorsqu'un homme battait sa femme dans le mois de mai, les personnes
qui s'en étaient aperçu, plaçaient sur un âne le plus proche voisin , la
face tournée du côté de la queue de l'animal ; dans cet état, le com-
plaisant voisin était promené dans toutes les rues de la ville ; ceux qui
l'accompagnaient lui donnaient à boire jusqu'à lui ôter la raison. C'est
ce qu'on appelait la *promenade de l'âne*.

Le 25 juin de chaque année, certains individus peu délicats dans
leurs amusements , faisaient retentir un cornet à bouquin , puis ils
criaient que l'on eût à se rendre, à 10 heures du soir, au *bief des
Caines*, distant au midi de la ville, d'une demi-lieue, sur le chemin de
la Loye , dans la forêt de Chaux. Là, ils choisissaient un chef appelé
l'*abbé des Cornards*, *abbas Cornadorum*. Ce président était le maître
et le premier des Cornards, c'est-à-dire des chansonniers , diseurs de
bons mots, de plaisanteries , sur ce qui s'était passé pendant l'année

dans la ville, qui pouvait donner lieu à la médisance, à la satire, etc.
Le jour de fête Saint-Barnabé, cet abbé, vêtu d'habits grotesques,
était promené par toutes les rues de la ville et pendant cette marche,
la compagnie chantait des chansons obscènes. Ensuite il assemblait le
public sur la place et disait tout ce que bon lui semblait au sujet des
mœurs et de la conduite de chaque habitant. Les maris trompés
étaient ceux sur lesquels pleuvaient les plus amères railleries. Leurs
malheurs faisaient le sujet de longues complaintes. Cet usage de se
dire publiquement des injures, ou si l'on veut des vérités dans certains
jours de fêtes, remonte à la plus haute antiquité. Chez les Grecs, c'é-
tait un art qui faisait partie du culte de Cérès. Dans les fêtes Eleusines,
des hommes et des femmes se tenaient des deux côtés d'un pont pour
invectiver tous ceux qui le traversaient. Pendant les Ityphales, le
peuple du Péloponèse était aussi dans l'habitude de s'injurier.

Le 24 juin, les vieillards, les femmes et les enfants se réunissaient, dressaient des bûchers sur les places publiques, dans les rues,
et y mettaient le feu avec un grand appareil ; aussitôt que le bûcher
était consumé et qu'il n'y restait plus que de la braise, ils dansaient
autour de ces feux en chantant. Cet usage d'allumer des feux le jour
de la Saint-Jean, se perd aussi dans la nuit des temps.

Le jour de la fête de saint Jean-Baptiste, il se faisait une procession
bizarre, en l'honneur de ce saint, dans laquelle figuraient 12 hommes
habillés en diables. Ils étaient vêtus d'une peau noire et avaient le visage couvert de masques affreux. Ils tenaient en main de longues
torches noires et ardentes, d'où ils faisaient jaillir des flammes et de
la fumée. Ils exécutaient des danses infernales et poussaient tour-à-
tour des hurlements horribles, ce qui amusait infiniment les spectateurs. On retrouve la source de ces réunions curieuses dans certaines fêtes du paganisme. Gollut rapporte que dans l'une de ces processions, « un treizième diable fut par plusieurs et plusieurs fois
compté, qui toutefois ne peut estre treuvé quand l'on se démasqua, »
d'où serait venu le nom de la rue de la Diablerie. La Diablerie de Dole
était, au XVIe siècle, aussi célèbre que celle de Chaumont, dans la
Champagne.

Les fêtes du carnaval se célébraient dans cette ville avec des cérémonies grotesques. Le convoi du carême-prenant y attirait surtout
beaucoup de monde. Cet usage n'est point perdu. En 1841, les jeunes
gens organisèrent, le jour du mardi gras, une cavalcade de plus de
200 chevaux et de 50 équipages. La masquarade représentait le retour
dans ses Etats du marquis de Carabas. Favorisée par un temps magnifique, elle attira une affluence extraordinaire de curieux.

Il y a peu d'années encore, beaucoup de personnes allaient visiter les nouveaux mariés, le dimanche appelé le *dimanche des Brandons;* elles menaient un joueur de violon avec elles, et faisaient danser les époux. Ceux-ci offraient en retour une légère collation.

Les nouveaux mariés étaient assujettis à une foule de charges : ils devaient une poule aux confrères de Saint-Joseph, et un bal à la jeunesse de la ville. Les veufs et les veuves qui se remariaient, avaient de nombreux sacrifices à faire pour s'exempter d'un charivari. La nouvelle épousée devait, le jour de ses noces, le *droit de jambe* au doyen du chapitre. Ce droit consistait dans l'obligation, pour les riches, d'offrir au doyen un filet de bœuf, et pour les pauvres, un plat de chair.

Croyances populaires. — La croyance aux sorciers, aux loups-garous, aux revenants, était très vivace à Dole au XVIᵉ siècle, même dans les classes les plus éclairées de la société. Les nombreuses poursuites dirigées contre les sorciers par les officiers du bailliage et par le parlement, prouvent que les hommes les plus éminents et les moins imbus de préjugés croyaient aux sortiléges. Un maire de Dole ne craignait pas, en 1600, de consigner sur les registres de la ville que le fléau de la grêle, qui depuis deux ou trois ans ravageait la contrée, était uniquement dû aux sorciers qui habitaient les environs de Dole et qui désolaient aussi le bailliage d'Amont.

Mœurs. — Au moyen-âge, les mœurs étaient un singulier mélange d'une ardente piété et d'une profonde dépravation. Le luxe était si grand à Dole, que plusieurs fois les Etats supplièrent le souverain de porter une loi somptuaire pour le restreindre. Derrière l'université était une maison de jeu appelée le *Tripot*, dans laquelle les jeunes gens allaient engloutir en quelques heures le fruit des épargnes de leurs pères. On se réunissait aussi aux halles pour jouer aux dés, aux cartes et à différents jeux de hasard. Pour empêcher de grands scandales, le magistrat était obligé de tenir, aux frais de la ville, une maison de filles communes, appelée le *Bourdeau*. Plusieurs fois il se vit dans la nécessité d'agrandir cet établissement. Dès que *le mal de Naples* se manifesta en France, à la suite de l'expédition de Charles VIII en Italie, la ville de Dole en fut tellement infectée, que le syndic et les sergents reçurent l'ordre, en 1496, de rechercher toutes les personnes qui en étaient atteintes et de les expulser. Azans ne tarda pas à devenir un repaire de débauche. Le 2 octobre 1567, le vicomte-mayeur, effrayé des progrès de la démoralisation, chargea trois conseillers, le procureur syndic, le substitut et le scribe, de rechercher toutes les filles impudiques, de les chasser de la ville avec défense d'y

rentrer, sous peine d'être fustigées et bannies. Les habitants con-
vaincus d'en tenir dans leurs maisons devaient être bannis à perpétuité. Il fallait que le mal fût bien grand pour nécessiter des mesures
aussi générales et aussi violentes.

Fêtes publiques. — Un des caractères distinctifs de la population
doloise était l'amour des réjouissances publiques, qui tiennent ordinairement si peu de place dans la vie sociale du peuple franc-comtois.
L'entrée d'un souverain, d'un prince dans la ville ; la naissance, le mariage, la mort d'un roi ; l'arrivée d'un nouveau gouverneur, la nomination d'un président au parlement, l'élection d'un vicomte-mayeur;
un traité de paix, de neutralité; une victoire, les fêtes chaumées par
l'Eglise, tout donnait lieu à de fastueuses cérémonies. Parmi ces
fêtes, celles relatives à l'entrée des souverains tenaient le premier
rang. Les fontaines de vin, les distributions de pain aux indigents, les
illuminations, les feux d'artifices, les feux de joie, les chars de triomphe, les danses publiques aux halles, en étaient les accessoires obligés.

Marguerite III d'Autriche, fille de l'empereur Maximilien, veuve
depuis quatre ans de Dom Juan d'Espagne, devait épouser Philibert-
le-Beau, duc de Savoie. Leur contrat de mariage fut signé à Bruxelles,
le 26 septembre 1501. Une députation de 250 cavaliers vint, de la
part de Philibert, chercher Marguerite. Un cortége de seigneurs flamands les conduisit jusqu'à Genève. On se mit en route, le 21 octobre,
de Bruxelles, par le Hainaut, la Picardie, l'Ile-de-France; on passa
à Dijon et l'on vint à Dole, où Réné, bâtard de Savoie, avait mission
d'épouser la princesse au nom de son frère naturel. Il offrit à la fiancée
un cœur de diamants, surmonté d'une marguerite très riche. Au
présent, il ajouta une ceinture où reluisaient vingt-six brillants, dix
grandes escarboucles et des marguerites sans nombre. Quand vint le
soir, Réné de Savoie, suivant l'usage des princes, se plaça tout armé
sur le lit de Marguerite, alors âgée de 20 ans, en présence des seigneurs et dames de la cour. Au bout de quelques instants, il descend
du lit, s'excusant d'avoir interrompu le sommeil de madame, et re-
quiert un baiser pour son salaire. Le baiser lui est accordé. Le bâtard
transporté se jette à genoux et jure à jamais d'être son loyal serviteur.
Marguerite le fait lever, lui souhaite une bonne nuit, non sans lui
offrir un brillant d'un grand prix enchâssé dans un anneau d'or. Le 16
novembre, le magistrat de Dole avait délibéré qu'on donnerait à la
princesse six poinçons de vin, six moutons, six veaux, six douzaines
de chapons, deux douzaines de tartes, et que si elle arrivait un vendredi, on lui donnerait du poisson le plus que faire se pourrait. Mar-

gueritte occupa la maison Vurry, et on logea sa suite et ses équipages dans des maisons particulières. Le 18 avril 1502, on reçut la nouvelle de l'arrivée prochaine de l'archiduc Philippe d'Autriche, duc et comte de Bourgogne, frère de la princesse Marguerite III. On délibéra qu'on lui ferait un présent en valeur de 200 fr., qu'on achèterait deux pots d'argent, et qu'on donnerait 100 fr. au principal seigneur de sa suite ; que l'on ferait un poële blanc armorié des armes du prince ; que les plus apparents de la ville s'habilleraient le mieux qu'ils pourraient pour aller au-devant de lui ; que l'on irait à Beaune acheter vingt muids de vin, tant en feuillettes qu'en muids ; que l'on ferait des jeux à la porte par où il entrerait, et au-dedans des portes, des tableaux de ses armes. L'archiduc arriva à Dole un dimanche 22 juillet, et y resta jusqu'au 12 août. « Quatre lieues au-delà, dit Delalain, seigneur flamand qui l'accompagnait, le maire et les notables bourgeois vinrent au-devant de lui, et puis plusieurs nobles du pays, et après l'abbé de Saint-Claude et plusieurs autres prélats d'église. A un quart de lieue, vint le président de Bourgogne et les seigneurs du parlement, tous en robes d'écarlate, l'haranguer. A la porte étaient les ecclésiastiques, revêtus, avec croix et confanons. La ville était tendue de draps et de tapisseries ; le peuple en grand nombre tout ensemble criait : Vive Bourgogne ! si haut qu'on y ouït difficilement les trompettes de Monsieur. En la rue, sur un échafaud, étaient huit enfants bien accoustrés et emperlés, représentant le duc Philippe-le-Hardi, le duc Jean son fils, le bon duc Philippe, fils dudit Jean ; le duc Charles, fils du bon duc Philippe ; le roi des Romains, Madame Marie, mon présent seigneur et Madame sa sœur, desquels huit, chacun fit une petite harangue démontrant les vertus et nobles faits du personnage qu'il représentait.

» Le lundi présentèrent, ceux de la ville, deux pots d'argent, et les donna, Monsieur, au président de Bourgogne. »

Le 25 juillet, messieurs du magistrat complimentèrent l'archiduc et lui demandèrent la confirmation des priviléges de la ville, de la mairie, le droit d'avoir les clefs des portes, et la concession des moulins et des fours.

« Le 26, Monsieur, accompagné de plusieurs nobles, sa robe d'armes et l'épée portée devant lui, partit suivi du cortége du parlement, tous à cheval, vêtus d'écarlate et manteaux fourrés, et vint aux hasles dudit parlement, et puis en une salle où grand peuple étoit assemblé, et s'assit en haut sur une chaise de quatre degrés, le président à ses pieds, et à ses côtés, ses avocats debout ; du côté dextre de la salle, ceux de l'Eglise et les prélats du pays, et à la senestre, ceux de la temporalité séculière. Là fit le président une très belle proposition en françois, alléguant en latin les autorités prouvans ce qu'il disoit. Après, on plaida devant monseigneur la cause criminelle d'un notaire qui faussé avoit son protocole. Le 5 août, l'archiduc Philippe fit prévenir le recteur de l'université qu'il assisteroit à l'exercice public après lequel Pierre de la Baume, chanoine et comte de Lyon, devoit recevoir le grade de docteur en théologie. Le collège, précipitamment assemblé, délibéra, 1° que le procureur-général de l'université s'occuperoit de faire orner la salle d'une manière convenable et dirigeroit le cérémonial ; 2° que le recteur, à la tête d'une députation formée de vingt élèves, tous choisis dans le collège des nobles de l'université, se transporteroit auprès de l'archiduc pour lui servir de cortège et pour lui faire hommage d'un diplôme de docteur en droit ; 3° que le recteur demanderoit la confirmation des priviléges de l'université. »

Cette députation fut introduite le 8 août, à dix heures du matin, au collège Saint-Jérôme, où logeait l'archiduc, et dans la grande salle duquel il fut trouvé entouré des principaux seigneurs de la province.

Le recteur, après avoir mis un genou en terre et s'être relevé, prononça la harangue qu'il avait préparée, puis remettant de nouveau le genou en terre, il présenta au prince un diplôme de docteur en droit civil dont le contenu était gravé en lettres d'or, orné de superbes vignettes, le tout renfermé dans une boîte de vermeil. L'archiduc conféra lui-même les ornements symboliques du degré de docteur à Pierre de la Baume, après avoir pris part à la dispute scolastique. Il reçut des ambassadeurs envoyés par son père, et quitta la ville le 12 août. Il y revint au mois d'août 1503, et confirma les priviléges de la commanderie du Temple. En 1596, l'archiduc Albert passa à Dole et donna 2000 livres aux Jésuites. Il y revint le 30 juillet 1599. Le conseil délibéra qu'il serait offert à Son Altesse 400 livres ; que l'on dresserait deux arcs-de-triomphe, un sur la place, et un autre devant le logis de M. de Champagney ; que les casaques de la compagnie urbaine seraient incarnat ; que les statues des princes seraient placées sur deux colonnes, devant la maison de M. de Champagney, qu'habitait l'archiduc ; que les échevins offriraient les clefs de la ville, et que le mayeur ferait la harangue. Le 15 juillet 1683, M. de la Feuillée, gouverneur de la ville, annonça que Louis XIV devait arriver à Dole vers les trois heures après midi. Le magistrat se rendit à deux heures chez le gouverneur pour aller à la rencontre de Sa Majesté. Le roi arriva à cinq heures, accompagné de la reine, du dauphin, du duc et de la duchesse d'Orléans, du prince et de la princesse de Conti, des princes de Vermandois et de Lillebonne, et des principaux seigneurs de sa cour. Le vicomte-mayeur, les échevins, les conseillers et M. de la Feuillée allèrent attendre ce cortége au dehors des glacis de la porte d'Arans. Le gouverneur offrit au roi les clefs de la ville dans un bassin d'argent, et le magistrat, à genoux, lui fit la révérence. M. Buzon de Champdhivers adressa la harangue. Les gardes-du-corps et les grands seigneurs de la cour étaient rangés autour du carrosse royal. L'entrée eut lieu aux acclamations du peuple et au son des cloches et des carillons. Le roi et sa famille logèrent dans la maison Béreur (aujourd'hui hôtel de la sous-préfecture), et les seigneurs, dans différentes maisons particulières, marquées les jours précédents à la craie par les maréchaux-des-logis. Les corps séculiers et ecclésiastiques se présentèrent aussitôt pour adresser leurs compliments. Peu de temps après, le roi monta à cheval et visita, avec M. de Vauban, les fortifications.

Vers le soir, le vicomte-mayeur présenta à Sa Majesté le vin d'honneur, qui était de cent bouteilles, et à la reine, des confitures. La famille royale soupa en présence du public. A dix heures, on mit le feu aux illuminations préparées sur le clocher et devant la maison Béreur, et on sonna toutes les cloches. Le lendemain 16 juin, Leurs Majestés et toute la cour, précédées de trompettes, timballes, hautbois et des gardes-du-corps, se rendirent à l'église collégiale, toute tendue de riches tapisseries, entendirent une messe en musique et se prosternèrent devant l'hostie miraculeuse. Après cette cérémonie, le cortége retourna à la maison Béreur, et de là partit le même jour pour Besançon.

Dole a reçu dans ses murs, aux diverses époques de son histoire, une foule d'hôtes célèbres, parmi lesquels nous mentionnerons le prince d'Orange, en 1500; le duc d'Alençon, en 1505; le prince de Condé, en 1624; le duc de Lorraine, le 3 février 1629; Gaston de France, duc d'Orléans, accompagné des ducs d'Elbeuf, de Rohan, et de M. de Bellegarde, le 26 mars 1631; le duc de Lorraine, Forcas, Mercy, au mois d'août 1636; Galas, général en chef des armées impériales, en 1637; le marquis de Louvois, en 1679; Napoléon Ier, alors premier consul, en 1800; le comte d'Artois, le 28 octobre 1814; le duc d'Angoulême, le 22 mai 1823; la duchesse d'Angoulême, le 29 juillet 1830; Napoléon III, alors président de la république, au mois d'août 1850.

Le duc d'Orléans logea dans la maison Béreur; le comte d'Artois, dans la maison Garnier de Falletans, et le duc d'Angoulême dans l'hôtel de M. de Valdahon.   19

La réception des gouverneurs de la ville se faisait magnifiquement.
Lorsque M. de la Baume arriva à Dole, le 24 avril 1631, il fut délibéré que le mayeur monterait à cheval pour aller à sa rencontre avec
les conseillers, et qu'il mettrait pied à terre si le gouverneur le faisait; que M. d'Ambre irait en tête de la cavalerie de la ville; qu'on
irait à la rencontre de M. de la Baume jusqu'à une demi-lieue; qu'on
tirerait vingt-cinq coups de canon, et que des bâtons à croc seraient
mis tant sur les murailles que sur le clocher; que la compagnie d'infanterie irait à la fermeture des portes, séparément de la garnison,
et qu'il serait offert un présent en vaisselle d'argent, aux armes de la
ville, en valeur de 300 fr. La réception des gouverneurs de la province,
celle des archevêques ou des chefs d'ordres religieux se faisait encore
avec plus de pompe. Les honneurs funèbres rendus aux souverains du
pays étaient pleins de majesté. Aussitôt qu'on apprenait la mort de l'un
d'eux, on faisait dire quantité de messes basses dans les maisons religieuses et dans l'église collégiale. Cette dernière était toute tendue
de velours noir garni de crépines d'argent, semé de pensées d'or et
chargé d'écussons sur lesquels étaient peintes les armes du défunt et
celles de tous les royaumes qui avaient été sous sa domination. Une
chapelle ardente, magnifiquement ornée, était disposée dans le chœur.
Des milliers de bougies inondaient la nef de lumière. Le parlement,
l'université, la chambre des comptes, le magistrat, le clergé, faisaient
faire séparément un office, auquel étaient invités les autres corps.
Des oraisons funèbres étaient prononcées par les membres les plus
éloquents de chaque compagnie. Pendant plusieurs jours, tout le
monde portait le deuil, et les cloches ne cessaient de sonner.

ÉTAT ANCIEN.

ÉTABLISSEMENTS RELIGIEUX.

Temples gaulois. — Un fétichisme grossier semble avoir été la religion primitive des habitants de toute la Gaule, qui adoraient les
pierres, les arbres, les vents, les sources, les fontaines, les rivières,
le tonnerre, le soleil. Des idées plus abstraites, probablement venues
de l'Orient, lui firent ensuite substituer le culte des divinités prési-
dant au monde physique et au monde moral. « Les Gaulois, dit César,
reconnaissent Mercure, Apollon, Jupiter, Mars et Minerve, mais ils
ont pour Mercure une vénération particulière. Leur croyance, à l'é-
gard des divinités, est presque la même que la croyance des autres
peuples. » Les dieux gaulois offraient en effet la plus grande analogie

avec les dieux des Grecs et des Romains. Voici la liste des divinités qui paraissent avoir reçu des hommages à Dole. La colline de Némont semble tirer son nom de *Nemotz*, dont la signification celtique est *lieu consacré par la religion*. Nemausa était la divinité des forêts et n'était autre que *Diane Hécate*. Cette déesse bienfaisante distribuait les biens à ceux qui l'honoraient, accordait la victoire, suivait les voyageurs et les navigateurs, présidait aux conseils des rois, aux accouchements et à la conservation des enfants qui venaient de naître. Il est probable que son temple était bâti sur le mont Cœlius. Au pied de la montagne de Plumont, on a trouvé une statuette en bronze, dans laquelle nous avions cru reconnaître une Pomone ; mais après un nouvel examen, nous penchons à croire que c'est une *Nehalennia*, déesse en honneur chez les Gaulois, les Belges et les peuples du Nord, et qu'on représentait vêtue d'une robe longue, portant une corne d'abondance et des fruits, exactement comme la statuette dont nous venons de parler, et dont nous donnerons le dessin. La rue de Beauregard rappelle par son nom le culte de *Belen*, le soleil. L'église de Saint-Martin de Sayens a dû être substituée à un temple de Bacchus, car la fête de saint Martin se célébrait dans le même mois que celle de Bacchus et avec des cérémonies tellement entachées de paganisme, que plusieurs évêques furent obligés d'en ordonner la suppression dans leurs diocèses. Le culte de Jupiter était en honneur à Jouhe, *Joë*. Il y avait encore une foule de divinités qui peuplaient les airs et les forêts. La tradition raconte des merveilles de celles qu'on rencontrait dans la forêt de Chaux. Outre ce polythéisme, il existait une autre religion métaphysique, mystérieuse, sacerdotale dans son essence et présentant avec les religions de l'Orient la plus grande analogie. C'est le *druidisme*, appelé ainsi du nom de ses prêtres, les druides. Ces prêtres étaient métaphysiciens, physiciens, médecins, sorciers et devins. On croit généralement qu'il existait une école druidique aux environs de Dole.

Temples païens. — Sous les Romains, le culte des divinités celtiques subsista, mais avec les noms romains de Mercure, Apollon, Diane, Mars, Jupiter, Minerve, et bientôt avec d'autres prêtres, les druides furent dispersés. On ne peut supposer que Besançon, Mandeure, Dole, aient été dépourvus de temples ; et cependant, on n'en trouve aucune trace. On est réduit à cet égard à de simples conjectures. Les anciens plaçaient ordinairement leurs temples près des fontaines, pour faciliter les ablutions des prêtres. A Nîmes, le temple de Diane s'élevait sur un rocher au-dessus de la grande fontaine. Il est à croire que ce-

lui de Dole occupait l'emplacement de l'église actuelle, proche aussi
de la grande fontaine. Nos cités devaient d'autant plus ressembler à
celle de Nimes, qu'elles eurent les mêmes fondateurs, c'est-à-dire des
soldats égyptiens. Un temple de Mars a dû, suivant l'usage général,
exister dans l'enceinte du *castrum*, au sommet de Plumont.

Temples chrétiens. — Quand l'Evangile fut annoncé au monde,
deux cultes se partageaient notre pays : l'un, le polythéisme, condamné par son âge et méprisé par ses adeptes mêmes ; l'autre, le druidisme affaibli et persécuté par la conquête romaine. Mais tout ce qui
touche les origines du christianisme est couvert à Dole, comme partout, d'une obscurité profonde, et cette ville ignore le nom de l'apôtre
qui lui révéla le premier les vérités divines. Tout fait supposer cependant que la parole de Dieu lui fut apportée de bonne heure, car le
christianisme se propagea dans les centres de civilisation, en suivant
les grandes voies de l'empire et en cherchant surtout les villes popu-
leuses, celles qui attiraient par le commerce de nombreux étrangers.
On le voit paraître dans la seconde moitié du IIe siècle, à Lyon, à
Autun, à Besançon, à Dijon et à Chalon-sur-Saône. Il est probable
qu'il fut introduit vers le même temps à Dole. Ce ne fut qu'au commencement du IVe siècle, après que Constantin eût pris la nouvelle
religion sous la sauvegarde de l'autorité souveraine, qu'on commença
à bâtir des églises. Le plus ancien temple de Dole était dédié à saint
Etienne, premier martyr. Il s'élevait dans la contrée dite aux *Chapelles*, au pied de la colline de Plumont, comme l'église de Saint-
Etienne de Besançon, au pied du mont Cœlius. L'église de Saint-
Etienne de Dijon remonte à l'an 345, et celle de Besançon à la même
époque. On peut supposer que celle de Dole, dont l'existence n'est du
reste constatée que par la tradition et par le nom d'un ancien chemin
qui y conduisait, appelé le *chemin de Saint-Etienne*, était de la même
date que les précédentes. Les églises de Saint-Martin de Sayens et de
Saint-Germain de Haens (Azans) ne peuvent être antérieures au Ve
siècle et furent sans doute construites par les Burgondes. Celle de
Notre-Dame, dans l'enceinte de la cité, pourrait avoir succédé à un
temple de Diane et avoir d'abord servi de baptistère. Il était assez en
usage de substituer le culte de la Vierge-mère à celui de Diane. Ces
différents édifices religieux n'avaient, dans l'origine, aucune circonscription territoriale. Ils étaient desservis par des prêtres, sous la surveillance d'un chorévêque, ou évêque des campagnes, évêque mobile,
ambulant, *episcopus vagus*, considéré tantôt comme le délégué,
tantôt comme l'égal, le rival même des évêques. Bientôt les chorévê-

ques ne suffirent plus : il fallut une institution plus fixe, plus régulière, moins contestée. Alors se formèrent, au viie siècle, les paroisses.
L'église de *Haens*, hors des murs, devint une paroisse et eut pour chef
religieux un prêtre, subordonné naturel de l'évêque de Besançon, duquel il recevait et tenait tous ses pouvoirs. L'invasion des Normands,
des Hongrois, les guerres civiles de la féodalité, avaient renversé nos
églises. La misère des temps, les terreurs de l'an 1000, ne permettaient point de les relever. Ce ne fut qu'au commencement du xie siècle
qu'on s'occupa avec ardeur de les rétablir. L'église de Saint-Etienne
resta ensevelie sous ses ruines. Celle de Sayens ne fut plus qu'un oratoire, et celle de Dole devint une simple chapelle castrale. L'église de
Haens conserva seule les caractères de la paroissialité. Elle dut cet
avantage à sa situation en dehors de l'enceinte du bourg. Les circonscriptions des paroisses, mobiles comme la formation des villages,
continuèrent longtemps à rester vagues, indécises. Ainsi, le bourg de
Dole et les hameaux qui étaient au sud et à l'ouest, dépendaient de la
paroisse d'Azans; les hameaux, au nord, de la chapelle de Sayens, et
ceux à l'est, de l'église de Montroland, propriété des moines de Jouhe.

Eglise Notre-Dame. — Les archevêques de Besançon avaient cédé
la chapelle de Dole, *capella Dolensis*, aux comtes de Bourgogne, ou
plutôt, les avaient autorisés à la reconstruire. Bernard, abbé de
Baume, déjà propriétaire du prieuré de Jouhe et de l'église de Montroland, l'acheta du comte Guillaume-le-Grand, du consentement du
prêtre Richard, et fit confirmer cette acquisition en 1083, par l'archevêque Hugues II de Montfaucon. Cette église fut dès-lors toujours
comptée parmi les possessions de l'abbaye de Baume, ainsi qu'on peut
le voir par les bulles des papes Urbain II, en 1089; Pascal II, en
1107; par les chartes de Guillaume Ier, archevêque de Besançon, du
mois de mars 1109 (v. s.), et de l'an 1111; d'Anséric, son successeur,
de l'an 1133, et par les diplômes de l'empereur Frédéric Barberousse,
de 1155 et 1157. Le 6 des ides d'avril 1092 (v. s.), l'archevêque
Hugues III de Bourgogne, concéda au chapitre de Sainte-Magdeleine
de Besançon, l'oratoire de Sayens, sous la seule réserve de ses redevances épiscopales. Précédemment, il lui avait déjà cédé l'église d'A-
zans. Le 3 des ides de janvier 1101 (v. s.), l'archevêque Hugues IV,
surnommé Ponce, confirma au même chapitre la possession de ces
deux églises. Guillaume Ier d'Arguel fit de même, le 13 des calendes
de mars 1109 (v. s.). L'abbé Bernard avait remplacé le vaisseau trop
étroit de la chapelle de Dole, par une église spacieuse, et se disposait
à faire consacrer ce nouvel édifice sous le vocable de Notre-Dame et

de saint Pierre et à ouvrir un cimetière, lorsque les chanoines de Sainte-Magdeleine s'opposèrent à cette cérémonie, sous le prétexte que cette église était construite dans la circonscription de leur paroisse d'Azans et que leurs droits en souffriraient. Un procès s'engagea ; il durait depuis longtemps, lorsque les parties se décidèrent à soumettre leur difficulté à l'arbitrage de l'archevêque Anséric, qui rendit sa sentence le 3 des ides de juin 1120. Voici les clauses les plus importantes de cet acte. Il fut d'abord déclaré que les chanoines de Sainte-Magdeleine permettraient de consacrer l'église et le cimetière, à condition que les moines de Baume leur céderaient un chazal construit sur ce cimetière, pour en faire une maison convenable, au prix qui serait fixé par quatre ou cinq prud'hommes de la ville. Ensuite il fut convenu que les moines pourraient inhumer dans leur cimetière qui bon leur semblerait, à charge de partager par moitié avec les chanoines les droits funéraires et les offrandes appelées *annels* des habitants, manants et étrangers. Ils seraient admis à percevoir seuls et sans partage, comme par le passé, le repas des funérailles et la dîme des prêtres sur les domaines de l'église Notre-Dame. Les autres dîmes à prélever sur les terres des églises de Saint-Germain et de Saint-Martin devaient rester communes, ainsi que les offrandes qui se faisaient annuellement, le 4 des nones de novembre et le 8 janvier, et les droits de confession, après le décès du prêtre Richard. Pour les offrandes de toute autre nature, elles furent réservées aux possesseurs des églises dans lesquelles elles se feraient. Il fut stipulé enfin, que le chapelain de la nouvelle église serait institué par les religieux et les chanoines et nommé par l'archevêque. Il est donc certain que les chanoines de Sainte-Magdeleine étaient primitivement les seuls curés des trois églises d'Azans, de Dole et de Sayens, dont ils confiaient la desserte à des recteurs ou vicaires de leur choix et qu'ils n'associèrent l'abbaye de Baume à leur titre de co-curé, que pour l'indemniser des frais de reconstruction de l'église Notre-Dame. Il ne faut pas s'imaginer que la qualification de *prêtre*, attribuée à Richard, équivaut au titre de *curé* inamovible, ainsi que les historiens dolois l'ont cru jusqu'à présent. Au xii⁰ siècle, le clergé comprenait deux ordres, les ordres mineurs et les ordres majeurs. Quoiqu'on comptât les premiers dans le clergé, à vrai dire ils n'en faisaient pas partie ; on ne leur imposait point, on ne leur recommandait même pas le célibat. Ils étaient considérés comme des serviteurs plutôt que comme des ecclésiastiques. Dans les ordres majeurs, on comptait les sous-diacres, les diacres et les prêtres. Les diacres s'occupaient surtout de l'administration des

biens temporels de l'église et de la distribution des aumônes. L'ordre
des prêtres était seul chargé du gouvernement religieux proprement
dit. Ainsi, le mot *presbyter* indiquait aussi bien un chapelain qu'un
curé. L'abbé Bernard avait envoyé une colonie de religieux à Dole,
pour y fonder un prieuré et faire valoir les domaines de l'église qu'il
venait d'acquérir du comte Guillaume. Le chapitre de cette ville, fondé
au mois de mars 1304 (n. s.), fut offusqué de voir à sa tête un prieur
en costume de bénédictin, tenant le premier rang dans les cérémonies
religieuses, en qualité de co-curé primitif. Il s'adressa secrètement
au pape Jean XXIII, pour obtenir l'union du prieuré à la mense canoniale et de la cure au doyenné. Ce pape prononça cette union au mois
de juin 1413. Dès que les religieux de Baume connurent cette bulle,
ils en attaquèrent la validité, sous le prétexte qu'ils n'avaient pas été
consultés et que du reste le souverain pontife avait agi sans pouvoir,
puisque son élection était nulle. Ce pape fut en effet déposé au concile
de Constance. Mathieu de Vaudrey, religieux de Saint-Claude, d'accord
avec l'abbé de Baume, profita de cette circonstance pour se faire pourvoir du prieuré de Dole. L'affaire fut portée au concile. Martin V, élu à
la place de Jean XXIII, saisi de la difficulté, commit pour la résoudre
Simon Chevrot de Poligny, abbé de Goailles. Par une sentence de l'an
1421, ce prélat déclara le procès terminé, et prononça l'union du
prieuré au chapitre et de la rectorie au doyenné. L'archevêque de Besançon approuva cette union en 1457, du moins en ce qui concernait
la cure. Les chanoines de Sainte-Magdeleine ignoraient ou feignaient
d'ignorer tout ce qui s'était passé. Ils réclamèrent leur droit de patronage. On leur refusa. Ils recoururent alors au pape. Le doyen du
chapitre de Nozeroy fut chargé de faire une enquête et reçut le pouvoir
de statuer en dernier ressort. En 1455, il sanctionna le traité d'après
lequel le patronage de l'église de Dole devait appartenir aux chanoines
de ce lieu, en payant un cens annuel de 30 sols au chapitre de Sainte-
Magdeleine. Les événements qui s'accomplirent sous le règne de
Louis XI avaient suspendu le paiement de ce cens. Les chanoines de
Sainte-Magdeleine le réclamèrent dans des temps plus prospères et ils
finirent par abandonner en 1538, moyennant 24 florins, à ceux de
Notre-Dame, tous les droits, sans exception, qui leur restaient à Dole,
en dîmes, oblations, offrandes et mortuaires. Dès ce moment, l'église
d'Azans perdit sa qualité d'église-mère et ne conserva que le titre de
simple succursale, dont la desserte fut confiée à un vicaire amovible.

Archiprêtré et archidiaconé. — Le diocèse de Besançon avait été
divisé, au viie siècle, en quinze archiprêtrés, et au viiie siècle, en

cinq archidiaconés. Dole fut choisie pour être le chef-lieu d'un archiprêtré et d'un archidiaconé. Les dignitaires placés à la tête de ces circonscriptions résidèrent pendant quelque temps au centre de leurs districts, et y remplacèrent l'évêque, soit pour l'exercice de sa juridiction, soit pour la visite du diocèse. Au commencement du xie siècle, les archevêques de Besançon, sans supprimer les anciennes divisions ecclésiastiques, confièrent les fonctions d'archidiacres à des chanoines résidant dans la cité épiscopale. L'archidiaconé de Dole, uni d'abord au chapitre de Saint-Etienne, en fut séparé et attribué à celui de Sainte-Magdeleine. Guillaume Ier, sur un ordre formel du pape, le réunit de nouveau, par un décret du 6 des ides d'août 1110, au chapitre de Saint-Etienne. Les chanoines de Saint-Jean prétendirent aussi y avoir part. Hugues de Saint-Cher, légat du saint-siége, reçut la mission de ramener la paix entre les deux principales églises de Besançon. Par une sentence rendue le 11 des calendes d'octobre 1255, il décida que les deux chapitres de Saint-Jean et de Saint-Etienne n'en feraient plus qu'un seul ; qu'avec le grand-archidiacre, il n'y en aurait plus que quatre autres, savoir : ceux de Salins, Gray, Traves et Vesoul, de sorte que l'archidiaconé de Dole serait réuni à celui de Gray. Les archiprêtrés continuèrent de subsister sous le titre de doyennés ruraux.

Prieuré. — Le prieuré de Dole, *monasterium de Dolâ*, doit son origine à Bernard, abbé de Baume, qui en jeta les fondements en 1083, et le plaça sous l'obédience de l'abbaye qu'il dirigeait. Il fut érigé sous le vocable de Notre-Dame et de saint Pierre. Dans un diplôme de l'an 1153, l'empereur Frédéric le comprit au nombre des monastères de l'ordre de Cluny. Il renferma jusqu'à douze religieux, outre le prieur. Renaud, abbé de Baume, abandonna au comte palatin Otton V, par un acte du mois de septembre 1280, la jouissance viagère de toutes les dîmes qu'il percevait sur le territoire de Dole, à l'exception de celles qui appartenaient en propre au prieur de ce lieu. Otton ne fut pas ingrat. Au mois de mars 1290 (v. s.), il accorda à ce prieur le droit de couper du bois mort et vif dans la forêt de Chaux, pour l'usage de sa maison, et le droit de parcours pour ses bestiaux. Ce prieuré, d'abord conventuel, fut réduit, au xiiie siècle, à un seul titulaire, et devint un bénéfice perpétuel, suivant la décision du concile de Vienne de l'an 1311. Lors de l'érection du chapitre, il fut convenu que le prieur en ferait partie comme chanoine-né. La bulle fulminée en 1421, qui unit le prieuré à la mense canoniale, réserva à l'abbé de Baume une des prébendes, pour la rétribution de deux choristes ou semi-prébendés qu'il aurait le droit d'instituer et de présenter à la nomination du doyen. L'église Notre-Dame était à la fois prieurale et paroissiale ; les religieux y faisaient leurs offices ; mais le service de la paroisse était confié à un prêtre séculier. La maison du prieuré était attenante à l'église. Elle servit de logement au doyen du chapitre dès l'an 1457, et fut rasée en 1479. L'église actuelle occupe une grande partie de son emplacement.

Les prieurs connus sont *Fulchérius*, dont le nom paraît dans un accord intervenu en 1163, entre lui, le chapitre de Sainte-Magdeleine et l'abbé de Baume ; Guillaume, qui vivait en 1267-1297 ; Guy de Bure, en 1308 ; Etienne de Gevry, en 1318 ; Etienne Gaillard, en 1328 ; Jean de Lorraine, en 1330 ; Guillaume de Munans, en 1349 ; Gérard de Mons, en 1380, et Mathieu de Vaudrey, en 1422.

Chapelle de Sayens. — Cette chapelle, mentionnée pour la première fois dans un titre de l'an 1092, était dédiée à saint Martin. Elle servait de succursale aux habitants des villages de Sayens, des Mars et de Foucherans. Un cimetière l'entourait. Le presbytère était à Foucherans. Le 6 juillet 1590, le prêtre attaché à cette église demanda au magistrat de Dole la permission de faire une quête dans la ville, afin de la relever de ses ruines. On lui répondit qu'il pouvait la reconstruire, et qu'on lui accorderait ensuite cette permission. Un nouvel édifice fut alors bâti dans le village même de Foucherans, aux frais des habitants, et l'église de Sayens fut abandonnée. Le chemin qui y conduisait s'appelait *la ruette des Morts*. Gollut prétend que ce nom lui venait du massacre des Français en ce lieu, par les Dolois, en 1477. Il est plus vraisemblable qu'il reçut ce nom, parce qu'il conduisait au cimetière.

Cimetières. Le plus ancien cimetière de Dole était autour de l'église d'Azans. Celui qui était à côté de l'église Notre-Dame ne fut consacré qu'en 1120. Ce nouveau cimetière, sur lequel s'élevait l'église, le prieuré et la maison des chanoines de Sainte-Magdeleine était bordé de maisons et n'avait qu'une faible surface. La construction de l'église actuelle, en 1508, réduisit sa superficie à 6 ares. Un cimetière de 6 ares pour l'usage d'une ville de 8 à 10 mille âmes, devait être et était en effet un véritable foyer de contagion. En 1572, en 1621 et en 1639, le magistrat essaya d'en ouvrir de nouveaux, hors de l'enceinte des murs ; mais le chapitre s'opposa toujours à leur consécration. Ce n'est qu'au mois de juillet 1768, à la suite d'une effrayante mortalité qu'amenaient des chaleurs excessives, que fut établi le cimetière actuel, sur les plans de l'architecte Attiret. En temps de peste, les morts étaient inhumés dans celui des Cordeliers. Les confréries, les communautés religieuses, les familles riches, avaient des charniers dans les églises, mais ils étaient souvent encombrés.

Prieuré et hospice de Citeaux. — Le comte Rainaud III fonda, de 1130 à 1134, une obédience de l'abbaye de Citeaux, sous le vocable de Notre-Dame, dans un quartier de Dole qui prit le nom de *rue de Citeaux*. La tour comprise dans le mur d'enceinte de la ville, qui portait le nom de tour de Citeaux, dépendait des bâtiments de ce monastère. Cette maison était occupée par un supérieur qualifié de *maître* ou de *recteur*, par plusieurs religieux et quelques domestiques. En 1255, Jean de Chalon l'Antique lui donna, pour le repos de son âme, pour celles d'Isabelle de Courtenay, son épouse, et de ses prédécesseurs, quatre charges de grand sel à recevoir chaque année, la veille de Pâques, pour aider à nourrir les Cistériens qui se rendraient aux chapitres-généraux ou en reviendraient. Hugues de Chalon et Alix son épouse confirmèrent cette donation en 1259. L'hospice de Citeaux cessa d'être habité en 1400. Les bâtiments furent loués à cette époque à un professeur de grammaire, et servirent de collége jusqu'en 1544. Les grandes réparations qu'ils nécessitaient déterminèrent le grand-prieur de Citeaux à les céder, à titre d'accensement, à Henri Collin, conseiller au parlement, qui les acquit définitivement le 14 février 1545. Un an après, la ville les racheta de ce dernier.

Prieuré de Bernardines. — Rainaud III fonda encore près de son château, sur les bords du Doubs, un monastère de Bernardines, qui fut ruiné au xiv⁰ siècle par les grandes compagnies. L'emplacement de ce prieuré, miné par la rivière, s'appelle le *Creux des Nonnes*. Guy de Grammont donna en 1527, cinq sols de cens à cet établissement pour la fondation de son anniversaire.

Eglise et hospice Saint-Jacques. — Saint-Jacques-le-Majeur était fils de Zébédée et frère de l'apôtre saint Jean. Choisi pour aller prêcher la foi aux Juifs dispersés parmi les Gentils, il vint d'abord en Espagne, puis retourna à Jérusalem, où Hérode le fit périr par l'épée. La tête de ce martyr fut, dit-on, apportée en Espagne au temps d'Alphonse 1er et placée à Saint-Zoyle de Carrion, puis envoyée à Compostelle, par Urraque, mère d'Alphonse. La translation de cette précieuse relique fut faite par Didaque Gelmirez, premier titulaire de l'archevêché de Compostelle, créé en 1125. Le bruit des miracles opérés par l'intercession de saint Jacques, ne tarda pas à se répandre dans toute l'Europe, et Compostelle devint un lieu très célèbre de pélerinage, sous le nom de pélerinage d'Asturies, du baron Saint-Jacques ou de Saint-Jacques de Compostelle. Des hospices furent établis sur le bord des anciennes voies romaines , pour l'usage des pélerins. Il y en avait à Besançon , à Dole et à Chalon-sur-Saône. Celui de Dole se composait d'une église , *ecclesia sancti Jacobi ad Arenas*, et d'une tour placée à l'angle des rues d'Arans et de Saint-Jacques. En 1350, les bourgeois organisèrent une confrérie dans cette église. Ceux qui en faisaient partie assistaient aux processions portant la pélerine à co-quilles , le bourdon , la gourde et le chapeau. L'église a été détruite en 1479 , mais la confrérie continua de subsister jusqu'en 1790.

Commanderie du Temple. — C'est le comte Rainaud III qui fonda et dota la commanderie du Temple , près de Dole. L'illustre Bernard de Dramelay en fut le premier commandeur en 1134. La maison for-tifiée du Temple était sur le territoire de Falletans. (Voir la Notice sur cette commune.) De cet établissement dépendait un fort bel hôtel , situé dans la Grande-Rue de Dole , et que possède actuellement M. Cuisenier, marchand de vins en gros. La façade était ornée des statues des douze apôtres.

Chapitre.—Le 17 des calendes de juillet (15 juin) 1248 , Otton IV, duc de Méranie et comte palatin de Bourgogne , étant sur le point de mourir, fit un codicille par lequel il fonda dans une église nouvellement bâtie dans le bourg de Poligny , un chapitre de 12 chanoines , et le dota de 120 livres de rente , à percevoir dans différents lieux de la pro-vince. Il institua pour ses exécuteurs testamentaires Alix , sa sœur, et Hugues de Chalon , son mari , Jean de Chalon , père de ce dernier, Thiébaud de Neufchâtel, Guillaume, sire de Pesmes et Jean , sire de Montferrand. La comtesse Alix, sœur et héritière d'Otton, considérant « que la terre d'entour Poligny avoit grand mestier de conseil de bonnes gens, » tira du couvent des Frères Prêcheurs de Mâcon quelques re-ligieux , auxquels elle donna l'église neuve de Poligny avec le terrain à côté , pour y construire un couvent de leur ordre , et elle transféra à Dole , par un acte du mois de mars 1278 (n. s.), le chapitre fondé par son frère. Elle donna aux nouveaux chanoines , pour leur tenir lieu des 120 livres de rente destinées à leur dotation , sa terre de Pupillin, avec la haute justice, les tailles et les autres revenus à en provenir. Elle leur assura en outre une rente de 15 livres estevenantes sur ses censes de Dole , à condition qu'ils chanteraient chaque jour une messe matutinale à note, pour le repos de son âme, avec un *Requiem* et les vigiles le soir. Par une autre charte datée à Evian en Savoie, le sa-medi avant la Saint-Laurent de la même année, cette princesse dé-clara que les chanoines de Dole seraient ses *clercs spéciaux*, c'est-à-dire ses aumôniers et ses directeurs, et qu'ils auraient le même titre près de ses successeurs. Le 10 août 1278, Jean de Lorraine, chevalier, chambellan d'Alix, donna à ces mêmes chanoines le chazal qu'il avait acheté à Dole de Pierre de Mailly, et la maison qu'il y avait fait construire. Le prieur, soutenu par l'abbé de Baume, sut si bien s'emparer de l'esprit du comte Otton V, qu'il parvint à interdire au chapitre l'entrée de son église. Otton, qui était criblé de dettes et sans ressources, saisit avec empressement l'occasion qui se présentait de ne point exécuter les intentions de sa mère. Se posant en protecteur du prieuré, il mit sous sa main la dotation des chanoines et les congédia, en les engageant à faire régulariser leur institution. Il eut plus tard des remords de cette mauvaise action. Sentant sa fin approcher, il fit un testament daté du camp de Vitry, le 13 septembre 1302, dans lequel il s'exprime en ces termes : « Item, comme nostre chiere mère, que Dieu absoille, haust translaté de Poloigney à Dole, dans la grant église Notre-Dame, la chanoinie et les préuendes qui dux de Méran fit et étaubli à Poloigney ; et li prélat et li patron de lad. église ne uoudrent consentir lesdits chenoines estre en lad. église et *furent mis hors*, et pour ceu nous prismes et mismes nos mains en leurs rentes et en leurs biens, est à scavoir en la uille de Pupillin, dessus Arbois, et en tous ceux qu'ils tenoient de rentes ; et de celles hors les auons toujours tenus et tenons encore ; nos uolons et ordonnons et commandons à nos hoirs, que lad. chanoinie et les préuendes soient ordonnées, étaublies et fondées à Dole, en lad. grant église Notre-Dame, si led. prélat et li patrons dessusd. ueulent consentir que lid. chenoines soient et desseruent leurs préuendes en lad. église, et facent le service de Dieu, ou que par le privilége de Rome le puissent avoir ; que se ce non, que nostre hoir leur porchasse une place en un leu honneste, où ils puissent faire et édifier église ou chapelle, là où ils puissent chanter et desseruir leurs préuendes en lad. église à Dole, laquelle église ou chapelle soit fondée au nom et en l'honneur de monsieur saint George : et uoulons et ordonnons que des devandites rentes soient ordonnées XII préuendes qui soient départies à XII personnes chanoines de lad. église ou chapelle, et que li doyen de lad. église ou chapelle en ait double portion ; et si uolons et ordonnons et commandons que lad. ville de ¡Pupillin leur soit rendue et deliurée et que l'on leur fasse ualoir VII^{xx} (120) liurées de terre, et se lad. uille ne le uaille, que nos hoirs leur achetent et porchassent le remanent à plus près que l'on puet trouver enuiron de lad. ville, etc..... uolons et commandons à nos hoirs et à nos exécuteurs qu'ès ci-devant chenoines soit rendu et donné de nostre *dous mille livres*, pour la raison des retraites et des retenues que nous auons faites et leuées des biens deuantdits ; et de ce présent testament nous ordonnons et façons nos exécutours ceux qui ensuiuent : premièrement Mahaut, notre chière compaigne , etc. »

La minorité de Robert, fils d'Otton, et la vente du comté faite à Philippe-le-Bel , semblaient présenter de nouveaux obstacles à l'établissement de ce chapitre ; mais la comtesse Mahaut réunissant la qualité de tutrice de son fils et d'exécutrice testamentaire de son mari , s'empressa d'accomplir les intentions d'Otton et de la comtesse Alix. Cette princesse s'abusait au point de croire, que Robert son fils régnerait un jour sur le comté de Bourgogne et que le roi de France ne demanderait point l'exécution du traité de 1295. Elle obtint de l'abbé de Baume son désistement de l'opposition qu'il avait formée , en consentant à l'union d'une prébende du nouveau chapitre au prieuré. Elle demanda ensuite au pape son approbation. Benoît XI , favorablement disposé, chargea , par une bulle datée à Latran , du 11 des calendes de mars et de la première année de son pontificat (février 1304 , n. s.), l'évêque de Chalon-sur-Saône et les abbés de Bèze et de Cherlieu , de procéder à l'érection du chapitre , conformément aux intentions de Mahaut. Il leur ordonna de vérifier, 1° si la dotation était suffisante pour un doyen et douze chanoines et si l'église était convenable ; 2° de mettre le doyen et les chanoines, ainsi que les clercs attachés à l'église, sous la protection immédiate du Saint-Siège et de les exempter de la juridiction de l'archevêque et du chapitre de Besançon , ainsi que de celle de tout autre prélat ou juge ecclésiastique ; 3° de réserver le patronage de ce chapitre à Robert et à ses successeurs , comtes de Bourgogne ; 4° d'accorder au doyen le droit d'instituer les chanoines et de réserver au Saint-Siège celui d'instituer le doyen , le tout sur la présentation des comtes de Bourgogne ; 5° de soumettre les chanoines et les clercs au soin , à la garde , à la visite , à la correction , à la juridiction et à l'obéissance du doyen ; 6° enfin, de mettre le chapitre en possession du chœur et du maître-autel de l'église paroissiale, en laissant le surplus au chapelain perpétuel , pour la célébration de la messe et autres offices paroissiaux. Le 16 novembre 1304 , l'évêque de Chalon et l'abbé de Cherlieu prononcèrent l'érection du chapitre , en présence de la princesse Mahaut et du prieur de Dole. La nouvelle collégiale reçut dès-lors le titre de *Sainte-Chapelle* et jouissait des mêmes prérogatives et priviléges que la Sainte-Chapelle des rois de France à Paris , et que celle des ducs de Bourgogne, à Dijon. Philippe

de Rouvres, par son testament du 11 novembre 1361, avait légué
dix livres de rente pour son anniversaire, à tous les chapitres du comté
de Bourgogne. Marguerite de France, l'une de ses héritières, étant à
Quingey, le 13 juillet 1363, assigna le legs fait au chapitre de Dole
sur la saunerie de Salins. Le trésorier des salines faisant des difficultés
pour effectuer ce paiement, cette princesse lui donna de nouveaux
ordres, par un acte daté à Dole, du 6 février 1364 (n. s.). En 1370,
les chanoines lui exposèrent que la terre de Pupillin, qui leur avait
été donnée pour 120 livres de rente, n'en rapportait pas 25, et qu'ils
ne pouvaient plus subsister avec des revenus aussi restreints. Marguerite envoya immédiatement le sire de Ray, gardien du comté, et
le sire de Montferrand, pour s'assurer de la vérité des faits. Par un
acte daté à Troyes, le 28 mars 1371 (n. s.), elle déclara qu'elle repre-
nait la terre de Pupillin et qu'elle abandonnait au chapitre les 60 livres
de rente qui lui étaient dues par la ville de Dole, pour la cession des
battoirs. En 1398 et 1399, Philippe-le-Hardi ratifia toutes ces dispositions. En 1403, ce prince exposa au pape Benoît XIII, que les revenus des chanoines, malgré la réduction des prébendes au nombre
de huit, se trouvaient tellement diminués, à la suite des différents
fléaux qui avaient affligé la province, que chaque titulaire ne touchait
pas annuellement huit livres tournois; que cette somme était tout-à-
fait insuffisante pour leurs besoins; que le seul moyen d'améliorer
leur sort, serait d'unir le prieuré au chapitre et la cure au doyenné.
Il trouvait inconvenant du reste, que des moines en costume de bénédictins, prissent rang au milieu de chanoines vêtus en prêtres séculiers. Par une bulle datée de Saint-Victor de Marseille, le 5 des ides
de mars et la dixième année de son pontificat (février 1404, n. s.),
le pape, de son propre mouvement et en vertu de son autorité pon-
tificale, prononça l'union du prieuré à la mense capitulaire et celle de
la cure au doyenné, laquelle devait avoir son effet lorsque les deux
bénéfices vaqueraient par mort ou par démission. Il chargea le chapitre
de fonder deux chapellenies dans l'église, avec la prébende dont jouissait le prieur, et décida que les deux chapelains seraient tenus d'assister à l'office canonial. Nous avons déjà parlé de l'opposition que fit
l'abbaye de Baume à l'exécution de la bulle du pape Jean XXIII de
1313 et des faits qui suivirent. Les archevêques de Besançon ne
voyaient pas sans peine les atteintes portées à leurs droits par les
papes, et cherchaient par tous les moyens possibles à étendre leur juridiction sur le chapitre de Dole. Les chanoines portèrent leurs plaintes
au duc Jean-sans-Peur et réclamèrent sa protection. Ce prince en écrivit

au pape, et Jean XXIII, par une bulle du 11 des calendes de juillet 1413, déclara que ce chapitre était sous sa protection immédiate et exempt de la juridiction de l'archevêque du diocèse, du chapitre cathédral, des officiaux, de l'archidiacre, du doyen de l'église de Besançon et de l'ordinaire; que le doyen seul avait la juridiction spirituelle et temporelle, civile et criminelle sur les chanoines, familiers et suppôts de son église, ainsi que sur leurs maisons et leurs autres biens. Martin V, par une bulle du 8 des ides de juin 1421, prononça définitivement l'union du prieuré au chapitre et de la cure au doyenné. Le doyen devint ainsi curé de la paroisse. Au moment du siége de 1479, les chanoines avaient tous pris la fuite et s'étaient dispersés. Le procureur-général du parlement leur enjoignit, en 1503, de revenir à leur poste, sous peine de la confiscation de leurs biens et de la perte de leurs titres. En 1537, ils se réunirent aux familiers, pour exposer au pape combien l'autorité excessive des doyens leur était préjudiciable. On les censurait, on les interdisait, on les excommuniait, on les incarcérait même, disaient-ils, pour les causes les plus frivoles, et sans les entendre. Les doyens n'avaient probablement pas tous les torts, car au xvie siècle bien des désordres affligeaient l'Eglise. Enfin, Paul III, pour donner satisfaction aux plaignants, leur permit d'appeler des sentences du doyen devant l'archevêque de Besançon, son grand official ou son ordinaire, ou bien encore devant le doyen d'Arbois ou le prévôt de Saint-Michel de Salins (Bulle du 12 des calendes d'avril 1538, n. s.). Aucun corps ecclésiastique n'eut une existence plus agitée que celui de Dole. Le doyen était en lutte perpétuelle avec l'archevêque de Besançon, pour échapper à sa juridiction ; le chapitre livrait les mêmes combats pour se soustraire à l'autorité du doyen ; la familiarité voulait être l'égale du chapitre ; la maîtrise des enfants de chœur, qui avait à sa tête un chanoine, se proclamait indépendante. Ces différentes sociétés ne se mettaient d'accord que pour intenter des procès à la ville, aux confréries, ou aux communautés religieuses. En 1738, l'archevêque de Besançon étant venu à Dole pour faire sa visite pastorale, on lui ferma la porte de l'église. Ce prélat déclara alors que les chanoines et familiers qui refuseraient de lui obéir, seraient excommuniés. Le doyen, de son côté, leur défendit de reconnaître l'autorité de l'archevêque, sous peine d'interdiction. Il fallut que le roi intervînt. Différents arrêts rendus en conseil d'Etat, les 5 juillet 1738 et 2 septembre 1749, purent seuls ramener la paix. Les pouvoirs de l'archevêque, du doyen, du chapitre, furent déterminés, et les statuts particuliers qui régissaient l'Eglise depuis 1525, rendus exécutoires. Le 28 février 1655, le chapitre avait reçu du roi d'Espagne le droit de plaider en première instance pour toutes ses affaires, devant le parlement. Le 19 juin 1718, le roi de France lui accorda le droit de *committimus*, aux requêtes du palais du parlement de Besançon. Au mois de janvier 1611, le pape Urbain V, sur la demande d'Albert et d'Isabelle, unit le prieuré conventuel de Marast, de l'ordre de saint Augustin, au chapitre de Dole. Cette union fut contestée par l'abbé de Chaumousey, en Lorraine. Enfin, un traité du 9 juin 1751, reconnut la suppression du prieuré et l'union de ses revenus à la mense capitulaire. L'archevêque de Besançon confirma cette transaction le 14 juin, à condition que le chapitre acquitterait ou ferait acquitter chaque semaine, dans l'église du prieuré, un service pour ceux qui l'avaient fondé et qu'il entretiendrait un nouveau chantre à gages dans l'église de Dole.

Le chapitre se composait d'un doyen et de douze chanoines, dont l'un, avec la qualité de chantre, était directeur de la maîtrise des enfants de chœur. Il était tenu de faire des aumônes, deux fois l'année, aux pauvres de la ville, le dimanche après la Pentecôte et le dimanche après la Saint-Michel. Cet usage remontait à l'ancienne discipline de l'Eglise. Le doyen cessa d'habiter la maison du prieuré en 1479. Une autre maison fut achetée en 1560 pour lui servir de logement. Elle était en face de la grande porte d'entrée de l'église. Elle fut vendue nationalement en 1794, et appartient aujourd'hui aux héritiers Pyot-Breton. C'est là que logea saint François de Sales, en 1608.

Officialité. — Le doyen nommait un official ou vicaire-général, pour exercer sa juridiction sur tous les suppôts de l'Eglise. Il avait des cachots et une prison dans sa maison, pour incarcérer les coupables. Un arrêt du conseil d'Etat, de 1738, décida qu'à l'avenir le doyen serait tenu d'exercer sa juridiction par lui-même, et que les peines correctionnelles ne pourraient être prononcées que de l'avis du chapitre. En 1789, l'officialité se composait du doyen, juge official, d'un promoteur, d'un greffier et d'un appariteur.

Familiarité. — La relation des miracles de saint Prudent mentionne l'existence d'un grand nombre de clercs à Dole en 1124. Les historiens de cette ville, donnant au mot de *clerc* la signification de prêtre, en ont tiré la conséquence que ce lieu devait être très important au xiie siècle, puisqu'il renfermait un si grand nombre d'ecclésiastiques. Le choix de cette preuve n'est pas heureux ; ils en avaient de meilleures à faire valoir. Jusqu'au vi[e] siècle, la tonsure avait lieu au moment de l'entrée dans les ordres, et était regardée comme le signe de l'ordination ; mais dès ce moment, elle fut conférée sans aucune admission dans les ordres. Au lieu d'être *signum ordinis*, elle ne fut plus que *signum destinationis ad ordinem*. On vit alors beaucoup d'hommes être tonsurés et devenir *clercs* sans devenir ecclésiastiques. Cette classe d'hommes a joué dans l'histoire du moyen-âge un rôle considérable. Elle était liée à l'Eglise sans lui appartenir, et jouissait de ses priviléges sans tomber sous le joug de ses intérêts et de ses mœurs. Le testament de la comtesse Alix, du mois de mars 1278 (n. s.), contient un legs de 10 livres de rente en faveur des *prouvoires* et des clercs de Dole, pour fondation d'une messe matutinale perpétuelle. Il s'agit bien ici d'ecclésiastiques, puisque les clercs y sont chargés de célébrer l'office divin avec les prêtres. Ce n'est qu'au xive siècle qu'on vit s'établir dans les principales villes du diocèse de Besançon, des associations de prêtres appelés *clercs familiers*, *chapelains*, *habitués*, *sociétaires*, ou simplement *familiers*. Ces prêtres étaient chargés d'aider le curé dans le service de la paroisse, et surtout d'acquitter les fondations dans les chapelles. Le premier titre qui fasse mention de la familiarité de Dole est de l'an 1327. C'est un acte de fondation dans lequel on s'exprime ainsi : « Le jor que lesdicts anniversaires se feront, etc.... et seront distribuées les doues parties ès chanoines qui seront présens, et la tierce partie ès familiers de ladicte église. » Il y avait dans l'église deux services séparés, celui du chapitre, qui se faisait au chœur, et celui de la paroisse, qui se faisait aux différents autels dispersés dans la nef. Afin de faire cesser des altercations qui se renouvelaient chaque jour, les chanoines et les familiers firent, au mois de juin 1440, un traité d'association qui mit en commun la desserte de la paroisse et les fondations faites et à faire. Pour être reçu familier, il fallait être né à Dole et être fils d'un bourgeois domicilié dans cette ville. Les candidats étaient présentés par le magistrat et les notables, et institués par le doyen. Ils n'étaient admis qu'après avoir subi un examen public de capacité devant le conseil assemblé. Leur nombre fut longtemps illimité. Le chapitre décida en 1604, non sans de vives protestations, qu'à l'avenir ce nombre ne pourrait excéder quarante. Les revenus de la familiarité, qui étaient considérables, étaient régis par un de ses membres, ayant le titre de séchal. Chaque familier devait à la ville, pour droit de réception, une somme de 10 livres.

Couvent des Cordeliers. — Le couvent des Cordeliers de Dole a été successivement nommé couvent des *Frères Mineurs*, des *Cordeliers*, de l'*Etroite Observance*, de l'*Observance*, et de l'*Observance régulière* de Saint-François. Il était un des plus beaux et des plus importants de France. Le ministre de la province de Bourgogne, autrement dite de Saint-Bonaventure, y faisait sa résidence habituelle. Son érection fut autorisée pour douze religieux seulement, par une bulle du pape Grégoire XI, datée à Avignon du 7 des ides de février 1572 (n. s.), sur la demande de Jean de Rye, seigneur de Balançon ; de Thiébaud de Rye, son frère, chevalier ; de Marguerite de France, comtesse de Bourgogne, et des habitants de la ville. Le 17 mai de la même année, Thiébaud de Rye nomma trois mandataires auxquels il donna le pouvoir d'investir Pierre, de Dole, religieux de Saint-François à Mirebeau, d'une maison qu'il avait acquise de Pierre de Rouhal, pour servir de couvent, ainsi que du terrain qui y était attenant, à condition que les frères Mineurs qui occuperaient ce monastère célébreraient des messes et feraient des offices pour le repos de son âme, pour celle de son frère et celle de la comtesse de Bourgogne. Marguerite amortit les immeubles destinés à la dotation des frères, et céda une place près de son château, pour l'agrandissement du cloître. L'église fut commencée sur un plan tellement somptueux, que les fondateurs ne purent la faire terminer. Le pape fut obligé, au mois de février 1574 (n. s.), d'accorder des indulgences à ceux qui voudraient bien concourir à l'achèvement de cet édifice. Guillaume des Mars, la famille Barangier, se montrèrent bientôt parmi les principaux bienfaiteurs. Cet établissement ne tarda pas à acquérir une telle réputation, qu'une foule de jeunes gens se présentèrent de toutes parts pour y être admis comme novices. La création de nouveaux couvents devenait indispensable. En 1414, Guillaume de Vienne, seigneur de Saint-Georges, tira de ce monastère quatre religieux pour en fonder un au pied de son château de Sellières.

La règle de saint François était sévère : elle recommandait une pauvreté absolue. Afin de la rendre plus praticable, les papes y apportèrent quelque adoucissement. Ainsi ils permirent aux religieux de recevoir des legs pieux, des immeubles donnés pour la fondation d'anniversaires, de messes et pour concession de sépultures dans leurs églises. Avec les richesses arrivèrent les abus. Les souverains pontifes, occupés à se disputer la chaire de saint Pierre, entretenaient un schisme qui favorisait le relâchement de la discipline. Sainte Colette, née à Corbie, en Picardie, le 13 janvier 1382 (n. s.), vivait depuis trois ans en recluse, lorsqu'elle se sentit tout-à-coup inspirée d'entreprendre la réforme des communautés d'hommes ou de femmes qui suivaient la règle de saint François. Elle se rendit à Avignon en 1408, et Benoît XIII, reconnu en France et dans plusieurs autres Etats pour pape légitime, lui donna le titre de supérieure générale des monastères qu'elle fonderait ou qui embrasseraient sa réforme. Elle avait pour directeur Henri de Balme, originaire de Poligny, cordelier très pieux et très savant, auquel elle délégua le pouvoir de réformer les couvents d'hommes. Sainte Colette vint en Franche-Comté et y acquit une grande réputation. Marguerite de Bavière, duchesse de Bourgogne, en entendit parler si avantageusement, qu'elle désira la voir. Elle chargea Guillaume de Vienne d'aller la chercher à Besançon. Sainte Colette prit la route de Dijon par Dole, où se trouvaient déjà Henri de Balme et le père Claret, ses confesseurs, cherchant à disposer les pères cordeliers à embrasser la réforme. Elle quitta Besançon au mois de mai 1415, en compagnie de deux religieuses. Dès que le bruit de son voyage se fut répandu, la population des campagnes accourut sur son passage pour la voir; les malades et les infirmes vinrent aussi pour obtenir leur guérison. Elle était dans un chariot couvert; il fallut la tirer de là pour satisfaire aux vœux de tant de gens qui voulaient l'implorer, et on la fit monter sur un petit cheval. Aussitôt elle fut ravie en extase et parut tout éclatante de lumière jusqu'à Dole. La route était bordée de monde; tous les habitants de la ville vinrent à sa rencontre et furent témoins de la merveille. Les cordeliers en procession, précédés de la croix, voyant la sainte dans cet état, furent saisis d'admiration et mêlèrent leurs chants religieux aux acclamations d'un peuple immense. Le miracle du ravissement et du rayonnement lumineux cessa à la croix des Bourguignons, près des portes de la cité. Sainte Colette entra dans la ville pieds nus, avec sa pauvre robe rapiécée et le visage couvert d'un voile noir. Elle suivit les cordeliers, qui la précédaient en chantant les litanies des saints et les psaumes de David. A la tête du cortége, marchaient Henri de Balme, supérieur-général, et le père Claret, gardien du couvent. Les religieux la menèrent en leur église, où ils chantèrent le *Te Deum* en présence d'une foule nombreuse, et la reçurent au milieu du chœur comme leur abbesse et leur réformatrice. Ensuite elle entra au chapitre et fit aux pères une exhortation touchante. Elle s'aperçut que ses projets de réforme rencontreraient de l'opposition. Elle se retira alors dans une maison voisine, et partit pour Auxonne trois jours après. Elle revint à Dole la même année. Elle se présenta dans la chapelle, où se trouvaient réunis tous les pères, à l'exception de trois seulement, qui avaient énergiquement protesté contre tout ce que ferait cette réformatrice, et qui avaient refusé d'assister à la réunion. Elle commença

par justifier des pouvoirs dont elle était investie, et après avoir exposé
ses plans, elle exhorta les cordeliers à les adopter et à reprendre la
règle de saint François dans toute sa rigueur. A peine eut-elle achevé
son discours, qu'un grand prodige se manifesta dans l'assemblée :
saint Jean l'Evangéliste y parut tout-à-coup dans un admirable éclat ;
la sainte et les pères tombèrent à genoux, frappés d'étonnement et de
frayeur. « Ne craignez rien, leur dit l'apôtre ; je suis saint Jean l'E-
vangéliste, envoyé de Jésus-Christ pour vous dire de sa part d'écouter
sa servante, d'entrer dans la réforme dont elle vous parle, et de reprendre la règle de saint François à la lettre. » Ensuite il disparut. Le
père Foucault, principal opposant, et ses deux acolytes, se moquèrent
de cette vision, comme ils s'étaient déjà moqués des autres miracles
de sainte Colette. Le parlement fut appelé à statuer sur leur opposition. Les conseillers hésitaient à se prononcer. Entraînés par les paroles éloquentes du sieur de Grandval, l'un d'entre eux, ils décidèrent
que les récalcitrants seraient renvoyés de la ville, et que la réforme
serait adoptée dans le couvent. Une anarchie effroyable éclata bientôt
dans l'ordre entier. Les cordeliers réformés et ceux non réformés se
déclarèrent une guerre à outrance. Ils se séparèrent en trois familles.
Les pères conventuels furent appelés *fratres de communitate ;* les
observantins *réformés, fratres de observantia regulari*, et ceux qui
exécutaient rigoureusement le vœu de pauvreté, *fratres de stricta observantia.* Ces derniers ne voulurent plus obéir au supérieur-général
ni aux ministres provinciaux. Ils élurent deux vicaires-généraux de
leur famille, nommés l'un cismontain, et l'autre, citramontain, et des
vicaires provinciaux. Ils parvinrent à faire approuver leur révolte par
Martin V. Ils furent nommés pour cela les pères de la Bulle. Eugène IV,
qui avait pour confesseur Ambroise Poitevin, l'un d'eux, se laissa
gagner et confirma, en 1446, la bulle de son prédécesseur. Nicolas V
se montra non moins accommodant. Calliste III alla plus loin : le 8
février 1456 (n. s.), il défendit aux observantins d'élire des vicaires
de leur famille, et leur enjoignit, sous peine d'excommunication, de ne
plus reconnaître que les vicaires de la Bulle. Les cordeliers de Dole,
effrayés par ces menaces, se soumirent. Le père André Guillermin,
gardien du couvent de Sellières, n'écoutant que son zèle, part aussitôt pour Rome, expose à Pie II, en termes si touchants, les effets du
schisme qui menace d'engloutir l'ordre entier de Saint-François, que
ce pape se rendit à ses avis et permit, en 1458, à chaque couvent de
reconnaître les supérieurs qu'il voudrait. Le doyen de l'église collégiale
de Dole fut en même temps commis pour faire expliquer les différents

monastères de la province de Bourgogne sur les chefs qu'ils entendaient définitivement reconnaître. Le doyen convoqua à Dole tous les
gardiens et principaux religieux de cette province, ainsi que les confesseurs et les abbesses des religieuses de Sainte-Claire de Besançon,
Auxonne, Poligny et Seurre. L'assemblée était présidée par Guy Arménier, chef du grand-conseil et président des parlements de Bourgogne, et plusieurs grands personnages y assistaient. Le couvent de
Dole se faisait un scrupule de revenir sur sa soumission aux vicaires
de la Bulle. De vives discussions s'engagèrent; on ne put s'entendre.
Enfin il fut décidé qu'on s'en rapporterait à l'avis des professeurs de
l'université. Jean Archambaud, docteur ès droit et lecteur ordinaire en
cette université, déclara que l'opinion de ses collègues et la sienne
était que la reconnaissance des vicaires de la Bulle avait été faite irré-
gulièrement, sous l'impression de la menace, et qu'elle n'était pas
obligatoire. Aussitôt les pères se réunirent en chapitre, au son de la
cloche, se jetèrent aux genoux de Nicolas Guillety, leur ancien ministre, et lui jurèrent que désormais ils n'obéiraient qu'à lui. Le duc
Philippe-le-Bon apprit avec joie cette réconciliation. Le 22 mars 1459,
il décida qu'à l'avenir la réforme de sainte Colette serait la seule règle
suivie dans le couvent de Dole, et défendit aux pères de la Bulle de
continuer leurs intrigues pour imposer leurs supérieurs à la province
de Bourgogne. Ce monastère échappa au désastre de 1479 : les Français
l'épargnèrent, se contentant de massacrer ou de faire prisonniers les
habitants qui y avaient cherché un refuge contre leur fureur. Au
commencement du xvie siècle, les bâtiments menaçaient ruine. François Alamand, secrétaire de l'archiduchesse Marguerite d'Autriche,
en fit commencer de nouveaux à ses frais, en 1521. Ils ne furent terminés qu'en 1574. Lors du siége de 1636, une bombe tomba près de
l'église et brisa toutes les vitres des chapelles. Plusieurs chapitres provinciaux et même généraux se tinrent dans ce couvent, notamment en
1502, 1504, 1566, 1568, 1570, 1573, 1577 et 1691. La ville
fournissait ordinairement le vin et la viande nécessaires pour ces assemblées, composées de 240 à 500 personnes.

Le nombre des religieux qui l'habitaient variait de 25 à 30. La peste
s'y étant manifestée en 1530, le gardien n'en prévint pas le magistrat
et enterra les morts secrètement. Le conseil renvoya alors tous les
cordeliers, à l'exception de trois, et ne leur permit de rentrer que
longtemps après. Pendant le siége et la peste de 1636, les pères montrèrent un courage héroïque. Ils périrent presque tous victimes de
leur dévouement. Ils étaient 29 en 1635 ; il n'en restait que 2 en 1637.

Ces religieux vivaient d'aumônes ; ils n'avaient que quelques maisons éparses dans la ville, ne rapportant qu'un faible revenu ; un petit domaine à Rainans, et un ermitage dans la forêt de Chaux, près de Falletans, appelé *l'Ermitage de l'hôtel Toussaint*. Ils possédaient 32,000 livres en capitaux de rente ; mais en 1720, on les remboursa avec des billets de banque dits de Law, et tout fut à peu près perdu. De grandes réparations furent faites aux bâtiments, de 1731 à 1760.

Les papes leur avaient accordé de nombreux priviléges ; de leur côté, les souverains du pays leur avaient donné le droit de prendre huit charges de sel chaque année aux sauneries de Salins, et les avaient exemptés de tous impôts, gabelles, péages, don gratuit, etc.

La confrérie des procureurs, dite de Saint-Yves, l'archiconfrérie du Saint-Nom-de- Jésus (1588), la confrérie du Saint-Sacrement (1656), celle des Agonisants (1692), faisaient leurs exercices dans leur église.

Un bref du pape Clément XIV, du 9 août 1771, prononça l'union des frères mineurs Cordeliers de France sous une seule et même observance. Un autre bref, du 23 décembre suivant, supprima les anciennes circonscriptions et divisa l'ordre entier, répandu dans le royaume, en huit provinces, et chaque province en custodie. La province de Saint-Bonaventure comprit la custodie du comté de Bourgogne, composée des couvents de Dole, Lons-le-Saunier, Nozeroy, Sellières, Rougemont, Chéry, Provenchères et Thonis. Le chef-lieu de la custodie était à Dole.

Les bâtiments des cordeliers furent vendus nationalement en 1791, et acquis par la ville. Ils servirent de prison pour les suspects pendant la révolution. Plus tard, la sous-préfecture y eut ses bureaux. Charles Nodier, qui se trouvait à Dole en 1806, y ouvrit un cours de rhétorique qui fut très fréquenté. L'illustre professeur était suppléé, en son absence, par M. Léon Dusillet. La commune acheta l'église en 1826, pour y établir le musée et la bibliothèque. N'ayant pu recevoir cette destination, elle fut revendue, en 1839, à M. Athanase Bey, ancien avoué. Elle aurait dû être conservée comme monument historique. Elle renfermait autrefois un orgue qui avait été acheté en 1773, une statue, en argent massif, de saint Yves, et plusieurs bons tableaux. On remarquait dans le chœur le tombeau de Jean de Longwy. Ce seigneur était représenté mollement étendu sur un coussin de marbre, recouvert d'un haubert, avec *heuses* ou bottines, le sabre au côté et les mains jointes. A ses pieds était un chien couché. La nef renfermait le tombeau du célèbre Jean Boyvin, celui de la famille de Rye, surmonté de pleureuses en marbre voilées, d'une belle exécution, les mausolées en marbre de la famille de Froissard, et plusieurs inscriptions tumulaires portant les noms des Camus, des Saint-Moris, des Mesmay et des Lampinet. On lisait sur une épitaphe gothique : « Cy-gist frère Claude, fils de Jacques de Bourbon, roi de Naples et de Sicile, comte de la Marche, mort novice en ce couvent, le 10 décembre MCCCCXXXIX (1439). » Il y avait quatre chapelles, l'une dédiée à Notre-Dame-des-Sept-Douleurs, et une autre à saint Yves. Les deux dernières appartenaient aux familles de Balay et de Mesmay.

Nous donnerons la description du cloître à l'article *Palais de justice*.

Le couvent de Dole a produit beaucoup de grands hommes et de saints religieux. Plusieurs d'entre eux, tels que Jean Moquet et Philippe Lhuillier, furent envoyés à Rome et en différentes provinces, pour y établir la réforme. Sur la haute réputation de frère Jean Bourgeois, cordelier de ce monastère, Charles VIII, roi de France, le choisit pour son confesseur, lui donna toute sa confiance, et voulut même que le dauphin, né en 1492, reçût de lui le baptême. Aidé des bienfaits de ce monarque, Jean Bourgeois fonda le couvent de Chambéry et celui de Lyon, où il mourut peu après, en odeur de sainteté. On lui attribue de nombreux miracles. Au mois d'avril 1600, frère Pierre de la Barre, de Dole, docteur en Sorbonne, fut nommé professeur de théologie à l'université. Sacré, en 1616, évêque d'Andreville, il devint au même moment suffragant de Ferdinand de Rye, archevêque de Besançon.

Eglise Saint-Georges. — La vaste chapelle Saint-Georges fut fondée, dans la rue de ce nom, par Pierre de Hurba, chanoine de Beaune, le 28 mai 1390. Elle devait être desservie par un chapelain nommé par le magistrat, et chargé d'y célébrer deux messes par semaine. La ville la céda en 1424 à l'université, pour y faire ses offices de religion. Elle fut dès-lors desservie par un chapelain et quatre chantres nommés et rétribués par le collège. Elle servit aussi pour faire les leçons de théologie et pour les assemblées extraordinaires. Elle fut endommagée lors du siége de 1479 ; mais dès le 31 octobre 1480, on fit marché avec Richard Melin pour la rétablir. La ville l'abandonna, le 27 juin 1579, aux confrères de la confrérie de la Croix ou des Pénitents noirs, à charge de l'entretenir.

Couvent de Clarisses. — Peu de temps après le séjour de sainte Colette à Dole, il se forma une association de demoiselles de cette ville, qui adoptèrent la règle de sainte Claire et fondèrent un couvent sur la grande place, derrière le prieuré. Cet établissement fut ruiné lors du siége de 1479, et ne se releva pas.

Confrérie du Saint-Esprit. — La confrérie du Saint-Esprit de Dole fut érigée vers l'an 1450. Elle se composait des personnes les plus considérables de la ville et des environs. Son but était de maintenir l'union parmi les citoyens, et d'assister les pauvres. Les souverains du pays en étaient confrères-nés. Elle avait des revenus dont on rendait compte devant le magistrat. Le dimanche de la Pentecôte et le lundi suivant, les confrères se réunissaient à l'hôpital du Saint-Esprit et mangeaient ensemble.

Maîtrise des enfants de chœur. — Jean Carondelet, chevalier, né à Dole dans l'ordre de la bourgeoisie, après avoir été juge de la régalie de Besançon, et ensuite maître des requêtes sous les ducs Philippe-le-Bon et Charles-le-Téméraire, fut nommé chancelier de Bourgogne et de Flandres, sous l'archiduc Maximilien et Marie de Bourgogne, son épouse. En butte, dans sa vieillesse, à de violentes attaques de la part de ses ennemis, il revint dans sa ville natale, et résolut de la doter d'une maîtrise des enfants de chœur. Il pria l'archiduc Maximilien d'agréer que l'une des douze prébendes canoniales fût affectée à une place de maître de musique, dont la nomination serait laissée à ses héritiers. Il l'obtint en 1496. Le 29 juin 1497, le vieux chancelier et Marguerite de Chassey, son épouse, fondèrent dans l'église collégiale une maîtrise composée d'un maître de musique et de quatre enfants de chœur, auxquels il devait être donné, chaque année, une robe rouge et un chaperon de même couleur, ainsi que leurs autres vêtements, et, par le même acte, ils fondèrent une messe haute qui devait être chantée chaque jour par le maître de musique et les enfants de chœur, et célébrée à tour et par semaine, à l'issue de prime, par un membre du chapitre, à l'autel Saint-Jean, placé au milieu du chœur. Ils affectèrent à cette fondation 100 fr. de rente sur les salines de Salins, qu'ils tenaient du partage de la maison de Chalon ; 20 fr. sur le péage d'Augerans, acquis de Philibert de Vaudrey, gruyer-général de Bourgogne, et une maison en ruine qu'ils avaient sur la place de Dole, qu'ils s'obligèrent de rebâtir dans le délai de cinq ans, pour loger la maîtrise. En 1508, Marguerite de Chassey, alors douairière du chancelier, pour se dispenser de reconstruire cette maison, donna au chapitre un autre chazal, rue Fripapa ; une vigne de trois journaux, dite à la Comtesse, et une somme de 400 livres, à condition que les chanoines feraient bâtir à leurs frais, sur un meix qu'ils avaient derrière l'église, une maison pour loger la musique. Le chapitre s'exécuta ; la maison fut bâtie, et l'on plaça sur le portail d'entrée les armes de Carondelet, qui étaient : *d'azur à la bande d'or, accompagnée de six besans de même*. En 1538, le chapitre représenta à Jean Carondelet, archevêque de Palerme, troisième fils du chancelier, que la fondation de ses père et mère ne pouvait s'exécuter, par suite de l'insuffisance de la dotation, dont les revenus se trouvaient réduits à moins de 50 fr. Ce prélat lui donna alors, le 6 août de la même année, un fief à Champdhivers et différents petits domaines situés à Gevry, Molay, Tavaux, Parcey, Villette et Gendrey, en valeur de 3500 livres, à condition que le mayeur, les échevins et le conseil de la ville auraient la superintendance des fondations de sa maison, et que le mayeur ou l'un des échevins assisterait au moins une fois par semaine à la messe et aux autres services fondés par sa famille. En 1550, le même Jean Carondelet fonda dans l'église de Dole, deux chapelains perpétuels, à la nomination de ses héritiers, et fit une nouvelle donation au chapitre, à condition qu'il entretiendrait la maison de la maîtrise. La dotation d'un hospice pour quatre orphelins, faite en 1565, par Renobert Bernard, reçut une autre destination en 1616 : elle servit à payer un sous-maître de musique et deux nouveaux enfants de chœur.

Le chanoine directeur de la maîtrise devait apprendre aux élèves la musique et la grammaire; il était en outre tenu de les loger, les nourrir et les vêtir convenablement. Le nombre des élèves était rarement au-dessus de quatre. Le chanoine placé à la tête de cet établissement prétendait qu'à lui seul appartenait le droit de diriger le chant dans l'église. Les autres chanoines soutenaient le contraire. De ces discussions naissaient de grands scandales. La maison de la maîtrise était à l'angle formé par la place et la ruelle qui aboutit à la rue du Plafond. On y voit encore des tronçons de tour. Elle appartient actuellement à Jacques Gardet de la Loye.

Confréries diverses. — Le XVIe siècle vit se former à Dole de nombreuses confréries religieuses. Nous citerons entre autres celles de Saints-Crépin-et-Crépinien (1501), de la Conception et des Quatre-Couronnés (1504), des Filles vierges (1541), des Trépassés (1545), de Saint-Hubert, de Saint-Yves, de Sainte-Anne, de Saint-Hémobon, de Saint-Antide, de Saint-Joseph, de Saint-Simon et de Saint-Judes, du Saint-Suaire, de Notre-Dame-de-Montroland, de Notre-Dame-de-Prompt-Secours, de la Croix ou des Pénitents noirs (1579), etc. Dans plusieurs se glissèrent de graves abus. Ainsi une délibération du conseil municipal de Dole nous apprend « que la confrérie de Saint-Antide ayant été ci-devant faite en la rue d'Arans, avec festin et sans dévotion, il fut ordonné que la bannière de cette confrérie serait déposée à l'hôtel-de-ville, et qu'il seroit pourvu à ce que semblables dissolutions ne se fissent aux autres confréries ». Une autre délibération du 13 avril 1609 , porte : « Les confrères de la Croix ne feront procession de nuit par plusieurs inconvénients qui en résulteroient. » Les corporations des avocats , des procureurs, des marchands, des barbiers, des tanneurs, des tailleurs, des boutonniers , des bouchers, des boulangers, des potiers d'étain , etc., s'unissaient aussi , par un lien religieux, sous la bannière d'un saint, et fondaient des offices auxquels ils assistaient tous.

Chapelle de Notre-Dame-de-Bon-Secours, ou *chapelle Parisot.* — De la maladrerie de Dole, située au Bizard, dépendait une chapelle très ancienne , dédiée à Notre-Dame-de-Bon-Secours , qui s'élevait au centre du cimetière des lépreux. On y venait de très loin en pélerinage , et personne ne se retirait sans laisser quelque offrande à l'hospice , ou un *ex voto* dans l'oratoire. Le 4 mars 1570 , le prêtre Theveney, institué par le chapitre, fut chargé par le magistrat de desservir la messe fondée dans cette chapelle, et de fournir les torches et les cierges nécessaires, moyennant la rétribution annuelle de 8 fr., et l'abandon des offrandes qui se feraient à la maladrerie, sous la seule exception de celles trouvées dans le tronc et de celles du jour de Pàques et du lendemain , qui furent réservées à cet établissement. L'oratoire tombant de vétusté, le chapitre le fit rétablir en 1672. La statue de la Vierge qui s'y trouvait fut transférée momentanément dans l'église paroissiale, lors de la seconde invasion de Louis XIV dans la province, en 1674. On craignait des profanations de la part des soldats français. Elle fut remise à sa place ancienne en 1676. Le vicaire-général de l'archevêque de Besançon permit la même année, au chapitre , de célébrer la messe dans la chapelle pendant un an , à charge de la doter après ce temps écoulé. De 1677 à 1679, Renobert Arnoud, maître des enfants de chœur, Guillaume Godard , Guyon Lièvre, fondèrent un grand nombre de messes et de services religieux dans cet oratoire. Dans le cours de 1681, on eut à constater plusieurs miracles opérés par l'intercession de Notre-Dame-de-Bon-Secours. Des enfants morts-nés donnèrent des signes de vie et purent recevoir le baptême. Au mois de juin 1687, la chapelle fut consacrée, avec grande pompe et procession , sous le nom de chapelle de Parisot, par M. de Grammont, évêque de Philadelphie. Le pape accorda, en 1695, une indulgence de sept années à ceux qui la visiteraient le jour de la Visitation Notre-Dame. Depuis cette époque et jusqu'à la révolution de 1789, on y allait chaque année, en procession, le jour de cette fête. En 1698, le père Larquand, capucin, fit don d'une relique de sainte

Célestine, martyre, pour être mise dans la chapelle. Notre-Dame-de-Bon-Secours n'a cessé de recevoir de pieux hommages jusqu'en 1793. Sa statue échappa à la fureur révolutionnaire, par les soins de Pierre-Constantin du Poiset, qui profita d'une nuit obscure pour la sauver. Elle repose, depuis le 1ᵉʳ juillet 1806, dans l'église de l'hôpital-général de la Charité. Quelques habitants vont encore l'intercéder pour obtenir la pluie et le beau temps, et prier pour la conservation de leurs enfants. L'Oratoire a été vendu nationalement, le 30 prairial an IV, à François Baccoulon, moyennant 751 fr., et a été démoli. On peut consulter, sur la chapelle de Notre-Dame de Parisot, une excellente notice publiée en 1851, par M. Pallu, bibliothécaire de la ville de Dole.

Maison des Jésuites. — Plusieurs Jésuites prédicateurs vinrent s'établir à Dole en 1562, et y fondèrent une maison de leur ordre dans une ruelle qui commençait rue Cordière, et se terminait à la rue de la Vieille-Monnaie. Elle subsista peu de temps.

Couvent des Capucins. — Le 24 février 1587, les capucins furent autorisés à fonder un couvent à Dole, à condition qu'ils résideraient hors de la ville et qu'ils obtiendraient l'agrément du gouverneur de la province et du capitaine de la place. Le conseiller Garnier déclara en même temps qu'il avait reçu de Mˡˡᵉ Marguerite de Boisset, une somme de 4000 fr., pour commencer les bâtiments de ce monastère. Le 26 mars suivant, cette demoiselle acheta du sieur de Xaintonge et de son épouse, ainsi que de François Goubot, le tiers de la grange du Poiset, pour y établir le couvent. Le 30 septembre 1589, elle exposa au conseil que l'emplacement qu'elle avait choisi n'était pas convenable, et elle offrit de céder le domaine qu'elle avait acquis, en échange contre cinq journaux de terre dépendant de la maladrerie. Cette offre fut acceptée le 30 septembre de la même année.

Le 3 octobre, Jean Doroz, évêque de Lausanne, posa la première pierre de l'église. Le 11 juin 1590, MM. Vurry et Duchamp furent chargés de faire peindre à l'huile les armes de la ville sur la porte de cet édifice, et d'inviter les capucins à prier pour la prospérité de la ville, et tous les lundis pour les trépassés. Les travaux de construction du cloître s'exécutaient avec lenteur. En 1594, on proposa aux pères de leur céder la maison Mairot, près de l'abreuvoir, pour les loger; mais ils refusèrent. Lorsque le prince de Condé vint investir Dole, à la fin de mai 1636, le colonel Gassion, à la tête de ses Allemands, appelés Suédois, occupa Crissey, le Boichot, les Tuileries, Azans et le couvent des Capucins. Sur trente et un pères qui s'y trouvaient, vingt-quatre eurent le temps de se réfugier dans la ville, et sept autres, parmi lesquels se trouvait le gardien, le père Alphonse, furent bloqués dans leur maison. Ces religieux montrèrent un rare courage pendant tout le cours du siége. « En tous ces ouvrages, dit Boyvin, les pères capucins, resserrés dans la ville, faisoient un incroyable devoir, servant jour et nuit d'ingénieurs, contrôleurs et chassavants dans ces travaux. » En parlant du père Barnabé, le même auteur s'exprime ainsi : « Je le vis manier d'une promptitude et asseurance nomparcille l'espée de saint Paul et la clef de saint Pierre. Durant les escarmouches les plus acharnées, il paroissoit comme un Cæsar, la halebarde à la main, au plus haut de la contre-escarpe, s'opposant aux efforts des adversaires et encourageant les nostres et d'exemple et de paroles. La fidélité du père Alphonse fut mise à l'épreuve par les chefs de l'armée françoise : on le chargea d'engager les Dolois à ne pas prolonger leur résistance. Il remplit la mission qu'on lui confia. Sa négociation ayant échoué, ainsi qu'il l'espéroit lui-même, les François chassèrent les capucins de leur couvent et les confinèrent, comme suspects, dans des cloîtres de France. Ils mirent à leur place des capucins françois d'une autre province et soumis à d'autres supérieurs. » Boyvin cite plusieurs actions d'éclat du père Claude de Besançon, du père Ludovic, du père Eustache d'Ische (de la maison de Choiseul), du père Albert de Besançon. Il rapporte la réponse mémorable que fit le père d'Ische au gardien des capucins de Dijon, qui lui reprochait de « tacher la robe de saint François du sang des chrestiens, qu'il s'aidoit à meutrir, et de diffamer sa profession. » Au mois d'août 1646, le général des capucins vint présider un chapitre provincial qui se tenait à Dole. Les ecclésiastiques de tous ordres, le parlement, le magistrat, l'escortèrent à son départ et lui rendirent les plus grands honneurs. Un autre général revint le 11 juillet 1663.

Le couvent des capucins était situé au faubourg de la Bedugue, sur le versant méridional d'une éminence, d'où le regard embrassait de tous côtés un vaste horizon. Il fut vendu nationalement, le 15 juin 1791, moyennant 7450 fr., au sieur Fleurot, qui y établit un pensionnat. Il se composait d'un grand corps de bâtiment dont le rez-de-chaussée, longé par une galerie voûtée à arêtes, comprenait la cuisine, le réfectoire et d'autres dépendances. Le premier étage était divisé en trente-sept cellules encore parfaitement conservées. L'église a été démolie. Parmi les maîtres d'études attachés à l'école du sieur Fleurot, se trouvait Alexis Paucton, qui construisit dans le jardin un très curieux cadran solaire, que l'on voit encore. Il suffisait de placer une canne au milieu, pour connaître l'heure immédiatement. Le couvent

fut, en 1811, converti en une maison de santé, destinée plus particulièrement aux aliénés. Dirigée avec zèle et avec talent par le docteur
Gindre, qui en était le créateur, la maison des capucins jouissait depuis longtemps d'une réputation méritée, lorsqu'en 1833, MM. les
docteurs Machard et Bolut en firent l'acquisition. Elle appartient actuellement à M. le docteur Breune. On en trouvera la description dans
le cours de cette notice.

Couvent des dames d'Ounans. — Gaucher III, sire de Salins, fils
d'Humbert III, mort à Lausanne vers 1132, et sa mère, donnèrent
à l'abbaye du Tard le terrain nécessaire pour construire un monastère
de bénédictines, suivant la réforme de saint Bernard, au village d'Ounans, avec des terres, des prés, des bois et une maison de pêcheurs
destinés à la dotation de cette maison. Ponce, fils de Bertrand de
Byans, ajouta à cette libéralité une place et un cours d'eau pour construire un moulin. En 1147, Humbert, archevêque de Besançon, approuva ces donations, et se déclara le protecteur du nouveau monastère. Les religieux de Balerne, Jean de Chalon l'Antique, en 1238;
Alix, comtesse de Bourgogne, en 1272; les seigneurs de Vadans et
de Clervans, comblèrent cette maison de leurs largesses. Le pape Innocent IV, par une bulle datée à Lyon du 5 des ides d'octobre 1245,
appelée la bulle de fondation, confirma cet établissement, le prit sous
sa protection immédiate, l'exempta de la juridiction de l'archevêque
de Besançon, et défendit à toutes personnes, sous peine d'excommunication, de commettre des violences, des meurtres ou des vols dans
l'enceinte du monastère, d'usurper ses biens ou de les retenir injus-
tement. Les bâtiments avaient été construits, dans l'origine, sur les
bords de la Loue. Cette rivière, après avoir rongé le terrain environ-
nant, s'avança jusqu'au pied des murailles, et menaçait le couvent
d'une ruine prochaine. Il fallut songer à l'établir ailleurs. On demanda
l'autorisation nécessaire à Marguerite d'Autriche, comtesse de Bourgogne, qui l'accorda en 1519. Le 20 avril 1520, le seigneur de
Clervans céda à l'abbesse Guy Fauquier un terrain de douze journaux
franc de tous droits, moyennant l'abandon d'un cens de 100 sols estevenants qu'il devait au monastère. De nouveaux bâtiments furent élevés
au centre de cette place. Ils furent construits avec si peu de solidité, que
quatre-vingts ans après ils étaient dans un état complet de dégradation.
Cette circonstance, jointe à la crainte qu'inspirait l'invasion de
Henri IV dans la province, en 1595, déterminèrent les religieuses à
venir s'établir à Dole. Elles achetèrent de petites maisonnettes près de
l'abreuvoir. Etiennette de Lanthenne s'y installa d'abord avec six de

ses compagnes. Une chambre fut disposée pour servir de chapelle, et on commença immédiatement à y célébrer les offices. Le 3 avril 1595, Marguerite Aignelot, veuve de Jean de Saint-Moris, notaire, et épouse de Guyon Mayrot, conseiller au parlement, d'accord avec Philiberte Chupin, sa mère, avait fait un testament par lequel elle fondait un hospice pour six orphelines, et un autre hospice pour la nourriture et l'entretien de douze pauvres femmes veuves. Mais ayant été instruite de l'état de misère des bernadines d'Ounans, elle renonça à son premier projet, et donna à ces dames la maison dite sur l'abreuvoir, qu'elle destinait à ces deux hospices. Le 5 juin suivant, elle s'engagea à convertir cette maison en monastère, et à construire une église, un cimetière et autres lieux réguliers, à charge par les religieuses de chanter chaque jour un nocturne des morts, et de célébrer quatre anniversaires solennels tous les ans. Le 13 avril 1615, cette dame fit un testament par lequel elle institua les dames d'Ounans ses héritières universelles, à condition que l'abbesse et les religieuses garderaient la clôture perpétuelle, qu'elles résideraient toujours dans la maison qu'elle leur avait donnée, qu'elles entretiendraient gratuitement six religieuses sans dot ni pension, quatre religieuses de chœur et deux converses, à la nomination de ses parents et de ceux de son mari; qu'elles donneraient 2000 livres aux pères cordeliers pour la fondation de deux messes quotidiennes, et une somme annuelle de 60 livres à la confrérie de la Croix. En 1609 eut lieu l'union de l'abbaye de Corcelles à celle d'Ounans, en vertu d'autorisation de la cour de Bruxelles, au nom du roi d'Espagne, en date du 28 décembre 1608, et du consentement du chapitre général de Citeaux. Celle de Colonge ne se fit que le 22 mars 1622. Lorsque dom Nicolas Boucherat, abbé-général de Citeaux, voulut établir la clôture désirée par Marguerite Aignelot, il éprouva la plus grande résistance. L'abbesse, quatre professes et deux novices déclarèrent nettement qu'elles ne voulaient point vivre cloîtrées. La prieure, deux professes et six novices se montrèrent seules favorables à la réforme. L'affaire fut portée au parlement. Au mois de mai 1615, dom Boucherat, sans avoir égard aux oppositions qui se manifestaient, prononça l'établissement de la clôture et donna solennellement de nouveaux statuts d'une grande sévérité. Une nouvelle église fut commencée en 1625. Le baron d'Oiselay, chevalier d'honneur au parlement, en posa la première pierre. Elle fut achevée en 1629, et consacrée le 23 avril de la même année, par Claude de la Barre, cordelier, évêque d'Andreville et suffragant de l'archevêque de Besançon. Deux religieuses et une converse moururent de la peste en 1636. Les autres se retirèrent à Frontenay au mois de septembre, et ne rentrèrent dans leur maison qu'au mois de janvier 1637. Les abbesses avaient toujours été nommées à vie par les souverains de la province ; elles n'étaient ensuite élues par les religieuses que pour la forme. Le 6 juillet 1652, le couvent obtint du roi d'Espagne l'autorisation d'élire ses supérieures de trois ans en trois ans. Les bâtiments qu'on voit aujourd'hui furent commencés en 1698, sur les plans de Jérôme Cathis, et corrigés par dom Duchêne, tous deux religieux bénédictins. La première pierre en fut posée le 29 avril de cette année, par M. de Mesmay de la Bretennière, avec les cérémonies accoutumées. La maçonnerie et la charpente coûtèrent 75,848 livres, non compris l'église, le chœur et les sacristies. Le centre et l'aile gauche furent terminés au mois de mars 1703. Le reste fut achevé peu de temps après. En 1729, on dépensa 50,000 livres à réparer et embellir l'église. En 1750, une lettre de cachet défendit au couvent de recevoir des novices, et en 1752, il n'était question de rien moins que de la suppression du monastère. Les démarches de l'abbé de Cîteaux assurèrent sa conservation et la révocation de la lettre de cachet de 1750. Dix-neuf religieuses colettines du monastère de Gand, obligées de se réfugier en France, arrivèrent à Dole le 13 octobre 1785, avec la châsse renfermant les reliques de sainte Colette, descendirent chez les dames d'Ounans, y séjournèrent deux jours, et partirent ensuite pour Poligny. La châsse fut portée en procession dans les différentes communautés religieuses de la ville. Un immense concours de peuple ne cessa de l'accompagner.

L'une des supérieures les plus distinguées de cette maison a été la mère Dusillet (Adrienne-Thérèse), née à Dole en 1690. Elle a laissé une histoire manuscrite des Dames d'Ounans, écrite avec autant d'esprit que de simplicité.

Ces Dames, qui passaient pour riches, lorsqu'éclata la révolution, vivaient, dit dom Grappin, avec une grande régularité et faisaient beaucoup d'aumônes, surtout dans les temps de disette. Elles avaient pour directeur le proviseur du séminaire de Cîteaux.

Le couvent a été vendu nationalement, le 16 messidor an VI, à M. Vuillier de Dole, moyennant 1,135,000 fr. en assignats, et appartient aujourd'hui aux descendants de l'acquéreur. Il est converti en hôtel pour les voyageurs, ayant pour enseigne : *Hôtel de France*, en cafés, logements et boutiques. Il était circonscrit par la rue des Nonnes, les rues Saint-Jacques, des Boucheries et la Grande-Rue.

Les bâtiments se composent encore, comme autrefois, de plusieurs

corps-de-logis, formant une enceinte un peu irrégulière, dont le
centre est occupé par une vaste cour. Ils ne sont remarquables que
par leur étendue et leur bonne construction. La cour est divisée en
deux par un grille en fer, au milieu de laquelle est une porte, dont
les jambages sont formés par deux colonnes cannelées de l'ordre de
Pestum. Le cloître était longé par une galerie supportée par des arcades. L'église était à une seule nef et divisée en trois travées. Après
la révolution, elle fut divisée en deux étages. L'étage supérieur servit
longtemps de salle de danse. L'étage inférieur fut converti en magasin
à grains.

Couvent des Dames de Sainte-Ursule. — Anne de Xaintonge, née
à Dijon en 1567, fille de Jean de Xaintonge, conseiller au parlement
de Bourgogne, et de Marguerite Colard, fonda à Dole la première maison de l'ordre de Sainte-Ursule, le 16 juin 1606. Cette sainte fille,
contrariée dans ses entreprises par sa famille et par le parlement,
avait vécu dix ans dans cette ville avant d'avoir pu obtenir l'autorisation qui lui était nécessaire. Elle acheta un jardin et une maison, où
les jeunes gens avaient coutume de se réunir pour y jouer et y faire
des orgies. Mlle de Boisset paya de ses deniers 'le prix de cette acquisition et meubla la maison. Six demoiselles de la ville demandèrent
immédiatement à entrer dans ce nouvel institut. Elles donnaient gratuitement l'instruction aux jeunes filles, qui vinrent en foule à leur
école. Dans le commencement, chaque religieuse était supérieure
pendant une semaine, à son tour. On sentit bientôt la nécessité de
choisir une supérieure qui gouvernât pendant trois ans. Sur le refus
d'Anne de Xaintonge, Mlle de Boisset fut la première supérieure élue.
Les statuts donnés par la fondatrice étaient tirés de la règle de saint
Ignace. Les religieuses étaient vêtues de noir; elles ne portaient point
de voile; leur coiffure ressemblait à celle des veuves de qualité. Elles
sortaient deux à deux avec la permission de la supérieure, pour aller
visiter les malades et leurs parents, ou assister à la messe et aux offices. Elles n'étaient point cloîtrées; elles pouvaient quitter la maison
et même se marier. Il ne faut point confondre cet institut avec celui des
Ursulines, fondé en 1537, par la bienheureuse Angèle, pieuse veuve
de la ville de Bresce en Lombardie, pour l'éducation des jeunes filles.
Le couvent de Dole était chef d'ordre et donna naissance à différents
monastères établis à Besançon et à Saint-Hippolyte (1616), à Arbois
(1617), à Porentruy, à Gray (1622). La colonie de Besançon en fonda
deux autres, à Pontarlier et à Ornans; celle de Porentruy, à Fribourg
et à Lucerne; celle de Saint-Hippolyte fonda le couvent de Clerval-sur-

le-Doubs. Agnès Moréal fut la dernière supérieure. Il y avait quatre religieuses au moment de la suppression de la communauté. Leur nombre s'élevait à trente en 1655.

Le monastère des Ursulines a été vendu nationalement, le 2 avril 1793, à plusieurs particuliers, pour la somme de 20,350 fr. Il était situé dans une rue à laquelle il avait donné son nom. Il se composait de tout le couvent actuel de la Providence et de la maison de M. Pône. Les constructions primitives ne comprenaient que le bâtiment qui longe la rue des Ursulines. Plus tard, il s'accrut de ceux qui longent une partie de la rue de Landon. La chapelle dans laquelle était le portrait d'Anne de Xaintonge a été démolie, et son emplacement occupe la maison Pône. On y voit encore quelques pierres tombales.

Sainte-Chapelle. — Le 25 mai 1608, un incendie se manifesta dans l'église abbatiale de Faverney. Deux hosties consacrées échappèrent miraculeusement à la fureur des flammes. L'archiduc Albert et l'infante Isabelle, son épouse, le parlement, l'université et le magistrat prièrent M. Doresmieux, abbé de Faverney, de vouloir bien céder une de ces deux hosties à la ville de Dole. L'abbé déféra à cette demande et fit la remise d'une de ces hosties, le 18 décembre de la même année, aux conditions suivantes : 1° que cette hostie serait appelée *l'une des hosties miraculeuses de Notre-Dame de Faverney;* 2° qu'on inscrirait en lettres d'or, sur un marbre déposé dans les églises de Faverney et de Dole la concession de cette sainte hostie ; 3° qu'une procession aurait lieu chaque année, le premier dimanche avant le 25 mars (ce jour fut changé en 1620); que l'abbé de Faverney aurait le droit d'y assister avec la mitre et la crosse, et d'y porter la sainte hostie ; 4° que le magistrat de Dole fonderait une messe perpétuelle à haute voix et à diacre et sous-diacre dans l'église de Faverney, à célébrer chaque année, le 18 décembre. Les avocats, confrères de la confrérie de Saint-Yves, sollicitèrent et obtinrent l'honneur de faire bâtir à leurs frais une chapelle, dans laquelle serait déposée cette hostie. Le bâtonnier et le sous-bâtonnier de la confrérie entrèrent immédiatement en pourparlers avec le chapitre, les familiers et le magistrat, pour déterminer l'emplacement le plus convenable pour la construire. Par un traité du 6 juin 1610, le chapitre et les familiers cédèrent aux confrères deux sacristies qui leur servaient de salle capitulaire, et dans lesquelles étaient déposées leurs archives et celles des Etats, et reçurent en contre-échange deux autres sacristies nouvellement construites aux frais de la confrérie, derrière le maître-autel et la chapelle Saint-Pierre. Il fut convenu que la sainte hostie

23

resterait perpétuellement déposée dans cette chapelle et que les confrères institueraient un chapelain, qui se nommerait le chapelain des
avocats ou de la confrérie de monsieur saint Yves ou de la Sainte-Chapelle. Plus de 30,000 fr. furent consacrés à l'érection de cet édifice.
C'est dans la Sainte-Chapelle que, le 1er juin 1656, le vicomte-mayeur,
les trois échevins et les douze conseillers, après s'être confessés et
avoir communié, firent le vœu, dans le cas où les Français seraient repoussés, d'offrir deux lampes d'argent, de la valeur de 1000 francs
chacune, et de les éclairer perpétuellement, l'une devant l'hostie
miraculeuse et l'autre dans la Sainte-Chapelle. Quelques jours après,
dit Boyvin, « les jeunes damoiselles et filles, affublées de grands voiles
blancs traînant en terre et à nuds pieds, sortirent en procession dez
l'église des Pères jésuites et passèrent jusqu'à la Sainte-Chapelle, où
le prédicateur qui avoit dirigé cette assemblée reprit aigrement leurs
vanités, principalement les singeries des nouveautés et imitations de
la mode, que Dieu chastioit, permettant qu'elles vissent attaquer leur
ville, ruiner leurs maisons, et brusler leurs métairies par les autheurs
de la mode, souvent fort contraire à celle de la modestie et de la chaste
pudeur. » Le 6 juin, un boulet perça une fenêtre de l'église, alla
frapper contre la muraille opposée et tomba au milieu de plus de trois
cents personnes qui priaient dans la Sainte-Chapelle, sans en blesser
aucune. Pendant toute la durée du siége, « cette chapelle, rapporte
encore le même auteur, étoit remplie de peuple dez le matin jusques
à la nuit; les dames s'y retiroient au son des alarmes, comme dans un
donjon inexpugnable, et y persévéraient en prières jusqu'au retour de
la tranquillité ; elle estoit continuellement ardante de telle quantité de
flambeaux de cire blanche, qu'on avoit peine de croire qu'une place
assiégée en pust tant et si longuement fournir. La sainte messe y estoit célébrée comme un sacrifice sans relasche, dez la pointe du jour
jusqu'après midi, et falloit que le prestre qui vouloit succéder à un
autre pour offrir le divin holocauste, vinst gagner le coin de l'autel à
bonne heure revêtu de ses ornements sacerdotaux avant la messe
achevée, s'il ne vouloit être prévenu par un troisième : et quoy que la
presse des assistants y fust tousjours extrême, on n'a jamais veu homme
ny femme s'esbranler ou mouvoir de sa place, pour bombes ou cano-
nades qui tonnassent aux contours de cette chapelle, qui leur sembloit
une cité de réfuge, et une forteresse inébranlable. » On avait fait imprimer des billets bénits et sanctifiés par l'attouchement du reliquaire
renfermant l'hostie miraculeuse. On en plaçait sur toutes les portes des
maisons, et chaque habitant en portait un sur soi, comme un préservatif infaillible.

La sainte hostie, comme toutes les autres reliques que renfermait l'église Noire-Dame, furent détruites en 1794, par ordre du représentant du peuple Lejeune.

Couvent des Tiercelines. — Les religieuses du couvent de Saint-François et Sainte-Elisabeth, établies à Salins, exposèrent aux archiducs Albert et Isabelle, qu'après avoir séjourné quelque temps à Vercel, elles avaient été obligées, pour plusieurs motifs, de se retirer dans une ville close; qu'elles s'étaient alors transportées à Salins, mais que le nombre des demoiselles qui demandaient à entrer dans leur institut, allant toujours croissant, elles désiraient avoir la permission de créer de nouveaux monastères dans les autres villes closes du comté. Le 7 janvier 1614, les archiducs leur accordèrent cette permission, et écrivirent au vicomte-mayeur de Dole pour l'engager à les admettre. Le 19 février suivant, le magistrat donna son consentement, à condition que ces religieuses seraient cloîtrées, qu'elles ne mendieraient pas et qu'elles ne pourraient faire aucune construction sans le consulter. Le 30 mai, l'archevêque de Besançon permit l'érection de ce couvent. Dix-huit religieuses professes arrivèrent aussitôt de Salins, sous la conduite de Claire-Françoise de Besançon, prieure, et s'établirent dès le mois de juin dans la maison qu'elle avait achetée. L'église ne fut terminée qu'en 1616. De nouveaux bâtiments furent construits en 1652 et 1683. L'église fut réparée en 1750. Le nombre des religieuses était de vingt-cinq en 1655; il n'en restait que quatorze en 1790, outre trois sœurs converses. Françoise Perrenot fut la dernière supérieure. Le cloître renfermait quarante cellules. Le réfectoire était orné d'une très belle tapisserie des Gobelins, représentant la vie de sainte Elisabeth. Il y avait dans le chœur de la chapelle trente-six stalles d'une sculpture très délicate.

Le couvent a été vendu nationalement, en 1793, à plusieurs particuliers. Il occupait tout l'espace compris entre la maison de Mme veuve Prudont, les rues Niquenet, des Tiercelines et la rue Landon. Sur l'emplacement de ce monastère, l'un des plus vastes de la ville, se sont élevées plusieurs maisons particulières.

Couvent des Carmélites. — Ferdinand Béreur, capitaine de 100 hommes à cheval, vicomte-mayeur de Dole et seigneur de Liége, obtint, le 10 janvier 1614, des archiducs Albert et Isabelle, la permission de fonder dans cette ville un couvent de l'ordre de la Vierge-du-Mont-Carmel, suivant la réforme de la mère Thérèse-de-Jésus (Jeanne Béreur), sa sœur, et de le placer sous le vocable de Marie-Magdeleine. Le parlement donna son consentement le 10 février, le magistrat le 15 du même mois, et l'archevêque de Besançon le 28 mai 1614. Marguerite et Pernette Béreur, filles du fondateur, arrivèrent de Dijon avec six de leurs compagnes et commencèrent l'établissement dans la maison de leur père, le 19 juillet 1615. Le 15 octobre 1617, le doyen de l'église collégiale permit la bénédiction de la chapelle. L'une des deux sœurs fonda un autre couvent à Besançon, au mois de novembre 1617, sous le vocable de Notre-Dame et de saint Joseph. Les archiducs n'avaient donné leur adhésion, qu'à la condition formelle que le monastère de Dole serait soumis à la juridiction de l'archevêque de Besançon. Néanmoins, le pape Paul V, par une bulle du 25 janvier 1620, l'exempta de cette juridiction et de celle de l'ordinaire, et lui donna les mêmes supérieurs que ceux qu'avaient les couvents de Dijon et de Chalon. Il consentit qu'il fût agrégé à ceux de France et que celui érigé à Paris fût chef d'ordre. En 1635, le nombre des religieuses était de vingt-cinq.

Le couvent a été vendu nationalement, le 23 prairial an IV, à Jean-Baptiste Labet de Dole, moyennant 22,140 francs. Il est possédé actuellement par le sieur Gérode, gendre de l'acquéreur.

Les bâtiments s'étendaient de la rue de Montroland à celle de la Vieille-Ecole ou du Refuge. La partie qui longe la rue de Montroland se composait de l'église, du parloir et du logement destiné aux étrangers. A la suite de ce premier corps-de-logis était une petite cour qui conduisait à la grande cour du cloître. Le cloître était carré et bordé d'arcades. Le rez-de-chaussée était occupé par des ateliers, dans lesquels les religieuses fabriquaient des tissus, du drap, etc., pour leurs vêtements. Derrière le cloître était un vaste et beau jardin. La chapelle était à trois nefs. Le portail se composait de deux colonnes de l'ordre ionique, supportant un entablement couronné par un fronton coupé. Les voûtes étaient richement nervées. Les belles proportions de cet édifice, encore intact, et la perfection avec laquelle il a été exécuté, en font un des beaux spécimens de l'architecture de la renaissance. C'est dans cette église que fut faite, le 5 juillet 1622, la cérémonie de la canonisation de Jeanne Béreur, sous le nom de sainte Thérèse de Jésus. L'historien du siège de Dole rend compte d'un événement miraculeux arrivé le 28 juin 1636, à six heures du soir, dans la chapelle des Carmélites. Une bombe lancée par les Français enfonça le toit et la voûte, et tomba entre deux jeunes écoliers de treize à quatorze ans qui priaient au pied de l'autel, au devant des balustres, ainsi que la mère du baron de Châtillon et deux autres dames. La bombe, en éclatant, brisa l'autel, le saint-ciboire et les hosties qui y étaient renfermées. La grille en fer qui séparait le chœur de la nef, les tapisseries, les ornements de l'autel, les tableaux, les vitres, les stalles, tout fut brisé en mille morceaux. Le chœur même fut tellement ébranlé, que les religieuses qui s'y trouvaient furent renversées par terre, mortes de frayeur. Deux statues de la Vierge, placées l'une sur l'autel et l'autre à côté, n'eurent aucun mal. Le nuage de fumée qui s'éleva de l'église fit supposer de grands malheurs. On vit avec le plus grand étonnement que personne n'était blessé. Quelque temps après, le prince de Condé invita les carmélites à se retirer à Dijon, selon l'ordre que leur en donnait le père François, leur supérieur, afin d'éviter les inconvénients du siége. « Ces bonnes filles, flottantes entre l'espérance et la crainte, l'obéissance religieuse et l'amour de leur patrie, se résignèrent aux ordres des gouverneurs. » Ceux-ci répondirent au prince « qu'ils les tenoient autant asseurées dans l'enclos des murailles de Dole, et beaucoup mieux logées pour l'exercice de leurs dévotions, que dans celles de Dijon, et que le commandement que leur directeur spirituel de France leur avait fait sur ce sujet, n'estoit pas de saison et passoit les bornes de sa juridiction. » Les religieuses s'excusèrent aussi avec respect.

Oratoire de Notre-Dame d'Arans. — En dehors de la porte d'Arans était un oratoire construit en 1614, sur l'emplacement d'un plus ancien, et dédié à Dieu et à la Vierge Marie. On l'appelait *l'oratoire de Notre-Dame-de-Pitié.*

Ermitage de Notre-Dame-de-Montroland. — Il existait au pied de la colline de Montroland, à l'extrémité du territoire de Dole, un ermitage très ancien, à la nomination de la ville. Une tradition dont on ne connaît pas la source, rapporte qu'un ermite y fut nourri pendant plusieurs années par un renard qui habitait une grotte voisine, et qui lui apportait chaque jour des aliments. Le 7 avril 1620, le magistrat offrit de céder cet ermitage aux capucins, à condition qu'ils y placeraient cinq ou six religieux. Cette offre ne fut point acceptée. Le 15 juin 1620, frère Antoine Caravala, ermite, fit donation aux familiers de Dole de tout ce qui lui appartenait en bâtiments, ornements d'église, dans cet établissement, avec pouvoir par eux d'instituer tel personnage qu'ils voudraient pour le régime de cette maison. Le 51 janvier 1621, l'archevêque permit à l'ermite Goubot de se loger dans l'ermitage, à condition qu'il n'aurait avec lui qu'un frère du pays; qu'un inventaire serait fait des meubles, pour en tenir compte au magistrat, et enfin *qu'il ne pourrait quêter qu'une fois par semaine.* Le 5 février suivant, cet ermite demanda et obtint la permission de quêter trois fois par semaine dans la ville.

Couvent des Annonciades Célestes. — Le 14 avril 1622, les Annonciades de Pontarlier et de Vesoul firent un traité entre elles pour fonder un couvent de leur ordre à Dole. Le 18 mai suivant, le magistrat leur permit de l'ériger, mais à condition qu'elles y consacreraient 50,000 livres au moins, et que le nombre des religieuses converses ne dépasserait pas vingt. Le couvent de Vesoul fournit 10,000 livres, celui de Pontarlier autant, Mlle Jeanne de Malpas, 20,000 livres, en entrant en religion. D'autres demoiselles de qualité fournirent le surplus. Mme Claude-Béatrix de Grammont, veuve de Claude-François de Ray, chevalier, entra dans cette communauté comme simple religieuse, et lui donna, le 16 mai 1624, 16,000 livres. Ce monastère ne tarda pas à être si nombreux, qu'il envoya une colonie à Gray, en 1631, et une autre à Avignon, en 1643. En 1631, il demanda à acheter le bâtiment de la chambre des comptes ; mais le magistrat lui défendit de donner suite à ce projet d'acquisition, sous peine d'être supprimé. Le nombre des religieuses était de trente-sept en 1635. Ce couvent, situé dans la rue Fripapa, aujourd'hui rue Dusillet, à côté de l'ancienne chambre des comptes, fut vendu nationalement, le 6 prairial an IV, à plusieurs particuliers, moyennant 18,000 fr. La maison Courdier en occupe l'emplacement. Il servit de prison pour les suspects pendant la terreur.

Couvent des Carmes Déchaussés. — Le premier couvent de carmes déchaussés, dans le comté de Bourgogne, fut celui établi à Dole, en vertu d'une permission accordée par le magistrat, le 21 janvier 1625, à condition qu'il n'acquerrait aucun immeuble. L'infante Isabelle donna un terrain dépendant de l'ancien château, pour construire ce monastère. Cette princesse tenait tellement à son érection, que le 21 janvier 1625 elle écrivit au vicomte-mayeur une lettre très gracieuse, pour le remercier de l'empressement qu'il avait mis à satisfaire ses désirs. M. d'Achey, capitaine de la ville, s'opposa de tout son pouvoir pour empêcher les carmes de construire leur couvent ; mais l'infante écrivit au comte de Champlitte, gouverneur de la province, pour défendre à M. d'Achey de persister dans son opposition. La première pierre du couvent fut posée par le maire, le 3 avril 1629. Les religieux étaient si pauvres, que la ville fut obligée de leur donner, le 1er décembre suivant, 600 livres pour couvrir leur maison. On ne sait pour quel motif les carmes refusèrent toujours d'assister à la procession du saint-sacrement de miracle. Ils affectaient, pendant cette procession, de se montrer dans les rues ou à leurs fenêtres. En 1634, le conseil, affligé d'un tel scandale, leur défendit, sous peine d'expulsion, de sortir de leur couvent le dimanche, le lundi et le mardi de la semaine de la Pentecôte. Leur nombre était de vingt-quatre en 1635. Ils vivaient du produit de leurs quêtes. Ils étaient d'un très grand secours aux curés voisins et aux prisonniers, dont le soin leur était spécialement confié. A la suppression des ordres religieux, le couvent des Carmes fut affecté d'abord au service de la manutention des vivres pour la garnison. Un décret impérial du 21 novembre 1808 le convertit en dépôt de mendicité.

Il est occupé aujourd'hui par l'asile départemental des aliénés. Il se trouve entre les rues Maillard et du Vieux-Château.

Couvent des Minimes. — Le 23 mars 1624, le magistrat permit aux minimes de l'ordre de Saint-François-de-Paule de fonder un couvent à Dole, à condition qu'ils s'établiraient hors de la ville, qu'ils ne quêteraient ni directement ni indirectement, soit dans l'enceinte des murs, soit aux environs, et qu'ils assisteraient aux processions. Le 4 juillet suivant, l'archevêque de Besançon leur donna également son consentement, à condition qu'ils reconnaîtraient sa juridiction. M. d'Achey, capitaine de Dole, voulut s'opposer à cet établissement. L'infante Isabelle lui écrivit deux lettres très pressantes, le 10 mars et le 6 avril 1625, pour lui ordonner de leur permettre de construire leur maison sur le terrain qu'elle leur avait donné. Les pères se logèrent d'abord dans une maison particulière, et firent bénir une chapelle dans laquelle ils célébraient leurs offices. Ils fondèrent aussitôt une confrérie dite de l'Ange gardien, à laquelle le pape accorda, en 1628, de nombreuses indulgences. En 1629, ils s'adressèrent directement au parlement pour obtenir l'autorisation de tenir un chapitre général dans leur maison. Le conseil municipal fut tellement blessé de ce procédé, qu'il était sur le point de les expulser, au moment où des excuses le calmèrent. Ils terminèrent leur bâtiment en 1632. La même année, les armes de la ville furent placées à la principale fenêtre du chœur. Le premier supérieur fut le père Jean-Jacques Courvoisier, qui devint, en 1630, prédicateur des infants d'Espagne, à Bruxelles. Il avait pour acolytes le père Patornay, depuis évêque d'Andreville, suffragant de l'archevêque de Besançon, mort de la peste en 1640, et les pères Nicolas Fau et Jean Lallemandet, deux hommes laborieux et instruits, dont les divers ouvrages attestent le profond savoir. En 1635, il y avait onze religieux dans le couvent. Dès le commencement du siége, les Français occupèrent les bâtiments du monastère des Minimes et le ruinèrent. Les pères qui l'habitaient eurent le temps de se retirer dans la ville et com-

battirent vaillamment. Le frère Jean-François fut tué le 2 juin, à la
défense de la demi-lune dite de Besançon, après une lutte héroïque.
La maison conventuelle ne fut rétablie qu'en 1650, et l'église ne fut
achevée qu'en 1682. Ce fut dans cette maison que le père Laire écrivit sa curieuse *dissertation sur l'origine et les progrès de l'impri-
merie en Franche-Comté pendant le* xve *siècle*, imprimée par M. Jules
Lepère, en 1785, in-8°. Avant lui, le minime Féry y avait rédigé,
en 1750, un savant Mémoire sur l'établissement des fontaines publiques dans la ville de Dole. Il avait émis à ce sujet d'excellentes
idées qu'on eut le tort de ne pas suivre. Ce couvent était le plus
riche de l'ordre dans la province. Il fut supprimé en 1790. Les bâtiments furent vendus, le 27 mars 1791, à Claude-Louis Chappuis,
moyennant 20,200 francs. Ils furent rachetés en 1821, par l'abbé
Charles Bretenière, et sont occupés aujourd'hui par *les sœurs de la
Retraite chrétienne*. Ils sont situés au faubourg de la Bedugue, sur
la rive gauche du Doubs, dans une position agréable.

Oratoire du Saint-Esprit. — Les confrères de la confrérie du Saint-
Esprit obtinrent, le 6 août 1624, l'autorisation du magistrat de dres-
ser à leurs frais, sur le grand pont, un oratoire dans lequel serait
figuré le Saint-Esprit. Ce petit oratoire, construit dans le style de la
renaissance, était très gracieux.

Oratoire de la Garde-de-Dieu. — Il existait, près de la porte du
Pont, un oratoire dédié au Dieu de Pitié, dont la fondation était due
à M. et à Mme Attiéret. Le 11 mai 1650, le conseil le fit transporter
au devant de la levée des Capucins. La place qui portait cet édicule
s'appelait *la Garde-de-Dieu*.

Oratoire du Dieu-de-Pitié. — Les quatre portes de la ville étaient
précédées d'oratoires. Celles du Pont et de Besançon étaient mises
sous la protection de Jésus-Christ; celles d'Arans et de Montroland,
sous la protection de la Vierge. Le 5 octobre 1638, on apprit avec
effroi que l'*ecce homo* placé dans l'oratoire près de la porte de Besançon, avait été mutilé; qu'on lui avait coupé la tête et brisé les bras
et les jambes. Le doyen de Notre-Dame, consulté sur ce qu'il y avait
à faire pour réparer un tel sacrilége, décida qu'une autre statue serait
faite, qu'on irait en procession pour la replacer, qu'on la bénirait et
qu'on ferait des prières pour calmer la colère de Dieu. Lorsque le
représentant du peuple Prost fit démolir, en 1793, l'oratoire qui
était devant la levée des Capucins, une violente émeute éclata à la
Bedugue, appelée alors le faubourg des Menus-Plaisirs, pour la conservation de ce monument. Prost fut accablé d'invectives.

Couvent de la Visitation Sainte-Marie. — Plusieurs demoiselles du comté de Bourgogne se réunirent à Fribourg, sous la direction de saint François de Sales, pour visiter les pauvres, les malades, et surtout pour instruire la jeunesse. On les appelait Visitandines ou sœurs de la Visitation Sainte-Marie. Elles demandèrent à fonder un couvent de leur ordre à Dole. Le 28 août 1644, le magistrat consulta les notables, et il fut décidé, par un vote au scrutin, qu'elles seraient reçues sous de certaines conditions. L'archevêque de Besançon donna son consentement en 1646. L'établissement fut aussitôt formé. Louis XIV le confirma par lettres-patentes du mois de mai 1700.

En 1790, il y avait vingt-cinq sœurs de chœur, cinq sœurs converses et trois sœurs tourières. La supérieure était Mme Marie-Angélique de Camus. Le nombre des pensionnaires était de quatorze.

Les bâtiments et la chapelle furent vendus nationalement, en l'an iv. Ils ont été convertis en habitation particulière, qu'occupe actuellement M. Passier-Roux, fabricant de bleu d'indigo, dans la rue Dusillet.

Chapelle Saint-Joseph. — En 1750, on éleva dans la rue du Repos, ou du Cimetière, une chapelle dédiée à saint Joseph, dans laquelle on célébrait des offices pour les morts, avant de les déposer dans le cimetière. Ce petit édifice a été vendu par l'État, le 1er messidor an iv, à Claude-Antoine Figurey, moyennant 270 livres. Il est occupé aujourd'hui par Jean Jacquin, qui en a fait un atelier de charronage.

ÉTABLISSEMENTS DE BIENFAISANCE.

Maladrerie ou hôpital du Bon Malade. — Les maladreries ou hôpitaux destinés aux malades atteints de la lèpre, se multiplièrent au xiie siècle. C'est de cette époque que date la léproserie de Dole. Elle se composait d'un bâtiment situé au Bizard, d'un cimetière et d'une chapelle dédiée à Notre-Dame. Ses revenus provenaient des biens que les souverains et les seigneurs du pays lui avaient donnés. Elle était desservie par un hospitalier, qui avait sous lui de bas officiers. Quelques cas de lèpre s'étant manifestés dans le cours du xvie siècle, le parlement ordonna au magistrat de promptement la réparer. Le 6 décembre 1590, on fit marché avec des maçons pour la reconstruire. Le sieur Vivant, la fille du soldat Pierre Bollu, Jean-Baptiste de Faucogney, capucin, atteints d'une lèpre incurable, y furent renfermés de 1590 à 1628. Parmi ses gouverneurs, on connaît Jean Nicod (1481), Jean Perron (1497), Jacques de Martincourt (1534), Guillaume Bollu (1535), André Goubot (1539), Jacques Alix (1557), Jacques Bonvalot (1571) et Louis de Saint-Mauris (1580). Un édit du mois de mars

24

1695 unit cet hospice et les biens qui en dépendaient, à l'ordre de Notre-Dame-de-Mont-Carmel et de Saint-Lazare. Un arrêt du conseil, du 24 février 1696, annula cette union et réunit cet établissement à l'hôpital des pauvres malades de Dole, à la charge de satisfaire aux prières et services de fondation dont il était tenu.

Hôpital de Notre-Dame-sur-le-Pont, ou du Saint-Esprit. — L'hôpital de Notre-Dame-sur-le-Pont fut créé vers 1134, par Rainaud III, pour les voyageurs qui venaient en pélerinage à Notre-Dame-de-Mont-roland. Il était construit à l'entrée de la ville, sur le bord de l'ancienne voie romaine de Dole à Salins. Au commencement du xiiie siècle, il fut confié aux soins des hospitaliers de l'ordre du Saint-Esprit de Besançon, et à des religieuses. Il reçut dès-lors, outre les pélerins, les malades et les enfants abandonnés. Il est mentionné, dans la charte d'Alix de 1274, comme une des limites de la franchise de la ville. La comtesse Mahaut, par une charte datée du mardi avant la Saint-Denis 1320, donna à cet établissement 20 sols de rente assignés sur les sauneries de Salins. Marguerite III d'Autriche, ayant remarqué, dans un voyage qu'elle fit en Bourgogne, l'état de vétusté des bâtiments, en fit commencer la reconstruction et l'ameublement. Au mois de février 1516 (n. s.), elle fonda une messe par semaine dans la chapelle, et pourvut à l'entretien de quelques religieux et d'un commandeur qui seraient appelés *ses chapelains.* Elle voulut que cet hospice fût qualifié d'*hôpital du Saint-Esprit de Bourgogne*, et permit aux religieux qui l'habiteraient de porter chaque année la châsse de l'hôpital dans toute la province, par préférence à tous autres. En cas de contestation de la part de ceux portant la châsse de la Trinité et de Notre-Dame du Puy en Auvergne, elle déclara qu'elle révoquait le pouvoir donné à ces derniers, de quêter dans la Bourgogne. Le 22 juillet 1529, Charles-Quint présenta à Thomas Michelot, recteur de l'hôpital du Saint-Esprit de Besançon, François Bonvalot, pour être commandeur à Dole. Le 8 juillet 1535, le parlement permit de porter la châsse de Notre-Dame-de-Bourgogne par tout le pays, suivant la concession de Marguerite d'Autriche, à charge par le recteur de consacrer les aumônes à la réparation de l'hôpital et à la nourriture des pauvres, et de faire vérifier ses comptes devant le vicomte-mayeur. Charles V confirma, le 12 décembre 1543, la concession de Marguerite sa tante.

Le 23 août 1535, le vicomte-mayeur et les échevins se transportèrent à l'hôpital, et prévinrent le commandeur que, d'après un usage ancien, la ville ayant le droit d'y déposer les malades soupçonnés de peste, il eût à se tenir prêt pour recevoir ceux qui lui seraient envoyés.

Le lendemain, le syndic, accompagné de deux sergents, amena Denis . Tarin, deux de ses enfants et une domestique, et requit le maître de les loger, à peine d'une amende de 200, 300, 400, 500 et même jusqu'à 1000 livres. Sur le refus de ce dernier, on enfonça les portes et on installa les malades dans l'hospice. Le magistrat fit de vives instances, en 1572, pour obtenir l'union du prieuré de Saint-Vivant à l'hôpital du Saint-Esprit; mais ses démarches restèrent infructueuses. Le 27 août 1576, le roi Philippe II céda à la ville tous les bâtiments et chapelles de cet établissement, à condition qu'ils demeureraient, à perpétuité, de la fondation de Sa Majesté et de ses successeurs; que le tout serait entretenu en bonne réparation; que l'un des vergers servirait à y enterrer partie des habitants et les étrangers, même en temps de contagion; que les pauvres mendiants et les passants seraient reçus dans l'hôpital, avec ceux de la ville, *sans souffrir qu'ils parcourussent les rues;* qu'il y serait placé une femme de bonne réputation, pour y recevoir les pauvres et les jeunes enfants exposés, ainsi qu'un prêtre choisi par le conseil et les notables, pour servir de chapelain et dire les messes. Cette concession fut ainsi faite, pourvu que les bâtiments ne nuisissent pas au système des fortifications. Le 1er janvier 1621, intervint un traité entre la ville et le recteur de l'hôpital du Saint-Esprit, d'après lequel il fut arrêté que la commanderie de Dole serait toujours considérée comme un membre de celle de Besançon; qu'il y aurait toujours deux religieux profès à la nomination alternative du magistrat de Dole et du commandeur de Besançon; que le recteur recevrait, à l'avenir, les enfants exposés, jusqu'à ce qu'ils pussent apprendre un métier et gagner leur vie, et qu'il logerait, trois jours seulement, les pauvres passagers. Cette transaction fut approuvée, en chapitre général, le 29 mai 1626. En 1708, Louis XIV réunit la commanderie de Dole à celle de Besançon, à condition que cette dernière donnerait quatre places gratuites, pour les enfants illégitimes nés ou trouvés dans la banlieue de Dole.

Les biens de cet hospice consistaient, outre ses bâtiments, en 10 hectares de terres ou vignes, en 40 mesures de blé ou avoine, et 300 livres provenant des quêtes. Ils ont été vendus, en 1772, à plusieurs particuliers.

Le bâtiment de la commanderie existe encore, mais il tombe en ruines. Il se trouve entre le haut-fourneau de M. Menans et le château de M. le comte de Reculot. Il est du style ogival tertiaire. La porte principale est richement ornée, et les fenêtres sont divisées par des meneaux. Sur la façade septentrionale s'élève une tour octogonale, couronnée par une flèche.

Hôpital de Notre-Dame-d'Arans. — Les bourgeois avaient fondé, à une époque très ancienne, un petit hôpital dans la rue d'Arans. Il se composait d'une chapelle dans laquelle les Cordeliers célébraient chaque jour la messe, d'une cour, d'un jardin et d'un petit bâtiment renfermant le logement d'une hospitalière, et deux chambres pour les malades. Il fut, par la suite, exclusivement réservé pour les domestiques des deux sexes atteints de maladie. L'archevêque de Besançon permit à la ville de vendre ce bâtiment, qui menaçait ruine, et M. Moréal, seigneur de Commenailles, s'en rendit adjudicataire le 2 juin 1624. Sur son emplacement, ce gentilhomme construisit un bel hôtel, et fit de l'église, qu'il acheta plus tard, sa chapelle particulière. Les revenus de cet hospice furent unis, le 20 février 1626, à ceux de l'hôpital neuf.

Hôpital des Pauvres malades. — Le 12 mai 1612, l'archevêque de Besançon autorisa les bourgeois et habitants de Dole à ériger un hôpital neuf dans leur ville, et le pape permit, en 1615, de consacrer à cet établissement le legs fait aux pauvres par M. Grandjean, seigneur de Romain. Les bâtiments furent commencés en 1614. La place fut concédée par l'infante Isabelle, et on y ajouta celle de plusieurs maisons voisines, notamment celle de la maison Lampinet. Le 5 juillet 1619, la cour souveraine du parlement approuva le règlement qui devait régir cet hospice. Il devait y avoir un conseil d'administration composé de dix personnes, savoir : du procureur-général au parlement et du vicomte-mayeur, de deux conseillers de la cour, du doyen de l'église Notre-Dame et d'un chanoine élu par le chapitre, de deux conseillers municipaux et de deux notables. Ce conseil avait pouvoir de nommer un trésorier, un promoteur et un procureur aux causes. Ces fonctions étaient gratuites. Le 22 juin 1622, le roi d'Espagne accorda 10,000 livres pour continuer les travaux, et deux charges de sel à prendre annuellement aux sauneries de Salins, pour l'usage de la maison. Au mois de juin 1630, le pape accorda quarante jours d'indulgence à toutes les dames qui visiteraient l'hôpital et y exerceraient des œuvres de charité. Dans l'origine, c'était à des hommes qu'était confié le soin des malades; mais en 1663, les directeurs obtinrent, des magistrats de Beaune, six hospitalières de l'institut de cette ville, qui arrivèrent à Dole le 21 novembre de la même année. On fit pour ces religieuses un règlement qui fut approuvé par M. de Grammont, archevêque de Besançon. D'après ce règlement, qu'un décret impérial sanctionna de nouveau, le 5 juin 1810, la supérieure est à vie; elle est élue par ses compagnes, dans un scrutin secret, en présence du bureau, qui lui donne l'institution. Ces religieuses remplirent leurs devoirs avec tant d'humanité, avec tant de soin, que plusieurs villes témoignèrent le désir de voir leurs hôpitaux administrés par des sœurs du même institut. On vit, en 1680, les directeurs des hôpitaux d'Auxonne, de Seurre, de Saint-Jean-de-Losne, demander des hospitalières de Dole pour établir les leurs sur les mêmes règles. En 1683, les directeurs de Vesoul firent la même demande, ainsi que ceux de Saint-Claude. En 1686, l'archevêque de Besançon et le premier président du parlement en sollicitèrent pour l'hôpital Saint-Jacques de cette ville. Ils furent imités, en 1689, par les directeurs des hôpitaux d'Arbois et de Lons-le-Saunier. La maladrerie de Dole, l'hôpital de la Loye et celui de Rochefort furent unis à l'hôpital des Pauvres malades, par arrêts du conseil des 24 février 1696 et 20 mars 1750. Des lettres-patentes du mois de juin 1754 confirmèrent l'érection de cet hôpital, le maintinrent dans ses droits, priviléges et biens, le dispensèrent de l'édit de 1749, des réglements antérieurs et ordonnances de la province, et approuvèrent la forme d'administration qui y était établie. Son utilité ne se bornait pas au soulagement des malades indigents : les officiers et soldats de la garnison y trouvaient tous les secours que leur état exigeait.

Hôpital général ou Maison de charité. — Le 8 mai 1698, le conseil municipal de Dole prit, en présence de M. de Vaubourg, intendant de la province de Franche-Comté, une délibération par laquelle il fut décidé qu'il serait établi dans cette ville un hôpital général ou maison de charité, pour loger et nourrir les pauvres et les mendiants, et en même temps des directeurs furent nommés pour avoir l'entière administration de cet hospice. Par lettres-patentes du mois de juillet suivant, Louis XIV fit don à la ville, en faveur de cet hôpital, du terrain contenu dans l'étendue du bastion du pont, pour y construire les bâtiments nécessaires, à charge de ne point endommager le bastion. Par autres lettres-patentes du mois de juin 1700, ce monarque se déclara conservateur et protecteur de cet hôpital, et en laissa l'entière administration aux directeurs choisis. Il lui donna dix charges de sel à prélever annuellement dans les salines de la province, et lui attribua la moitié des amendes de police, ainsi que tous les dons et legs, adjudications d'amendes et aumônes faits dans le district de la ville, en termes généraux, au profit des pauvres. Il défendit à toutes personnes, sans distinction de sexe ni d'âge, à l'exception des religieux et religieuses qui en avaient le droit précédemment, de mendier dans la ville ni aux portes ; il ordonna aux vagabonds et gens sans aveu de quitter Dole, à peine du fouet et de la prison. Les directeurs furent autorisés à établir des gardes pour expulser les mendiants, à faire des quêtes et à placer des troncs. L'hospice et ses domaines furent affranchis de tous logements de gens de guerre et autres contributions publiques ou particulières. Enfin, par de nouvelles lettres-patentes du 10 septembre 1706, le roi fit don à cet établissement de tous les terrains qui avaient pu servir aux fortifications ou en dépendre.

Les bienfaits répétés des citoyens et surtout de M. de Mesmay, avaient suffisamment accru les revenus de cette maison, pour qu'elle pût recevoir jusqu'à soixante enfants qu'elle conservait jusqu'à l'âge où ils étaient en état d'apprendre un métier, apprentissage dont elle faisait les frais. Les administrateurs purent même, pendant un certain nombre d'années, faire chaque semaine une distribution de pain assez considérable aux pauvres.

Maison du Bon Pasteur. — L'hôpital des Pauvres, l'hospice de la Charité, soulageaient bien des misères et empêchaient la mendicité; mais il restait un autre fléau à combattre : c'était celui de la prostitution. Le séjour d'une garnison nombreuse, entretenait un grand relâchement dans les mœurs. En 1721, quelques personnes pieuses se réunirent pour acheter une maison, rue des Vieilles-Ecoles, et y offrirent un asile à toutes les filles et femmes débauchées, que la misère entraînait dans le vice. Le roi, informé des bons résultats de cette institution, écrivit en 1730, à l'intendant de la province et au magistrat de Dole, de la favoriser de tout leur pouvoir. Le bureau d'administration était composé du maire, de deux conseillers municipaux, du doyen du chapitre et de l'aumônier. Le parlement de Besançon émit le vœu, en 1742, que cet établissement fût déclaré d'utilité publique. L'archevêque de Besançon lui donna, le 6 mars 1751, un réglement spirituel semblable à celui qui régissait le Bon Pasteur de Besançon. Par lettres-patentes du mois d'août 1752, Louis XV sanctionna son existence; mais il en dénatura le but. Ainsi il déclara qu'il confirmait l'établissement d'une maison de force à Dole, sous le titre du *Bon Pasteur*, pour servir à renfermer les femmes et filles débauchées, et celles qui en débaucheraient ou prostitueraient d'autres. Il autorisa, en conséquence, les acquisitions ou donations faites en sa faveur, des bâtiments et terrains servant à son usage. Il permit aux administrateurs d'acquérir un emplacement hors de l'enceinte de la ville, dont la surface ne pourrait dépasser quatre arpents; d'y faire construire les bâtiments convenables et d'y transférer cet hospice. Il défendit de prendre sur les revenus publics les dépenses nécessaires à son entretien, et voulut que les femmes et filles du bailliage de Dole, Ornans et Quingey qui seraient condamnées, par jugements ou arrêts, à être enfermées à temps ou à perpétuité, dans une maison de force, pussent être conduites dans celle du Bon Pasteur de Dole.

Le bureau pour l'administration temporelle fut composé du premier président de la chambre des comptes, du doyen du chapitre, du maire de la ville, d'un député des officiers municipaux, d'un aumônier approuvé par l'archevêque, qui seul avait la juridiction spirituelle, et d'un secrétaire-receveur. Des filles ou veuves pieuses pouvaient seules être sœurs directrices, à l'exclusion de toutes religieuses appartenant à un ordre quelconque. Les prostituées ne devaient être renfermées dans cette maison qu'en vertu de jugements ou arrêts, ou enfin de sentences ou ordonnances des juges de police.

Les bâtiments du Bon Pasteur ont été cédés à la ville par l'Etat, en 1805, pour servir de prison. Ils se composaient d'un grand corps-de-logis s'ouvrant sur la rue des Prisons, d'une maison derrière, servant de logement aux sœurs directrices, et d'un beau jardin qui y était attenant.

Association des Dames de la Charité. — A la fin du xviie siècle, les dames de Dole formèrent une bourse commune, destinée à procurer les secours nécessaires aux malades indigents qui ne pouvaient être admis à l'Hôtel-Dieu, tels que les femmes en couche et les personnes affligées de maladies incurables ou ayant des infirmités habituelles. Pour que les malades fussent secourus, visités et traités avec un soin plus assidu, on crut devoir appeler, en 1769, quelques sœurs hospitalières de l'institut de Saint-Charles, qui remplirent parfaitement ce que l'on attendait d'elles. Ces sœurs occupaient une maison commode appartenant à l'association, et qui avait été achetée, plusieurs années avant la révolution, avec une somme léguée pour cet objet par Mme de Froissard de Broissia, chanoinesse de Poussay.

ÉTABLISSEMENTS JUDICIAIRES.

Nous ne reviendrons pas sur ce que nous avons déjà dit à l'occasion des pouvoirs judiciaires exercés à Dole par la curie romaine, les comtes amovibles, la cour impériale instituée par Frédéric Barberousse, par les prévôts, les sergents, les capitaines châtelains, le conseil de la ville et l'officialité. Nous passerons de suite aux autres juridictions qui avaient leur siége principal dans cette ville.

Bailliage. — Otton Ier, quatrième fils de l'empereur Frédéric, ayant fixé son séjour habituel en Allemagne, établit, en 1192, dans le comté de Bourgogne, un représentant chargé du gouvernement en son absence. Ce représentant portait le titre de *bailli de Bourgogne*. Déjà, Philippe-Auguste avait créé en 1190, de semblables magistrats dans ses États. Philippe-le-Bel, auquel l'autorité énorme des baillis donnait de l'ombrage, divisa, en 1302, la province en deux ressorts principaux, *Amont* et *Aval*; l'un et l'autre furent soumis à un bailli particulier, et quand Philippe-le-Bon créa le bailliage de Dole, démembré de celui d'Aval par lettres du 24 juillet 1422, il mit à sa tête un troisième magistrat, avec le même titre et des attributions semblables. Les baillis étaient nommés par les gouverneurs ou gardiens du pays et ils nommaient eux-mêmes les prévôts, les sergents, les maires, greffiers, notaires et tabellions. Leur autorité était très étendue : officiers militaires, ils convoquaient sur l'ordre du gouverneur, la noblesse, les gentilshommes et les soldats de leur circonscription, les commandaient et les conduisaient à la guerre. Ils avaient la régie de quelques-uns des droits du fisc, tels que les amendes, les compositions pour crimes, les confiscations, les émoluments de justice, et ordonnaient des dépenses. Ils administraient la justice dans un degré éminent; ils étaient les juges de la noblesse, de l'église, des bourgeois du souverain dans les terres du domaine, et connaissaient des appellations de ses prévôts, châtelains et autres officiers subalternes. Leur tribunal était un siége de haute justice et de souveraineté. Leurs sentences se portaient par appel directement devant le parlement, et avant l'institution de ce grand corps judiciaire, devant le prince lui-même. Ils exerçaient leur juridiction en tenant leurs assises trois fois l'année dans les différents siéges du bailliage, et leurs jours ordinaires chaque semaine, soit par eux-mêmes, soit par leurs lieutenants-généraux. Ils mandaient, pour la tenue de leurs assises, un certain nombre de conseillers assesseurs désignés pour leur bailliage, afin de prendre leur avis dans les affaires importantes. Le duc Eudes IV chargea ses baillis de recevoir les appellations des juges des seigneurs et de connaître des cas royaux. L'usage s'établit alors peu à peu de pouvoir porter devant eux toutes causes civiles et criminelles en première instance, sans que les justices seigneuriales pussent s'y opposer.

Les siéges du bailliage de Dole étaient Dole, la Loye, Colonne, Saint-Aubin, Rochefort, Montmirey, Gendrey, Orchamps, Fraisans, Quingey et Ornans. Vers l'an 1312, ils furent réduits à trois, savoir : Dole, Quingey et Ornans. Le personnel de cette juridiction se composait du bailli, de son lieutenant-général, d'un procureur-général, d'un substitut, d'un greffier, d'un avocat fiscal et de plusieurs huissiers.

Louis XIV, dans des vues uniquement financières, y ajouta beaucoup d'autres officiers, et rendit les charges vénales. En 1789, le bailliage se composait d'un bailli d'épée, appelé le grand bailli de Dole, d'un lieutenant-général, d'un lieutenant criminel, d'un lieutenant particulier, de cinq conseillers, un procureur du roi, un avocat du roi, un substitut, un greffier civil, un greffier criminel, et enfin d'un receveur des épices et des amendes. Vingt-quatre avocats, douze procureurs et huit huissiers postulaient près de ce siège. Lors de la création des présidiaux, en 1696, le bailliage de Dole fut mis dans la dépendance du présidial de Gray. Les offices de bailli, sous les ducs et comtes de Bourgogne, étaient exercés par des gens de courte et de longue robe; ceux de robe courte ou d'épée, étaient qualifiés de *messire, chevalier* ou *écuyer*, suivant leur degré dans l'ordre de la noblesse; ceux de robe longue recevaient le titre de *maître, licencié, seigneur* ou *saige en droit*.

Les audiences du bailliage se tinrent d'abord publiquement aux halles. En 1509, une maison fut acquise près de l'université, pour servir d'auditoire des décrets. En 1700, les bâtiments de l'université furent cédés pour l'usage de cette juridiction. Le bailliage fut remplacé, en 1790, par le tribunal du district qui, de 1793 à 1795, fit les fonctions de tribunal criminel et révolutionnaire. Ce tribunal fut à son tour remplacé par le tribunal de première instance.

Chancelleries. — Il y a eu cinq chancelleries à Dole : celle du souverain, la chancellerie aux contrats ou du bailliage, la chancellerie du parlement, celle de la chambre des comptes et celle de l'université. L'officier placé à la tête de la première était chargé d'écrire les chartes des comtes souverains de Bourgogne, de les signer et d'y apposer le grand sceau.

Le scel aux contrats ou petit sceau était confié au bailli ou à son lieutenant, et était apposé sur les actes passés devant les notaires ou tabellions.

Le président du parlement en était en même temps le chancelier et avait la garde des sceaux de la cour.

Le chancelier de la chambre des comptes, créé par un édit de Louis XIV, du mois de septembre 1696, et modifié par un autre édit de 1698, se composait d'un conseiller garde des sceaux, de deux conseillers-secrétaires, de huit conseillers-secrétaires, maison et couronne de France, de deux conseillers-référendaires, d'un trésorier, d'un chauffe-cire, et de deux huissiers.

25

L'archevêque de Besançon était le chancelier de l'université et était suppléé par un vice-chancelier.

Chacune de ces chancelleries avait un sceau particulier.

Sénéchaussée. — Le sénéchal était un des grands officiers des comtes de Bourgogne. Il occupait la troisième place dans leur conseil. Il avait le droit de corriger les baillis, les châtelains, les prévôts, les maires, les sergents et de leur imposer des amendes. Gollut dit que ses sentences se portaient directement devant le prince, qui en son château de Dole, décidait des appellations, assisté de son chancelier et de ses conseillers. Guy et Jean de Rans étaient sénéchaux héréditaires du comté de Bourgogne, l'un en 1250, l'autre seize ans plus tard. Jean se dépouilla de cet office en 1282, au profit de Foulques, sire de Rigney, et Jean, fils de Foulques, l'exerçait en 1332.

Gruerie. — Le grand-veneur était un des autres grands officiers de la couronne. Jean, sire de Saulx, tenait en 1254, le fief de la vénerie du comté de Bourgogne. En 1360, un autre Jean de Saulx se qualifiait de gruyer de ce comté. Son prédécesseur dans cet emploi était Perrenot de Grozon (1337), auquel succéda Nicolas de Florence (1340-1349). Après la division de la province en deux bailliages, les forêts, leur police et leur aménagement furent soumis à la juridiction de deux grands gruyers, établis pour chacun de ces ressorts. Ces officiers avaient leurs siéges dans les villes et bourgs du domaine, près desquels le souverain avait des forêts. Le lieutenant-général du gruyer d'Aval à Dole, tenait ses assises trois fois par an à Dole, à Saint-Aubin, à Gendrey, à Montmirey-le-Château, à Fraisans, à Orchamps, à Rochefort, à la Loye et à Colonne. Les grueries de Franche-Comté furent supprimées au mois d'août 1692, et remplacées par des maîtrises.

Parlement. — Il n'existe aucune trace d'un parlement au comté avant Jeanne de Bourgogne, femme du roi Philippe-le-Long. Dans l'origine, cette cour était ambulatoire et ses membres n'avaient que des commissions révocables. Des jours-généraux, présidés par Thomas de Savoie, furent tenus à Baume-les-Nonnes en 1326, au mois de décembre, et de précédents à Dole, vers l'époque de la fête de sainte Magdeleine, en 1323. Ce fut le duc Eudes IV qui établit à la fois le parlement et la chambre des comptes de Dole, par lettres du 9 février 1552 (v. s.), « à chacun des chefs desquelz est doné le titre de président, et expressément dict que ces deux chambres ne pourront jamais entreprendre l'une sur l'autre. » Depuis l'établissement du régime féodal, ce qu'on appelait le comté de Bourgogne n'était qu'une hiérarchie de souverains locaux, maîtres absolus chacun d'une part ou d'une parcelle du territoire national. Le duc Eudes voulant sortir des limites où ce système le cantonnait, essaya de faire de sa suprême seigneurie, puissance à peu près inerte, un pouvoir actif et militant pour la défense des faibles et le maintien de la paix publique. Il s'attribua le droit de faire des bourgeois dans toute l'étendue de ses Etats, sur le domaine d'autrui comme sur le sien. Par une fiction étrange, la bourgeoisie, droit essentiellement réel, attaché au domicile et que l'habitation conférait, devint quelque chose de personnel. On put changer de juridiction sans changer de résidence, se déclarer homme libre et citoyen, sans quitter la glèbe seigneuriale et, comme s'expriment les anciens actes, *désavouer son seigneur et s'avouer bourgeois du duc*. Cette innovation procédait d'un nouveau principe social, d'un droit subversif des droits existants, et ne s'établit pas sans résistance et sans lutte. Eudes, qui s'attendait aux clameurs de la noblesse, avait confié l'exécution de ses plans à Guy de Saint-Seine, seigneur de Villefrancon, bailli d'Aval, homme de tête et d'expérience, juge énergique et valeureux chevalier. Un seigneur se plaignait-il que le duc lui dérobait ses sujets, refusait-il d'exécuter une sentence dans sa terre? Le terrible bailli montait à cheval, et la hache en main, allait au besoin avec cinquante hommes d'armes, gager le fief, c'est-à-dire y prendre jusqu'à obéissance, hommes et bétail. La rage des hauts barons croissait à la pensée que tous les égards étaient pour les *vilains*, pour les communes. Ils se confédérèrent, firent un appel à leurs vassaux et déclarèrent la guerre au duc en 1356. Cette lutte se continua avec des chances diverses jusqu'au moment où Eudes, épuisé d'hommes et d'argent, fut obligé de demander la paix et de fléchir dans les voies qu'il avait tentées. Après sa mort, Jean de Chalon-Arlay, chef de la confédération, écrivit à Jeanne de Boulogne, mère et tutrice de Philippe de Rouvres, duc et comte de Bourgogne, que la fin d'un règne oppresseur venait d'arriver, et sollicita une entrevue. Cette jeune femme se rendit immédiatement au château de Gray, et consentit à tout ce qu'exigeait la noblesse. Par une déclaration qu'elle signa le 29 avril 1349, chaque baron fut proclamé souverain dans sa terre, et toute terre mise à l'abri des commandises. Les anciennes bourgeoisies furent révoquées. Jean, duc de Normandie, devenu l'époux de Jeanne de Boulogne, jura de nouveau, dans une assemblée tenue à Dole, le 17 avril 1350, de respecter les antiques franchises féodales. Philippe-le-Hardi reprit l'œuvre du duc Eudes. Soumettre le pays et la noblesse au joug des lois et de ses tribunaux, ressaisir l'autorité souveraine presque anéantie, créer et opposer la bourgeoisie comme contre-poids à la puissance démesurée des nobles, telle était la révolution qu'il avait conçue et qu'il accomplit avec courage. Il chargea des commissaires de réorganiser le parlement de Dole, qui depuis près de quarante ans n'avait été convoqué que deux ou trois fois. Ce travail, terminé le 16 mai 1386, reçut la sanction de ce prince le 11 juillet suivant. Les ordonnances relatives à cette réorganisation furent publiées le 20 mai, dans une séance solennelle de la nouvelle cour, par les sages conseillers qui les avaient rédigées. Fidèles à la pensée du prince, les commissaires, tous licenciés ès-lois, avaient tout réglé ; justice, procédure, droits et amendes. Le parlement, c'était le prince lui-même : non-seulement il pouvait le présider comme juge, mais encore il en choisissait tous les membres dans ses conseils et parmi ses officiers les plus dévoués à ses intérêts. A chaque session, il les conservait ou les renouvelait à son gré. Les temps étaient tellement changés, que la noblesse, au lieu de courir à Dole renverser cet arsenal de guerre contre lequel elle avait combattu si longtemps, se borna à faire de respectueuses représentations. Elle n'osait pas attaquer la juridiction même du parlement, elle se plaignait seulement des droits exagérés du fisc et des vexations individuelles des officiers. Malgré leurs réclamations, deux choses allèrent toujours croissant, le nombre des hommes libres à titre de bourgeoisie, et le mouvement qui portait cette classe d'hommes à se ranger d'une manière immédiate sous la garde et la justice du duc. L'esprit de réforme et de progrès donnait de la hardiesse au serf contre son seigneur. Un paysan n'en rencontrait pas un autre sans dire avec confiance : « Es-tu à monseigneur le duc ? mets-toi vite en ce parti. » Les arrêts du parlement atteignaient chaque jour les plus grands seigneurs du pays. Leurs terres étaient incessamment exploitées par les sergents du prince ; à la moindre résistance, on envoyait des *gaistours* et des *mangeours* dans leurs châteaux. Un noble frappait-il un huissier? on le bannissait, on confisquait ses biens ; ses forteresses étaient rasées et on semait du sel sur leurs ruines. Les redoutables sentences rendues en 1391 contre Jean de Chalon-Arlay III, qui avait fait assassiner le sergent Faguier ; en 1401, contre Humbert VIII, sire de Thoire-Villars, qui avait refusé de faire hommage de ses châteaux de Matafelon et de Montréal; en 1415, contre Louis de Chalon, comte d'Auxerre, pour crime de lèse-majesté, marquèrent la puissance du parlement et la ruine de l'indépendance féodale.

Philippe-le-Bon acheva la révolution commencée par ses prédécesseurs. Sous son règne, la juridiction souveraine de l'abbé de Saint-Claude fut soumise à celle du parlement, et l'autorité des empereurs d'Allemagne sur quelques parties de la province fut anéantie. Par ses lettres-patentes du 11 mars 1457, il avait ordonné, sur la demande des Etats, que les coutumes générales de Franche-Comté seraient recueillies et mises par écrit. Sept commissaires furent chargés de ce travail, auquel le duc donna sa sanction, le 28 décembre 1459. Ce prince déclara que hors les cas prévus par la coutume, la province serait réglée selon la *raison écrite et la disposition du droit civil.* Les ducs de Bourgogne présidèrent souvent en personne aux séances du parlement. Charles-le-Téméraire assistait à celle qui fut tenue le lendemain de carême-prenant de l'an 1472 (v. s.).

Le parlement du comté, qui n'avait rien de commun avec celui du duché, quoi qu'en ait dit Dunod, se réunissait à Dole une fois par an seulement. Chaque session durait de quinze jours à deux mois, selon le nombre et l'importance des affaires. Les ducs désignaient chaque fois dans leurs lettres de convocation, les membres qui devaient le composer, et le traitement alloué à chacun d'eux. Les principaux conseillers étaient des hommes sortis des classes moyennes de la société d'alors, la petite noblesse et la haute bourgeoisie. Le parlement de Dole était souverain, tandis que celui du duché relevait dans certains cas du parlement de Paris. Après la mort de Charles-le-Téméraire, Louis XI, par lettres-patentes du 18 mars 1477 (n. s.), maintint l'institution des parlements du duché et du comté de Bourgogne, mais au mois de mai suivant, il créa une chambre du conseil à Dijon, pour suppléer à ces deux cours que les guerres ne permettaient point de convoquer. Le 9 août 1480, il conféra tous pouvoirs nécessaires à Louis d'Amboise, évêque d'Alby, l'un de ses lieutenants à Dijon, pour la réorganisation d'un seul parlement pour les deux Bourgognes. Les Etats, réunis à Salins, le 24 août suivant, présentèrent une requête à ce prélat dans les termes suivants : « Premièrement, sur l'entretenement de la justice qu'est cause de faire régner les princes en leurs seigneuries et leurs subjets vivre en paix, qu'il plaise au roy nostre seigneur ordonner son parlement de son comté de Bourgogne pour le tenir en sa ville de Salins qui est la plus propre et la plus convenable au temps présent. Et que les présidens, assistans et officiers dudit parlement soient stipendiéz par le roy. Item et pour ce que led. comté est et a esté seigneurie d'ancienneté séparée du Duché et auquel Comté ont accoustumé avoir parlement souverain et qu'en iceluy comté l'on use d'austres coustumes et stilles qu'en iceluy duché, qu'il plaise au roy commettre et député gens notables et scientifiques à scavoir, gens d'église, notables chevaliers, conseillers, licentiez, advocats et procureurs, pour assister audit parlement et greffier ou son commis qui soit résident aud. Salins pour relever devers lui tous appeaux et autres mandemens, etc. » L'évêque d'Alby, pour tout concilier, décida, le 21 octobre 1480, qu'un seul parlement siégerait à Dijon pour le duché et le ressort de Saint-Laurent, dès le lendemain de la Saint-Martin, et à Salins, pour le comté, dès le lundi après Quasimodo. Les Etats, réunis à Besançon en 1483, demandèrent que le parlement du comté ne tînt ses séances que tous les quatre ans et seulement pendant trois mois. Charles VIII, prenant égard à la pauvreté du peuple et aux besoins de la justice, consentit, le 8 mars de la même année, que les séances de cette cour n'eussent lieu que tous les deux ans et ne durassent que trois mois. Les députés des trois ordres, convoqués à Salins le 30 mars 1490 (v. s.), délibérèrent de faire des démarches pour que le *plaid du comté* demeurât fixé à Salins; mais Charles VIII, qui faisait tous ses efforts pour réparer les maux causés à Dole par son père, décida qu'il se tiendrait à l'avenir dans cette dernière ville. Depuis le traité de Senlis, du 23 mai 1493, le roi de France n'avait plus à s'occuper des affaires du comté, son parlement était dès-lors sans qualité pour y rendre des arrêts, ainsi qu'il le reconnut par une déclaration de 1694. La même année, Maximilien créa une chambre du conseil, en attendant que le parlement fût rétabli. L'archiduc Philippe, par lettres-patentes données à Bruxelles, le 30 septembre 1500, organisa ce parlement et le rendit sédentaire à Dole. Il le composa de sa personne, de celle de son chancelier, de l'archevêque de Besançon, d'un président, de deux chevaliers d'honneur, de deux maîtres des requêtes de son hôtel, de onze conseillers, d'un greffier, de deux avocats-généraux, d'un procureur-général, d'un substitut et de quatre huissiers ordinaires. Par un décret de 12 février 1508 (v. s.), l'empereur Maximilien, au nom de l'archiduc Charles, son petit-fils, compléta ce réglement, exclut l'archevêque et ajouta un second greffier. Ici commence une nouvelle phase dans l'histoire du parlement. Ce corps judiciaire, appelé par les souverains de Bourgogne de la maison d'Autriche à jouer un rôle politique, ne laissa échapper aucune occasion pour s'emparer de la direction entière des affaires du pays. Recruté depuis deux siècles dans l'élite des classes roturières, placé au premier rang des dignitaires de la province, donnant l'exemple de l'intégrité et de toutes les vertus civiques, honoré pour son patriotisme, son lustre, ses richesses, son orgueil même, le peuple l'aimait pour son esprit de résistance à l'ambition des gouverneurs militaires, pour son hostilité perpétuelle contre la noblesse, pour son zèle à maintenir les traditions nationales, à garantir la province de toute influence étrangère et à conserver intactes les libertés de l'église et la religion. Marguerite d'Autriche, Charles-Quint, Philippe II, se plurent à accroître les attributions de cette cour souveraine. L'infante Isabelle, voulant éviter toute cause de rivalité, ne remplaça pas le comte de Champlitte, mort gouverneur en 1630, et confia le gouvernement du comté au parlement et à l'archevêque de Besançon. La belle défense de Dole, en 1636, mérita à cette administration des sympathies universelles. On ne soupçonnait guère alors que ce même corps, auquel on prodiguait les épithètes les plus flatteuses, serait accusé trente ans après (1668), d'avoir trahi son pays, et qu'il serait suspendu de ses fonctions. Louis XIV rétablit le parlement de Dole, par lettres-patentes du 17 juin 1674, mais il le transféra définitivement à Besançon, le 22 août 1676, moyennant une somme de cent mille écus que cette ville lui offrit pour obtenir cette faveur.

Cette mesure, qui enlevait à Dole toute son antique importance, devait se prévoir. Les Bisontins n'avaient cessé de réclamer l'installation dans leurs murs du parlement, de la chambre des comptes et de l'université. En 1407, ils sollicitèrent cette grâce de Jean-sans-Peur, consentant de lui céder en échange la souveraineté de leur ville et la justice de la régalie. Ils renouvelèrent leurs instances en 1574, en 1584 et en 1626. En 1655, ils offrirent au roi d'Espagne, pour avoir le parlement seulement, de lui céder leur arsenal, qui valait plus d'un million, de lui payer une forte somme, de lui abandonner l'autorité des gouverneurs de la cité, et enfin, d'acheter le palais Granvelle pour y placer la cour.

Les ravages de la peste forcèrent plusieurs fois le parlement à se retirer dans différentes villes du ressort. Ainsi il siégeait à Arbois en 1586, à Pesmes et à la Loye en 1630. Quelques historiens ont prétendu qu'il y avait de la lâcheté de sa part à s'éloigner ainsi au moment du danger. Ce déplacement était cependant indispensable pour ne point interrompre le cours de la justice.

Au moment de sa translation à Besançon, le parlement se composait d'un président, de deux chevaliers d'honneur, de quelques maîtres des requêtes, de deux conseillers clercs, de onze conseillers laïcs, de deux avocats-généraux, d'un procureur-général, d'un greffier en chef, d'un procureur substitut, d'un autre greffier, de quatre huissiers, d'un chapelain et d'autres bas officiers. Les membres qui le composaient acquéraient, par leur office même, la noblesse au premier degré. Ils étaient exempts de tous impôts, subsides, aides, gabelles, péages, guet et garde, ban et arrière-ban.

Gollut nous apprend que « le président estoit habillé, quand il se montroit en habits de son magistrat, non pas de simples accoustrements d'escarlatte, comme les conseillers, mais avec le palustrement, libre d'une main et restrainct en l'austre, et avec le mortier en teste, comblé d'or ou d'unions et marguerites, ou de perles orientales, ainsi que les chanceliers de France portoient anciennement. Les conseillers, procureur-général et greffier portoient la robe longue d'escarlatte, le chaperon à l'antique sur le col, et les bras passés dedans les manches. Le chevalier d'honneur estoit revestu de sa longue escarlatte doublée d'hermine et rejectée sur l'espaule par la main gauche, sous laquelle l'espée estoit pendue. Il estoit assis tout au joignant du président. Il portoit à l'antique, sur l'espaule, un bourrelet de chevalier, duquel les anciens se servoient pour se couvrir. » Parmi les présidents, on distingue Etienne Arménier (1439-1453), Gérard de Plaine (1454-1462), Thomas de Plaine (1495), Mercurin-Arborio de Gattinara (1508-1518), Jean Froissard (1592-1595); mais l'un de ceux qui ont fait le plus d'honneur au palais, aux sciences et à la patrie, fut sans contredit Jean Boyvin, de Dole.

Dans l'origine, le parlement n'avait point de lieu fixe pour la tenue de ses séances. Il se réunissait au château, ou dans des maisons particulières, et rendait ses arrêts publiquement, aux halles. Après le siége de 1479, l'archiduc Maximilien et les habitants contribuèrent à la construction d'un palais, à l'angle des halles, et la cour y fut installée en 1500. La salle des audiences était tendue de riches tapisseries et ornée de tableaux représentant les ducs et comtes de Bourgogne. On y remarquait un portrait de Charles-Quint peint par le Titien. Le plafond était garni de caissons richement sculptés, d'après les dessins de Sorlio. Sur une cheminée colossale, étaient gravées en lettres d'or ces paroles de David : *Recte judicate, filii hominum.*

Les prisons et la chapelle occupaient le fond de la cour. Au-dessous de cette cour étaient creusés de noirs cachots, ne prenant jour que par un étroit soupirail. C'est là qu'on enfermait les sorciers, avant de les livrer aux flammes sur la place publique. La dernière sorcière brûlée à Dole le fut en 1607. Les conseillers, imbus des préjugés du temps, étaient impitoyables pour cette espèce de criminels. Le palais du parlement sert aujourd'hui d'hôtel-de-ville.

Justice de mairie. — L'exercice de la justice contentieuse ordi-

naire, civile et criminelle, en première instance, dans la ville de Dole,
appartenait au vicomte-mayeur et aux échevins, depuis 1478. Cette
justice ressortissait au bailliage, pour les matières et la police civiles, et au parlement, pour ce qui concernait les affaires criminelles. Les audiences se tenaient deux fois par semaine, dans une
des salles de l'hôtel-de-ville. Elles étaient ordinairement présidées
par le lieutenant du maire. Les échevins servaient d'assesseurs.

Maîtrise des eaux et forêts. — Un édit du mois d'août 1692 supprima les gruyers du comté de Bourgogne, créa un siége général du
grand-maître des eaux et forêts à Besançon, sept maîtrises particulières et deux grueries. La maîtrise de Dole eut dans son ressort les
bois qui composaient les grueries de Saint-Aubin, Gendrey, Montmirey-le-Château, Fraisans, Orchamps, Rochefort, Dole et la Loye.
Le même édit érigea en titre d'offices héréditaires dans chaque maîtrise, un maître particulier, un lieutenant gradué, un procureur du
roi, un garde-marteau, un greffier, deux arpenteurs jurés, deux
huissiers audienciers, un receveur des épices et amendes. De nombreux offices furent ajoutés aux précédents. Enfin, en 1716, les maîtrises furent réduites aux officiers ci-après : un maître, un lieutenant,
un procureur du roi, un garde-marteau, un greffier, un receveur
des amendes et un garde-général, indépendamment des arpenteurs,
huissiers et gardes. Cette juridiction tenait ses audiences chaque semaine, dans l'auditoire du bailliage. Elle tenait en outre des assises
deux fois par an, dans les principaux lieux du ressort. Un arrêt du
conseil d'État, du 18 décembre 1717, créa une réformation dans la
maîtrise de Dole, et la composa d'un commissaire, un procureur du
roi et un greffier. Cette juridiction, supprimée le 9 mai 1724, fut
rétablie le 20 novembre 1726.

ÉTABLISSEMENTS FINANCIERS.

Trésorerie. — Les souverains du comté avaient institué, au centre
de leurs principaux domaines, des officiers chargés de faire la recette
de tous leurs revenus, et d'effectuer les dépenses qu'ils ordonnaient.
Le 10 juin 1355, le roi Jean ordonna de faire gouverner les deux
Bourgognes par ses officiers, d'en faire verser tous les revenus à
Paris, et de saisir la personne et les biens des officiers rebelles. Cette
mesure indigna les populations : on connaissait les nécessités extraordinaires de la royauté et ses folles dissipations; on prévoyait que
toutes les ressources du pays s'absorberaient sans profit pour lui.
Philippe-le-Hardi ramena l'ordre dans l'administration financière. Il

créa en 1400, pour les deux Bourgognes, un trésorier général dans les caisses duquel devaient se centraliser toutes les recettes des deux provinces. Cet officier résidait soit à Dijon, soit à Dole, et instituait des lieutenants dans les différentes villes du domaine. Il avait un lieutenant-général à Dole. Sous les princes de la maisons d'Autriche, un trésorier général du comté fut établi dans cette ville. Par lettres-patentes du mois d'août 1692, Louis XIV supprima les fonctions de trésorier, et érigea en titre d'offices héréditaires neuf conseillers receveurs particuliers des finances et impositions ordinaires et extraordinaires de Franche-Comté, ainsi que des deniers communaux des villes, bourgs et communautés. L'un d'eux eut sa résidence fixée à Dole, pour tout le bailliage.

Chambre des Comptes. — La première institution d'une chambre des comptes, pour le comté de Bourgogne, est due à Eudes IV, qui l'établit à Dole, en même temps que le parlement, par ses lettres du 9 février 1332 (v. s.). Philippe-le-Hardi supprima cet établissement en 1386. Maximilien et Philippe son fils, archiduc d'Autriche, le rétablirent par lettres du 30 novembre 1494, pour la Franche-Comté, le Charollais, et les seigneuries de Châtelchinon, Noyers et dépendances, et composèrent cette cour d'un président, trois maîtres, un clerc, un auditeur et un huissier-concierge. Six ans après (1500), les mêmes princes supprimèrent cette chambre et la réunirent à celle de Lille, en Flandres. Philippe II, roi d'Espagne, la rétablit de nouveau à Dole par lettres du 22 août 1562, et la composa de deux maîtres, deux auditeurs, un clerc non signant, un huissier-concierge et un messager, auxquels il accorda les mêmes droits, honneurs, exemptions et franchises dont jouissaient les officiers du parlement. Louis XIV la confirma par un édit du mois d'août 1692, étendit ses attributions sous le titre de *chambre et cour des comptes, domaines, aides et finances du comté de Bourgogne,* et augmenta considérablement le nombre des officiers. Elle fut supprimée par édit du mois d'octobre 1771, et remplacée par le bureau des finances, fixé à Besançon.

Les présidents portaient une robe de velours noir, le premier président, avec une épitoge; les conseillers-maîtres, des robes de drap d'écarlate, avec un chaperon noir; les conseillers correcteurs, des robes de damas noir, et les auditeurs, des robes de gros de Tours ou de taffetas noir.

Cette cour souveraine entérinait et vérifiait tous les édits et déclarations du roi, concernant son domaine et ses finances; elle enregistrait les lettres d'anoblissement, de naturalité, de légitimation, d'amortissement, de dons de pensions, d'érections de terres en duchés, marquisats, comtés ; elle recevait les prestations de foi et hommage, et les dénombrements des vassaux du souverain ; elle jugeait les commises des fiefs, vérifiait les édits de création ou suppression d'offices, concession de priviléges, foires, affranchissements, etc.; recevait les comptes des receveurs; connaissait des monnaies concurremment avec le parlement, et de la voirie. Comme cour des aides, elle connaissait du fait des gabelles, tabac et contrôle des ouvrages d'orfèvrerie, etc.

En 1563, la duchesse de Parme, gouvernante du cercle de Bourgogne, ordonna que le trésor des chartes, déposé au château de Grimont-sur-Poligny, serait transféré à Dole, et que le greffier de la chambre des comptes en aurait la garde. Ces archives renfermaient le plus riche et le plus précieux dépôt en titres, chartes, traités, contrats de mariage, testaments des princes et autres pièces intéressantes, depuis le comte Otton-Guillaume.

L'hôtel de M. Hugues de Marmier, président du parlement, situé rue Fripapa, aujourd'hui rue Dusillet, fut acheté, en 1562, de la veuve de ce magistrat, par le roi d'Espagne, pour servir de palais à la chambre des comptes. En 1700, cette cour alla s'installer dans le palais que le parlement, transféré à Besançon, avait occupé. L'ancien hôtel servit de logement au premier président. Il fut longtemps occupé par M. le marquis de Monnier, dont la seconde femme, Sophie de Ruffey, fut enlevée par Mirabeau. La commission administrative du département y tint ses séances de 1793 à 1795. M. Dusillet (Claude-Joseph-Antoine-François-Léonard), qui, pendant vingt ans, administra comme maire la ville de Dole avec un dévouement sans bornes, et l'un des écrivains les plus distingués de notre époque, l'habitait encore il y a peu d'années. C'est aujourd'hui *l'hôtel de Genève.*

Hôtel des Monnaies. — Philippe-le-Bel, dont l'administration pleine d'astuce ne vivait que d'expédients et d'extorsions, ne se fit aucun scrupule d'affaiblir les monnaies, au risque de ruiner le commerce et d'occasionner des séditions. Il établit à Dole un atelier, dans lequel il faisait fabriquer de fausses pièces à son coin, sous la direction de son fils Charles. L'archevêque de Besançon, ému de l'atteinte portée à ses priviléges, demanda des lettres de non préjudice, que Charles de Valois donna, le 20 mars 1506 (n. s.), et Philippe-le-Bel le 12 avril suivant. Les deux princes y disaient seulement qu'ils n'avaient pas entendu préjudicier au droit que le prélat pouvait avoir de faire battre monnaie dans son diocèse. Eudes IV, aux *grands jours* de Beaune, en 1327, fit un traité avec Bonin, pour fabriquer différentes monnaies à son coin dans la ville d'Auxonne, savoir : des *florins d'or*, des *mailles blanches* et des *doubles deniers*. L'atelier de Dole fut dès-lors supprimé, et la monnaie d'Auxonne eut cours forcé dans le comté dès l'an 1330. L'archevêque eut recours d'abord aux représentations. Voyant qu'il n'était pas écouté, il se décida à jeter l'interdit sur la ville d'Auxonne comprise dans son diocèse, et excommunia le duc Eudes. Ce dernier en appela au Saint-Siége. La querelle s'envenima sous Philippe-le-Hardi. Le prélat fut obligé, en 1389, de prendre la fuite. Il se retira à Avignon, d'où il lança l'excommunication sur le comté de Bourgogne et sur Auxonne. Des ateliers nouveaux furent ouverts à Saint-Laurent-lez-Chalon et à Cuisery. Il paraît même que Philippe-le-Bon en créa un à Chaussin, en 1422, mais cet établissement n'eut qu'une existence éphémère. Par lettres-patentes du 16 septembre 1494, Maximilien déclara que pour rétablir la ville de Dole ruinée par les guerres, il y serait établi un conseil, une chambre des comptes et l'atelier monétaire d'Auxonne. L'archiduc Philippe ratifia ces lettres en 1500 et l'archevêque de Besançon reconnut au souverain le pouvoir de frapper toutes sortes de monnaies d'or et d'argent dans son diocèse. Antoine Belin était maître de la monnaie de Dole de 1537 à 1561. Marguerite, duchesse de Parme et de Plaisance, par lettres datées à Bruxelles, le 24 janvier 1562 (n. s.), accorda au général de cette Monnaie, ainsi qu'aux maîtres, officiers et ouvriers, de magnifiques priviléges, plus étendus encore que ceux concédés au mois de décembre 1344, par le duc Eudes, au prévôt et aux ouvriers de l'atelier d'Auxonne. Elle les exempta du guet et garde, du logement des gens de guerre, de toutes tailles et charges locales, et reconnut que le générl avait toute juridiction en matière civile et criminelle sur ses subordonnés. Un édit du 4 septembre 1578 créa un office de prévôt des mines. Le 17 septembre 1586, la chambre des comptes chargea le sieur Renard, général de la Monnaie, et un auditeur, de se rendre aux mines de Lure et de Giromagny, pour y acheter des matières d'argent. Le 9 septembre de l'année suivante, le conseil des finances des Pays-Bas ordonna à cette chambre de fournir toutes les choses nécessaires pour le travail de la monnaie. A l'assemblée des Etats, tenue en 1606, on se plaignit de ce que le maître de cet établissement ne frappait que des doubles et en inondait la province. L'archiduc Albert et l'infante Isabelle répondirent qu'ils avaient fait défendre à cet agent de continuer ses fonctions et ordonné d'annuler le bail consenti à François de Bruxelles, jusqu'à ce qu'ils eussent réglé la valeur des espèces ayant cours dans le comté, et pris des mesures pour forger des pièces sous leurs noms et armes. Aux Etats de 1614, les députés se montrèrent indignés de ce que Claude Courvoisier, docteur ès-droit, avait reçu mission de rechercher des mines d'or avec le pouvoir de vie et de mort sur les sujets du pays, et de ce que cet officier abusant de son autorité, avait fait mettre plusieurs personnes en prison et même à la torture la plus cruelle. Un édit du roi Philippe IV, du 21 janvier 1622, régla la valeur des monnaies qui seraient seules reçues dans la province, et décida qu'à l'avenir on fabriquerait à Dole des *écus d'or, des dalres à la croix de Bourgogne, des demys, quartz et huictièmes, des testons, des gros et doubles gros, des carolus, des deniers et doubles de cuivre*, suivant le modèle indiqué dans son ordonnance. On commença alors à faire usage du balancier. L'atelier monétaire de Dole a été supprimé au mois d'août 1691. Le personnel de cet établissement, placé sous la surveillance du parlement et de la chambre des comptes, se composait d'un maître général, d'un maître particulier, d'un prévôt des mines, d'un essayeur, d'un graveur, d'un contrôleur, de six monnayeurs et de quatre ajusteurs. Outre les pièces de monnaie, on y frappait des jetons à l'usage de la chambre des comptes, et des médailles. Une délibération du conseil municipal, du 27 janvier 1589, statua que les gages des conseillers seraient convertis « *en médailles insculpées des armes et effigies de Sa Majesté, où seroit : Philippus D. gr. Hisp. et Ind. monarchi* (sic) *dux et comes Burg.*, et que de l'autre côté serait mis : *Justitiâ et armis Dola*, 1589. » Plus tard, la forme de ces médailles fut changée. On se borna à graver d'un côté les armes et la devise de la ville, et de l'autre le millésime. Boyvin a laissé manuscrit un *Traité des monnaies et des devoirs et offices des monnaies*, qu'il avait composé pour l'instruction de son fils Claude, général des monnaies à Dole.

L'hôtel des monnaies était situé rue des Ursulines, autrefois rue de la Monnaie, près de l'église du Collége. Il fut vendu nationalement en 1791, et a été converti en habitation particulière, qu'occupe aujourd'hui le sieur Maltère, serrurier.

Traites et gabelles. — Un édit du mois de mai 1705 créa à Dole un entrepôt de sel pour tout le bailliage, et une juridiction des gabelles, pour connaître en première instance, et sauf l'appel à la cour des comptes, de toutes les matières, tant civiles que criminelles, concernant le faux saunage dans l'étendue de son ressort. Il la composa d'un conseiller-président, d'un procureur du roi et d'un greffier. Un autre édit du mois de janvier 1771 créa dans la même ville un siége des traites, pour connaître en première instance, dans sa circonscription, de toutes matières civiles et criminelles concernant les frau-

des et contraventions aux droits d'entrée et de sortie, ainsi qu'aux
réglements faits pour la régie des tabacs, et incorpora à ce siége la
juridiction des gabelles. Ce tribunal tenait ses audiences dans l'auditoire du bailliage.

GOUVERNEMENT MILITAIRE.

Gouverneurs de Bourgogne. — Les souverains du comté, résidant
rarement dans la province, s'y faisaient représenter par un officier,
auquel ils déléguaient presque toute leur autorité. Ce représentant
portait, sous l'empereur Frédéric, le titre de légat impérial ou de
lieutenant de l'empereur, et sous ses successeurs, celui de *gardien
du comté*, de *lieutenant du duc*, de *capitaine général et gardien*, de
lieutenant-général, de *capitaine généra l et maréchal de Bourgogne*,
de *commis au gouvernement du comté*, de *gouverneur général*, de
lieutenant-général au gouvernement du comté.

La division des pouvoirs politiques entre le parlement, défenseur
zélé du Tiers-état, et les gouverneurs militaires, représentants de la
noblesse, plaçait ces deux corps en état d'hostilité permanente. Les
gouverneurs trouvaient ridicule que des hommes de robe longue s'oc-
cupassent du fait des armes, des fortifications, de la levée des milices,
etc. Ils affectaient de ne point habiter Dole, afin d'être plus libres dans
leurs allures. Les plus grands seigneurs du pays sollicitaient l'honneur d'être revêtus de ces fonctions. Elles furent occupées, à différentes
époques, par des membres des maisons de Vienne, de Chalon-Arlay,
de Montbéliard-Montfaucon, de Neufchàtel, de Toulongeon, de la
Baume, de Vergy, etc.

Capitaine gouverneur de Dole. — Il n'y eut pendant plusieurs siècles à Dole qu'un capitaine châtelain, chargé de la défense du château.
Philippe-le-Bon y ajouta un capitaine de la ville. Cet officier était
nommé directement par le souverain de Bourgogne, sur la présentation
du gouverneur général ; il se qualifiait quelquefois de lieutenant du
gouverneur. Il était exclusivement chargé de tout ce qui intéressait la
défense de la place. Il commandait la milice bourgeoise et la garnison,
ordonnait le guet et garde, faisait ouvrir et fermer les portes de la ville,
conjointement avec le vicomte-mayeur, surveillait les fortifications,
pourvoyait l'arsenal de provisions de guerre et punissait les habitants
qui contrevenaient à ses ordonnances. Son autorité était si étendue,
qu'elle excita souvent des plaintes de la part du magistrat et de fâcheux
conflits. En 1558, le sieur de la Villette, gouverneur, entoura sa demeure de canons, les braqua contre la cité et menaça de l'anéantir, si

on tentait d'enlever un soldat coupable d'un crime, auquel il avait donné asile dans sa maison.

Aucun gouverneur ne pouvait entrer en fonctions avant d'avoir juré, entre les mains du conseil, « d'être bon et loyal à la ville et aux habitants, tant aux grands qu'aux petits, de garder leurs priviléges et les prééminences du souverain ».

L'hôtel du gouvernement, situé d'abord près du boulevart des Bénits, fut transféré, en 1674, dans une maison de la rue du Côllége. La ville vendit cette maison en 1715, à M. le marquis de Brun, et loua, en 1725, l'hôtel de M. Jean de Grivel, seigneur de Perrigny, ancien membre du conseil privé des Pays-Bas, qui l'avait acquis, en 1613, de Ferdinand de Rye, archevêque de Besançon. Cette habitation, d'une architecture remarquable, était située rue du Vieux-Marché, et avait remplacé l'ancienne forteresse allodiale de la Motte de la Palu. Elle appartient aujourd'hui en partie à M. Grusse. Parmi les gouverneurs de Dole, on cite les noms de MM. de Balay (1500), de Rye, de Dissey, de la Villette, de Secy, d'Andelot, d'Ogliani, de Villeneuve, de Maillot, de la Baume, d'Achey, de Grammont-Mélisey et de Vercel. Chacun d'eux avait un lieutenant.

Milice bourgeoise. — Tous les hommes valides de Dole étaient organisés militairement. Les quartiers, au nombre de quatre, avaient chacun leur bannière. Chaque compagnie était commandée par un dizainier, un lieutenant, un sous-lieutenant, et se divisait en escadres. Les dizainiers tenaient un contrôle de tous les hommes placés sous leurs ordres, et des munitions qu'il leur délivrait. Ils étaient tenus de passer une inspection tous les trois mois. Au premier coup de tocsin, la milice devait se rendre en armes sur la place. Etaient seulement exemptés du service, les couvreurs, les maçons et les charpentiers. Il y avait, au xvᵉ siècle, une compagnie d'archers, une autre d'arbalétriers, une troisième d'arquebusiers et une dernière de canonniers.

Société de l'Arquebuse. — On ne connaît pas l'origine de la société du noble et hardi jeu de l'arquebuse de Dole. Les plus anciens statuts qui la régissaient sont sans date. On sait seulement qu'ils étaient déjà en vigueur en 1554 et qu'ils furent renouvelés le 7 août 1556. Nul n'était reçu chevalier s'il n'était bourgeois de la ville et soumis à toutes les charges publiques et locales. Au moment de sa réception, chaque membre était tenu de prêter serment de fidélité au souverain et de jurer l'observation des réglements. De nombreuses amendes étaient prononcées contre les contrevenants aux statuts. Il était défendu de jurer le nom de Dieu, de la Vierge, des saints, ou d'invoquer le diable, à peine d'une amende de 2 blancs. Même somme était due par celui qui manquait à une réunion. L'expulsion de la société était prononcée contre tous ceux qui employaient des ruses pour obtenir le prix, soit en tirant à bras non tendus , en chargeant son fusil de plus d'une balle, ou en tirant avant son tour. Le vicomte-mayeur, capitaine-né de la compagnie, tirait le premier coup pour le souverain , et le second coup pour la ville. Le chevalier qui abattait l'oiseau , était appelé le *roi du Papegay*, et était exempt pendant une année du guet et garde , du droit d'entrée de son vin , de dîmes et de toutes autres impositions. Celui qui était roi trois années de suite, prenait le titre d'*empereur* et était exempt pendant sa vie de toutes contributions. Les rois et les empereurs recevaient une médaille en argent, semblable à celles qu'on distribuait aux membres du magistrat. Le tir du *prix franc* avait lieu le dimanche qui suivait la fête de saint Georges. Cette cérémonie se faisait avec beaucoup d'éclat. Les chevaliers allaient chercher le roi et leur étendard , et se rendaient ensuite à l'hôtel-de-ville. Le magistrat se joignait à eux et le cortége se dirigeait au lieu fixé pour l'exercice. Le nouveau roi , couronné de fleurs , était conduit solennellement dans toutes les rues de la ville , escorté des arquebusiers à cheval, qui jetaient au peuple des pâtisseries et des dragées. On ne se séparait qu'après avoir fait en silence le tour du monument élevé sur les restes des citoyens morts en 1479, pour la défense de la patrie. Un souper offert par le roi et un bal terminaient la soirée. Les compagnies des différentes villes s'invitaient au tir du prix d'honneur. Ces réunions donnèrent lieu à des fêtes splendides. Les chevaliers de Dole ayant été invités à Dijon, à Besançon , à Chalon, à Auxonne, invitèrent plusieurs fois à leur tour ceux de ces différentes villes.

De nouveaux statuts furent dressés en 1706 et en 1738 , mais ils jetèrent la perturbation dans la société. Le nombre des membres fut réduit à quarante. Comme ils étaient presque tous nobles , ils ne voulurent plus reconnaître le vicomte-mayeur pour leur capitaine et se donnèrent un chef élu par eux. Le magistrat prononça la dissolution de ce corps en 1763, et le gouverneur de la province le rétablit , sous le prétexte que la compagnie de l'Arquebuse étant armée , relevait immédiatement de lui.

Le costume des chevaliers a varié. Dans l'origine , il se composait d'une veste en drap d'écarlate, d'une culotte ventre de biche , brodées en argent , et d'un chapeau bordé de même. Depuis 1738 , il se composa d'un habit rouge de camelot, d'une veste de toile jaune , d'une culotte de calamandre rouge, le tout à boutons d'argent ; d'un chapeau orné d'une rosette blanche et galonné d'argent. Les officiers se distinguaient par différents ornements ajoutés à leur costume. L'étendard était : *au champ de gueules, chargé d'une sainte Barbe brodée en or, avec les armes de la ville et la devise* : Sainte Barbe et Dole.

Le magistrat avait cédé à la compagnie, en 1576, une place pour ses exercices, près de la porte d'Arans. En 1606, le jeu fut transféré au Pré-Marnoz. En 1629, M. Claude de Chaillot, vicomte-mayeur, ayant abattu l'oiseau du premier coup qu'il tirait au nom du roi, l'infante Isabelle accorda une somme de 2000 livres, qui fut consacrée à la construction d'un bâtiment pour la réunion de la société. C'est cette jolie villa qu'on remarque au milieu de la belle promenade du Pasquier.

Société de l'Arc. — En 1427, Philippe-le-Bon autorisa les jeux de l'arc et de l'arbalète, et fit publier son ordonnance et celle du maréchal de Bourgogne dans tous les bailliages. Il est probable que les sociétés de l'Arc et de l'Arbalète, de Dole, qui se sont confondues plus tard, datent de cette époque. Cependant le premier titre qui les mentionne est une délibération du conseil municipal, du 23 avril 1489, portant que le roi des arbalestriers serait exempt et franc de toutes choses pendant dix ans, et celui des archers, pendant cinq ans. Par un acte du 1er juillet 1571, la ville donna aux archers une place pour ériger leur jeu, au bas du vieux château, près des anciennes murailles. Ce lieu était peu propice. On leur céda, en 1584, une autre place au *Prélot*, proche les grands moulins, où ils firent construire à leurs frais une belle maison qui existe encore. Les archers avaient à peu près les mêmes statuts que les arquebusiers, et jouissaient des mêmes priviléges et exemptions. Ces derniers avaient cependant la préséance, et étaient regardés comme les grenadiers de la milice bourgeoise.

Le costume de cette compagnie était un habit de drap bleu, parements, veste et culotte écarlate, brodés en argent, le chapeau bordé de même. Sur l'étendard était peint un saint Sébastien percé de flèches, avec les armes de la ville et la devise : *Dole et saint Sébastien.*

Les deux sociétés de l'Arc et de l'Arquebuse déposèrent, au mois d'août 1790, leurs drapeaux pour être suspendus à la voûte de l'église Notre-Dame, et s'incorporèrent dans la garde nationale.

Prévôt des maréchaux. — L'archiduc Albert ayant appris que de nombreuses bandes de voleurs et de vagabonds parcouraient la province, pillaient les maisons et rançonnaient les voyageurs, invita, en 1614, les députés des Etats à établir un prévôt avec quelques archers par bailliage, pour poursuivre ces pillards et rendre les chemins sûrs.

La chambre de l'Eglise et celle du Tiers répondirent que les prévôts et les archers institués précédemment avaient tellement foulé le pays, qu'on avait été obligé de les supprimer ; que les agents institués par le parlement et les lieutenants des baillis suffisaient pour ce service. La chambre de la Noblesse insista pour la nomination d'un prévôt, et son avis prévalut. Cette espèce de gendarmerie mobile a été remplacée, en 1692, par le corps de maréchaussée créé par Louis XIV.

Poudrière. — Une poudrière fut établie sur le Pasquier, en 1621. En 1624, on la reporta vers le moulin de la papeterie. Dominique Tarascon y fabriqua longtemps de la poudre pour le compte de la ville. Cet établissement n'existe plus.

Arsenal. — Il y avait à Dole un arsenal composé de trois voûtes très élevées et dans lequel on entrait par trois arcades. Les forges étaient à côté. Le tout fut acquis par la ville, en 1740, pour y placer la salle de comédie.

Casernes. — La plus ancienne caserne était celle de Montroland. Son insuffisance était reconnue depuis longtemps. Louis XV ayant décidé que les régiments de cavalerie cesseraient d'être cantonnés dans les campagnes, et qu'ils seraient concentrés dans les villes, on songea à construire une nouvelle caserne, soit pour décharger les bourgeois des logements des gens de guerre, soit pour faire jouir les habitants des avantages d'une garnison. M. Léonard de Mesmay offrit, en 1735, de fournir une somme de 15,000 livres pour cette construction. La première pierre fut posée par M. de Vannoles, intendant de la province, et par Mme de Vercel, le 29 septembre 1738, et l'édifice fut terminé en 1740. Le pavillon des officiers fut commencé en 1763, et les grandes écuries, en 1769. En 1788 et 1789, on ajouta des bâtiments accessoires, tels qu'une forge, des hangars et un manége. Ces différents bâtiments, groupés sur l'emplacement du vieux château, coûtèrent plus de 600,000 livres. Cette dépense fut supportée, dans différentes proportions, par la ville, l'Etat et les communautés du bailliage. De 1740 à 1780, les casernes furent occupées par les régiments de Berry, de la Reine, de Royal-Cravate, de Royal-Picardie et de Royal-étranger. Elles étaient placées sous la surveillance d'un commissaire des guerres, qui habitait Dole. La caserne de Montroland fut réparée en 1788, pour servir d'écurie, et démolie en 1839.

ÉTABLISSEMENTS D'ADMINISTRATION GÉNÉRALE.

Assemblée des Etats. — La première tenue d'une assemblée d'Etats au comté de Bourgogne remonte à l'année 1549. Du moins ce fut alors que Jeanne de Boulogne, mère et tutrice du jeune duc Philippe, réunit auprès d'elle l'archevêque de Besançon, Jean II de Chalon-Arlay, et Henri, comte de Montbéliard, seigneur de Montfaucon, « pour eux et pour tous les nobles de la province, à l'effet d'arrêter, de concert, certaines ordonnances concernant leur profit commun, le bien de paix et de justice. » Publiées à Gray le mercredi après la Saint-Georges, elles stipulent la condition expresse « que toutes bonnes coutumes, libertés et franchises qui sont et ont été en la comté de Bourgogne, seront gardées et tenues, sans jamais aller encontre. » L'année suivante, vers le mois d'avril, Jean, duc de Normandie, qui venait d'épouser cette princesse, assembla à Dole les barons du pays en nombre plus grand, et obtint d'eux la ratification de ces ordonnances et de quelques autres.

A la suite d'une troisième convocation des prélats et des barons, au mois de novembre 1384, ceux-ci accordèrent au duc Philippe-le-Hardi un subside pour la guerre de Flandres, qui fut suivi d'un second, voté en mars 1389 par ces deux corps, auxquels avaient été adjoints les députés des villes principales. Ces derniers et le clergé, dans une assemblée tenue par eux en 1392, ne se montrèrent pas moins disposés à fournir le don gratuit demandé de la part du duc. On ne possède que des renseignements fort douteux sur les Etats qui auraient été tenus dans les années 1396, 1402 et 1405. Ce qui est certain, c'est que leur organisation fut définitivement arrêtée pendant le xve siècle.

Les Etats de Franche-Comté ne cessèrent, depuis l'an 1538, de s'assembler à Dole. Précédemment ils se réunissaient le plus souvent dans cette ville, mais cependant ils tinrent des sessions à Salins, à Arbois, à Poligny, à Chariez, à Besançon et à Lons-le-Saunier. Ils ne pouvaient être convoqués qu'au nom du souverain, qui s'y faisait représenter par plusieurs délégués, mentionnés ordinairement dans les recès, sous le titre de commissaires de Sa Majesté. Ils ne se tenaient point à des époques fixes. Ils restaient quelquefois longtemps sans être assemblés. Les lettres royales écrites aux Etats portaient pour surcription : « A très révérends pères en Dieu, très chers et féaux, chers et bien-aimés les trois Etats de notre comté de Bourgogne. » La première partie concernait le Clergé, la seconde la Noblesse, et la troisième le Tiers-état.

Les commissaires ou délégués du prince, chargés en son nom d'ouvrir la séance, étaient choisis parmi les plus hauts dignitaires de la province, tels que le gouverneur du pays et le président du parlement. Ces commissaires devaient être originaires du comté. Dans le discours qui servait d'ouverture à la séance, les commissaires exposaient d'abord le sujet de la convocation et finissaient par demander la concession d'une certaine somme, en forme de don gratuit. L'archevêque, ou celui qui présidait aux Etats en son absence, répondait ordinairement en termes assez vagues, mais toujours remplis de zèle pour la personne du souverain. Venait ensuite la cérémonie de la prestation de serment par les trois ordres, entre les mains des commissaires du prince, et par ces derniers, en celles de l'archevêque de Besançon. Après le serment, les commissaires remettaient copie de leurs instructions aux trois ordres, qui se retiraient pour délibérer, chacun dans sa chambre respective.

La chambre de l'Eglise avait la préséance sur la chambre de la Noblesse, qui l'avait elle-même sur le Tiers-état. L'archevêque de Besançon, président-né de l'assemblée, était remplacé, en cas d'absence, par le haut-doyen du chapitre métropolitain, et si ni l'un ni l'autre ne s'y rencontrait, la chambre du Clergé se choisissait un président, qui l'était en même temps des trois ordres.

La chambre ecclésiastique était formée de l'archevêque, des abbés, des prieurs, des députés des chapitres de la province, et des directeurs des hôpitaux du Saint-Esprit de Besançon, de Saint-Renobert de Pesmes, du Saint-Sépulcre de Salins, et de Sechin-lez-Baume. Les députés du chapitre métropolitain, qui jouissaient de la place d'honneur dans la chambre du Clergé, y précédaient les abbés, et ceux-ci les prieurs, qui avaient derrière eux les recteurs des hôpitaux. Le chapitre métropolitain envoyait deux députés, et les autres chapitres, un seul. Parmi les abbés et les prieurs, ceux de l'ordre de Saint-Augustin avaient le premier rang, les bénédictins le second, les bernardins le troisième, les prémontrés le quatrième. Dans chaque ordre, le rang se réglait par l'ancienneté des monastères.

L'ordre des Gentilshommes était composé des nobles, possesseurs de fiefs dans la province. Cet ordre élisait lui-même son président, qu'il prenait toujours parmi les personnages de distinction. Le rang de chaque gentilhomme se réglait par la dignité de son fief et par l'ordre du bailliage où le fief était situé. Le roturier possesseur de fief n'était point admis dans cette chambre.

La chambre du Tiers-état était composée, au xvie siècle, d'un très grand nombre de membres qui n'y eurent plus place au siècle suivant. On y voyait, entre autres, des conseillers du parlement, les lieutenants-généraux, avocats et procureurs fiscaux des trois bailliages, le lieutenant-général et le procureur fiscal de la gruerie, les trésoriers de

Dole et de Salins, les députés de plusieurs villes, bourgs et villages. La préséance entre les villes donna lieu à de grandes discussions : Salins disputait le premier rang à Dole, Vesoul le troisième rang à Gray. Arbois et Poligny se contestèrent toujours le cinquième. Baume occupait le huitième rang, Ornans le neuvième, Orgelet le dixième, Lons-le-Saunier le onzième, Quingey le douzième, Faucogney le treizième, et Bletterans le quatorzième. Les maires des quatorze villes à mairie, rangés autour d'une longue table, étaient assis sur des chaises aux deux côtés du lieutenant-général d'Amont, qui se tenait lui-même au bout de la table et placé dans un fauteuil. Quant aux prévôts des bourgs, ils étaient sur des bancs, derrière les maires des villes, dans l'ordre suivant : Saint-Claude, Morteau, Jussey, Château-Chalon, Moirans, Montmorot, Port-sur-Saône, Châtillon-le-Duc, Montjustin, Cromary, Montbozon, Rochefort, Orchamps, Fraisans, Colonne, la Loye, Charriez, Montmirey-le-Château et Gendrey. On représenta, dans la chambre du Tiers, que la présence des fiscaux y gênait les suffrages. Dès l'an 1538, on commença à refuser l'entrée de cette chambre aux officiers du souverain. Consultées à cet égard, les chambres de l'Eglise et de la Noblesse décidèrent que les conseillers du parlement, traités de féaux dans les lettres de convocation, passeraient à la chambre des Nobles ; que les avocats et procureurs-généraux y seraient reçus pour la même raison ; mais que ces derniers, n'ayant pour eux tous qu'une seule lettre, n'y auraient aussi qu'une voix. Quant aux lieutenant-général, avocats et procureurs fiscaux, ils restèrent également avec une voix par chaque bailliage, dans la chambre du Tiers, qui approuva cet arrangement, regardé comme provisoire.

A partir de 1556, les recès ne font plus mention des officiers du parlement, et dès 1606, aucun fiscal ne parut plus aux Etats, excepté le lieutenant-général du bailliage d'Amont, qui depuis fut toujours le président de la chambre des villes.

Les questions à traiter dans l'assemblée étaient proposées par le président. Ces questions étaient de deux sortes. Les unes, relatives au souverain, concernaient le don gratuit qu'on lui accordait, les lois nouvelles qu'on lui demandait, et toutes les difficultés touchant l'administration, pour lesquelles on croyait devoir recourir à son autorité. Quant à la seconde classe de questions agitées au sein de l'assemblée, celles-ci, totalement étrangères au prince, regardaient ce qu'on appelait, dans le langage du temps, la *mœnagerie ou ecconomie du pays*. Parmi ces questions de police intérieure, rentraient celles qui avaient rapport à la forme d'asseoir et de répartir le don gratuit et le surjet, à la nomination aux charges des Etats, aux dépenses réclamées par les besoins de la province, et aux comptes des officiers qui avaient manié les deniers publics.

Pendant la tenue des sessions, les trois chambres s'envoyaient respectivement des députés pour se communiquer leurs opérations et se consulter sur les points difficiles et embarrassants. Les délibérations passaient à la voix de deux des chambres contre la troisième, excepté lorsqu'il s'agissait de régler le don gratuit, le surjet et les récompenses destinées à des particuliers, la voix des députés du Tiers, ayant en ces divers cas la prépondérance.

L'assemblée se divisait en cinq commissions. La plus importante était celle de *l'égallement*, chargée de la répartition des sommes à lever d'après le vote des Etats. Les neuf membres qui composaient cette commission étaient pris au nombre de trois, dans chacun des trois bailliages de la province et dans chacune des trois chambres. Toute l'autorité des Etats, pendant l'intervalle d'une session à l'autre, résidait dans ces neuf députés. Leur nombre était porté à dix-huit dans les cas et les temps difficiles.

La nomination des receveurs ou percepteurs des sommes votées, appartenait aux commis à l'égallement, qui étaient responsables de la gestion de leurs employés.

Les auditeurs entendaient les comptes, que les commis et leurs receveurs rendaient de leur perception.

Les commis aux récompenses examinaient les titres de ceux qui prétendaient avoir rendu des services à la province, et leur accordaient, en conséquence, des gratifications proportionnées à leur mérite.

Les commis au cabinet avaient la garde des chartes et des papiers des Etats, ainsi que celle des deniers de l'épargne, dont ils ne pouvaient se dessaisir que sur l'ordre des commis à l'égallement. Chaque ordre nommait un de ces commis, et les choisissait indifféremment dans l'un des trois bailliages.

Une autre commission, composée de neuf membres, était chargée de rédiger les recès de l'assemblée. Enfin, une dernière, composée seulement de trois députés, un de chaque ordre, portait les cahiers des Etats à la cour d'Espagne.

Après avoir réglé le don gratuit, déterminé le surjet, fixé les récompenses et taxé les honoraires, et lorsque tous les articles proposés avaient été votés, les trois chambres se réunissaient dans la grande salle du collége Saint-Jérôme, où les commissaires du souverain se présentaient devant elles pour connaître leurs résolutions. Parlant au nom des trois ordres, le président de la chambre ecclésiastique annonçait aux commissaires quelle était la quotité du don gratuit accordé au souverain, et en exposant les raisons qui empêchaient ordinairement que ce don fût aussi considérable qu'on l'avait demandé, l'orateur ne manquait jamais de faire un tableau pathétique de la misère du peuple et des charges qui pesaient sur lui.

En acceptant au nom du souverain le don gratuit voté, les commissaires promettaient de faire rendre au plus tôt les lettres de non-préjudice.

La séance était terminée par la lecture de tous les articles du recès. Ce dernier document était déposé aux archives du cabinet. La rédaction des procès-verbaux et leur lecture devant l'assemblée, étaient confiées au secrétaire des Etats. Cette charge était importante. Si celui qui la remplissait était un homme de talent et de mérite, ce qui arrivait ordinairement, il parvenait quelquefois à faire un chemin rapide et brillant dans la carrière de la diplomatie.

Les remontrances des Etats s'appliquaient à tout, à l'agriculture, au commerce, à l'industrie, comme à la religion, aux sciences et aux arts, à la défense et à la conservation du pays. Quoique considérablement restreint depuis la formation du parlement, le pouvoir de cette assemblée était encore plus grand en Franche-Comté que partout ailleurs en France. Il consistait : 1° à recevoir le serment prêté par chaque prince à son avènement ; 2° en ce que le prince ne pouvait ni transférer ni aliéner son droit de souveraineté ou son domaine, sans prendre son avis ; 3° dans le droit de nommer à la tutelle, à la régence et à la garde des princes mineurs ; 4° dans sa participation au droit de faire la paix et la guerre, et de conclure des traités de neutralité et de commerce ; 5° dans la participation à la puissance législative ; 6° dans la faculté dont elle jouissait, de repousser par tous les moyens l'imposition votée autrement que sous forme de don gratuit, la province étant franche de tout impôt.

Le don gratuit attribué au souverain ne représentait pas une sorte de liste civile, car il n'était pas destiné à la dépense personnelle de celui qui le recevait. Les sommes ordinairement médiocres qui composaient ce don, ne sortaient pas de la province, mais étaient appliquées à la sûreté publique et à l'utilité générale des habitants. L'octroi de chaque don gratuit n'était fait, qu'à la condition que le prince déclarerait qu'il n'avait aucun autre droit à la somme votée que celui qu'il tenait de la libéralité de ses sujets, ceux-ci pouvant à leur gré, la lui accorder ou la refuser. La dernière assemblée des Etats eut lieu en 1662 ; Louis XIV, après la conquête, refusa de les convoquer.

Chaque session était pour Dole une époque de réjouissances. Des spectacles, des bals, des festins étaient offerts aux députés. Les assemblées se tenaient au collége Saint-Jérome. Les membres qui y assistaient étaient tous revêtus des insignes de leurs dignités et de leurs plus riches costumes d'apparat.

Subdélégation. — Par édit du mois d'avril 1704, Louis XIV avait créé dans chaque bailliage un office héréditaire de conseiller-subdélégué de l'intendant de la province. Un autre édit du mois d'août 1715, supprima cet office et permit aux intendants des provinces de subdéléguer dans les principales villes et lieux de leur département, des sujets capables et d'une bonne réputation. Un subdélégué fut institué à Dole. Il remplissait des fonctions analogues à celles de nos sous-préfets actuels. MM. de Saint-Ferjeux, de Toytot, Frère, et Chupict, ont été subdélégués dans cette ville, de 1715 à 1789.

District. — Un décret de l'Assemblée nationale du 26 février 1790, fit une division administrative de la France en 83 départements, et subdivisa chaque département en districts. Celui du Jura fut divisé en six districts, dont les chefs-lieux étaient : Dole, Salins, Poligny, Lons-le-Saunier, Orgelet et Saint-Claude. Les électeurs du district de Dole se réunirent au collége les 18, 19 et 20 mai 1790, et procédèrent à l'élection des douze membres qui devait composer l'administration de ce district, sous le titre de directoire et de conseil. M. de Vaulchier du Deschaux en fut élu président. Après avoir siégé pendant quelque temps dans la maison du président, le directoire installa ses bureaux au collége de Citeaux. Un décret du 19 vendémiaire an IV (11 octobre 1795), supprima les directoires de département et de district, créa une administration centrale au chef-lieu de chaque département et fit des centres administratifs de chaque arrondissement de justice de paix. Une loi du 28 pluviôse an VIII (17 février 1800), divisa la France en départements, en arrondissements communaux, en cantons et en municipalités. Dole devint le chef-lieu d'un arrondissement composé de 16 cantons, à la tête duquel était un sous-préfet et continua d'être le chef-lieu d'un canton.

Commission administrative du département. — Un décret de la Convention nationale du 9 août 1793, déclara traîtres à la patrie et mit hors la loi tous ceux qui avaient fait partie du comité de salut public organisé à Lons-le-Saunier, supprima l'administration départementale et statua qu'une commission administrative, composée de cinq membres, serait établie à Dole. La ville de Lons-le-Saunier fut déclarée en état de rébellion. Les représentants du peuple Bassal et Bernard, envoyés dans le Jura pour organiser cette commission, prirent un arrêté le 27 août, par lequel ils la formèrent des citoyens *Boichot*, officier municipal de Dole; *Tabey*, commandant de la garde nationale de Saint-Amour; *Gorin*, procureur de la commune de Salins; Laurent *Besson*, cultivateur à Saint-Laurent-en-Grandvaux, et Jean-Denis *Boisson*, de Champagnole. Ces administrateurs devaient entrer de suite en fonctions et élire parmi eux un président. Le citoyen Philibert *Buchot*, fut nommé pour remplir près de cette commission les fonctions de procureur-général syndic, et le sieur *Genisset*, professeur du collége de Dole, celles de secrétaire-général. L'article 5 du même arrêté décida que dans le jour de son rasemblement à Dole, la commission nommerait deux commissaires qui se transporteraient sans délai à Lons-le-Saunier, accompagnés d'un détachement de la gendarmerie nationale, pour en retirer tous les papiers et effets de l'administration départementale et les faire transporter à Dole. Les nouveaux administrateurs tinrent leur première séance le 31 août, dans la salle du district, nommèrent M. Boichot pour président, et s'installèrent le lendemain dans l'ancien palais de la chambre des comptes, rue *Fripapa*. Par un arrêté du 12 septembre, Bassal et Bernard leur adjoignirent trois nouveaux membres, Lauchet, Macherat et Lemare. Un décret de la Convention du 28 germinal an iii (17 avril 1795), supprima cette commission et ordonna le rétablissement du directoire du département à Lons-le-Saunier. Les nouveaux membres élus, parmi lesquels figuraient M. Bouveret, comme président, M. Ebrard, comme procureur-général syndic et plusieurs autres qui avaient été mis hors la loi en 1793, furent installés par les représentants Saladin, Bailly et Ferroux, le 12 floréal (1er mai) 1795.

ÉTABLISSEMENTS D'INSTRUCTION PUBLIQUE.

Collége de grammaire. — Il y eut un recteur d'école à Dole, dès le xiiie siècle. Plusieurs titres de 1250 à 1300, mentionnent l'existence de classes qui se tenaient dans la rue dite plus tard rue des *Vieilles-Ecoles*. En 1400, l'abbaye de Citeaux loua l'hospice qu'elle avait dans cette ville à un professeur de belles-lettres, pour y établir un collége de grammaire. Le 12 septembre 1546, le magistrat acheta cette maison, située rue de Citeaux, y plaça un principal avec plusieurs professeurs laïcs, et donna une règle pour les pensionnaires. Des réparations furent faites aux bâtiments en 1559 et en 1566. Au mois de février 1581, M. Pierre Froissard de Broissia demanda une place pour loger six boursiers choisis parmi les enfants pauvres de Sellières,

Dole et Broissia. La ville lui céda, moyennant une certaine somme, un emplacement sur lequel il éleva le bâtiment qui longe la rue du Collége. Le collége de grammaire ne cessa d'exister qu'en 1590. Dès 1582, il n'avait plus que le titre de pensionnat.

Université. — La fondation d'une université en la ville de Gray, par diplôme du comte Otton V, donné à Paris le 12 août 1287, fut confirmée en 1291, par une bulle du pape Nicolas IV; mais on est d'autant plus fondé à croire que l'enseignement n'a jamais été ouvert dans cette haute école, qu'on lit dans une bulle de Martin V ces paroles formelles : *Hoc studium generale nondum tamen ibi inceptum.*

Le duc Philippe-le-Bon, qui cherchait par tous les moyens possibles à ruiner sourdement la féodalité, songea à créer une université pour les deux Bourgognes, afin de favoriser l'élévation de la classe plébéïenne. Il obtint du pape Martin V une bulle, en date du 12 octobre 1421, adressée à l'archevêque de Besançon, par laquelle il était autorisé à ériger une université à Dole, ou s'il le jugeait à propos, à Gray, avec faculté d'en choisir les membres, de l'avis de son conseil. Le duc donna aussitôt les instructions nécessaires à Nicolas Rollin, son chancelier. Par ses ordres, les Etats furent convoqués à Salins, au mois d'avril 1423, et il obtint un don gratuit de 9693 livres, destiné à l'établissement qu'il voulait former. L'archevêque de Besançon n'étant point de retour de son voyage de Jérusalem, l'abbé de Saint-Paul et d'autres commissaires furent chargés, le 15 juin, de faire une enquête sur la question de savoir dans laquelle des deux villes, de Dole ou de Gray, l'université serait le mieux placée. L'avis des commissaires, consigné dans un procès-verbal en date du 20 juillet, fut en faveur de Dole, qui avait l'avantage d'être la capitale du comté et le séjour du parlement. Le duc se rendit immédiatement dans cette ville, choisit un emplacement convenable pour les bâtiments à construire, et fit commencer immédiatement les travaux. Il fit rechercher les statuts des universités les plus fameuses, et engagea Gilles du Tartre, abbé de Ferrières en Gâtinois, comme professeur de droit; Jean Colin d'Avalon, comme professeur de médecine; André Bernard, comme professeur de théologie; plusieurs maîtres ès-arts et deux bedeaux. Antoine Dunoyer fut nommé recteur.

La ville donna la chapelle Saint-Georges pour y célébrer les offices religieux, y faire les leçons de théologie et pour les assemblées extraordinaires; elle contribua en outre à la dotation du nouvel établissement, en lui abandonnant le droit de rouage, qu'elle avait droit de percevoir sur les voitures étrangères qui sortaient de ses murs.

Martin V avait déclaré, dans sa bulle, que l'université de Dole serait établie sur le modèle des universités fameuses, pour qu'on y enseignât les arts et les sciences, qu'on y reçût tous les degrés et que les professeurs, régents et écoliers y obtiendraient les mêmes prérogatives, droits, honneurs et priviléges dont ils jouissaient dans les autres universités. Il voulait que cette académie eût pour chef un recteur chargé d'y exercer l'autorité et la juridiction qui lui seraient attribuées, et que l'archevêque de Besançon en fût le chancelier et le conservateur spirituel, avec pouvoir de se substituer un vicaire ayant le titre de vice-chancelier et sous-conservateur.

Lorsque tout fut disposé, le duc Philippe donna des lettres-patentes, en date du mois de juillet 1424, dans lesquelles il dit que « Martin V ayant érigé, sur sa demande, une étude générale dans la ville de Dole, et lui ayant accordé tous les droits, honneurs et priviléges, au spirituel et au temporel, dont jouissent les autres universités, de l'avis de plusieurs prélats, barons et autres, ses conseillers, il prend sous sa protection et sauvegarde cette université, ses suppôts et leurs biens ; la dédie à Dieu, à la bienheureuse Vierge et à tous les saints ; ordonne à tous ses baillis, prévôts et officiers de justice de la protéger et défendre, et en particulier à son bailli de Dole, de procurer en cette ville l'abondance des choses nécessaires à la vie, à juste prix, et d'en faire la taxe. Il accorde aux recteurs, docteurs, maîtres, licenciés, bacheliers, régents, au bedeau général, au secrétaire, aux six bedeaux particuliers et au sonneur de l'université, l'exemption de toutes charges.

Il veut que tous ceux qui viendront étudier à l'université soient bien reçus, bien traités et protégés dans ses Etats, sous peine de son indignation ; que les recteurs et les suppôts venant à Dole, y demeurant ou retournant chez eux, soient exempts, ainsi que leurs domestiques, messagers, équipages et choses qu'ils porteront, de tous droits de péage, taille, impositions, coutumes, droits d'entrée et de sortie, et autres charges quelconques ; que lesdits recteurs et suppôts ne puissent être obligés de plaider hors de la ville de Dole en matière personnelle ; il ordonne que l'université et ses suppôts jouissent à perpétuité de tous ces droits et prérogatives, et pour leur donner plus de force et de solidité, il nomme et établit ses baillis de Dole, présents et à venir, et leurs lieutenants, juges, conservateurs desdits priviléges, leur attribuant à cet effet toute cour, autorité, pouvoir et juridiction ; voulant que, quand ils auront pris possession de leurs offices, ils soient tenus, à la première réquisition du recteur, en sa présence et devant les suppôts du collége qu'il choisira, de prêter serment, dans l'église de Dole, de garder, conserver, faire garder et conserver tous les droits et priviléges de l'université. »

La dot de cet établissement formait un fonds qui devait produire un revenu annuel de 1200 florins. Ce capital fut remis entre les mains de trois notables bourgeois, chargés de le placer, de l'administrer et d'en délivrer les revenus à chacun des professeurs et régents, à proportion des gages attribués à leur lecture, fonction qui leur fit donner le nom de *distributeurs*.

Les écoles furent ouvertes au mois de juillet 1424, en présence d'un immense concours de peuple et d'une nombreuse jeunesse des deux Bourgognes, de Suisse, d'Allemagne et des Pays-Bas, qui était venue pour en suivre les cours. Le nombre des écoliers augmenta si rapidement, que les universités de Paris, d'Orléans, d'Avignon, en conçurent de la jalousie et firent des démarches auprès du souverain pontife pour demander la suppression de la chaire de théologie ouverte à Dole. Philippe-le-Bon, instruit de cette intrigue, envoya Jean de Fruyn, de Poligny, l'un de ses conseillers et maître des requêtes de son hôtel, avec des sommes considérables pour gagner des défenseurs au concile de Sienne. Le pape Eugène IV, par une bulle du 8 octobre 1437, maintint cette chaire et confirma les priviléges accordés par ses prédécesseurs à cette université. Le 15 décembre 1437, le duc Philippe déclara que cette école ne pourrait jamais être transférée hors de cette ville.

Dès ce moment, ce grand corps enseignant fut composé de toutes les facultés; il eut deux professeurs de théologie, deux de droit canon, quatre de droit civil, deux de médecine, un pour les humanités, un pour l'éloquence, deux pour la philosophie, et trois pour les langues latine, grecque et hébraïque ; en tout, dix-sept professeurs régents. Un certain nombre de personnes prises dans le corps entier de l'université, en formait le *collége*, qui se composait du recteur, des professeurs, des régents pensionnés, du procureur-général en exercice, de l'ancien recteur, de l'ancien procureur-général, des étudiants nobles réunissant certaines conditions, des conseillers et des procureurs des cinq facultés, avec un secrétaire pour diriger les délibérations et autres actes du collége. Ces procureurs faisaient les fonctions de syndics, savoir : le procureur-général, pour toute l'université, et chaque procureur particulier, pour la faculté qui l'avait nommé.

Les élections du recteur et du collége se faisaient d'abord tous les six mois ; mais dès 1473, elles n'eurent plus lieu qu'une fois par an. Les membres du collége étaient élus par tous les professeurs et les écoliers immatriculés. Le collége ancien et le nouveau, réunis, choisissaient à leur tour le recteur, qui était ensuite proposé à l'assemblée générale. Ce dernier prêtait serment entre les mains de l'ancien recteur, et aussitôt après on le conduisait à sa place, dans le grand auditoire, où il prenait possession, et de là, en solennité, à la chapelle de l'université, où l'on chantait le *Te Deum* et la messe du Saint-Esprit.

On ne pouvait élire pour recteur qu'un maître ès-arts ou un bachelier. Il ne devait être ni clerc, ni marié, ni religieux, ni de la ville de Dole, ni professeur ou régent. Il fallait qu'il fût né en légitime mariage et de bon lieu, et qu'il n'exerçât aucun emploi pouvant avilir sa dignité.

Son habit de cérémonie devait être fourni par l'université, et être composé d'une robe d'écarlate, avec un chaperon de même, l'un et l'autre bordés d'hermine. Quant aux professeurs, ils se sont contentés de l'habit des docteurs, qui consistait en une robe de soie ou de drap noir, et une épitoge bordée d'hermine.

Le recteur avait le droit de punir par des peines pécuniaires ceux qui attaquaient les biens, l'honneur et les personnes de l'université et de ses suppôts, à la poursuite du procureur-général ou de l'injurié. Il imposait d'office les peines correctionnelles, comme les arrêts et la prison, et punissait les délits des étudiants et autres suppôts par des peines pécuniaires et l'expulsion, qui était regardée comme la dernière et la plus grave de toutes, parce qu'elle emportait une infamie de fait.

Pour jouir du rang et des priviléges des élèves nobles, il fallait être gentilhomme, avoir un appartement en ville ou être en pension chez un professeur, entretenir avec soi un compagnon d'étude, et avoir deux domestiques qui suivissent leur maître à la ville et à l'université. Les élèves nobles étaient membres nés du collége et avaient un rang distingué dans les cérémonies.

Si l'étudiant ordinaire ne convenait pas, à l'amiable, de la location de l'appartement qu'il voulait occuper, il le faisait estimer par deux procureurs de faculté et deux échevins de Dole. En cas de désaccord entre les estimateurs, le recteur et le sous-conservateur statuaient.

L'entrée des écoles était interdite aux étudiants qui n'étaient pas immatriculés et vêtus de leurs habits d'uniforme, ou qui n'avaient pas prêté le serment entre les mains du recteur.

Il leur était défendu de porter des armes, de se trouver la nuit dans les rues après le couvre-feu, de jouer en public aux jeux d'adresse, les jours de lecture, et en tout temps, aux jeux de hasard.

A la rentrée de la Saint-Georges, après l'élection du recteur, les étudiants s'assemblaient dans un lieu propre, et disputaient le prix que le nouveau recteur distribuait à ceux qui avaient vaincu aux sauts français et allemands et aux armes.

Le temps d'étude pour être admis à chaque degré, fixé d'abord à quarante mois, fut réduit, en 1490, à trois années.

La licence et le doctorat étaient les plus hauts degrés où l'on pût arriver par l'étude dans les universités. On les conférait à Dole avec beaucoup d'éclat, soit à l'église collégiale, soit au grand auditoire, au choix de l'aspirant. Le parlement et les personnes de considération de la ville y étaient invités et n'y manquaient point ; les parents et les amis de l'aspirant qui en étaient avertis, y accouraient des extrémités de la province et de plus loin encore. Le recteur, le collége et les étudiants se rendaient à son logis à l'heure marquée, et l'accompagnaient, précédés de hautbois, au lieu où il devait prendre le grade, et où, après avoir prêté le serment, fait sa harangue et sa leçon, répondu aux questions et régalé la compagnie par des dragées que les bedeaux présentaient dans des coupes d'argent, et du vin de Beaune servi par les valets, il recevait des mains du vice-chancelier les ornements symboliques du pouvoir que son degré lui donnait. Le recteur et le vice-chancelier faisaient aussi des harangues dans cette cérémonie, après lesquelles le gradué était reconduit par le même cortége, et accueilli dans les rues par de grandes acclamations.

Le bedeau général était nommé par le collége. Il devait tous les matins aller recevoir les ordres du recteur chez lui, et les faire exécuter ; le précéder dans les cérémonies publiques et dans la ville, portant une masse d'argent ; montrer à chacun sa place dans les assemblées, et informer les étudiants, dans chaque école, des disputes qui devaient se faire et des sujets qu'on y traiterait.

Dans les assemblées et autres cérémonies scolastiques de l'université, le recteur tenait la première place, les évêques suivaient, les docteurs marchaient après les évêques et suivaient tous les autres. Les docteurs se rangeaient entre eux selon l'ordre de leurs facultés ; les abbés se plaçaient ensuite, et après eux les élèves nobles.

Les étudiants et suppôts de l'université avaient leurs causes commises dans la ville, soit en demandant, soit en défendant, et le droit de se faire renvoyer en défendant, soit au civil, soit au criminel, devant le recteur.

L'illustre Jean Boyvin ayant été mis en prison par le magistrat pour tapage nocturne, en 1605, le recteur le réclama comme élève de l'université, et le fit immédiatement relâcher.

La messe de l'université était célébrée solennellement dans la chapelle, aux jours de dimanche et des fêtes de Noël, de Pentecôte, de tous les saints, des quatre Docteurs de l'Eglise et de saint Antoine. Les étudiants offraient le pain bénit à ces messes, en grande pompe et à tour de faculté.

Le 17 mars, l'université s'assemblait dans l'église paroissiale, d'où elle marchait en procession, précédée du clergé de la ville, pour aller entendre le sermon et une messe solennelle à celle des Pères-Cordeliers.

Il y avait des repas prescrits par les statuts. Les licenciés, les docteurs, étaient obligés d'en donner un au collége et d'y faire boire du vin de Beaune. Les professeurs et les régents, après leur installation, en devaient d'autres. A la réception de Victor Giselin, pourvu d'une chaire de professeur en médecine, le célèbre Juste Lipse, alors en cette ville, prononça une harangue latine, suivie d'un banquet splendide « où l'on fit boire si copieusement l'orateur, qu'on faillit le tuer. »

L'éclat de cette université se soutint jusqu'au sac de Dole, en 1479. A cette époque, les écoliers se dispersèrent, les professeurs furent tués ou faits prisonniers, les bâtiments et les registres furent incendiés.

Par une déclaration donnée au Plessis-les-Tours, au mois de juillet 1480, Louis XI transféra cet établissement à Poligny « avec tels droits, gages, salaires, émoluments, priviléges, franchises, libertés pour tous les suppôts, dont ils jouissaient lorsque cette école était à Dole, sans différence aucune pour les docteurs, régents de théologie, droit canon, droit civil, arts et médecine. »

Lorsque Dole commença à sortir de ses ruines, un des premiers soins des habitants fut celui de relever les bâtiments de l'université, pensant qu'ils n'avaient pas de moyen plus sûr pour repeupler leur ville et lui rendre de l'importance. Ils s'adressèrent à Charles VIII, roi de France, qui jouissait du comté de Bourgogne, en considération de son mariage projeté avec Marguerite d'Autriche. Ils lui représentèrent que ses prédécesseurs souverains du comté, en établissant une université à Dole, lui avaient accordé de beaux priviléges et d'amples revenus; qu'elle s'était soutenue, depuis sa fondation, *en grande et bonne renommée et prospérité*, mais que ses membres ayant été dispersés par la dernière guerre, la plus grande partie de ses biens était

perdue, et que ce qui en restait périrait, s'il n'y était pourvu incessamment. Sur cet exposé, le roi ordonna, par lettres-patentes du 8
mars 1484 (n. s.), à son bailli d'Aval et à son lieutenant, de faire di-
ligence et d'user de leur autorité pour recouvrer les biens appartenant à cette académie, et il abandonna, le 22 avril suivant, les
arrérages qu'on lui devait des années 1477 à 1480, pour achever
l'auditoire. Les cours furent repris en 1490. On se détermina alors à
fonder une nouvelle lecture pour un professeur extraordinaire en droit
civil d'une grande réputation et tiré des plus fameuses universités,
afin d'attirer un plus grand nombre d'étudiants. Pierre Fabri fut le
premier de ces professeurs; Jean Vignot, le second, et le troisième,
Mercurin Arborio de Gattinara, que son rare mérite éleva, en 1508,
à la dignité de président du parlement de Franche-Comté, ensuite à
celle de chancelier de l'empereur Charles-Quint, et enfin au cardi-
nalat. Par lettres-patentes datées à Dole du 10 août 1502, l'archiduc
Philippe, de l'avis du parlement, confirma les droits et priviléges
accordés *à sa fille*, *l'université*, par Philippe-le-Bon, fixa à trois le
nombre des distributeurs, et ordonna qu'en cas de vacance de quelques-unes des lectures, les distributeurs nommeraient des docteurs
et régents pour les remplir, et les présenteraient au prince pour faire
confirmer leur nomination. Il décida encore que le bailli de Dole et le
recteur ou le vice-recteur connaîtraient des causes criminellement in-
tentées contre les étudiants, et enfin qu'une des prébendes de l'église
collégiale de Notre-Dame de Dole serait affectée à un maître ès-arts
à la nomination de l'université.

L'archiduchesse Marguerite envoya, en 1509, le fameux Henri-
Cornélius Agrippa pour l'enseignement des saintes lettres et celui de
la langue hébraïque. Cet illustre professeur écrivit à Dole son livre
intitulé: *de l'Excellence des Femmes*. Il enseigna le traité *de Verbo mi-
rifico*, composé par Reucklind, pour prouver la vérité de la religion
chrétienne contre les païens et les juifs. Il lui échappa, dans ses leçons
publiques quelques propositions que Jean Catilinet, cordelier de
l'Observance et docteur de l'université, releva durement et critiqua
avec un zèle amer. Agrippa écrivit pour se justifier, et quitta bientôt
après le pays.

Charles-Quint donna des lettres-patentes datées à Gand, du 8 mai
1531, par lesquelles il ordonna : 1° que le recteur exercerait la juridiction qui lui avait été attribuée par le duc Philippe-le-Bon, et qu'il
aurait partout le même rang que le président du parlement; 2° que
les gradués à Dole auraient la préséance, dans la province, sur ceux

qui auraient pris leurs grades ailleurs, et qu'ils seraient préférés et favorisés pour les affaires et bénéfices des pays de Bourgogne et Charollais. Sous la protection de cet empereur, l'université, un peu oubliée par Marguerite d'Autriche, reprit son premier éclat. Toutes les chaires furent remplies, et on n'oublia pas d'y placer les meilleurs sujets. On y vit bientôt affluer un grand concours d'étudiants de toutes les parties de l'empire et des vastes Etats de ce monarque. On trouve dans les matricules de ce temps, outre beaucoup de noms appartenant à la première noblesse du pays, des princes et des ducs des maisons palatines de Bavière et de Bade, un grand nombre de comtes et de barons de l'empire, de chevaliers et de nobles. Les seigneurs Flamands qui l'avaient fréquentée depuis sa création, y vinrent en plus grand nombre que jamais et y formèrent, avec les Allemands, deux nations qui avaient leurs bourses, leurs receveurs et leurs bibliothèques. Le 17 mai 1549, Charles-Quint ordonna à son trésorier général de fournir chaque année une somme de 400 livres pour concourir au paiement des gages d'un professeur extraordinaire italien. La ville ajouta à cette allocation une somme annuelle de 600 livres. Nicolas Belloni fut proposé par le chancelier Perrenot de Granvelle, ancien élève de l'université de Dole, pour remplir la chaire de professeur en droit civil surnuméraire. A Belloni succédèrent successivement Etienne Strace de Salins (1555), Camilius Plautius (1560), Olzignianus (1568), docteur agrégé au collége de Padoue; Cynus Campanus (1570), agrégé à l'université de Rome; Ramus (1578), Scipio Gardini (1583), François Bernardin Tornelli (1625).

Indépendamment de cette nouvelle chaire, le magistrat de Dole saisissait toutes les occasions d'engager des savants étrangers à venir donner des leçons dans cette ville. Georges, comte de Montbéliard, pria un jour le célèbre Dumoulin, en présence de ses conseillers, de vouloir bien, dans l'intérêt de ses affaires, l'accompagner à Dole, et ils vinrent ensemble dans cette ville. Dès qu'on connut l'arrivée du professeur dont le nom retentissait dans toute l'Europe, le parlement, l'université, les magistrats de tous ordres, se présentèrent en corps pour lui rendre hommage et lui témoigner l'admiration dont il était l'objet pour tous. On le sollicita vivement de faire quelques leçons publiques. Dumoulin se rendit à cette invitation et fit, au mois de novembre 1555, trois leçons solennelles, en présence du recteur, des professeurs, des docteurs de l'université et des membres du parlement. Un grand nombre d'habitants, désireux de l'entendre, vinrent aussi se mêler aux étudiants. Quand il quitta Dole pour retourner à Montbéliard, il emporta, avec les applaudissements et les regrets de la ville, de riches présents qui lui furent offerts comme gages des sentiments qu'il avait inspirés. Six semaines plus tard, le comte Georges lui proposa d'aller une seconde fois à Dole avec ses officiers. L'université, instruite de ce nouveau voyage, s'empressa de lui adresser une députation, qu'il rencontra lorsqu'il se mettait en route. Le 6 janvier 1556, à un kilomètre de la ville, il fut accueilli par une multitude d'étudiants joyeux. Plus loin, le recteur Nicolas Fauche, le collége, les docteurs et un grand nombre de conseillers au parlement le saluèrent à leur tour, et ce fut avec ce brillant cortége que Dumoulin fit son entrée à Dole, à l'instar d'un souverain ou d'un triomphateur. Il répondit aux honneurs dont il était comblé, et sans doute à de nouvelles prières, par une quatrième leçon qui eut lieu le 9 janvier 1556. Cette leçon ne fit qu'accroître l'enthousiasme des auditeurs. On voulut sinon fixer le grand jurisconsulte à Dole, du moins prolonger le temps pendant lequel on le posséderait. Le magistrat, l'université entière, le parlement, insistèrent à cette fin, et il s'engagea, par promesses affichées dans les carrefours de la ville, à commencer, le lundi suivant, ses leçons ordinaires.

Les agents du comte Georges intervinrent alors et firent tant, par leurs prières et leurs supplications, qu'ils obtinrent la permission d'emmener Dumoulin pour huit jours, s'obligeant par serment à le rendre au bout de ce terme, avec ses livres et ses effets, qui étaient restés à Montbéliard. Arrivé dans cette ville, le comte Georges le fit emprisonner et ne lui rendit la liberté qu'au mois de mai suivant. Dumoulin revint à Dole et reprit ses leçons le 12 juin. Au mois de juillet, les étudiants, témoins de son zèle et de son ardeur infatigables, concertèrent une fête pour le délasser de ses travaux, et le conduisirent à leurs frais aux salines de Salins.

Deux envoyés de Philippe II, vinrent à Dole et prirent des renseignements sur Dumoulin. Ils assistèrent à ses cours, le convièrent à dîner et l'engagèrent soit à se fixer à Dole pour la vie, soit à accepter la première chaire de droit de Louvain, avec les conditions les plus avantageuses. Dumoulin refusa. Sa réponse fut rapportée au roi d'Espagne. Alors Philippe II envoya un capitaine, qui, le 13 décembre 1556, envahit avec des soldats son cabinet d'étude, et lui signifia l'ordre de partir dans trois jours. Le professeur fit savoir cet évènement à ses élèves. Ceux-ci, abandonnant le cours, se portèrent en masse aux hôtels des membres du parlement et des chefs de la ville, dans le but d'obtenir un sursis. La réponse du parlement, qui n'avait pas été favorable, souleva les étudiants et les mit en fureur. Indignés, ils se précipitèrent dans l'école, brisèrent les bancs et les tables, dressèrent des échelles pour renverser les toits et démolir l'édifice. Peut-être eussent-ils accompli leur dessein si la nuit ne les eût surpris, ou plutôt si Dumoulin n'eût calmé leur désespoir en leur promettant de faire, en la maison qu'il habitait, une solennelle et dernière leçon. Cette leçon eut lieu le lundi matin 16 décembre. Il la fit botté et coiffé à la façon d'un homme qui va entreprendre un voyage. Il y eut dans sa demeure un concours considérable d'auditeurs. Le bruit de son départ se répandit dans la ville comme la nouvelle d'un malheur public. Des élèves, des avocats, des docteurs, des citoyens, au nombre de quatre-vingts, montèrent à cheval et l'accompagnèrent très loin sur la route de Besançon, où il se rendait. M. Pialat, avocat distingué de Dole, a publié un article plein d'intérêt sur le séjour de Dumoulin à Dole, dans l'*Album dolois* de 1844.

L'agrégation du collége des jésuites, la mauvaise volonté de la chambre des comptes à laisser payer les gages des professeurs, portèrent un coup mortel à l'université.

Les archiducs Albert et Isabelle cherchèrent à la relever en créant, en 1619, une chaire d'anatomie. L'érection d'une chaire pour l'enseignement de la coutume de FrancheComté, par Charles II, en 1573, ne put lui rendre la vie. Besançon, qui n'avait cessé de faire des efforts pour obtenir l'université dans ses murs, offrit 50,000 écus à Louis XIV pour avoir cet établissement. L'offre fut agréée, et, par lettres-patentes du mois de mai 1691, l'université de Dole fut transférée dans la nouvelle capitale de la Franche-Comté.

Parmi les professeurs ordinaires les plus célèbres qui ont enseigné à Dole, on cite les noms d'Anselme et Louis de Marenches, de Prudent de Saint-Mauris, de Claude Chifflet, d'Antoine de Roche et de Jean de la Magdeleine. Plusieurs parvinrent aux plus hautes dignités.

Le grand sceau de l'université représentait la Vierge, saint Pierre et saint Nicolas, sous des pavillons, et l'écu du comté de Bourgogne aux pieds de la Vierge. Sur le petit sceau était gravé un soleil rayonnant, surmonté d'une tête couverte d'un chaperon de docteur. Ses armoiries étaient : *de gueules au bras vêtu d'or mis en pal sortant du haut de l'écu d'un nuage d'argent, et tenant à la main de carnation un livre d'or fermé.*

Les bâtiments de l'université, occupés aujourd'hui par le sieur Page, étaient situés à l'angle des rues des Arènes et de Montroland. Ils ne contenaient que le pur nécessaire, sans magnificence.

Collège Saint-Jérôme, de Morteau ou de Cluny. — Antoine de Roche, né près de Poligny, vers l'an 1422, religieux profès du monastère de Vaux, docteur et professeur de droit canon à l'université de Dole, grand-prieur de Cluny, prieur de Morteau et de la Charité-sur-Loire, enseignait avec un tel talent, que l'église de Saint-Georges, où il donnait ses leçons, ne pouvait suffire à contenir ses auditeurs. Pieux, amateur des sciences, et zélé pour la gloire et l'avantage de son ordre, il résolut d'employer les revenus de ses bénéfices et ses gages de professeur à la construction d'un collège à Dole, où un certain nombre de religieux suivraient les leçons de l'université et y prendraient les degrés. Il acheta pour cela, en 1492, un emplacement dans la rue qui a pris dès-lors le nom de *Morteau*, et fit approuver son projet par l'archiduc Maximilien et Philippe son fils, suivant un diplôme daté à Malines, de l'an 1494. Les bâtiments furent commencés l'année suivante. Le 1ᵉʳ juin 1496, le prieur et les religieux de Gigny, de l'ordre de Cluny, firent un traité avec Antoine de Roche, par lequel ils consentirent que le prieuré de Notre-Dame de Château-sur-Salins, qui avait été uni, en 1682, à leur mense conventuelle, serait annexé au collège Saint-Jérôme, à condition que les prieurs claustraux de leur monastère auraient la faculté d'y nommer perpétuellement deux boursiers. Cette union fut approuvée, ainsi que l'érection du collège, par Jacques d'Amboise, abbé de Cluny, le 16 novembre 1496, et par le pape Alexandre VI, suivant une bulle datée des ides d'avril 1499. Cette bulle porte que le nouveau collège serait placé sous l'invocation de Saint-Jérôme, de la Sainte-Vierge et de Saint-Jean-Baptiste; qu'il était fondé dans l'université de Dole et qu'il en serait un des membres; qu'il serait régi par un principal renouvelé de cinq ans en cinq ans, dont la nomination appartiendrait à Antoine de Roche et à ses successeurs grands-prieurs de Cluny. Antoine de Roche se démit, en 1501, du prieuré de Morteau en faveur de Henri de Roche, son frère, et en 1504, de celui de la Charité-sur-Loire, en faveur de Jean de la Magdeleine, son ami, qu'il nomma en même temps proviseur et administrateur perpétuel de l'établissement qu'il venait de fonder. Ce dernier, né d'une famille très distinguée du Charollais, successivement professeur à l'université, conseiller-clerc au parlement et chanoine de l'église métropolitaine de Besançon, fit achever les bâtiments commencés et dressa des statuts que le pape approuva en 1528, et qui furent solennellement publiés en 1532. Le fondateur se retira à Cluny en 1504, et y mourut la même année.

L'église fut consacrée le 8 novembre 1520, par Jean d'Anvers, suffragant de l'archevêque de Besançon. L'autel principal fut dédié à Dieu, à saint Jérôme confesseur, à la Vierge et à saint Jean-Baptiste. La première chapelle fut placée sous le vocable de saint Martin, évêque de Tours; la seconde, sous celui de saint Jean-Baptiste; la troisième, sous celui de saint Jérôme, et la quatrième, sous celui de la Vierge. L'autel qui était dans la sacristie fut dédié à saint Benoît et aux quatre abbés de Cluny, Odon, Mayeul, Odilon et Hugues.

Ce collége ne tarda pas à devenir florissant. Un grand nombre d'abbayes, de prieurés de l'ordre de Cluny, y envoyèrent à leurs frais des élèves se destinant à embrasser l'état religieux. Il y avait toujours de douze à quatorze professeurs, tous reçus docteurs à l'université, et d'un mérite reconnu.

Les principaux qui furent à la tête de cette école sont Pierre Croignet, docteur de l'université de Paris; Jean le Moyne, archidiacre de Cluny, docteur et professeur de théologie à l'université de Dole, mort en 1512; Pierre Gavain, de Poligny, docteur en droit canon, prieur de Saint-Morand et de Port (1512-1529); Adrien de Chavry, de Nevers, docteur et professeur de droit canon à l'université (1529-1538); Philibert Poissenot, prieur de Saint-Vivant-sous-Vergy, sous-conservateur de l'université (1538-1556); Jacques Maufier, docteur en théologie, grand-prieur de Luxeuil (1557-1562); Jean Coquille (1562-1598); Antoine Georget, archidiacre de Cluny, procureur-général de tout l'ordre, prieur de Saint-Laurent-lez-Chalon (1598-1602); Jacques de Veini, ou d'Arbouse (1603-1607), devenu grand-prieur, puis abbé de Cluny; Jean Fesse (1607-1613), devenu grand-prieur de Cluny; Barthélemy Fayet, docteur en théologie (1613-1631); à sa mort les moines suivant la réforme de Saint-Vannes et de Saint-Hydulphe commencèrent à occuper le collége; Jérôme Coquelin, de Salins, homme très éminent par sa piété et ses grandes connaissances (1631-1634), devenu abbé de Luxeuil; Félix Martin (1634-1636); Fulgence Brenier (1637-1647), nommé directement par le pape, devenu prieur de Saint-Désiré de Lons-le-Saunier; Gérard Richardot, l'un des sujets les plus distingués de la congrégation de Saint-Vannes (1647-1684); Ambroise Mercier (1684-1685) : sous son administration, le collége rentra dans la dépendance de Cluny; Jérôme Coquelin (1685-1691) : il contribua à décider les monastères de l'ordre de Cluny situés en Franche-Comté, à former une province particulière, régie par des supérieurs particuliers; Fulgence Camus (1694-1699); Innocent de Vautravers (1699-1713) : les rares talents de ce recteur lui méritèrent l'estime des cardinaux de Bouillon et d'Auvergne, abbés de Cluny, qui lui confièrent plusieurs missions très importantes à Rome et à Paris ; Léopold Buretel, de Vesoul (1713-1739), très versé en histoire, en théologie et en droit canon, auteur de plusieurs ouvrages contre le jansénisme ; Simon Poly, de Saint-Thiébaud (1739-1754) : sous son rectorat, les monastères de Franche-Comté furent réunis à l'ordre entier de Cluny, pour ne former qu'un corps ; Jérôme Pelletier (1754-1770); dom Mercier (1770-1786); dom Royer (1786-1789).

Il y avait dans cet établissement une bibliothèque précieuse par les manuscrits qu'elle renfermait. Philibert Poissenot en tira celui de Guillaume de Tyr, qu'il fit imprimer à Bâle, en 1549.

Des douze boursiers entretenus dans cette école, trois étaient nommés par le grand-prieur claustral de Cluny, deux par le prieur de la Charité, deux par le prieur claustral et les religieux de Gigny, un par l'abbé de Baume, à cause du prieuré de Sermesse, qui avait été uni au collége en 1513 ; un par le prieur et le sacristain de Vaux-sous-Poligny ; un par le doyen de Saint-Vivant-sous-Vergy, à cause de l'union du prieuré de Saint-Vivant-en-Amaous ; un par le maire et les échevins de Dole, et un enfin par l'aîné de la famille du fondateur.

Le principal prenait rang dans le banc des docteurs, à la suite du vice-chancelier de l'université et du doyen du chapitre de Dole, qui siégeaient après les professeurs régents.

Le collége fournissait à l'université une chambre pour ses archives, et son jardin pour les exercices du lendemain de la Saint-Georges. Les confréries du Scapulaire et du Saint-Suaire faisaient leurs exercices dans son église et l'université y faisait célébrer les offices solennels des fêtes de saint Pierre, saint Paul et saint Yves.

C'est dans ses bâtiments que les Etats de la province tenaient leurs séances. Dumoulin y fit plusieurs de ses leçons, et plusieurs conciles provinciaux y furent convoqués. L'archevèque de Besançon y fixa sa demeure pendant le siége de 1636, et y présidait le conseil de guerre. Le séjour de ce prélat fut cause d'un grand malheur. Ses domestiques apportèrent la peste de Besançon à Dole. L'épidémie commença à se manifester dans le collége même.

Les édifices du collége Saint-Jérôme furent reconstruits en grande partie en 1702, et vendus nationalement en 1791, moyennant 60,000 francs. Ils se composaient d'un cloître décoré d'arcades qui entouraient une cour carrée, d'un corps de logis pour les étrangers, d'un auditoire et de plusieurs salles d'étude, d'un quartier pour les pensionnaires et d'une belle église. La grande salle était décorée d'une magnifique boiserie en chêne couverte de sculptures. Ces bâtiments sont occupés aujourd'hui par le couvent de la Visitation.

Collége Bernard. Renobert Bernard, seigneur d'Authume, légua, par son testament du 17 avril 1565, une maison qu'il possédait dans la rue du *Vieux-Marché*, pour y loger un professeur, et quatre boursiers âgés de sept ans au moins, à la nomination de ses héritiers et du conseil de la ville. Il donna une rente de 300 livres assignée sur ses biens de Souvans, pour l'entretien de cette école. Les revenus affectés à cet établissement n'ayant pas tardé à être insuffisants, servirent, en 1616, à ajouter deux enfants de chœur à la maîtrise fondée par M. de Carondelet dans l'église collégiale.

Collége des Jésuites ou *de l'Arc.* — Le P. Edmond Auger, natif de Ferrare, célèbre prédicateur, l'un des premiers disciples de saint Ignace, doit être regardé comme le fondateur du collége des Jésuites à Dole. Ce Père vint dans cette ville en 1579, ayant avec lui le frère Farineau, de la même société. Ils logèrent chez M. Mongeot de Boisset, premier professeur en droit à l'université. Les premiers moments de séjour du P. Edmond furent employés à prêcher et à entendre les confessions à l'église paroissiale, où il avait coutume de dire la messe.

Il s'occupa aussitôt d'ériger la confrérie des *Pénitents noirs*, appelés communément les *confrères de la Croix*, ou de la *Miséricorde*. Il leur composa des statuts et reçut parmi eux le cardinal de la Baume, qui se trouvait alors à Dole, M. Joachim de Rye, abbé de Saint-Claude, plusieurs conseillers, professeurs et autres principaux habitants de la ville. Ces nouveaux pénitents commencèrent leurs pieux exercices par une procession qui se fit le jeudi-saint de cette même année, à neuf heures du soir. Ils marchaient vètus de leurs sacs, portant des torches allumées et ayant les pieds nus, quoique le froid fût vif et que le pavé fût couvert de neige. Les femmes que l'on avait admises aussi dans la confrérie suivirent la procession après les hommes, mais sans être vètues de sacs.

Le clergé de Dole, le parlement, le magistrat, désiraient l'établissement d'un collége, dirigé par la compagnie de Jésus. Malgré l'antipathie que plusieurs professeurs de l'université montraient pour ce projet, le conseil de la ville s'adressa au P. Auger, qui avait déjà formé les colléges de Tournon, de Toulouse, de Lyon et de Bordeaux. Ce dernier répondit avec empressement au désir qu'on lui témoignait. Dès que l'archevêque de Besançon et le gouverneur de la province eurent donné leur adhésion, le magistrat s'occupa d'obtenir celle du général des Jésuites et du roi d'Espagne, et en même temps d'acquérir une maison pour l'habitation des Jésuites. Il s'agissait, avant tout, d'assurer des revenus suffisants pour faire subsister cette congrégation. M. Henri Camus, procureur-général au parlement, donna l'idée de solliciter l'union au nouveau collége du riche prieuré de Mouthe, que tenait un prieur commandataire très âgé. On engagea le père Auger à aller luimême à Rome demander les bulles nécessaires. Ce père y consentit et partit chargé de lettres de l'archevêque et des principaux personnages de la province, soit pour le pape, soit pour le général des Jésuites. Ce voyage eut un succès complet. Le pape Grégoire XIII accorda le prieuré de Mouthe, exempt de toutes charges. Le 16 septembre 1579, on acheta, moyennant 4040 écus d'or, la maison des héritiers de Jean Lallemand, seigneur de Bouclans, située rue des Cordiers. Le prix en fut avancé par plusieurs riches bourgeois, qui en obtinrent le remboursement des Etats, dans une assemblée tenue en 1585. Philippe II, après quelque hésitation, accorda son consentement le 16 janvier 1582. Le 25 avril suivant, le mayeur assembla les notables et leur soumit les conditions du traité qu'on se proposait de faire avec le P. Auger. Plusieurs articles donnèrent lieu à de vives discussions. Néanmoins, plusieurs Pères arrivèrent de Lyon et ouvrirent les classes le 24 juin. Sans attendre l'expiration de l'année scolaire, l'avocat Bricon, principal du collége de grammaire, abandonna son établissement. Un traité définitif intervint entre le P. Auger et le magistrat, le 18 décembre 1582. Il fut convenu, entre autres choses, que lorsque le revenu du collége aurait atteint le chiffre de 2000 écus, le P. provincial donnerait quatre régents de grammaire, un de rhétorique, un de langue grecque, deux professeurs de philosophie et deux de théologie ; qu'aussitôt que le revenu serait de 3000 écus, le P. général donnerait un collége complet, tel que celui de Pont-à-Mousson, et qu'alors il serait incorporé à l'université, sans cependant que le recteur eût aucune juridiction sur lui ; que les régents seraient la plupart originaires des pays soumis au roi d'Espagne, et enfin, que la maison acquise de M. de Bouclans serait seule affectée au collége, sauf à y joindre plus tard les bâtiments du collége de grammaire. Ce traité fut présenté le lendemain au parlement, qui l'approuva. L'année suivante, il fut ratifié par le P. général. Aucune convention n'avait été faite relativement au pensionnat. Le 29 janvier 1583, la ville nomma de nouveau Pierre Bricon principal du collége de grammaire, pour la direction des pensionnaires. Le P. général trouva peu convenable qu'un père de famille, ayant avec lui sa femme et plusieurs enfants, habitât un logement dans lequel des religieux allaient faire leurs classes. Le marché avec M. Bricon fut résilié, et on nomma à sa place M. Desoye, docteur en théologie et chanoine de Sainte-Magdeleine de Besançon. Cet ecclésiastique occupa ce poste jusqu'en 1590, époque à laquelle le pensionnat fut confié aux Jésuites. Ce collége acquit bientôt une telle célébrité, qu'en 1585 il comptait plus de 800 élèves, organisés en congrégation. Les exemples de dévotion que donnait la confrérie des écoliers, engagèrent beaucoup de citoyens, en 1590, à former une réunion semblable. Elle eut lieu sous le titre de *Congrégation des Messieurs*. Les Jésuites contribuèrent aussi à la création d'une association de femmes pieuses, qui chaque jour se rendaient à l'hôpital, pour y servir les malades et leur faire quelques exhortations chrétiennes. Plusieurs d'entre elles devaient aller visiter et soulager à domicile les pauvres honteux ; d'autres enfin, devaient appliquer leurs efforts à retirer du vice les filles débauchées.

En 1592, il y eut une augmentation de professeurs, qui rendit le collége entièrement complet. En 1600, les Jésuites y étaient au nombre de plus de cinquante par suite de leur expulsion de France. Il se trouvait alors parmi eux vingt-deux prêtres, dix maîtres, dont deux pour la théologie morale, deux pour la philosophie et six pour les humanités. Dans différentes circonstances, les élèves soutenaient publiquement des thèses de théologie et de philosophie. L'université prétendit que, n'ayant pas agrégé le collége, on ne pouvait pas y soutenir de thèses publiques, et déclara en même temps que le temps des études qui seraient faites au collége |ne compterait pas pour l'admission aux degrés.

Les Jésuites ne s'amusèrent pas à une contestation réglée. Ils employèrent le crédit qu'ils avaient à la cour des archiducs, pour obtenir la défense de nommer à une chaire de théologie qui vaqua en 1607, et firent pressentir qu'on leur donnerait deux chaires de théologie à l'université, si celle-ci ne les reconnaissait pas pour agrégés. L'université, qui craignait de se voir dépouiller de cette importante faculté, consentit à l'agrégation du collége des Jésuites et permit en conséquence que les études qui s'y feraient en théologie et en philosophie fussent réputées académiques. Les Pères, de leur côté, consentirent que les deux chaires de philosophie fussent maintenues. L'université alla plus loin : s'estimant trop heureuse d'avoir conservé ses lectures de théologie, elle abandonna le dessein de rétablir celles de philosophie, qui ne paraissaient plus nécessaires, dès qu'on était convenu que le collége aurait les priviléges de l'agrégation. Une ordonnance de l'archiduc Albert porta encore : qu'attendu que les PP. Jésuites avaient *dans l'université de Dole* un collége parfait, dans lequel la jeunesse pouvait apprendre les langues grecque et hébraïque qui y avaient été fondées, les lectures de ces langues dans l'université demeureraient supprimées. Dès ce moment, l'université, qui avait brillé d'un si vif éclat, commença à péricliter. Les étudiants étrangers s'éloignèrent. Le 5 juillet 1619, les Jésuites promirent à la ville de faire en sorte qu'il y eût toujours au collége quinze lectures desservies par quatorze régents, l'un desquels lirait chaque jour la positive et la langue hébraïque et deux autres les mathématiques et les cas de conscience. Par lettres-patentes des mois de mars 1699 et avril 1701, Louis XIV agrégea les deux lectures de philosophie à l'université, transférée alors à Besançon, et décida que le principal du collége Saint-Jérôme et le recteur du collége des Jésuites auraient séance dans le banc de l'université destiné aux réguliers, avant tous autres religieux, de quelque ordre qu'ils fussent.

Un édit du mois de novembre 1764, supprima la société des Jésuites, en déclarant que cette disposition ne serait exécutoire dans le ressort de la cour du parlement de Franche-Comté, qu'à dater du 1er avril 1765.

Le collége de l'Arc était, après celui de la Flèche, le plus beau que les Jésuites possédassent en France. Il devait sa dénomination à une galerie suspendue qui existe encore, construite en 1607, pour mettre en communication le bâtiment d'habitation avec celui des classes. Sur une des faces de cette arcade, était représenté saint Ignace avec cette double inscription : *Societatis Jesu fundatori*; *Formatori juventutis*, et sur l'autre, saint François-Xavier avec quelques Pères et deux Indiens.

Les Jésuites avaient une excellente méthode d'enseigner. Les élèves faisaient, sous leur direction, des progrès très rapides. On leur faisait faire de nombreux exercices littéraires. En 1585, le professeur de rhétorique leur fit jouer une pièce dont le sujet était: le *Mauvais riche*; elle fut représentée dans la cour des classes. Le P. Edmond y joignit des chœurs *remplis de belles moralités et gentillesses d'esprit, capables de réjouir et d'instruire*. En 1598, ils soutinrent plusieurs thèses le jour de la distribution des prix, en présence de l'assemblée des Etats, et jouèrent la tragédie de *sainte Catherine*, composée par un des professeurs. En 1600, à l'occasion de la nomination de M. Galliot, aux fonctions de président du parlement, on joua devant ce magistrat une pièce allégorique des Argonautes allant sur leur *gallion* à la conquête de la toison d'or. Au moment du carnaval, on joua une autre pièce, et au mois de novembre, on représenta une tragédie, dont le sujet était *Jésabel*. Lors de la consécration de l'église du collége, le jour de la Saint-Mathieu 1601, les écoliers élevèrent près de l'église des arcs de triomphe, des pyramides, composèrent des pièces de vers, soutinrent des thèses publiques de théologie et de philosophie, et jouèrent sur le théâtre une tragédie qui avait pour titre : *Saint Sigismond, roi de Bourgogne.*

L'époque de construction des édifices du collége est facile à déterminer. En 1582 et 1585, la ville fit construire neuf chambres à l'étage supérieur de la maison acquise de M. de Bouclans. En 1584, elle acheta toutes les maisons situées entre celle qu'occupaient les Pères et le collége de grammaire. On travailla aussitôt à la construction d'une chapelle, qui fut achevée l'année suivante. En 1588, M. Pierre de Froissard-Broissia fit terminer la partie des bâtiments qui longe la rue du Collége, et qu'il avait fait commencer en 1581, pour loger six boursiers, dont il avait fondé l'entretien dans le collége de grammaire. En même temps, le magistrat faisait reconstruire le quartier des pensionnaires sur l'emplacement de l'ancien hospice de Citeaux. L'église fut commencée en 1590. Le 9 octobre, Jean Doroz, évêque de Nicopolis et suffragant de l'archevêque de Besançon, en consacra la premiere pierre ; elle fut posée par Clériadus de Vergy, baron de Vaudrey, alors étudiant au collége et devenu plus tard comte de Champlitte et gouverneur de la province. Cet édifice fut terminé en 1601. Il fut placé sous l'invocation du nom de Jésus. Jean Doroz y célébra la messe sur l'autel principal ; le P. provincial, qui était alors à Dole et le recteur, dirent la messe sur les autels des deux chapelles. Le surplus des bâtiments a été construit en 1620. La première pierre en fut posée le 23 juin, par M. de Malpas, vicomte-mayeur. Le collége de Dole, occupé ordinairement par 60 Jésuites, était très riche. Indépendamment des revenus du prieuré de Mouthe, qui avait servi à sa dotation, le magistrat y avait fait annexer les prieurés de Jonvelle (1586), Jouhe (1619), et de Saint-Vivant (1616), qui fut enlevé au collége Saint-Jérôme.

Séminaire de Citeaux. — En 1606, le chapitre général de Citeaux décida que l'on établirait dans chaque province un collége ou séminaire de cet ordre, pour y former les jeunes religieux à la piété et aux sciences, et leur donner une éducation conforme à leur état.

En 1613, le même chapitre fit un décret particulier pour l'érection d'un collége à Dole. Ce décret fut agréé, en 1616, par l'archiduc Albert et l'infante Isabelle, qui en ordonnèrent l'exécution. Ils assignèrent, pour la dotation de cet établissement, la première année de revenus de toutes les abbayes vacantes de l'ordre de Citeaux situées en Franche-Comté. Le pape Grégoire XV donna son consentement la même année. Urbain VIII, en accordant son autorisation, en 1625; assura de nombreux priviléges à ce nouveau séminaire. Dom Boucherat, abbé général de Citeaux, acheta en 1616, de la dame de Tromaré, une maison qui s'étendait de la rue Niquency à la Grande-Rue, devant le grand puits, et y établit les professeurs et les élèves. Le 27 août 1621, Edme Guillet, son secrétaire ordinaire, et Nicolas Coulon, proviseur du collége de Citeaux, la revendirent au nom de dom Boucherat, et en acquirent le lendemain une plus vaste, située dans la rue de Morteau, de Jeannette Fauche, veuve de Guillaume Franchet. Les élèves suivaient les cours du collége des Jésuites, et prenaient leurs grades à l'université. Pierre de Nivelles, abbé de Citeaux, sur les plaintes qui lui furent portées en 1628, de ce que les supérieurs des monastères dont les abbayes avaient été mises en commande, retiraient, de leur autorité, les étudiants du séminaire du Dole, rendit une ordonnance par laquelle il enjoignit au proviseur de défendre de sa part, aux supérieurs de Franche-Comté, de rappeler leurs religieux qui suivaient les cours de l'université, sans sa permission expresse. Le siége de Dole, en 1636, dispersa les écoliers. Ce n'est qu'en 1646 qu'on songea à reconstituer ce collége. Après la conquête de la province, en 1674, le parlement prétendit que les archiducs n'avaient pu aliéner à perpétuité, pour la dotation de cet établissement, les revenus des treize abbayes de l'ordre de Citeaux situées dans la province, perçus pendant la vacance des siéges. Il se fondait sur ce que le concile de Trente n'avait été reçu en Franche-Comté que sous certaines restrictions qui excluaient les droits de *régales* et d'*annates*. L'archevêque de Besançon écrivit au pape, de son côté, en 1712, que l'université étant transférée dans sa ville épiscopale, il convenait aussi d'y placer le séminaire de Citeaux. Louis XIV prit des demi-mesures, et, après sa mort, le séminaire de Citeaux fut abandonné. Le proviseur fit alors élever, sur le terrain qui en dépendait, une belle et vaste maison dans laquelle il conserva une chapelle. Cette maison fut vendue nationalement, le 7 juin 1791, à M. Vuillier, de Dole, moyennant 52,200 francs. Elle fut rachetée plus tard par M. Lempereur de Saint-Pierre, qui l'habita pendant plusieurs années et la revendit, en 1839, à la famille Jourdy-Robin.

Le collége de Citeaux, agrégé à l'université, réunissait de nombreux étudiants. Le proviseur avait sa place marquée, dans les cérémonies publiques, à côté du principal du collége Saint-Jérôme.

Séminaire des Orphelins. — M. Jean Ignace de Froissard-Broissia, chanoine et grand-chantre en l'église métropolitaine de Besançon, docteur en théologie, abbé de Cherlieu, prieur de Laval, seigneur de Maisod, Bellecin, Chatenois, etc., chapelain d'honneur du roi Charles II, et chambrier d'honneur du souverain pontife, fit un testament, le 10 mars 1689, par lequel il donna une partie de ses biens pour servir à la fondation, dans la ville de Dole, d'un séminaire ou collége semblable au collége Sarviati, à Rome, dans lequel seraient élevés dix-huit jeunes petits garçons orphelins de père et de mère, nés en légitime mariage et baptisés au comté de Bourgogne. Ces enfants devaient y entrer dès l'âge de six à neuf ans, et y rester jusqu'à seize ans. Six places devaient être réservées pour des enfants nobles privés de leurs pères et ayant leurs mères domiciliées à la campagne. Le fondateur donna, pour l'érection de ce collége, la maison qui lui appartenait, proche du collége Saint-Jérôme, et ordonna que deux messes seraient célébrées chaque jour dans la chapelle qui serait érigée en cette maison. Il en confia l'administration au recteur de ce dernier collége, à un député du chapitre, à un commis du magistrat, à un de ses exécuteurs testamentaires et au procureur postulant, qui serait chargé des affaires de cet établissement. L'université, la chambre des comptes et le bailliage furent invités à déléguer un commis pour se joindre au bureau d'administration. La nomination de neuf orphelins devait appartenir à celui qui aurait le majorat de M. de Broissia, père du fondateur, et celle des neuf autres, aux exécuteurs testamentaires et aux directeurs de l'école.

Les exécuteurs testamentaires de M. de Broissia, et en même temps ses héritiers, étaient : 1° M. Jean Froissard de Broissia, seigneur de Molamboz, etc., conseiller au parlement de Besançon ; 2° Jean-Claude-Joseph Froissard, marquis de Broissia, seigneur de Montagna, Noire, Annoire, Bretenière, Peintre, Villangrette, Chavannes, major au régiment de Saint-Mauris, et Jean-Ignace-Bonaventure de Froissard-Broissia, prieur de Vaux.

Ce testament, publié au bailliage de Besançon, le 22 mai 1695, fut attaqué par les héritiers et déclaré nul par arrêt du parlement du 23 août 1695. Cette nullité ne fut prononcée que sur l'offre faite par les héritiers, trois jours auparavant, de consacrer une somme de 100,000 livres à l'érection du séminaire, à l'entretien des dix-huit orphelins, et à la rétribution des deux messes quotidiennes mentionnées dans le testament de M. de Broissia. Un nouvel arrêt du 2 septembre 1702 énuméra les biens, en valeur de 110,957 francs comtois, que les héritiers se proposaient de consacrer à cette fondation, et décida que les dix-huit orphelins devraient être mâles, nés comtois, procréés en légitime mariage, orphelins de père et de mère et âgés de six à neuf ans ; que six places pourraient être remplies par six gentilshommes ayant encore leurs mères et dont les pères, demeurant à la campagne, seraient décédés ; qu'une maison serait achetée dans la ville de Dole par l'économe, à la participation et de l'avis du procureur-général du parlement et des héritiers ; que ces derniers choisiraient un prêtre qui aurait la direction des élèves, et un économe chargé de l'administration temporelle des biens.

En 1703, on acheta la maison de M. Jean Simon de Saint-Mauris-d'Augerans et celle des enfants d'Ignace Grillet, situées toutes deux dans la rue des Chavannes. M. Jean-Ignace-Bonaventure de Froissard-Broissia vint immédiatement y établir le nouveau collège et en resta l'administrateur. Une transaction intervenue le 28 janvier 1761, régla que les enfants nobles orphelins y seraient reçus de préférence à tous autres. Ce séminaire subsista ainsi jusqu'en 1790. Pendant la révolution, l'Etat en fit administrer les biens et en disposa à son gré, malgré les réclamations des héritiers.

Ecole chrétienne. — M. de la Salle, chanoine de Reims, fonda, en 1705, l'institut des Frères des Ecoles chrétiennes. Des lettres-patentes du roi, du mois de septembre 1724, permirent aux religieux de ce nouvel ordre de s'établir dans toutes les villes qui les demanderaient. M. Léonard de Mesmay offrit à la ville de Dole de donner une maison qu'il possédait à l'angle des rues de Montroland et des Vieilles-Ecoles, et 2000 livres de revenu pour entretenir six frères chargés d'enseigner gratuitement aux enfants pauvres la lecture, l'écriture, le calcul et le catéchisme. Le magistrat accueillit cette proposition avec empressement, le 3 septembre 1735, à condition que les religieux qui seraient préposés dans cet établissement seraient de bonnes vie et mœurs et catholiques romains ; qu'ils exerceraient leurs fonctions gratuitement et ne pourraient mendier. L'archevêque de Besançon autorisa cette école le 21 décembre suivant. Frère Timothée, supérieur général de l'ordre, vint à Dole avec six autres frères tirés de la maison de Saint-Yon, à Rouen, et les installa dans la maison donnée par M. de Mesmay. En 1748, M. Broch d'Hotelans donna sa maison pour y loger les Frères, à condition que l'institut y fonderait un noviciat. En 1791, la municipalité de Dole renvoya ces religieux et apposa les scellés sur leurs meubles, ce qui lui attira de vifs reproches de la part du directoire du département.

Collège royal. — Les jésuites ayant évacué le collège le 1er avril

1765, de nouveaux professeurs ecclésiastiques y furent installés le 15 du même mois. Par lettres-patentes du 27 août suivant, Louis XV confirma cet établissement sous le titre de collége royal, et l'agrégea à l'université de Besançon. Il déclara que l'enseignement y serait gratuit et conforme aux usages et aux méthodes de l'université; que le personnel serait composé d'un principal, d'un préfet des études, de deux professeurs de théologie, de deux professeurs de philosophie, d'un professeur de mathématiques, d'un professeur de rhétorique, de cinq régents pour les seconde, troisième, quatrième, cinquième et sixième classes, et que ces places seraient remplies par des ecclésiastiques séculiers.

Le bureau chargé de l'administration du collége fut composé du lieutenant-général du bailliage, du procureur du roi près ce tribunal, de deux officiers municipaux, de deux notables et du principal.

Cette école subsista avec splendeur jusqu'au moment de la révolution, époque à laquelle des régents laïcs furent substitués aux ecclésiastiques. Parmi les professeurs distingués qui ont été attachés au collége royal de Dole, on cite les abbés Guillot, Rouhier, Caillet, et surtout les abbés Jantet et Requet, nommés plus tard au lycée de Besançon. L'abbé Moïse, professeur de théologie, devint évêque constitutionnel du Jura. Ce collége a été supprimé en 1797.

Ecole centrale. — Un décret du 25 février 1795 décida qu'il serait établi, pour l'enseignement des sciences, des lettres et des arts dans toute l'étendue de la république, des écoles centrales distribuées en raison de la population, et que la base proportionnelle serait d'une école pour 300,000 habitants. Un autre décret du 25 octobre suivant, porta qu'il y aurait une de ces écoles dans chaque département, et en détermina le placement. Celle du Jura fut fixée à Dole. Les cours ne furent ouverts que le 9 avril 1797, et se faisaient dans les bâtiments de l'ancien collége. L'enseignement était divisé en trois sections. Dans la première, il y avait un professeur de dessin, un professeur d'histoire naturelle, un professeur de langues anciennes; dans la deuxième, un professeur de mathématiques et un autre de physique et de chimie expérimentale; dans la troisième, enfin, il y avait un professeur de grammaire générale, un professeur de belles-lettres, un professeur d'histoire et un professeur de législation.

Comme dépendance de l'école, on créa une bibliothèque publique dont M. Rouhier fut nommé le conservateur, un cabinet de physique et de chimie, et un jardin botanique qu'on établit en 1799, dans quatre-vingt-dix-neuf ares de terrain dépendant du jardin de Mme la marquise de Brun, qui était attenant au collége.

Un décret du 1ᵉʳ mai 1802, supprima les écoles centrales et les remplaça par des écoles secondaires et des lycées. Celle de Dole subsista néanmoins jusqu'au 30 août 1803. Les professeurs qui enseignèrent à l'école centrale pendant toute sa durée, furent, pour le dessin, M. Rosset ; pour l'histoire naturelle, M. Jean-Ignace Bulle, de Sampans, ancien médecin à Besançon ; pour l'histoire ancienne, M. Stergue ; pour les mathématiques, l'abbé Jantet ; pour la physique et la chimie expérimentale, M. Dalloz ; pour la grammaire, M. Abbey; pour les belles-lettres, M. Requet ; pour l'histoire, M. Rollin, et pour la législation, M. Pierre-Ignace Bulle, de Dole, nommé plus tard chevalier de la Légion-d'Honneur, président du tribunal civil de Dole, membre du conseil général du département, et enfin, membre de la chambre des députés en 1815.

École secondaire. — La loi du 1ᵉʳ mai 1802 (11 floréal an x) déclara que l'instruction serait donnée : 1° dans des écoles primaires, 2° dans des écoles secondaires, 3° dans des lycées et des écoles spéciales ; que toute école établie par les communes ou tenue par les particuliers, dans laquelle on enseignera les langues latine et française, les premiers principes de la géographie, de l'histoire et des mathématiques, serait considérée comme école secondaire. Un arrêté du 23 juin suivant ordonna la formation d'un état des écoles de chaque département, susceptibles d'être considérées comme écoles secondaires. Le 11 septembre de la même année, le conseil municipal de la ville de Dole, présidé par le maire, M. Bouvier, émit le vœu qu'une de ces écoles fût érigée dans cette ville, pour remplacer l'école centrale, et que les bâtiments du collége servissent à ce nouvel établissement. Il décida en même temps qu'il y aurait un principal, un professeur de mathématiques, deux professeurs pour la logique, la morale et la physique expérimentale, un professeur de belles-lettres et trois professeurs pour les langues latine, française et grecque. Un traitement assez élevé fut voté en faveur de chaque professeur, afin d'avoir des hommes de mérite. La dépense annuelle, évaluée à 15,000 francs, devait se prélever sur le produit de l'affouage. Les cours furent ouverts le 11 novembre 1803. La ville parvint à ajouter plus tard un professeur de philosophie, un professeur de septième et une classe élémentaire et d'instruction chrétienne, qui n'étaient pas reconnus par le gouvernement. Quelques années après, elle ajouta au collége un pensionnat dont le principal, M. Bouvier, ancien jésuite, eut la direction. Lorsqu'en 1811, il fut question de créer de nouveaux lycées, Dole et Lons-le-Saunier se mirent sur les rangs pour en obtenir un. Les efforts rivaux tentés par ces deux villes firent échouer leur demande. Dole obtint cependant, le 9 avril 1811, la restitution des bâtiments du collége dont l'Etat s'était emparé au moment de la révolution. La perception de la rétribution universitaire excitait des plaintes universelles. M. Bouvier avait toujours refusé de l'exiger. Il était encouragé dans sa résistance par plusieurs notables citoyens, et surtout par MM. Félix Fablanc et Droz, professeurs d'un grand mérite, attachés au collége. Le recteur de l'académie de Besançon révoqua M. Bouvier, et envoya, le 12 février 1816, M. Mouillard, l'un des meilleurs professeurs au lycée de cette ville, pour le remplacer. Sur ses représentations, la ville résolut, le 20 septembre 1816, d'augmenter le nombre des régents et le porta à dix. Il y en eut un pour chaque classe, et on ajouta un professeur spécial de langue grecque. Cette nouvelle organisation rendit au collége une partie de son ancienne célébrité.

Petit séminaire de l'Arc. — Une ordonnance royale du 17 décembre 1823 érigea le collége de Dole en petit séminaire ou école secondaire ecclésiastique. La direction en fut confiée aux jésuites ou pères de la foi, qui agrandirent du double au moins les bâtiments, par l'acquisition qu'ils firent de l'hôtel de Scey. Tous les jeunes gens présentés par le conseil municipal y recevaient l'instruction gratuite, moyennant 120,000 fr. qui furent payés par la ville. Pendant cinq ans que subsista le séminaire, le nombre des élèves fut toujours, en moyenne, de cinq à 600. Les études y étaient très fortes. Les ordonnances du 16 juin 1828 amenèrent la fermeture de l'école et la rendirent à l'université.

L'administration municipale ne recula devant aucun sacrifice pour rendre prospère son nouveau collége. Il fut établi sur le même pied que les colléges royaux et reçut, le 1er juillet 1829, sur les sollicitations de M. Dusillet, alors maire, le titre de *collége royal communal.* Sous l'habile administration de M. l'abbé Reffay, il devint l'un des plus beaux de France, et fut officiellement reconnu comme le troisième en importance parmi les colléges communaux. Le nombre des pensionnaires seulement s'élevait à plus de 200.

SCIENCES ET BEAUX-ARTS.

Les carrières brillantes ouvertes aux hommes qui se livraient à l'étude du droit ou de la théologie, l'ambition d'obtenir des offices de judicature ou des bénéfices ecclésiastiques ont porté, à Dole surtout, une atteinte funeste aux travaux de l'imagination. Parmi le **grand**

31

nombre d'hommes célèbres nés dans cette ville, on cite de profonds jurisconsultes, de brillants orateurs, de savants théologiens, de fins diplomates, des guerriers courageux ; mais à peine y peut-on distinguer pendant tout le moyen-âge quelques noms d'artistes, de poètes, de littérateurs, d'historiens. On ne trouvait des architectes, des ingénieurs, que dans les maisons religieuses ; l'art musical n'était cultivé que par le clergé. Les orfèvres, les tisseurs de riches étoffes, les fabricants de tapisseries paraissaient s'être tous cantonnés à Salins ou à Besançon. Il fallait aller chercher des peintres, des sculpteurs, souvent au dehors de la province. Le séjour du parlement, de l'université à Dole, en ont éloigné la culture des lettres et des beaux-arts, du moins comme profession.

Nous avons déjà parlé de la maîtrise des enfants de chœur, fondée en 1497, par le chancelier Carondelet. Les élèves instruits dans cette école n'apprenaient que la musique vocale, et ne chantaient que des cantiques ou des motets à deux, trois ou quatre voix. En 1550, le parlement fit don à l'église d'un orgue remarquable par la puissance et la richesse de ses effets. Le 22 novembre 1585, les chanoines et les familiers musiciens organisèrent une confrérie, sous le vocable de sainte Cécile. D'après les statuts, un banquet devait avoir lieu chaque année, le 22 novembre. Les confrères qui avaient eu des querelles entre eux, ne pouvaient y assister avant de s'être réconciliés. Dès ce moment, il y eut de nombreuses fondations de messes en musique. Les instruments dont on se servait étaient le *luth*, le *théorbe*, la *basse de viole*, la *viole* et le *violon*. Au xvie siècle, la milice bourgeoise, les compagnies de l'Arc et de l'Arquebuse, commencèrent à se faire précéder de trompettes, de hautbois et de tambourins. Après la conquête de la province par Louis XIV, un corps de musique s'organisa à Dole et fut composé de laïcs. De nouveaux instruments furent introduits dans l'orchestre. Les flûtes, les cors, les clarinettes, les bassons, vinrent s'ajouter aux instruments à corde. Ce n'est réellement que depuis 1814 que l'art musical a fait de grands progrès dans cette ville.

Théâtre. — En 1398, au bourg de Saint-Maur, près de Vincennes, des comédiens représentèrent, pour la première fois, sur un théâtre public, moyennant un droit d'entrée, en présence et aux applaudissements frénétiques d'une immense affluence de peuple, une pièce ou mystère ayant pour titre : *La Passion de Notre-Seigneur Jésus-Christ.* Charles VI, par lettres-patentes du 4 décembre 1402, permit aux comédiens, qui venaient de s'ériger en confrérie religieuse, de continuer leurs jeux, de se promener dans les rues avec leur costume théâtral, et enfin, de s'établir dans la ville de Paris. Au xvie siècle s'organisa aussi à Dole une confrérie de la Passion. On lit sur les registres des délibérations du conseil municipal, à la date du 15 janvier 1571 : « Sur la requête présentée par différentes personnes, d'avoir la permission de jouer la Passion en public et de la représenter, il leur a été permis, et de pouvoir faire sonner la grosse cloche pour leurs assemblées ; » et à celle du 1er mars suivant : « Sur la requête verbale faite par ceux qui représentent la Passion de Notre-Seigneur en ce temps de carême, leur ayant été accordé, a été délibéré que le sieur mayeur irait avec la garde sur l'échafaud des joueurs, pour jouer et réprimer les insolences de ceux qui voudraient en faire. » Le 28 mars de la même année, le conseil, « sur ce qui lui a été représenté par les joueurs représentant le mystère de la Passion de Notre-Seigneur, en considération des bons devoirs par eux faits et des grands frais qu'ils ont supportés pour la dite représentation, leur a accordé sur le revenu de la ville, la somme de 30 livres. » Dès l'an 1584, les jésuites introduisirent un genre de spectacle plus décent. Personnifiant les vertus et les vices, ils opposèrent les *moralités*, c'est-à-dire la comédie d'imagination aux mystères. Ils firent jouer ensuite par leurs élèves des tragédies, dont nous avons déjà indiqué les titres. Dès ce moment, le théâtre s'éleva et s'épura. En 1754, la ville éleva une salle de comédie à l'extrémité de la rue Montroland, sur l'emplacement d'un magasin à poudre, et on y a vu briller plusieurs acteurs ou actrices célèbres. Nous citerons entre autres Riboud, d'Orfeuille, Leclerc, Aristippe, Firmin, Frédéric Lemaître, Mmes Renaud, Rose Dupuis, Clairville, Petit et Mlle Georges. Cette salle, garnie seulement de deux rangs de loges ouvertes de toutes parts, a été remplacée par le beau théâtre qu'on remarque aujourd'hui.

On sait fort peu de chose sur les danses au moyen-âge. On trouve une délibération du 8 août 1372, ainsi conçue : « On a accordé à Constantin Thiébaud, Nicolas Thoirot, Etienne Coiteux, Claude Ragasse et Claude Mairet, de faire jouer la fête pendant 8 jours. Ils pourront faire danser aux halles jusqu'au son de la cloche seulement, moyennant qu'ils donneront 4 écus à la fabrique. » Ces permissions se renouvelaient chaque année. Les danses populaires en usage à Dole, étaient les bourrées, les branles et les courantes.

ÉTABLISSEMENTS D'UTILITÉ COMMUNALE.

Chemins et ponts. —Deux voies romaines mettaient en communication Dole avec Chalon-sur-Saône et le midi de la Gaule. L'une venait

par Ponthoux, le *Ponte-Dubis*, de la carte de Peutinger, Beauchemin, Chemin et Tavaux. L'autre, mentionnée dans un titre de 1280,
arrivait par Pierre, Neublans, le Petit-Noir, Longwy, et se réunissait
à la précédente, à Tavaux. De Tavaux, cette double voie traversait
Choisey, où était une borne milliaire, et Saint-Ylie et venait passer
au pied du camp de Plumont, entrait à Dole par la porte d'Arans,
traversait la ville dans sa plus grande longueur, sortait par la porte
de Besançon, et faisant un détour, longeait le canal de Gugeans et
se dirigeait sur Besançon sous le nom de *levée de Dole* ou *levée des
Romains*. Elle entrait dans cette dernière ville par le pont de Bat-
tant. Elle rencontrait dans son parcours, entre Dole et Besançon, la
ville de *Crusinie*, indiquée dans la carte théodosienne. Cette ville
était à un kilomètre au nord-ouest d'Orchamps. Son emplacement,
couvert de vastes débris, est désigné, dans un titre du xve siècle,
sous le nom de *ville déserte d'Arne*, et s'appelle aujourd'hui *le bois
d'Arne*. Le grand chemin de Dijon aux Alpes pennines, par Salins,
que M. E. Clerc fait passer par Saint-Jean-de-Losne, et M. D. Monnier,
par Jouhe, Rochefort et la Vieille-Loye, ne suivait aucune de ces deux
directions. Elle arrivait par Auxonne à Dole, entrait dans cette ville
par la porte de Besançon, où elle rencontrait la voie venant de Chalon,
et sortait par la porte du pont pour se diriger à Salins par la Loye,
Augerans, Belmont, Certemery et Aiglepierre. C'est de cette route
dont il est question dans la relation des reliques de saint Urbain, en
863. Nous en trouvons la preuve dans les différents traités intervenus
au xiiie siècle entre Dole et Auxonne, par lesquels on voit que les habitants de ces deux villes étaient affranchis mutuellement de tous péages
sur cette ligne, et dans le traité passé, en 1294, entre le chef de la
communauté des marchands d'Italie et Otton, comte de Bourgogne,
où il est question du droit à acquitter au bureau de Dole. Qu'on
étudie, du reste, l'itinéraire que suivaient les ducs de Bourgogne ou
leurs conseillers, lorsqu'ils venaient à Dole et à Salins, et on verra
qu'ils ne manquaient jamais d'arriver par Auxonne. Dans un mémoire
dressé en 1754, lors de l'ouverture de la route de Parcey, il est dit
positivement que, de tous temps, les voyageurs venant de Salins et
des montagnes, avaient passé par la Loye. D'autres chemins encore
reliaient Dole à Poligny, à Lons-le-Saunier, à Gray et à Saint-Jean-de-
Losne. Toutes ces lignes qui rayonnaient autour de cette ville, dé-
montrent avec certitude sa haute importance dès l'époque romaine.
Au moyen-âge, ces voies de communication, mal entretenues, étaient
dans un état affreux ; on ne pouvait les parcourir en voiture qu'avec

de forts attelages. Les voyageurs ne s'y hasardaient qu'en caravanes, dans la crainte des voleurs et des assassins.

Le grand pont romain jeté sur le Doubs, était en pierre et se composait de huit arcades séparées par un terre-plein. Il était très étroit. Une porte monumentale appelée, comme à Autun, la porte Saint-André, le précédait du côté de la ville. Une inondation terrible survint en mars 1550 (v. s.), et entraîna les écluses et les ponts de Dole. Le mayeur convoqua aux halles les membres du parlement et de la chambre des comptes, les conseillers de la ville et les notables, pour aviser aux moyens de réparer ces pertes. On se décida à faire un emprunt et à engager la coupe d'argent qui était au trésor de la ville. Les travaux, commencés immédiatement, ne furent terminés qu'à la fin de l'année suivante. Au commencement du siège de 1636, une arche du pont fut abattue pour empêcher l'entrée de l'ennemi. En 1742, plusieurs piles s'écroulèrent ; deux seules arcades restèrent debout. On se borna à refaire un tablier en bois, supporté par des pieux. En 1763, survint une nouvelle inondation qui entraîna ces fragiles matériaux. On fit un pont provisoire un peu en aval de l'ancien. Le 2 septembre 1806, par suite d'un accident tout-à-fait imprévu, deux travées s'affaissèrent, le tablier se rompit, et plusieurs personnes tombèrent dans la rivière. On n'eut cependant à déplorer que la perte d'une seule personne. Les autres furent sauvées. Le 18 décembre suivant, le sieur Gaudy offrit de construire à ses frais un pont provisoire en bois, moyennant la faculté qu'il aurait de percevoir un péage. Les généraux français y firent plusieurs brèches, le 3 janvier 1814, pour empêcher l'entrée des Autrichiens à Dole. C'est ce même pont qui a subsisté jusqu'au moment où a été construit le beau pont en pierre qu'on voit aujourd'hui.

Fontaines et puits. — Le bassin de la grande fontaine de Dole avait la forme de celui de Nîmes. Recouvert en partie par une voûte taillée dans le roc vif, on y descendait par plusieurs marches d'escalier disposées semi-circulairement. Ses eaux s'écoulaient dans le Doubs par un canal. Il y avait une autre fontaine appelée la Fontenotte. Elle se trouvait dans une impasse de la rue des Vieilles-Boucheries. Réparée en 1504, elle est actuellement abandonnée. On trouvait encore les fontaines des Arènes et celle de Gugeans, mais elles étaient un peu éloignées de la ville. Du xiie au xiiie siècle, on construisit trois puits publics dans la Grande-Rue, dans la rue d'Arans et sur la Petite-Place. On en ajouta un quatrième dans la rue Besançon, en 1536 ; un cinquième dans la rue des Chevannes, en 1553 ; un sixième dans la rue de Montroland, en 1623, et un septième à la Bedugue, en 1688. Ces puits obstruaient les rues et occasionnaient souvent des accidents très graves. L'eau qu'on y puisait était insalubre et malpropre. Toujours entourés de beaucoup de monde, chaque instant y voyait naître de nouvelles querelles entre les habitants et les soldats. C'était là que se tenaient les femmes de mauvaise vie pour suborner les domestiques. Le 25 mai 1574, le syndic de la ville condamna Jeanne Guyon, d'Aiglepierre, et Jeanne Quaisdry, de Saint-Lupicin, à être exposées au carcan aux halles, dès les neuf heures jusqu'à dix heures du matin, avec un écriteau au-dessus de leur tête portant cette inscription : « Puiseuses bannies perpétuellement de la ville, pour icelles être convaincues de suborner les servantes des bourgeois et de prendre d'elles du pain et autres choses pour leur aider à tirer de l'eau du puits. » En 1568, on songea à établir un puits devant l'église. On fit venir, à cet effet, les maîtres des fontaines de Besançon et de Nozeroy, pour avoir leur avis. Les uns proposaient de prendre l'eau à la fontaine de Gugeans, d'autres à celle de Goux, d'autres, enfin, au creux de Blaine. Le 27 juin 1592, on se décida à traiter avec Nicolas Dauvergne, de Salins, et Pierre Limet, de Dole, pour construire ce puits, en amenant l'eau de la source de Gugeans. Les choses restèrent en cet état jusqu'en 1768. La ville se décida, à cette époque, à consulter le père Féry, minime, professeur de mathématiques à Amiens, sur l'établissement de fontaines jaillissantes pour remplacer les anciens puits. Le projet présenté par ce savant fut adopté, mais on eut l'imprudence de confier l'exécution de ses plans à des ouvriers inhabiles qui firent un machine hydraulique très défectueuse ; elle subsista cependant jusqu'en 1835. L'architecte Attiret fournit les dessins des fontaines.

Halles. — Les halles de Dole sont très anciennes. Il en est déjà fait mention dans la charte de franchises de 1274. Le comte Otton V les donna en 1290, à titre de douaire, à Mahaut, son épouse, avec le bâtiment qui était à l'un des angles et qui servait de greffe et de chancellerie pour la cour du bailliage. Elles étaient construites en bois, en face de la porte de l'église paroissiale, et formaient une galerie autour d'une place carrée. Il y avait quarante-huit boutiques qui étaient louées au profit du souverain, soit aux marchands de la ville, soit aux étrangers. Ces derniers payaient, outre la location, un droit d'étalage pour leurs marchandises, les jours de foires et de marchés. Le 15 juillet 1545, Charles V céda à la ville la place devant les halles, avec faculté de l'accenser pour en faire des boutiques, à charge de paver la grande place. Depuis peu d'années toutes les boutiques ont disparu, et ont été remplacées par une halle aux grains.

Vieilles boucheries. — Les halles des boucheries appartenaient au souverain. Elles étaient situées dans la rue qui en porte le nom. Le 3 septembre 1593, le roi d'Espagne les céda à la ville, à charge d'en relever les murailles. Il y avait d'autres étalages pour les bouchers autorisés à vendre de la viande pendant le carême, dans la rue Cordière.

Hôtel-de-ville. — Dans l'origine, les assemblées municipales se tenaient publiquement aux halles. Le 22 mai 1417, la ville acheta une tour dite la tour de *Champ-Blanc*, située rue Cordière, avec le meix au-devant, les cens et les droits seigneuriaux qui y étaient attachés, de Philiberte de Maulbec, veuve de Philippe de Vienne, seigneur de Roulans; de Jean, Guillaume, Guillemette, Marguerite et Marie de Vienne, ses enfants, moyennant le cens annuel de 30 sols et 60 fr. d'entrée. Il fut en outre stipulé que les vendeurs seraient exempts à perpétuité de tous gects, impôts, contributions aux fortifications et emparements des murailles de la ville. Cette tour Champ-Blanc fut appelée plus tard *la tour de Vergy*. C'était une forteresse tenue en franc-alleu, entourée de fossés et garnie de machicoulis. De sa plateforme on découvrait un immense horizon. C'est là que les bourgeois étaient tenus de faire le guet et garde. L'intérieur servait d'hôtel-de-ville. Au xvie siècle, un nouveau bâtiment fut construit au-devant de la tour. Cet édifice était sans contredit le monument le plus remarquable de la ville. Son architecture était d'un aspect imposant et original. La façade principale présentait un rez-de-chaussée et deux étages; elle était couronnée par une belle corniche avec corbeaux ou modillons couverts d'ornements sculptés. La porte d'entrée et les fenêtres étaient surmontées de riches écussons historiés.

La tour, dans laquelle il y avait d'anciennes oubliettes, servait de prison et de cachot pour les criminels poursuivis par la justice de mairie.

En 1617, un oratoire fut dressé dans la chambre du conseil, sous le vocable de saint Eloi, et chaque semaine un chapelain y célébrait la messe.

L'hôtel-de-ville et la tour de Vergy, qui y était attenante, dans laquelle on croit que naquit l'illustre amiral Jean de Vienne, ont été vendus par la ville, le 17 septembre 1839, moyennant 25,000 francs, à M. Boyer, horloger. Le tout a été transformé en logements de locataires.

Grenier public. — Un établissement fort ancien à Dole, et qu'il conviendrait de rétablir, était celui d'un grenier public. Dans les années d'abondance, la ville achetait des céréales en grande quantité et les conservait dans un entrepôt. Dans les années de disette, ce blé était vendu au prix coûtant. Le 23 septembre 1592, on acheta la maison féodale de M. de Montbarrey, à l'angle de la Grande-Place, pour servir de grenier public ; mais on la revendit l'année suivante à M. de Champagney. Les grains continuèrent à être déposés à l'hôtel-de-ville.

Grenier à sel. — Le grenier à sel de Dole était situé dans la rue de la *Vieille - Saunerie.* Les villages qui levaient leur sel dans cet entrepôt, étaient Archelange, Authume, Jouhe, Saint - Vivant, Sampans, Monnières, Montroland, Champvans, l'Abbaye - Damparis, Choisey, Saint-Ylie, Crissey, Brevans, Baverans, Azans, Goux et Parcey.

Aqueducs, canaux. — Le canal de Gugeans, qui amenait de deux kilomètres, à Dole, des eaux si pures et si abondantes, remonte à l'époque romaine. Après avoir baigné les pieds de l'éminence des Commards, il venait, par un détour, longer les flancs des remparts et pénétrait les murs de la ville, pour alimenter des canaux secondaires dans tous les quartiers. En 1819, on a trouvé les restes d'un édicule païen près de la source. Il existe encore des fragments de l'aqueduc au bas du jardin des Tilleuls. La voûte était construite en moëllons.

Le canal de la Roye-Bailly a été ouvert en 1575. Au mois de janvier 1604, on commença le canal général ou grand égoût, qui s'étendait depuis la Petite-Place jusqu'au Doubs, en passant sous la Grande-Rue et les rues adjacentes.

Glacière. — Au XVIIe siècle, on crut avoir trouvé un préservatif certain contre la peste, dans l'usage de la glace pendant les grandes chaleurs. Chaque ville eut sa glacière. Celle de Dole existe encore.

Promenades. — Toutes les promenades de Dole ont été créées au XVIIIe siècle. Nous en donnerons la description plus loin.

Eclairage. — Ce n'est qu'en 1765 que le magistrat de Dole fit illuminer la ville par des lanternes qui renfermaient une lampe à un seul bec. Ces lampes, au nombre de trois cents, étaient posées contre les murs des maisons et donnaient, par cette position, très peu de clarté. En 1788, les lanternes furent remplacées par des réverbères de deux à quatre becs. Ces réverbères ont été remplacés à leur tour, en 1845, par l'éclairage au gaz.

Agrandissement de la ville. — Depuis longtemps Dole étouffait dans sa ceinture de pierre, et cependant il ne lui était pas permis de s'étendre. Il était défendu de construire des maisons en pierre dans les faubourgs. Dès l'an 1571, on ne cessa de faire des démarches pour

obtenir du souverain l'autorisation de former de nouveaux quartiers.
En 1612, le magistrat demanda à former une ville neuve près de la
porte de Besançon. Par arrêt du conseil d'Etat du roi, du 25 janvier
1754, la ville obtint enfin la permission de franchir ses murailles. Dès
ce moment on vit s'élever hors des murs les casernes, la boucherie,
le Bon-Pasteur et un grand nombre de maisons particulières.

DOLE MODERNE.

ÉTABLISSEMENTS RELIGIEUX.

Église paroissiale. — L'église de Notre-Dame est bâtie sur une
éminence et domine par sa position la plupart des quartiers de la
ville. Elle occupe l'emplacement de l'église romane bâtie en 1085 par
l'abbé Bernard, du prieuré qui était attenant au chœur et d'une partie
du cimetière. Elle passe avec raison pour l'une des plus remarquables
de l'ancien comté de Bourgogne. Elle est régulièrement orientée et se
compose d'un porche, sur lequel repose le clocher, de trois nefs, de
dix-sept chapelles successives, d'un transsept, d'une sanctuaire, d'un
chœur, de trois sacristies et d'une cour. Avant d'indiquer les dates de
construction, il importe de faire connaître par quels moyens on est
parvenu à réunir les sommes nécessaires pour élever cet édifice. Dès
que le plan de la nouvelle église eût été dressé et adopté (1485), un
tronc fut placé pour recevoir les offrandes destinées à cette construction. Un échevin et le boursier avaient chacun une clef de cette boîte.
Le 19 mars 1486, on nomma deux commis pour faire des quêtes
dans le diocèse. Le 1er février 1487, M. Nicolas Duchamp fut envoyé
à Rome, pour obtenir du pape des indulgences en faveur des bienfaiteurs de l'œuvre. Le 27 septembre 1488, le conseil députa plusieurs particuliers pour aller faire des quêtes en France, en Savoie,
dans le duché de Bourgogne et dans les pays environnants. Ce qu'il y
a de singulier, c'est que la recette des quêtes était affermée à un laïc,
à charge par celui-ci de payer 400 fr. par an à la fabrique. Le 19 septembre 1497, Philippe, archiduc d'Autriche, donna 1000 livres pour
aider à bâtir l'église neuve. Le 2 janvier 1509 (n. s.), le mayeur, les
échevins et Guillaume Vauchard, furent chargés de tenir un contrôle
des aumônes et des ouvriers qui allaient être employés, et en 1514,
les fabriciens firent lever les deniers des troncs placés à Gray, Salins,
Lons-le-Saunier et autres lieux.

La pose de la première pierre eut lieu le 9 février 1509 (n. s.).
Elle fut faite par Antoine de Vergy, archevêque de Besançon, alors

52

étudiant à l'université. On commença par construire le chœur. Il est de forme octogonale, décoré de pilastres de l'ordre composite, et éclairé par trois longues et étroites fenêtres garnies de vitraux coloriés modernes. Les anciennes verrières, dont l'une avait été placée aux frais de l'empereur Charles-Quint en 1550, ont disparu. La sacristie derrière le chœur fut bâtie en 1540. Les deux autres ont remplacé deux chapelles reconstruites en 1519, qui étaient dédiées, l'une à saint Pierre et l'autre au Saint-Esprit, et dont les familles de la Tour et de Taillant avaient le patronage.

Les nefs et les chapelles furent construites de 1540 à 1572. On voit, par un marché en date du 31 octobre 1558, que la maçonnerie coûtait 14 fr. 1/2 la toise, la ville fournissant sur place la chaux, le sable et la pierre nécessaires. L'église fut consacrée avec une grande pompe, le 24 juin 1571 ; la dédicace s'en fit le jour de fête de sainte Anne.

La nef principale a dans œuvre 61^m de longueur, 11^m 30^c de largeur et 25^m de hauteur. De chaque côté sont huit gros piliers à angles arrondis : ils sont sans chapiteaux, cylindriques, et viennent mourir en s'engageant brusquement dans les retombées de la maîtresse voûte.

Les nefs collatérales ont 51^m de longueur et 7^m 47^m de largeur. Quatorze chapelles et deux dépôts de chaises s'ouvrent sur ces nefs au moyen de grandes arcades. Un double rang de fenêtres ogivales et à meneaux éclairent les nefs et les chapelles.

Les chapelles de gauche sont dédiées à sainte Philomène, à saint Bonaventure, à saint Joseph, à l'immaculée Conception, à saint François-Xavier, à saint Vernier et à sainte Anne. Celles de droite le sont à Notre-Dame-des-Sept-Douleurs, à saint Michel, à saint Paul, au Saint-Sépulcre, au Saint-Rosaire et au Sacré-Cœur de Jésus. La chapelle qui est au bas sert aux exercices de l'archiconfrérie des pêcheurs.

Les faces longitudinales extérieures sont décorées de dix contre-forts et d'arcs-boutants, sur lesquels s'élèvent des clochetons, dont les arètes sont ornées de feuilles de choux ou de crosses végétales. La partie de la façade qui correspond à l'extrémité du croisillon du transsept présente une porte pour l'entrée latérale et une tourelle qui conduit à une tribune. Cette porte est richement nervée et décorée de feuillages et de chimères. Elle est surmontée d'une grande fenêtre à meneaux. Un pignon très aigu termine l'extrémité de chaque croisillon. Les statues de pierre (celles de la sainte Vierge et de saint André), qui surmontaient les pignons de ces deux façades n'existent plus. La toiture est très rapide et faite en tuiles vernissées de différentes couleurs, placées il y a peu d'années.

La première pierre du clocher a été posée en 1578, par le prieur de Bellefontaine, qui donna 100 livres pour avoir cet honneur. Ce clocher, construit par des maçons de Dijon, est une des parties les plus importantes de l'édifice. La base est formée par un porche ayant quatre grandes arcades ogivales, flanquées de colonnettes, de niches, de dais et de statues. L'arcade au milieu de laquelle est l'entrée principale de l'église, renferme un portail de l'ordre corinthien dans le style de la renaissance, divisé par un trumeau. La tour du clocher s'élève depuis le porche jusqu'à une riche balustrade, supportée par des consoles que décorent des figures fantastiques et d'autres ornements. A cette hauteur est une plate-forme, aux angles de laquelle sont quatre clochetons de forme octogonale et couronnés par des dômes. Au milieu et en retraite de la plate-forme, s'élève un second clocher, qui a été reconstruit en 1637, ainsi que les clochetons, pour remplacer la flèche dont Boyvin raconte ainsi la chute : « Dans la nuit du 7 au 8 août 1636, éclata un orage épouvantable : la grande tour du clocher, qui avoit souffert plus de mille coups de canon, et par le brisement des pilastres et angleries panchoit et s'entrouvroit desia, estant poussée par les tourbillons qui s'engouffrèrent dans les mattelas qu'on y avoit attachés, comme dans les voiles déployées au milieu de la tourmente, fut renversée en un instant dès le sommet jusqu'à la première galerie, de la hauteur d'environ 200 pieds communs. (Boyvin a sans doute commis ici une erreur.) Les puissants quartiers de pierre qui fondoient du haut en bas et rencontrant quelque obstacle, bondissoient de toutes parts, enfoncèrent la moitié du couvert de l'église, crevèrent l'une des plus hautes voûtes et quatre des allées et chapelles qui la costoyoient, avec un grand esbranlement des voisines. Les cloches, quoique descendues plus bas quelques jours auparavant, furent la plupart brisées par la chute des voûtes enfoncées. » Au-dessus du deuxième clocher, on en compte encore deux autres superposés et couronnés par des dômes.

Le clocher actuel a une hauteur de 75^m. L'ancien en avait 88 et était couvert en bronze. Il servait de phare à toutes les places fortes de la province.

Sur la plate-forme est le logement du *clochetier*, chargé de répéter l'heure, et au besoin de sonner le tocsin comme au moyen-âge. Des lunettes fixes, braquées sur chaque village des alentours, servent à déterminer le point précis où éclate un incendie. Il y a deux grosses cloches, pesant l'une 4500 kilog., l'autre 3000 kilog., et huit carillons qui ont remplacé une sonnerie harmonique très vantée. Une horloge ,

du xv⁰ siècle, regardée comme une merveille, fut brisée lors de la
chute du clocher, en 1636. On en plaça une nouvelle en 1676.

La Sainte-Chapelle a été commencée en 1610, et a été exécutée
aux frais des avocats de la confrérie de Saint-Yves. Elle est à droite
du chœur et était consacrée au saint-sacrement du miracle. Elle est
divisée en trois nefs voûtées à plein-cintre. Ses voûtes sont décorées
de rosaces et de caissons. Son sanctuaire est de forme octogonale et
est décoré de pilastres de forme composite.

Le jubé qui supporte le jeu d'orgue se compose d'arcades et de colonnes corinthiennes en marbre. Il a été construit en 1614.

En 1788, on a blanchi l'église, mis le chœur à la moderne, renouvelé tout le pavé, qui était en pierres tombales, enlevé les autels,
statues, bas-reliefs et inscriptions sépulcrales adossés à chacun des
piliers.

La révolution a fait disparaître les écussons armoriés suspendus à
l'orgue, des bienfaiteurs de l'église, les riches reliquaires renfermant
des ossements de saint Sébastien, de saint André et l'hostie miraculeuse de Faverney, des statues de la Vierge en argent massif, de
précieux *ex votis*, des vases sacrés, des ostensoirs en or et enrichis de
pierreries, des croix, des bâtons cantoraux en argent ciselé, de
brillants ornements sacerdotaux, de délicats pupitres en cuivre, de
beaux tableaux peints sur bois, un tableau de maître-autel, exécuté
par Prévost, élève de Raphaël, et donné, de 1530 à 1540, par Hugues Marmier, président du parlement, etc.

On remarque aujourd'hui dans l'église un tableau représentant la
Purification de la Vierge, exécuté par Gindertalen, peintre estimé, de
Bruxelles, en 1668; douze autres tableaux dus au pinceau de Laurent
Pécheux, de Lyon, et donnés, de 1765 à 1779; ils représentent la
Nativité, le *Christ en croix*; l'*Adoration des Mages*, l'*Ascension*,
l'*Annonciation*, la *Circoncision*, la *Transfiguration*, la *Résurrection*,
Jésus instruisant les docteurs et la *Descente de croix*. Ces tableaux
sont de belles copies, d'après de grands maîtres. Le baron Taylor prétend que la *Transfiguration* est la meilleure copie qui existe en Europe de cette œuvre célèbre de Raphaël; deux tableaux peints par
M. de Valdahon, représentant l'un, l'*Assomption*, et l'autre *sainte
Catherine de Cardonne;* une copie du *saint Michel*, de Raphaël, par
M. Pointurier fils, de Dole; un tableau représentant *saint Bonaventure*, peint par M. Bourges; les statuettes en bois représentant les
saints Côme et Damien; les dorures et les grilles de la Sainte-Chapelle;
le pavé-mosaïque du sanctuaire et du chœur; le maître-autel en

marbre blanc, exécuté en 1850, par MM. Bouquin-Macaret, marbriers à Saint-Amour ; deux anges adorateurs, sculptés par M. Besson ; les boiseries des stalles, la chaire à prêcher en marbre, dans laquelle saint François de Sales prêcha sur la prédestination, le jour de la Toussaint 1608 ; l'orgue qui fut donné par le parlement, de 1517 à 1550, et qui passait autrefois pour le plus beau de l'Europe après celui de Milan ; cet instrument est d'autant plus estimé, qu'il est joué par M. Muller, l'un des meilleurs organistes des provinces de France, et enfin, le mausolée du chancelier Carondelet. Il occupe le fond du chœur et encadre la porte de la sacristie. Il est en marbre blanc ; deux colonnes corinthiennes s'élèvent sur un soubassement ; entre les colonnes est une arcade reposant sur des piliers qui forment arrière-corps. Les colonnes supportent un riche entablement, sur lequel sont sculptés deux beaux anges adorateurs. Dans la frise sont sculptés en bas-relief, des cavaliers montés sur des chevaux indomptés, et des chevaux sans cavaliers. Tout le monument est d'un travail admirable. Les statues en marbre blanc de Carondelet et de son épouse ont été brisées en 1794.

Un bon tableau représentant saint Jérôme orne la sacristie.

L'église a reçu des restaurations importantes en 1829 et en 1846. On a achevé, en 1847, d'enlever les viles échoppes qui s'appuyaient sur les murs extérieurs.

On a placé en 1847, à l'un des angles du porche, une croix en pierre qui avait été élevée sur la place, au lieu même où un grand nombre de citoyens étaient morts en combattant, lors de la prise de la ville, en 1479. Cette croix, abattue en 1793, avait été relevée en 1821.

La fête patronale se célèbre le 8 septembre.

Cimetière. — Le cimetière est situé au nord de la ville, rue du Repos. Créé en 1768, il a été agrandi en 1839. Il est précédé d'une porte monumentale couronnée par un fronton et flanquée de niches qui attendent encore des statues. Une grille en fer ferme l'entrée. A côté sont les logements du gardien et du fossoyeur. Le cimetière, entouré de murs, est emplanté d'arbustes, de fleurs, d'arbres en plein vent d'essences très variées, et renferme un grand nombre de monuments funéraires.

Congrégations. — On compte à Dole quatre congrégations : celle des hommes, composée de cent personnes : elle fait ses exercices dans l'église des Frères de la doctrine chrétienne ; celle des femmes, composée de deux cents sociétaires ; celle des demoiselles (quatre cents sociétaires) : elles se réunissent dans l'église paroissiale ; et enfin celle des filles de service (trois cents sociétaires) : leurs réunions ont lieu dans l'ancienne église des Carmélites.

ÉTABLISSEMENTS JUDICIAIRES.

Palais de Justice. — Le couvent des Cordeliers, occupé, après la suppression des ordres religieux, par le tribunal du district, était tellement vaste, qu'on put y installer plus tard le tribunal de première instance, la justice de paix, le tribunal de commerce, la sous-préfecture et la gendarmerie. L'ensemble de cet édifice se compose d'un portail, d'une première cour, d'une seconde cour entourée de quatre corps de bâtiments que longe une suite d'arcades reposant sur vingt-huit piliers. Cette galerie sert de pas-perdus. Le portail est à plein-cintre. Il est flanqué de quatre colonnes en marbre rose de l'ordre ionique, dont les volutes sont imitées de l'antique. Ces colonnes reposent sur des piédestaux accouplés et sont couronnées par un entablement au-dessus duquel s'élève un fronton. Sur la corniche rampante du fronton sont représentés, à demi couchés, deux génies ailés à figures humaines. Ils sont richement drapés et sculptés en pierre, de grandeur au-dessus de nature. La plupart des appartements du rez-de-chaussée sont voûtés à arêtes. Les toits sont surmontés de deux para-tonnerres.

Prisons. — Un arrêté du gouvernement, du 15 avril 1803, décida que les prisons de Dole seraient transférées dans la maison du Bon-Pasteur, rue du Crot, des Vieilles-Ecoles ou du Refuge, et l'Etat vendit, le 8 décembre 1806, à M. Courcenet, les bâtiments, la chapelle et les cachots qui avaient servi jusqu'alors de prisons civiles. Des travaux successifs, des agrandissements furent exécutés à la maison d'arrêt, depuis 1806 à 1835. Il est question de les disposer d'après le système cellulaire.

La façade principale est formée par la chapelle qui fait avant-corps, et présente quatre belles colonnes de l'ordre dorique, engagées d'un sixième dans l'épaisseur des murs, et supportant un entablement et un fronton orné de modillons. A la suite du chœur est une cour entourée par les bâtiments de la prison. L'intérieur de l'édifice répond parfaitement à la beauté de l'extérieur.

ÉTABLISSEMENTS D'ADMINISTRATION GÉNÉRALE.

Sous-préfecture. — La sous-préfecture, installée en 1800 dans une aile du couvent des Cordeliers, fut transférée, en 1825, dans un hôtel acquis par le département, le 19 février 1824, moyennant 28,000 fr. Cet édifice occupe l'emplacement de l'ancien meix Lambrey, et fut vendu par M. Antoine-Réné-Marie Terrier, marquis de Montciel ; Louis-Réné-Simon, marquis de Vaulchier, préfet du Bas-Rhin, et par Mme de Gœsbriand. Il est situé à l'une des extrémités de la rue du Collége, sur une place appelée autrefois Petite-Place, et aujourd'hui, place de la Sous-Préfecture. Il est précédé d'une cour que ferme une grille élégante. Au centre de cette grille, est une jolie fontaine ombragée par des saules pleureurs et encadrée entre deux pilastres que couronnent des vases à l'antique. L'ensemble de l'édifice est d'une bonne architecture. Les fenêtres sont géminées, et le toit est très aigu.

ÉTABLISSEMENTS D'INSTRUCTION PUBLIQUE.

Garderies ou écoles privées de l'enfance. — Il y en a six à Dole, et elles reçoivent environ cent élèves, moyennant rétribution. Elles sont dirigées par des femmes pourvues d'autorisations spéciales. Deux de ces petites écoles donnent d'excellents résultats, surtout celle confiée aux soins de Mme Courvoisier, ancienne élève de l'école normale.

Salles d'asile. — On compte trois salles d'asile gratuites à Dole, toutes dirigées par une congrégation naissante, dite *de l'Enfant-Jésus.* La salle centrale, ouverte dans l'ancien collége de grammaire, est fréquentée par deux cent cinquante élèves ; celle des Commards, par cinquante élèves, et celle du Poiset, par trente.

Ecole des Frères de la Doctrine chrétienne. — Cette école, fondée en 1737 par M. Léonard de Mesmay, richement dotée en 1748 par M. Broch d'Hotelans, supprimée en 1791 et reformée en 1810, sous la protection du gouvernement impérial, est tenue par vingt et un frères dont la maison principale est à Paris et le noviciat à Vesoul. Neuf de ces frères sont rétribués par la ville ; les autres restent à la charge de la maison centrale. Cette institution marche à merveille, sous la direction de frère Germain, qui est à sa tête depuis vingt-quatre ans. A une instruction solide et variée, ce directeur réunit tout ce qu'il faut de tact et de patience pour élever les enfants. Six cent cinquante élèves fréquentent l'école, divisée en plusieurs classes. Cinq cent trente y reçoivent l'instruction gratuitement ; quatre-vingts y sont reçus à titre de demi-pensionnaires, et quarante à titre de pensionnaires, à raison de 30 fr. par mois. Outre l'enseignement élémentaire, on apprend aux enfants qui ont de l'aptitude la musique vocale, la géométrie et le dessin linéaire.

Les bâtiments, situés à l'angle que forment la rue Cordière et la rue Saint-Jacques, appartiennent à la ville. Ils sont bien construits et d'un bon style. Un préau sépare le bâtiment principal d'un corps-de-logis donné en 1840 par l'abbé Noël. Il y a treize salles d'étude. Les pensionnaires n'ont aucune communication avec les externes. Les dortoirs sont spacieux et bien aérés. La chapelle est dédiée à la Vierge, et d'une décoration pleine de goût. Les boiseries du chœur sont d'une beauté remarquable.

Il y a une succursale au faubourg de la Bedugue, fréquentée par cent vingt élèves.

Collége. — Les bâtiments du collége sont situés de chaque côté de l'ancienne rue de Morteau, à laquelle on a donné successivement le nom de *rue de l'Instruction* et de *rue du Collége*. La partie de ces bâtiments contiguë aux anciens remparts de la ville, était autrefois le collége de grammaire, et servit longtemps de bâtiment pour les classes. Elle est formée de deux corps-de-logis à peu près parallèles, séparés par une cour ayant la forme d'un parallélogramme. Le portail est la seule partie remarquable de ce quartier. Il est décoré de deux colonnes d'ordre corinthien, avec entablement et fronton. Un arc jeté sur la rue supporte un couloir destiné à relier ces bâtiments avec ceux situés de l'autre côté de la rue. Ces derniers se composent de plusieurs corps-de-logis dont les trois premiers, avec l'église, forment les côtés d'une cour rectangulaire emplantée d'arbres. A leur suite on en trouve d'autres qui forment les côtés d'une seconde cour au milieu de laquelle est un bassin de fontaine. Deux des côtés opposés de cette cour ont une galerie avec arcades à plein-cintre. Ce quartier renferme un beau cabinet de physique, la salle de dessin, la bibliothèque publique, le musée, les logements du principal, des professeurs, des pensionnaires, et les classes. Ils ne laissent rien à désirer sous le rapport de l'étendue et du confortable.

L'aile qui longeait la rue Cordière appartient actuellement à plusieurs particuliers.

L'église se compose d'un porche, d'une grande nef, de deux nefs collatérales divisées en chapelles, d'un sanctuaire en hémicycle, de deux sacristies, d'un clocher à gauche du sanctuaire et d'une vaste tribune qui règne sur toute l'étendue des nefs.

Le vaisseau est décoré de douze beaux pilastres de l'ordre composite, surmontés d'une architrave et d'une corniche d'où partent les riches nervures des voûtes.

Le portique est composé d'arcades, de colonnes de l'ordre corinthien, d'un entablement et d'un attique à balustre, décoré de sculptures. Il a été classé, le 22 juillet 1845, parmi les monuments historiques entretenus aux frais de l'Etat. On en attribue le dessin à Jean Boyvin.

Les fonctionnaires attachés au collége sont un aumônier, professeur de philosophie, un professeur de physique et de mathématiques, un professeur de rhétorique, six régents pour les classes de seconde, troisième, quatrième, cinquième, sixième et septième, et un directeur de l'école primaire supérieure. Les arts d'agrément sont enseignés par des professeurs étrangers à l'établissement.

Le nombre des pensionnaires est de soixante, et celui des externes, de vingt. La ville est en instance pour faire ériger son collége en lycée.

Ecole libre des Jésuites. — Cette école est située rue du Collége, et occupe l'ancien hôtel du marquis de Brun, qui fut vendu par M. le comte de Scey aux jésuites, en 1825. Elle est séparée de la rue par un mur très élevé que couronnent des boules et d'autres ornements en pierre. Ce mur est percé d'une grande porte cochère qui donne accès dans la cour. Les bâtiments sont disposés sur les côtés de cette cour. Un parc magnifique, tracé par Lenôtre et attenant à la maison, sert aux récréations des élèves. Il est emplanté d'arbres de haute futaie d'essences très variées. On y remarque un puits d'une grande dimension, plusieurs statues de la sainte Vierge et d'autres personnages empruntés à l'histoire sacrée, un mont Parnasse, une vallée de Tempé, une cabane rustique, des bancs de gazon, une carrière exploitée, etc.

On compte dans ce collége deux cent vingt élèves, dont quatre-vingt-quatre sont pensionnaires. Les révérends pères jésuites vont faire construire de nouveaux bâtiments, afin de pouvoir admettre un plus grand nombre d'étudiants.

Ecole gratuite des sciences appliquées aux arts et métiers et aux beaux-arts. — Cette école, fondée en 1793, dans une des salles de l'ancien hôtel-de-ville, fut d'abord dirigée par le statuaire Attiret, et ensuite par le peintre Dubuisson. Abandonnée pendant plusieurs années, le conseil municipal, dans sa séance du 10 mai 1827, vota pour son rétablissement une somme de 5400 fr. Les professeurs se présentèrent à l'envi. C'étaient tous de notables habitants qui se vouaient à l'instruction de leurs concitoyens avec le zèle le plus désintéressé. Les premiers professeurs furent *M. Demas*, pour l'arithmétique et la géométrie; *M. Corne*, ingénieur en chef des ponts et chaussées, pour la géométrie descriptive et le dessin graphique; *M. Domet de Mont*, suppléé par *M. Liouchard*, pour la mécanique; *M. Machard*, pour la physique; *MM. Bolu aîné* et *Meynier*, pour l'histoire naturelle

53

(minéralogie et botanique); *M. Dalloz*, pour l'agriculture; *M. Bolu-Patouillot*, pour l'anatomie appliquée au dessin et à la sculpture; *M. Protat*,|pour le droit commercial élémentaire appliqué aux usages du commerce; *M. Falletay*, pour la tenue des livres de commerce; *M. Augustin Vuillier*, pour l'écriture d'après la méthode américaine; *M. Robert*, pour la sténographie; *M. Besson*, pour le dessin et la sculpture; *M. Dez*, pour l'architecture, *M. Lamy*, pour la musique vocale d'après la méthode de Wilhem. Le nombre des élèves inscrits fut d'abord de sept cent treize. Plus tard, *M. Biétrix* y professa longtemps la géométrie descriptive; *M. Bonneville*, la chimie, et *M. Boillot*, la mécanique. Un grand nombre de sujets distingués sont sortis de cette école, qui continue à rendre les plus grands services. Elle a aujourd'hui pour professeurs, savoir : *MM. Demas*, pour l'arithmétique et la géométrie; *Rodet*, pour la levée des plans et le dessin topographique; *Chariot*, pour le dessin linéaire, l'architecture, l'archéologie monumentale, la géographie descriptive et la construction; *Jacquinot*, pour le cours élémentaire de musique vocale; *Victor Ruffier*, pour le cours des orphéonistes; *Besson*, pour le dessin, la peinture et la sculpture. *M. Corne* reste avec le titre de directeur de l'école, et *M. Lamy*, avec celui d'inspecteur des cours de musique. Il serait à désirer que l'exemple donné par ces honorables citoyens fût suivi dans les différentes villes de notre département.

Couvent de la Retraite chrétienne. — M. l'abbé Charles Bretenière, né à Dole, acheta en 1821 l'ancien couvent des Minimes, situé au faubourg de la Bedugue, et y plaça des sœurs de la Retraite chrétienne, dont la maison principale est aux Fontenelles (Doubs). Ces sœurs ne sont pas cloîtrées, mais elles gardent un continuel silence; elles travaillent à des ouvrages d'aiguille dont la vente aide à l'entretien de la maison. Il y a dans le couvent quarante religieuses professes, trente postulantes et trente pensionnaires. Quinze externes y reçoivent, moyennant rétribution, l'instruction élémentaire. Le costume des sœurs se compose d'une longue robe de gros drap blanc, surmontée d'un capuchon carré qui couvre la tête et cache une partie de la figure.

Couvent de la Visitation. — Le 15 août 1822, deux religieuses de la Visitation de Sainte-Marie, sorties du monastère de Romans (Drôme), et une autre venue de Lyon, érigèrent un couvent de leur ordre à Poligny. Elles achetèrent une partie des bâtiments de l'ancien collége Saint-Jérôme, situés à Dole, rue du Collége, et y transférèrent leur monastère le 26 juillet 1826. Cette maison d'éducation est tenue par quarante religieuses qui ne relèvent d'aucun chef d'ordre. Les pensionnaires, au nombre de vingt-cinq, y reçoivent une éducation très soignée. Outre les connaissances ordinaires, on leur apprend le dessin, la musique, les mathématiques et toute espèce de travaux à l'aiguille. Le prix de la pension est de 500 fr.

Une partie de la nef de l'église du collége de Saint-Jérôme sert de chapelle. Elle est décorée de plusieurs tableaux peints par les religieuses mêmes de la maison. Il y en a deux qui sont dus au pinceau de M. Bourges.

ÉTABLISSEMENTS D'INSTRUCTION PUBLIQUE ET DE BIENFAISANCE.

Couvent des Ursulines. — Mmes Dupuis de Vers, d'Orival, de Truchy, Parrot, Barraud, Courvoisier et Perrey, anciennes religieuses ursulines, prirent possession, le 8 octobre 1802, de l'hôpital général de la Charité, et y ouvrirent une école. Par traité avec la ville, elles devaient élever gratuitement douze garçons et douze filles jusqu'à l'âge de dix-huit ans. Les ursulines, obligées de quitter cet établissement en 1830, n'y rentrèrent qu'en 1833. Elles y sont aujourd'hui au nombre de dix-huit. Elles donnent l'instruction gratuitement à trois cents élèves, moyennant une rétribution de 1500 francs que la ville leur paie. Il y a en outre cinquante demi-pensionnaires, trente pensionnaires et trente-deux orphelines qui sont élevées gratuitement dès l'âge de six ans jusqu'à dix-huit ans. Les jeunes filles reçoivent dans cette maison, comme les petits garçons chez les frères de la doctrine chrétienne, une bonne éducation morale et apprennent la lecture, l'écriture et le calcul. On leur enseigne la musique, le dessin et les travaux à l'aiguille.

Les revenus de la maison, régis sous la surveillance de la commission administrative des hospices, s'élèvent à 15,583 fr., et consistent en loyers de maisons, fermages en nature et en argent, rentes foncières, rentes sur l'Etat et sur particuliers, produit des travaux des orphelines, droits sur les concessions dans le cimetière, et prix des pensions, à raison de 30 fr. par mois. Les dépenses s'élèvent à 15,000 fr.

Le bâtiment, d'un aspect imposant et monumental, présente une forme rectangulaire et se termine par deux pavillons. Il est baigné d'un côté par les eaux des canaux des moulins et du Rhône au Rhin, et l'autre donne sur une vaste cour qui le sépare d'un fort beau jardin circonscrit par les flancs de l'ancien bastion du pont. Une longue promenade règne sur les murailles de ce bastion.

On remarque dans ce couvent, placé sous l'invocation de saint Michel, archange , les portraits d'Anne de Xaintonge et de Mlle de Boisset, fondatrices du premier couvent des ursulines à Dole; ceux des principaux bienfaiteurs de l'hospice et un bon tableau représentant la Sainte-Famille. La chapelle, parfaitement décorée, renferme une descente de croix peinte sur bois qui fait l'admiration des connaisseurs.

De tous les monastères d'ursulines érigés dans la province, celui de Dole est, sans contredit, l'un des plus importants. On ne saurait donner assez d'éloges à Mme Bouveresse, qui en est la supérieure, pour le zèle et le talent avec lequel elle le dirige.

Séminaire des Orphelins. — Le séminaire des Orphelins, fondé par M. de Broissia, en 1689, est situé entre la rue des Chevannes ou des Tanneurs et le bassin du canal du Rhône au Rhin. Il y a vingt places gratuites pour des orphelins de père et de mère, originaires de la province, dont dix-huit sont de fondation première. Les deux autres ont été fondées par Mme la marquise de Balay et par une personne de Baume-les-Nonnes. La nomination à la plupart des bourses appartient à M. le marquis Just de Froissard-Bersaillin, à M. Flavien de Broissia et à M. de Pertuis, héritiers du fondateur. On fournit aux boursiers la table et le logement pendant toute la durée de leurs études. Leur entretien et l'achat des livres restent seuls à la charge des familles.

A ce séminaire est annexé un pensionnat, qui se compose aujourd'hui de trente-six élèves. Ils suivent, ainsi que les boursiers, les cours du collége des Pères Jésuites, et sont répétés dans leurs études par des sous-maîtres instruits, qui surveillent avec une égale sollicitude les progrès et les mœurs de leurs écoliers.

Le prix de la pension est de 400 fr. par an.

Le soin intérieur de cette maison est confié, depuis 1819, à un vénérable ecclésiastique, M. l'abbé Vernier, sous la surveillance de la commission administrative des hospices. Ses revenus, régis par un économe, s'élèvent à 24,400 fr., et proviennent de loyers de maisons, fermages en nature et en argent, rentes sur l'Etat et prix des pensions. La dépense est de 24,000 francs.

L'habitation , sans être remarquable, ne laisse rien à désirer sous le rapport de l'utile et de l'agréable. Pendant l'été, on conduit les élèves dans une charmante maison de campagne, située à deux kilomètres de la ville, entre le canal du Rhône au Rhin et la route de Dole à Chalon-sur-Saône. Elle est la propriété du séminaire.

Cet établissement jouit au loin d'une excellente réputation justement méritée. On y rencontre des pensionnaires venant de Lyon, de Besançon et de plusieurs autres grandes villes.

Maison de la Providence. — Elle est située dans l'angle formé par la rue Landon et celle des Ursulines, et a été fondée par Melle Virginie Carrière, en 1823, pour servir d'asile aux jeunes filles pauvres, et principalement aux orphelines. Elles y sont reçues depuis l'âge de dix ans jusqu'à vingt ans, et y font leur apprentissage de couturières. On leur donne en même temps une instruction simple, morale et religieuse. La plupart y sont admises gratuitement; les autres paient 15 fr. par mois. Une demoiselle noble, originaire de la Franche-Comté, dirige avec un grand dévouement cette maison, qui doit tout à la charité des personnes pieuses. Douze femmes, tant maîtresses ouvrières que domestiques, donnent leurs soins aux jeunes personnes.

Mlle Coudry de Fraisans, l'une des anciennes directrices, a racheté la plus grande partie des bâtiments du monastère des Ursulines, vendus au moment de la révolution, et les fournit gratuitement à cette institution.

Le nombre des élèves est de cinquante à soixante.

Couvent de Saint-Joseph. — Entre le quartier de cavalerie et la propriété de M. le comte de Scey, est le couvent de Saint-Joseph, fondé en 1839, par des religieuses de l'ordre de Saint-Charles, dans une maison particulière qu'elles acquirent, et dont la construction ne date que de 1822. Il est dirigé par quatre sœurs, dont la maison principale est à Nancy. Il sert d'asile aux vieillards des deux sexes, aux infirmes, aux orphelins et aux enfants malheureux. On apprend à ces derniers à lire, à écrire et à calculer. La charité publique alimente seule les ressources de cet asile. Le bâtiment est précédé d'une vaste cour. Dans le mur de clôture s'ouvre l'oratoire dit de Notre-Dame d'Arans, dont il renferme la statue.

La chapelle, dédiée à saint Joseph, est décorée de plusieurs bons tableaux et d'un beau Christ sculpté en ivoire.

Maison du Bon Pasteur ou du Refuge. — Mlle Chappuis fonda cet asile en 1839, dans une maison qu'elle loua. Il fut transféré, en 1847, dans la maison qu'il occupe actuellement. Des religieuses de l'ordre de Notre-Dame-de-Charité ou du Bon Pasteur, dont la maison principale est à Angers, y furent alors installées. Obligées de s'éloigner à la suite de la révolution de 1848, elles ne revinrent qu'en 1849. Elles sont au nombre de douze, et se sont imposé la tâche de ramener au bien les jeunes filles qui se livrent à la débauche ou qui sont exposées à se perdre. On compte actuellement dans cette maison trente-quatre filles repentantes et vingt-sept orphelines ou délaissées. Ce refuge n'a de ressources que les travaux manuels auxquels se livrent les recluses, et la charité de quelques personnes pieuses. Il est situé dans une position très agréable, sur le bord du chemin qui conduit de la rue des Arènes à la prise d'eau.

ÉTABLISSEMENTS DE BIENFAISANCE.

Hôtel-Dieu. — L'Hôtel-Dieu ou hôpital civil et militaire de Dole est situé entre la rue de l'Hôpital, le bas de la rue Saint-Jacques, le canal des moulins et la rue du Rempart. Il passe pour un des beaux hôpitaux de France. Sa distribution répond à tous les besoins. Les bâtiments, commencés en 1612, sur les plans de Jean Boyvin, forment un carré au milieu duquel est une cour. La disposition intérieure de cette cour est remarquable : elle est entourée de portiques dont les voûtes en ogive à quatre nervures sont réunies par une clef. Contre la galerie de gauche on remarque une élégante tour octogonale, couronnée par une flèche qui cache un escalier.

Au premier étage et dans l'aile gauche du bâtiment, est la salle des femmes, contenant vingt lits.

La salle des hommes est sur l'aile de face postérieure. Elle contient trente-deux lits. La galerie de cette face a été transformée en une salle contenant neuf lits, destinés actuellement aux ouvriers qui travaillent aux chemins de fer. Elle servait auparavant pour les malades militaires. A l'extrémité-est de la salle des femmes, et dans l'angle qui la sépare de celle des hommes, est une chapelle très élégante, surmontée par un clocher.

Au second étage, au-dessus de la salle des femmes, se trouve une petite salle contenant 8 lits, destinés à des vieillards nés dans la ville, que le malheur ou des infirmités ont réduits à l'indigence. Ils sont nourris et entretenus aux frais de la maison. Mlle Perron est l'une des principales fondatrices de cette salle.

Au-dessus de la salle des hommes, règne un vaste corridor, sur lequel s'ouvrent quinze chambres pour les sœurs hospitalières. Plus loin est leur infirmerie, qui contient quatre lits ; sur le même palier du côté du jardin, sont établis la lingerie et les dortoirs des domestiques. L'aile de droite en entrant est occupée par les salles du conseil d'administration et par deux vastes pièces employées au service particulier de la maison. Parallèlement à la rue de l'Hôpital, on a construit en 1840, sur le plan de l'architecte Chariot, une salle spéciale pour les militaires; elle contient 25 lits.

Entre l'hôpital et le canal des moulins, il y a une seconde cour séparée de la rue Saint-Jacques par une belle grille en fer et fonte, exécutée en 1844. Elle est percée de deux grandes portes et décorée de huit colonnes en fonte, cannelées et de l'ordre composite. Cette grille est un chef-d'œuvre de serrurerie. La façade qui donne sur cette cour et celle qui longe la rue Saint-Jacques, sont ornées sur toute leur longueur d'un magnifique balcon en pierre à balustres très riches, supporté par des consoles délicatement sculptées. Une gracieuse tourelle s'élève à l'un des angles de ce balcon.

Les fenêtres sont généralement géminées et de belles proportions. Le jardin est assez vaste pour isoler l'établissement et pour l'usage de la maison.

Les revenus de l'Hôtel-Dieu consistent en loyers de maisons, fermages en argent et en nature, rentes foncières, rentes sur l'État et sur particuliers et s'élèvent à 45,813 fr., y compris 12,000 fr. payés par l'État, pour journées des militaires malades. La dépense s'élève à 45,000 fr.

Les sœurs de Saint-Jacques qui desservent cet hospice sont au nombre de treize, y compris Mme la supérieure et une novice. Elles peuvent être jusqu'à dix-huit. Elles sont vêtues de robes de laine bleu de ciel. L'ensemble de leur costume est très élégant.

Maison de Saint-Charles ou du Bouillon. — La maison dite du Bouillon a commencé a être tenue à Dole par des sœurs de l'ordre de Saint-Charles en 1769. Plus d'un siècle auparavant, les dames de la ville en faisaient déjà les œuvres. Les sœurs occupèrent d'abord une petite maison, rue du Collége ; celle qu'elles habitent aujourd'hui a été achetée en 1779, avec une somme léguée pour cet objet par Mme de Froissard-Broissia, chanoinesse de Poussay. Elles sont au nombre de six et relèvent de la maison principale de Nancy. Le but de l'établissement est le soulagement à domicile des pauvres malades de la ville et des faubourgs. Ses revenus ne se composent que des dons de la charité publique.

Le nombre des pauvres secourus est illimité. Chaque famille indigente reçoit tour à tour et pendant un mois, des distributions de soupe et de riz. On prodigue aux malades les soins les plus empressés.

Dans la chapelle des sœurs, on remarque un Christ mourant, peint par le P. Jean-Denis Attiret.

Bureau de bienfaisance et dépôt de mendicité. — Ils occupent une partie des bâtiments de l'ancienne confrérie de la Croix, au bas de la Grande-Rue et près de la rue Saint-Georges. Les revenus du bureau s'élèvent à 7601 fr. et consistent en loyers de maisons, fermages en nature, rentes sur l'Etat et sur particuliers, droits sur les bals, spectacles et autres réjouissances publiques, dons, quêtes, droits sur les concessions au cimetière. Ces revenus sont distribués aux pauvres de la ville; 2150 fr. sont consacrés à entretenir dans le dépôt de mendicité 11 vieilles femmes et une concierge, et 1000 fr. à payer les loyers de familles indigentes. On paie en outre l'apprentissage de 40 enfants des deux sexes, à raison de 3 kil. de pain par semaine pendant toute la durée de l'apprentissage.

Association de la Sainte-Enfance. — Les Dames de la Sainte-Enfance sont des dames et des demoiselles de la ville, qui ont formé en 1821, une association pour venir au secours des enfants orphelins. Elles leur font apprendre des métiers et pourvoient à leurs besoins physiques et moraux, suivant l'étendue des ressources de l'association. Leur maison est située rue du Collége ; elle renferme une chapelle dans laquelle on célèbre quelquefois la messe. Les sociétaires, au nombre de plus de 200, se réunissent le lundi et consacrent ce jour à des travaux dont le produit est employé au soulagement des pauvres.

Société de Saint-Vincent-de-Paul. — Cette société, fondée en 1849, et composée de plus de 200 personnes, a son siége rue Saint-Georges, dans la maison d'Hautecour. Les membres actifs se réunissent tous les lundis. Les autres ne se réunissent que deux fois par mois, et alors il y a assemblée générale et instruction religieuse. Tous les dimanches, après la grand'messe, 40 enfants patronés par les sociétaires, se rendent au siége de la société et y reçoivent une instruction religieuse. Le but de cette association est le soulagement des pauvres, le patronage des enfants et l'avancement de ses membres dans les voies de la perfection chrétienne. Elle produit d'excellents résultats.

Association des vignerons. — Cette société, fondée le 24 mars 1801, compte 118 membres. A sa tête sont un président, un adjoint et un secrétaire. Elle se divise en quatre sections, nommant chacune deux ou trois commissaires. D'après les statuts, les sociétaires promettent et s'obligent respectivement à cultiver par eux-mêmes, ou à faire cultiver à leurs dépens, les vignes de ceux d'entre eux qui en seraient empêchés par la maladie, pendant le temps et dans la saison des travaux de la campagne, comme aussi d'exploiter on faire exploiter à leurs frais, et pour la première année seulement, les vignes des associés qui viendraient à décéder dans la saison des travaux, laissant une veuve ou des enfants. Depuis 29 ans, M. Belet, Claude-Adrien, est président de cette société, quoique soumis tous les trois ans à une réélection. C'est assez faire l'éloge de cet estimable vigneron.

Société de secours mutuels. — Un décret impérial, en date du 28 mars 1852, a prescrit la création de sociétés de secours mutuels dans chacune des communes de France où l'utilité en serait reconnue. Le but de ces institutions est d'assurer des secours temporaires aux sociétaires malades, blessés ou infirmes, et de pourvoir à leurs frais funéraires. Ces sociétés se composent d'associés participants, qui s'engagent à payer une cotisation périodique, et de membres honoraires, qui s'engagent à payer une souscription, dont le minimum est fixé par les statuts.

Une société de ce genre a été autorisée à Dole, par arrêté de M. le préfet, en date du 18 février 1854.

ÉTABLISSEMENTS D'HUMANITÉ.

Asile départemental des aliénés. — Après la dispersion des ordres religieux, le couvent des carmes fut occupé par plusieurs familles de malheureux qui allèrent s'y installer pour ne pas payer de loyers. Il fut affecté ensuite, par le ministre de la guerre, au service de la manutention des vivres pour la garnison et au casernement de la gendarmerie départementale. Deux décrets impériaux des 21 novembre 1808 et 31 juillet 1811, le convertirent en un dépôt de mendicité pour le département. Il devait recevoir 250 mendiants. M. Quesnel, ingénieur en chef, dressa les plans des travaux à exécuter pour l'appropriation des bâtiments, et l'adjudication en fut tranchée le 16 décembre 1811, au sieur Amaudru, moyennant 153 mille fr. Les constructions ne furent achevées qu'au mois de juin 1813. Au mois de septembre suivant, on consacra 40,000 francs à l'ameublement et au vestiaire. Le dépôt était sur le point de fonctionner, lorsqu'eut lieu l'invasion des troupes alliées. Le 20 novembre 1815, un régiment autrichien s'installa par force dans les nouveaux bâtiments. Un arrêté préfectoral du 12 avril 1816, fixa l'ouverture du dépôt de mendicité au 1er mai suivant.

En 1817, cet asile renfermait 250 reclus et 16 employés. Le 20 août de la même année, le préfet prit un arrêté pour réduire le nombre des admissions à cent, réparties entre les divers arrondissements, d'après leur population. Une nouvelle disposition administrative, du 29 juin 1827, qui affectait les trois cinquièmes des places aux individus atteints d'aliénation mentale, autorisa le dépôt à recevoir en outre les aliénés pour lesquels les familles s'engageraient à payer une pension annuelle de 240 francs. Plus tard, en 1832, un arrêté du 29 septembre, pris ensuite d'une délibération du conseil général du 10 juin de la même année, modifia un peu les anciens réglements, en mettant pour les admissions à venir, une partie de la dépense au compte des communes, et en établissant que les frais d'entretien des personnes à la charge des familles seraient réglés chaque année par le préfet, et recouvrés sur des états trimestriels arrêtés par ce magistrat.

Dans la session de 1836, le conseil général changea la destination du dépôt, auquel il donna le nom de *Maison des aliénés*, et l'affecta spécialement à l'entretien des individus atteints de démence, d'épilepsie ou d'infirmités repoussantes.

La loi du 2 juin 1838, décida que l'établissement ne renfermerait plus à l'avenir que des aliénés, et que les catégories d'infirmes établies par la délibération de 1836 cesseraient d'être maintenues.

La maison des aliénés contenait, au 1er octobre 1853, 101 hommes et 87 femmes; la dépense prévue dans le budget de 1854 est évaluée à 31,781 fr.

Son personnel se compose d'un directeur, médecind', un interne, d'un économe, d'un aumônier, de plusieurs surveillants, surveillantes et d'un concierge.

Cinq sœurs de Saint-Vincent-de-Paul sont chargées de la cuisine, de la lingerie et de la surveillance des travaux des femmes aliénées ou idiotes. Elles s'occupent encore du soin des infirmeries.

Un conseil, composé de cinq membres, est chargé de l'inspection et de la surveillance générale de la maison.

L'asile de Dole est aujourd'hui un immense atelier, où tous les métiers, depuis les plus délicats, comme l'horlogerie et l'ébénisterie, jusqu'aux plus simples et aux plus grossiers, sont exercés par des fous qui les pratiquaient jadis dans la société avant l'invasion du mal qui les a conduits dans l'asile. Il ne pénètre plus aucun ouvrier du dehors dans l'hospice; tous les travaux d'entretien et un grand nombre d'améliorations et d'embellissements, sont exécutés exclusivement par les aliénés. Un voyageur, qui a visité des maisons de ce genre, en France, en Allemagne, en Suisse, en Italie, affirme n'en avoir pas rencontré une seule qui offre les mêmes avantages que celle de Dole.

Le département a acquis, en 1851, le jardin Mailly, auquel l'asile communique par un aqueduc. C'est dans ce jardin que se trouve un pan de mur, seul reste du palais de l'empereur Frédéric.

SCIENCES ET ARTS.

Bibliothèque publique. — Il existait depuis longtemps une bibliothèque publique à Dole, formée par les Jésuites dans leur célèbre collége, lorsque M. Richardot de Choisey, président à la chambre des comptes, légua, en 1786, une somme de 6000 livres pour l'augmenter. Ce dépôt s'enrichit en 1790 des livres trouvés dans les nombreuses communautés religieuses du district qui venaient d'être supprimées. L'abbé Rouhier ayant été nommé bibliothécaire de l'école centrale du département, ouverte à Dole en 1797, s'occupa immédiatement de classer les ouvrages confiés à ses soins. Il ne borna point là son zèle. Il demanda à chaque district un catalogue des livres qui se trouvaient dans les différentes villes du département, et se fit adresser tous ceux qui pouvaient avoir quelque valeur. Il parvint ainsi à former une collection de cinq à six mille volumes. Cette bibliothèque s'accrut successivement de celle léguée en 1827, par le docteur Bouvier, médecin de Marie Lætitia, mère de Napoléon, et de celle de M. de Persan, qui coûta 10,000 fr. à la ville, des dons du gouvernement et de ceux d'une foule de citoyens généreux, parmi lesquels nous citerons M. Benoit, ancien secrétaire du duc de Bassano, les généraux Bernard et Delort. M. Léon Dusillet, pendant les vingt années de sa sage administration municipale, consacra tous ses efforts à enrichir ce dépôt.

La bibliothèque de Dole est, après celle de Besançon, la plus considérable de la Franche-Comté. Elle possède 617 manuscrits et 35,850 volumes imprimés. Dans ce nombre se trouvent beaucoup de beaux et précieux ouvrages, qui ont été la propriété des *Granvelle*, des *de Thou*, de *Colbert*, de Mme *Dubarry*, de *Drummont de Melfort*, de l'abbé *Pluche*, de *Bonnier*, du prince de *Soubise*, du marquis de *Courtanvaux*, du ministre *Bertin*, du duc de la *Vallière*, du comte de *Hoym*, du marquis de *Paulmy*, du roi de Pologne *Stanislas*, de *Richelieu*, de *Dutillot*, de *Secousse*, de l'abbé *Papillon*, de *Denys Godefroy*, de *Baluse*, de *Neufville de Villeroy*, de Mmes *de France*, de *Boyvin*, de *Gollut*, de l'abbé *Barthélemy*, de *Guyon de Gardière*, de *Mirabeau*, de François de *Neufchateau*, du P. *Laire*, de Marie *Lætitia*, de *Napoléon*, de Lucien *Bonaparte*, du général *Bernard*, du général *Delort*, etc.

On y trouve beaucoup de livres reliés par les *Tompson*, les *Pas de Loup*, les *Derome*, les *Thouvenin*, les *Bausonnet*, les *Noël*, les *Gaudard*, les *Mairet* et les *Brigandat*; plusieurs éditions du xve siècle, une multitude d'ouvrages sortis des presses des *Aldes*, des *Gryphes*; des *Plantin*, des *Etienne*, des *Elzévirs*, des *Coustelier*, des *Baskerville*, des *Bodoni*, des *Didot*, des *Renouard*, des *Crapelet*, etc.

Dole peut étaler encore aux yeux des artistes et des amateurs, une partie des plus beaux ouvrages à gravures, des xviiie et xixe siècles.

Ce dépôt, comme tous ceux de France, manque cependant d'une foule d'ouvrages utiles, dont l'absence se fait chaque jour sentir de plus en plus. L'histoire a besoin d'auteurs modernes; la partie des belles-lettres réclame plusieurs acquisitions; la jurisprudence offre de grandes lacunes.

La bibliothèque est ouverte au public tous les jours de la semaine, de 11 heures à 4 heures du soir, les dimanches et les lundis exceptés.

Elle occupe, dans les bâtiments du Collége, deux salles disposées d'une manière élégante et commode. Une salle de lecture de 6^m de longueur sur 9^m 80^c de largeur, précède la salle principale : elle est chauffée par un beau poële, et entourée d'armoires fermant avec des treillis en fer. Une grande porte à glaces communique de cette pièce à la bibliothèque, dont la longueur est de 25^m, la largeur de 8^m 30^c et la hauteur de 6^m. Les armoires, au nombre de 19, qui renferment les livres, sont l'ouvrage des frères Thevenin, de Dole; la décoration en est simple et élégante, et l'ensemble de la bibliothèque frappe de surprise les étrangers qui la visitent. Au milieu de cette salle et contre tous les pilastres, sont placés sur des socles, les bustes des Francs-Comtois connus par de nobles actions, des vertus guerrières, des talents ou du patriotisme. Ces bustes, y compris ceux de Napoléon Ier et de Napoléon III, en marbre de Carrare, sont au nombre de 27. Dans le nombre on distingue ceux de : MM. Bachelu, Bouvier, Dusillet, Belon, Courvoisier, Fransquin, Bernard, de Choisey, Jantet, Bichat, Delort, Lyard, Percy et de Valdahon.

Dans l'embrasure des fenêtres, contre et entre les pilastres, au-dessus des portes, on remarque une collection de portraits peints à l'huile, de dessins originaux, de médaillons représentant des Francs-Comtois, au nombre de 112. Cette importante collection ne cesse de s'enrichir. On y trouve aussi une collection d'antiquités et de médailles recueillies dans la province. On y distingue enfin, une belle verrière, exécutée par M. Louis Rossigneux, de Dole, représentant la ville de Dole et les armoiries historiées de l'ancienne capitale de la Franche-Comté. Comme travail et comme tableau, cette verrière est un véritable chef-d'œuvre. Le conservateur est M. Pallu, membre de plusieurs sociétés savantes, dont le zèle, le désintéressement, l'amour de l'ordre et du travail ne peuvent être comparés qu'à l'étendue de ses connaissances bibliographiques et à son extrême obligeance. C'est lui qui a eu l'heureuse idée de créer la galerie des grands hommes de la province. Lors de son entrée en fonctions, la bibliothèque ne comptait que 4810 volumes, et aujourd'hui, grâce à son activité, elle en possède près de 40,000. Il en a dressé un catalogue raisonné, qui lui a valu les plus grands éloges de la part de M. le ministre de l'instruction publique. Le premier volume a paru en 1848; le second est sous presse.

Musée. — Le musée de Dole, créé en 1821, sous la mairie de M. Dusillet, a pris dès-lors un accroissement rapide par les soins de M. Pallu et de M. Besson, conservateur actuel, membre de l'académie de Besançon, de la société d'Emulation du Jura et de la société des Antiquaires de la Côte-d'Or. Cette collection se compose de près de 190 tableaux de différentes écoles, parmi lesquels il en est quelques-uns de très précieux. *Ecole d'Italie.* Allegrin, Bibiane, Mario di Fiori, le Corrége, le Guerchin, le Guide, Carle Marate, Petri de la Notta, Patel, Primatice, Salvatore Rosa, Valentini, Zuccarelli, etc. — *Ecoles flamande et allemande.* Paul Bril, Albert Durer, Adam Elshaimer, Fouquières, les frères Franck-Kouderkooter, Pierre Lelly, Lucas de Leyde, Josse Mousper, Gaspard Netscher, Bonaventure Peters, Adam Pinaker, Rembrand, Roland Savery, Téniers, Thomas Wich, Van Benel, Vander Meer, Van Vitel, etc. — *Ecole espagnole.* Luinez, le divino Moralès, l'Espagnolet, etc. — *Ecole française.* Nicolas Bertin, Sébastien le Bourdon, Bruandet, Coypel, Dubuisson, Grimond, Harem, Lallemand, Lainé, Nicolas de Largillière, Logel, Monnoyer (dit Baptiste), Justin Ouvrie, Joseph Parrocel, le Pécheux, Rohen fils, Simon Vouet, Tacet, etc. — *Artistes et amateurs francs-comtois.* Adolphe Brune, Sophie de Moras, baronne d'Aligny, Baille, Bourges, Chasserand, Francis Conscience, Prévost, élève de Raphaël; Gresly, Machera, de Valdahon, Faustin Besson, etc.

Les tableaux sont rangés dans une vaste et belle salle d'exposition, qui est perpendiculaire à celle de la bibliothèque. Dans une grande armoire à vitraux, placée au centre, on remarque plusieurs morceaux d'antiquité très précieux, des armes anciennes et modernes, des armures, des médailles, des camées, des ivoires, des bronzes antiques et florentins, des rustiques figulines de Bernard de Palissy, des plats de Faënza, des bustes en bronze, des vases en émaux et en marbre, etc.; un beau buste en albâtre, par Rosset; un groupe de Bélisaire, de Desvosges; un Saint-Claude en ivoire, et une Fidélité, terre cuite de M. Besson; un groupe en bronze, représentant une chasse au lion, etc.

Avant d'arriver dans cette salle, on en traverse une qui est consacrée à la collection d'estampes et de dessins originaux. On y distingue

la Résurrection de Lazare, première épreuve, et retouchée à la main
par Rembrand lui-même; les vues des différents siéges des villes fortes
de la Franche-Comté, d'après Vander Meulen, etc.

Outre ces deux galeries, la ville en a une troisième pour la sculpture,
et dans laquelle sont placés sur des socles : le groupe de Castor et
Pollux, l'Apollon sauroctonne, le torse antique, la Diane chasseresse,
l'Apollon du belvédère, la Vénus de Milo, celle de Médicis et la Vénus
accroupie, le Gladiateur, le groupe de Laocoon, le petit Faune, Prométhée déchiré par un vautour, par M. Huguenin, de Dole, etc.

Cette collection, commencée pour l'ancienne école centrale, s'enrichit chaque jour par des dons du gouvernement.

On remarque encore au musée un calvaire en marbre de Boisset,
exécuté en 1573, par le sculpteur Landry, de Salins, imagier du cardinal de Granvelle ; les bustes de Rousseau et de Bonnet, par M. Pra-
dier; celui de Desvosges, par Rude, un de ses élèves; du baron Denon,
par Chaudet; de l'architecte Paris, par Milhomme; de Henri IV et de
Louis-Philippe, par M. Besson.

Le musée est ouvert tous les dimanches, d'une heure à trois.

Théâtre. — La salle de spectacle de Dole est située au sud-ouest,
presque en dehors de la ville, à l'une des extrémités de la rue Montroland. Elle a été commencée en 1841, et a été inaugurée le 6 juin
1843.

Cet édifice a été construit sur les dessins de l'architecte Martin,
de Besançon, et a coûté 190,000 fr., décors compris. Son plan a la
forme d'un parallélogramme rectangle, de 50^m de longueur sur 18^m
de largeur. Sa plus grande hauteur est de 22^m. La façade principale
est percée, au rez-de-chaussée, de trois arcades et décorée de quatre
colonnes engagées de l'ordre dorique, de deux pilastres du même
ordre et de deux niches à plein-cintre. Le premier étage est une ré-
pétition du rez-de-chaussée, à l'exception des niches, qui sont rec-
tangulaires en plan et en élévation. Au-dessus de la partie centrale
de cette façade, s'élève un fronton, dont le tympan doit représenter
un sujet allégorique non encore sculpté.

Chaque face longitudinale présente, au rez-de-chaussée, quatre
pilastres de l'ordre dorique et dix fenêtres.

La salle peut contenir mille spectateurs.

Les peintures pour décorations architecturales ont été exécutées
avec beaucoup de talent, par M. Chenillon. Il en est de même des peintures scéniques qui ont été faites par M. Hoch, de Besançon.

Journaux. — Plusieurs journaux politiques, littéraires et scientifiques ont été publiés à Dole. Voici les titres de ces différents journaux : 1° *L'Ami du Roi*. Il avait pour unique rédacteur M. Claude-Pierre Bouvier, et pour imprimeur, M. Joly père. Parvenue seulement à son septième numéro, cette feuille cessa de paraître. C'était en 1789 ou 1790. 2° *Le Nain jaune couleur de feu*. Trois numéros de ce journal satirique, rédigé par M. de Vailly, sous l'empire, ont seuls paru. 5° *Les Petites Affiches* de l'arrondissement de Dole. Elles prirent naissance en 1819, et se terminèrent en 1820. 4° *Le Petit Album franc-comtois*, publié de 1821 à 1827, par M. Jean-Baptiste Joly père. Ce journal eut beaucoup de vogue. 5° *Le Journal de Clinique de l'Association médico-chirurgicale du Jura*. Ce recueil mensuel, commencé le 1er janvier 1825, finit au mois de mai 1826. MM. le docteur Machard et Joly dirigeaient seuls cette entreprise. 6° *L'Album dolois*, journal non politique, paraissant tous les dimanches, publié par Mme veuve Prudhon depuis 1842. 7° *Le Publicateur*, autre journal non politique, paraissant aussi tous les dimanches, et publié par M. Pillot, depuis 1847. 8° *Le Propagateur républicain*. Ce journal, que publiait M. L. Robert depuis le mois de mars 1848, a cessé de paraître.

Société d'Agriculture et des Arts. — Cette société, autorisée par arrêté préfectoral du 9 mai 1840, a pour but de contribuer à l'amélioration et à l'étude de toutes les branches de l'économie rurale dans l'arrondissement de Dole. De nouveaux statuts, en date du 7 juillet 1851, l'assimilèrent aux comices agricoles. Elle forme, pour sa circonscription, le corps électoral institué pour la nomination des membres des chambres consultatives d'agriculture. Un journal-bulletin est publié tous les quatre mois, après la tenue de chaque session. Un concours a lieu chaque année, dans la première quinzaine de septembre, pour la distribution des primes. La société tient ses séances dans l'ancien bâtiment de l'Arquebuse.

Société philharmonique. — Il existe depuis longtemps une société de musique très nombreuse à Dole. Un festival, savamment dirigé par M. Gagneux, avait réuni, en 1849, les principaux corps de musique du département, de Besançon et d'autres villes. Cette fête, troublée par le mauvais temps, n'en laissera pas moins de longs et d'agréables souvenirs dans l'esprit de tous ceux qui y ont assisté.

ÉTABLISSEMENTS MILITAIRES.

Casernes. — Les casernes sont situées au sud de la ville, vers la jonction de la rue des Arènes avec les routes de Paris à Dole et de

Dole à Chalon-sur-Saône. Elles occupent l'emplacement du cours Masson et d'une partie des cours du château de l'empereur Frédéric. Elles se composent de vingt-huit corps de bâtiments, la plupart groupés autour d'une cour qui a dans œuvre 114^m de longueur sur 86 de largeur. Chaque bâtiment a été construit à des époques successives, depuis 1740 à 1845. Ces casernes peuvent contenir 560 militaires, 440 chevaux, des approvisionnements de fourrage pour 440 chevaux pendant 130 jours, d'avoine pendant 250 jours, de blé et farine pour 560 hommes pendant 450 jours. La façade du pavillon, qui est en face de la rue des Arènes, est monumentale. La nue-propriété de ces édifices a été attribuée à la ville par décret impérial du 10 août 1810.

Champ-de-Mars. — Il est situé dans le triangle compris entre le Doubs, le port et la promenade du Pasquier. Sa création remonte au 10 février 1815.

Compagnie de sapeurs-pompiers. — Une compagnie de pompiers a été organisée à Dole en 1811. Le nombre des hommes qui la composaient a varié plusieurs fois. Il doit être aujourd'hui de cent cinquante. Le nombre des pompes est de sept.

Compagnie de l'Arc. — Une nouvelle compagnie de l'Arc s'est reformée en 1839, et s'est donné des statuts qui rappellent plusieurs usages de celle qui existait avant la révolution. Les chevaliers se réunissent pendant la belle saison, le lundi de chaque semaine, dans une maison qu'ils ont fait bâtir à leurs frais, au milieu d'un beau jardin, proche de la route d'Auxonne. Là, des exercices et des jeux variés les occupent agréablement. Le tir à l'oiseau a lieu le 1er juillet. Celui qui abat cet oiseau est proclamé roi ; on lui décerne une médaille et une couronne, et ses confrères l'accompagnent dans les rues de la ville, musique en tête. La fête se termine par un banquet.

ÉTABLISSEMENTS COMMUNAUX.

Hôtel-de-ville. — Cet hôtel, autrefois palais du parlement, puis de la chambre des comptes, construit sur la fin du xve siècle, sert aux réunions municipales dès 1696. Une cour carrée est entourée de piliers cylindriques supportant la toiture des halles. L'hôtel-de-ville est au fond. Le caractère de son architecture est tout espagnol et italien. La porte du corridor qui conduit dans les bureaux de la mairie, rappelle la bonne manière de la renaissance; elle est ornée de deux colonnettes composites, réunies par une frise où l'on voyait autrefois une inscription.

Abattoir public. — L'abattoir, appelé *les boucheries*, est situé sur

le bord du canal des moulins, au bas de la Grande-Rue. Au-dessus
de la porte d'entrée principale, on remarque une belle tête de bœuf,
sculptée par Attiret. Des pierres seulement ébauchées surmontent les
autres ouvertures du rez-de-chaussée, et devaient recevoir des décorations qui n'ont pas encore été exécutées. Près de l'abattoir est le
bureau du préposé spécial à l'octroi des viandes de boucherie.

Usine à gaz. — Elle a été commencée en 1844 et terminée en
1845, aux frais de la Compagnie lyonnaise, moyennant la concession
d'un bail de neuf ans. Elle a coûté 120,000 fr., et son revenu net est
de 8000 fr. On y occupe en moyenne sept ouvriers par jour. Elle
alimente 158 becs de gaz pour l'éclairage public, et 260 pour l'éclairage des particuliers. L'ensemble des constructions se compose
d'un bâtiment pour le logement du concierge, d'un autre pour l'usage du directeur et de ses bureaux, d'une halle pour les quatre fours,
de deux hangars servant de magasin à charbon, du logement des épurateurs et de deux gazomètres. Cet établissement est dirigé avec zèle
et intelligence par M. Meaume.

Promenade du jardin Philippe. — Elle est située sur la rive droite
de la route de Dole à Lons-le-Saunier, entre le Doubs et le canal du
Rhône au Rhin. Sept allées plantées de cent soixante-huit jeunes tilleuls
la divisent dans sa longueur. Sa création remonte à 1690. C'est une
promenade très agréable pendant les grandes chaleurs. Elle dispose
singulièrement à la rêverie.

Promenade du cours Saint-Maurice. — La promenade du cours
Saint-Maurice est sans contredit la plus belle de Dole et peut-être
de toute la province. Etablie en 1691, sur un terrain dépendant des
anciens glacis, elle occupe une éminence au-dessus de la vallée du
Doubs, et offre de tous côtés de ravissantes perspectives. De beaux
maronniers ou de vieux tilleuls ombragent ses allées. Quatre statues
en pierre, plus grandes que nature, reposent sur des piédestaux et
représentent *Apollon, le Faune, Flore* et *le Flûteur.* Du cours Saint-
Maurice on descend par des sentiers tortueux, à travers des touffes
d'arbustes et de fleurs, soit à la fontaine du *Lion*, charmante sculpture d'Attiret, enfouie sous des massifs de lilas, soit au pont élégant
jeté sur le canal, pour se rendre à la promenade du Pasquier.

Promenade du Pasquier. — Tracée sur les dessins du célèbre Lenôtre, elle offrait une vaste surface emplantée de 575 beaux arbres
qui ombrageaient 42 bancs. Réduite successivement pour agrandir le
champ de manœuvre et former le port, on n'y compte plus que 192
arbres et 14 bancs. C'est là que les chevaliers de l'Arquebuse faisaient

leurs exercices et qu'ils firent bâtir la jolie maison qu'on voit aujour-
d'hui. On y arrive par un pont de deux arches, construit en 1845.

Promenade du cours Masson. — Planté en 1690 sur les anciens
glacis, le cours Masson était le rendez-vous ordinaire des duellistes.
Son emplacement est couvert par les constructions ajoutées en 1845
aux casernes.

Promenade du Marché aux Fleurs. — En 1839, la ville acheta un
groupe de maisons, afin d'élargir la rue Cordière. A la place qu'occupaient ces maisons, on a ouvert une promenade plantée d'arbres,
sur laquelle se tient le marché aux fleurs.

Machine hydraulique et fontaines. — La machine hydraulique, à
l'aide de laquelle sont alimentées les fontaines de Dole, est établie
dans le moulin neuf. Cette ingénieuse machine, due au mécanicien
Cordier, en a remplacé, en 1845, une plus ancienne, qui ne donnait
presque point d'eau et qui s'arrêtait fort souvent lorsqu'il était le plus
nécessaire qu'elle fonctionnât.

Elle passe pour une des plus puissantes qui aient paru jusqu'à ce
jour, et cependant elle est d'une extrême simplicité : elle ne consiste
qu'en un corps de pompe à double effet, qui élève l'eau à 40 mètres.

Pour assurer un service continu, l'administration municipale a fait
construire un vaste réservoir qui contient un million de litres d'eau,
et fournit aux besoins des habitants lorsque la machine se trouve arrêtée par suite de quelques accidents.

Au moyen de cet appareil, les fontaines publiques ont été répan-
dues à profusion dans les divers quartiers de la ville. Indépendamment de quatorze bornes-fontaines, on compte à Dole dix fontaines
publiques, toutes monumentales. Les plus remarquables sont : 1° celle
adossée contre l'église paroissiale, qui date de 1780. Au milieu est
un piédestal cannelé, sur lequel était autrefois la statue de Louis XVI,
qui fut renversée par les volontaires de l'Ain, en 1793. De chaque
côté sont deux belles statues ailées et assises. Elles sont en pierre et
peintes de couleur bronze vert. 2° *La fontaine de l'Enfant*, rue Cordière. Elle représente un enfant en pierre, tenant sur son épaule
gauche un vase dont il verse l'eau dans un bassin circulaire. C'est une
œuvre du statuaire Rosset. 3° *La fontaine de la rue des Arènes*. Elle
est au-dessus de la rue des Arènes, en face des casernes, et a été
sculptée par Attiret, en 1779. Elle imite la fontaine de la villa Franca,
exécutée à Rome d'après les dessins de Bruneleschi, l'un des plus
grands architectes de l'Italie. Elle se compose d'un bassin, d'un piédestal couronné par un vase et encadré dans une niche rectangulaire.

Sur les côtés de cette niche sont deux colonnes rustiques de l'ordre dorique et deux pilastres. Les colonnes supportent un entablement orné de modillons, et un attique décoré de balustres en pierre. Les bossages rustiques des colonnes et de la niche, sont, ainsi que tout le reste du monument, parfaitement exécutés et d'un bel effet. 4° *La fontaine Ratez*, dans la rue du Collége. Elle est surmontée d'un tronçon de colonne cannelée, que couronne un vase dans lequel il y a un jeune sapin et une touffe d'œillets. 5° *La fontaine de la place Napoléon*. Elle rappelle un peu le château d'eau du boulevart du Temple. Elle porte dans sa partie la plus élevée une large coupe, du centre de laquelle s'élance une gerbe d'eau, qui tombe en nappe dans un second bassin, puis dans un troisième, d'où elle coule, par des canaux souterrains, jusque dans le contre-fossé du canal. 6° *La fontaine de Montroland*. C'est le 8 septembre 1837 que l'on vit s'élancer de toutes ces fontaines et de seize concessions particulières, quarante-huit jets fournissant chacun dix litres d'eau par minute. Les travaux nécessités par ces fontaines ont coûté 88,000 fr. *La fontaine des Arènes* est située au pied d'un côteau, sur les bords du Doubs. Elle se compose d'un bassin, d'un lavoir et d'un abreuvoir. Près de cette fontaine, le Doubs donne la vie au canal de Saint-Jean-de-Losne, en lui versant une faible partie de ses eaux. L'embouchure de ce canal s'appelle *la prise d'eau*. Il y a sur ce point des tilleuls, des jeux de quilles et des auberges. On y va souvent faire des parties de plaisir.

Port. — L'administration du canal du Rhône au Rhin a fait construire, sur le port de Dole, un grand bâtiment et un chantier couvert pour le service du canal. Depuis quelque temps, ce port a pris une extension considérable. Il y a quinze ans, il n'était bordé que de trois ou quatre chétives baraques; aujourd'hui il présente l'aspect d'un village et se trouve bordé de trente maisons au moins et d'une ligne de beaux platanes. Un des embellissements dont on pourrait doter la ville, serait de construire un quai sur le bord du bassin du canal, depuis le pont du Pasquier jusqu'au bas de la Grande-Rue.

Champ de foire. — La foire du bétail se tenait autrefois sur la place Napoléon. Le champ de foire a été transféré, en 1842, entre le théâtre et la route de Dole à Auxonne. Il est traversé par deux allées bordées d'arbres. Le côté qui longe la route présente une façade décorée de six piliers en pierre, d'une porte et de deux grilles en fer. Il y a un bâtiment pour le logement du portier et un autre pour les étalons impériaux.

Il existe plusieurs autres établissements communaux dont nous avons déjà parlé, tels que les bureaux d'octroi, la glacière, les ponts, etc.

Il est question de construire des lavoirs couverts gratuits, des bains publics pour les pauvres ; d'augmenter encore la puissance de la machine hydraulique pour obtenir un plus fort volume d'eau. De nombreux travaux dirigés avec talent par M. Chariot, architecte-voyer de la ville, s'exécutent chaque jour pour l'amélioration des pavés, l'écoulement des eaux, l'élargissement et la salubrité des rues, et pour les embellissements des différents quartiers.

ÉTABLISSEMENTS PARTICULIERS.

Maison de santé dite des Capucins. — Le couvent des Capucins a été converti, en 1811, en une maison de santé destinée plus particulièrement aux aliénés. Situé à un quart d'heure de Dole, cet établissement est dans le lieu le plus favorable pour les malades, et dans la position la plus belle et la plus heureuse. Adossé à la forêt de Chaux, il plonge de toutes parts sur de brillantes et riches campagnes. Un immense bâtiment, divisé de manière à séparer les hommes des femmes, les insensés furieux ou turbulents, de ceux qui sont tranquilles, est placé au milieu d'un vaste clos dans lequel chaque division a sa promenade séparée. Chaque pensionnaire a sa chambre particulière, et ne se trouve jamais en contact avec d'autres malades dont la vue lui serait nuisible ou désagréable.

Un asile est ouvert, dans des chambres parfaitement isolées, aux femmes infortunées que l'erreur ou la séduction forcent à entourer de mystère leur grossesse et leur délivrance. Cette maison est dirigée avec une rare intelligence, par le docteur Breune, propriétaire de l'établissement et médecin en chef des hospices de Dole. Ce médecin a consacré des appartements spéciaux pour offrir tous les secours de la médecine et de la chirurgie aux voyageurs, aux officiers de la garnison, aux célibataires, aux personnes peu aisées ou qui habitent loin de la ville.

Comptoir d'escompte. — Un comptoir d'escompte créé en 1848 a été réorganisé sur de nouvelles bases au mois de mars 1854 ; il est appelé à rendre de très grands services au commerce et à l'industrie.

Lavoirs et bains publics. — Il existe deux lavoirs couverts, sur bateaux, à Dole, l'un sur la rive droite du Doubs, au bord du jardin Philippe, et l'autre sur le canal Charles-Quint, entre le cours Saint-Maurice et le Pasquier. Ils sont très élégants, mais ils ne sont point gratuits. Il y a aussi des bains publics très confortables.

MAISONS HISTORIQUES.

En entrant à Dole par la rue Besançon, le premier hôtel remarquable, que l'on aperçoit à gauche, appartient à M. le marquis de Valdahon. Le duc d'Angoulême y passa deux jours en mai 1820, lorsqu'il parcourait les départements de l'Est. Un peu en arrière de cet hôtel, et sur le chemin qui descend au faubourg des Commards, on aperçoit la riante habitation de M. Rabusson-Falconnet, lieutenant-colonel d'infanterie. C'est là qu'est né, le 28 juin 1754, Claude-François de Malet, si connu par sa tentative hardie contre le gouvernement impérial, en 1812. L'hôtel qui porte le n° 56, et qui appartient à M. de Mayrot, est très élevé ; sa toiture aiguë domine toute la ville. Il fut épargné dans le sac de Dole, en 1479, parce que Charles d'Amboise le réserva pour y prendre son logement. Il appartenait à la famille Vurry. En 1459, les *Coutumes du comté de Bourgogne* y avaient été rédigées, puis publiées en 1490, par Pierre Metlinger. C'est là que Gollut écrivit ses *Mémoires sur la Séquanie*, et qu'il mourut, le 22 octobre 1595. Son petit-fils eut la douleur de voir piller la maison paternelle et disperser sa riche bibliothèque, dans l'émeute de 1668. La maison de M. Blanche, n° 57, était autrefois l'hôtel de M. de Saint-Mauris, vicomte-mayeur, qui l'habitait lors du siége de 1636. Celle de M. Ribaudet, aujourd'hui la plus belle de Dole, a remplacé la maison dans laquelle M. J.-F.-X. Joly avait ses presses, lorsque Bonaparte, alors simple lieutenant d'artillerie au régiment de la Fère, en garnison à Auxonne, vint le prier d'imprimer sa fameuse lettre à M. de Buttafuoco, maréchal-de-camp et député de la noblesse corse à l'Assemblée constituante. Au point de jonction de la rue Besançon avec la rue Cordière, est la maison de M. Paul Maür, pharmacien, dans laquelle est né Aymé de Balay, grand-bailli de Dole. Celle de M. Frilley, confiseur, à l'angle des rues Besançon et de la Vieille-Saunerie, était habitée par le docteur Normand, auteur d'une bonne dissertation sur l'antiquité de la ville de Dole. Une inscription indique l'emplacement de la *cave d'Enfer*.

Rue Cordière. — Nous n'avons à signaler dans cette rue que la maison Boyer, ancien hôtel-de-ville, dont dépendait la tour de Vergy. Il y avait autrefois dans cette rue un corps-de-garde qui a été démoli il y a peu d'années.

Rue des Arènes. — Le premier hôtel à droite en entrant dans cette rue, était celui de M. le baron Claude-Pierre Bouvier, ancien vice-président du corps législatif et plusieurs fois nommé maire de Dole.

La maison qui porte le n° 10 appartient à Mmes Garnier. C'est là que mourut l'illustre Jean Boyvin.

Rue Montroland. — L'hôtel de Balay, que l'on trouve en entrant dans cette rue, a été construit sur les dessins du président Boyvin. Son architecture exceptionnelle lui donne un aspect d'une gravité extraordinaire. La façade est percée dans son centre par une porte cintrée à fronton triangulaire, et elle offre trois étages de jours distribués avec régularité. Le premier étage est accusé par une série de fenêtres très étroites, séparées par des pied-droits et soutenues par des consoles fort jolies. Une corniche à consoles très ornées règne sous les combles, percés de trois grandes lucarnes noblement historiées et vraiment monumentales. Ce qu'il y a de plus curieux dans la maison, c'est une cheminée de la cuisine actuelle, qui formait jadis un grand salon qu'on a divisé en deux compartiments. Cette cheminée, de marbre et de pierre, est tout ce que nous avons de plus riche dans notre province, en fait d'ornementations du xviie siècle. Une belle galerie, supportée par trois arcades et percée de sept fenêtres en plein-cintre, sert d'aile au bâtiment. Cet hôtel appartient actuellement à M. de Froissard.

Rue Morteau ou du Collége. — C'est dans la maison qui appartient actuellement à M. de Ceccaty, directeur de la poste aux lettres, qu'est né le général Bachelu.

Rue du Vieux-Marché. — La maison où est né Jean Pétremand appartient aujourd'hui au sieur Mayet, mécanicien. C'est aussi dans une maison de cette rue qu'a pris naissance l'abbé Tricalet, auteur de la *Bibliothèque des Pères de l'Eglise.* L'hôtel principal des Carondelet, qui en possédaient plusieurs autres, soit sur la Place - Royale, soit ailleurs, occupait l'endroit même où s'élèvent les maisons Amoudru, Lougnot et Blanche.

Rue de l'Orveau. — La maison Toirot est celle où est né Lombard, célèbre chirurgien.

Rue de la Croix. — Le général Bernard est né dans la maison qui appartient actuellement à Mme veuve Besson - Décoursière. On distingue dans cette rue une porte cochère remarquable par son architecture. Elle est richement sculptée et dépend de l'hôtel où est né le procureur-général Brun, qui appartient aujourd'hui à M. Chavelet de Raze.

Rue Dusillet. — On rencontre dans cette rue une belle habitation connue sous le nom de café des Tilleuls. Une des plus anciennes loges franc-maçonniques du comté de Bourgogne y était établie, sous le nom de loge du *Val-d'Amour*. On peut reconnaître, au bas du jardin de ce café, un long fragment du magnifique aqueduc romain de Gugeans.

Rue des Tanneurs. — C'est dans la maison qu'occupe M. Protet qu'est né M. Léon Dusillet, et dans celle de M. Canel, qu'a pris naissance le général Lachiche.

Rue du Plafond. — L'ancien hôtel de Granvelle appartient aujourd'hui à MM. Goussot et Popinet, sous le nom de maison Margot. La maison qui appartient à M. Châtelain, secrétaire de la mairie, était l'hôtel de Beauffremont. On y voyait des boiseries richement sculptées et des plafonds couverts de dorures.

Changements de noms des rues. — La Grande-Rue s'appelait *rue du Bourg*; celle de Montroland, *rue de Céans*; celle des Tiercelines, *rue des Bourdeaux*; celle de la Bierre, *rue d'Engoulevent*; la rue Attiret, *rue Grilleton*; la place Napoléon, *place Pingon*. On peut voir, pour de plus grands détails à ce sujet, l'*Annuaire du Jura*, année 1841.

Passé et avenir de Dole. — Il suffit d'un regard observateur pour se convaincre que l'emplacement qu'occupe Dole est précisément celui qui, en raison des conditions particulières réunies en ce lieu, convenait le mieux pour la capitale de l'ancienne province de Franche-Comté. Les souverains du pays eussent-ils voulu établir leur capitale ailleurs, elle aurait toujours tendu à revenir, par un effet d'équilibre, au point où nos pères l'avaient placée avec un admirable instinct. Les grandes villes ne croissent point partout; elles ne sont point indépendantes du sol sur lequel elles reposent. Dole est flanquée par des plaines agricoles qui, sous le nom de *finage*, comptent au premier rang parmi les plus fertiles qu'il y ait en France. Les carrières les plus abondantes, les plus facilement exploitables, les plus riches en moëllons et en pierres de toutes sortes, l'entourent comme si une main sage et prévoyante s'était chargée d'en ménager les entrepôts. L'argile plastique pour la brique, les poteries, la pierre à chaux, le sable, le bois, se trouvent apportés là par la nature. Qu'on ajoute à cela une belle rivière, une position militaire forte par elle-même, un site enchanteur, et on comprendra facilement pourquoi cette ville a eu de l'importance dès la plus haute antiquité. Il est permis de prévoir pour cette vieille et noble cité, dans un avenir très prochain, le retour de ses jours les plus brillants de prospérité. Elle ne tirera plus son reflet, comme autrefois, de ses établissements politiques, mais de ses établissements industriels. Les chemins de fer en cours d'exécution dans le département, et même ceux projetés de Moulins à Bâle, de Lyon à Paris par Bourg, se dirigent tous sur cette ville avec une affectation si sensible, qu'on pourrait presque les comparer aux rayons d'une étoile. De nombreux chemins bien entretenus, un canal navigable, un puissant cours d'eau, une ceinture de villes telles que Besançon, Gray, Arbois, Poligny, Lons-le-Saunier, Chalon, Dijon, tout dispose à faire penser que Dole deviendra bientôt un point central de commerce de premier ordre, et que le rêve de Vauban ne tardera pas à se réaliser.

BIOGRAPHIE.

Il serait trop long de nommer tous les personnages, nés à Dole, qui se sont rendus recommandables dans différentes carrières ; nous nous contenterons de citer ceux dont les noms sont le plus connus. Afin d'abréger, nous emploierons les initiales B. U. pour indiquer ceux qui ont un article spécial dans la *Biographie universelle*, et la lettre Q. pour ceux qui ont un article dans la *France littéraire*, publiée par Quérard.

Agilmar ou *Aimar*, 43ᵉ évêque de Clermont, au ixᵉ siècle. B. U.

Alix, Pierre, abbé de Saint-Paul de Besançon, savant ecclésiastique (1600-1676).

Alix, Jacques, orateur (xviiᵉ siècle). B. U.

Alix, Philippe (1609-......), orateur.

Amoudru, Anatoile, architecte (1739-1812). B. U.

Amoudru, Laurent, pamphlétaire (17...-1815). Q.

Amoudru, Louis-Nicolas, historien et biographe (1786-1834).

Arbey, Jean-François, chirurgien distingué (1779-1837).

Arcelin, Charles-Elie, né en 1795, colonel et directeur d'artillerie.

Arnay, Joseph, l'un des vainqueurs de la Bastille (1762-18...).

Arvisenet (d'), Antoine-François), habile jurisconsulte (1667-1755).

Attiret, J.-Denis, jésuite, peintre de l'empereur de la Chine (1702-1768). B. U.

Attiret, Claude-François, statuaire (1728-1802). B. U.

Attiret, Claude-André, architecte (1751-1813).

Bachelu (le lieutenant-général, baron), Gilbert-Désiré (1777-184..).

Bauzonnet, Antoine, né le 14 septembre 1795, le plus célèbre relieur de notre époque.

Benoit, Antoine, publiciste, secrétaire du duc de Bassano (1769-1832). B. U.

Béreur, Claude, chevalier, conseiller d'Etat en Flandres (15..- 1659).

Béreur de Malans, J^h.-F.-Hyacinte, maréchal des camps et armées du roi (16..-1738).

Béreur, Jeanne, carmélite, morte en odeur de sainteté (1592-1657).

Bernard, Simon, pair de France, ministre de la guerre, surnommé le Vauban des deux mondes (1779-1839).

Besson, Faustin, né le 15 mars 1821, peintre. Il a eu plusieurs tableaux reçus aux expositions. Le musée de Dole en possède deux, le *Prélude* et *Lantara*. Il peint actuellement la chambre à coucher de l'impératrice.

Billot, Jean, prédicateur (1715-1767). B. U.

Baillet, Henri, jésuite et prédicateur (16..-1767).

Boisset (de), Claude, chef du conseil de l'archiduchesse Marguerite d'Autriche (14..-1546).

Bommard, Jean, habile apothicaire, auteur d'un Traité sur la peste, composé en 1628.

Bougaud, Claude-Antoine, bon médecin et auteur d'un Traité sur la peste (1650-1724).

Bourrelier de Malpas, Nicolas, orateur (1606-1681). B. U.

Bourrelier de Malpas, Denis, auteur d'un livre intitulé : *Imago virtutum* (xviie siècle).

Bouvier, André-Marie-Joseph, médecin de Marie Lætitia, inventeur de l'art de noter la déclamation (1746-1827).

Bouvier (le baron), ancien vice-président du Corps législatif (1759- 18..).

Boyvin, Jean, savant universel (1574-1650). B. U.

Boyvin, Claude, président du parlement et général des monnaies à Dole (1612-1674). B. U.

Bretenière, Charles, supérieur général des communautés de l'ordre de la Retraite chrétienne (17...-1845).

Broch d'Hotelans, L.-J.-X., savant ecclésiastique et bibliographe distingué (xviiie siècle).

Brun, Antoine, le modèle des ambassadeurs, surnommé par Balzac, le Démosthènes de Dole (1599-1654). B. U.

Brun, Agathange-Ferdinand (baron de), grand bailli de Dole et lieutenant-général (1682-1746).

Brun, Edme-Gustave-Frédéric, né le 23 novembre 1817, élève de Gigoux, et l'un de nos bons peintres. Ses productions seront un jour très recherchées. Plusieurs de ses tableaux ont eu les honneurs de l'exposition, et les lithographies d'après ses tableaux se sont vendues rapidement. Ses scènes de la vie politique et privée ont eu un très grand succès. Le musée de Dole ne possède encore de cet habile artiste qu'un seul tableau, la *Réprimande*.

Bulle, Pierre-Ignace, professeur de législation à l'école centrale de Dole, député en 1815, président du tribunal civil de Dole.

Camus (Dom Fulgence), bénédictin de la congrégation de Saint-Vannes, dont il fut l'un des plus zélés défenseurs.

Carondelet, Jean, célèbre chancelier sous Maximilien d'Autriche. C'était le personnage que Louis XI craignait le plus (1428-1501).

Carondelet, Claude, ambassadeur en Angleterre en 1506 (1467-1518).

Carondelet, Guillaume, échanson, puis écuyer tranchant de Charles-Quint (14..-1526).

Carondelet, Ferry, abbé de Montbenoît, conseiller de Charles-Quint et son ambassadeur à Rome, où Raphaël fit son portrait, gravé depuis par Nicolas de Larmessin.

Carondelet, Jean, archevêque de Palerme, primat de Sicile, chancelier perpétuel de Flandres, secrétaire de Charles-Quint, ami d'Erasme (14..-1486). B. U.

Carondelet, Claude, ambassadeur de Philippe-le-Bon en 1456, près du pape Callixte III (14..-1486).

Carondelet, Jacques, maître d'hôtel de François II, duc de Bretagne, gouverneur de Dole en 1478.

Carondelet, Gérard, écuyer de Charles-le-Téméraire, tué à la journée de Nancy, en 1477, aux pieds de son maître.

Catilinet, Jean, cordelier célèbre par ses disputes avec Henri-Corneille Agrippa.

Chassey (de), Claude, maître des requêtes et maître d'hôtel de Marguerite d'Autriche (xve siècle).

Chifflet, Guy-François, professeur en droit canon à l'université de Dole (1616....). B. U.

Delamarre, Cl.-Antoine, prêtre, amateur passionné des beaux-arts, et l'un des bienfaiteurs de l'hospice du Bon-Pasteur (1695-1775).

Demesmay, Claude-François, qui, en 1758, remporta à Rome le premier grand prix d'architecture (1736....).

Demesmay, Jean-Antoine-Marie, conseiller au parlement de Besançon, connu dans l'histoire de la révolution par le déplorable accident arrivé dans son château de Quincey, en 1789 (1751-1826). B. U.

Desbiez, Charles-Antoine, auteur dramatique et romancier (1727-1792). B. U.

Desmaillot, Antoine-François, auteur dramatique dont le nom de famille est Eve (1747-1814). B. U.

Devaux, Joseph, capitaine d'artillerie, l'un des plus vaillants et intrépides soldats de la grande armée (1785-183..).

Devaux, Jules, aide-de-camp du général Bernard, ministre de la guerre, mort en 1846, sous-directeur du génie à la Martinique, officier supérieur d'un grand avenir.

Dorenet, Jacques, savant médecin, auteur d'un Traité sur la peste (xvie siècle).

Dortan (de) le comte, député de la noblesse du bailliage de Dole à l'Assemblée nationale en 1790, maréchal des camps et armées du roi, mort en 1824.

Douillon, Claude-Antoine, littérateur (1786-1825). B. U.

Duchesne, Simon, habile mathématicien (xvie siècle). B. U.

Dusillet, Adrienne-Madeleine, bernardine, historien et fabuliste (1690-1770).

Dusillet, Antoine, V. capitaine (1599-1642).

Dusillet, Claude-Joseph-Antoine-François-Léonard, né le 14 octobre 1769, magistrat, poète et littérateur. Les Dolois se rappelleront toujours de ses services comme maire, et de ses écrits comme monument de son haut patriotisme.

Dusillet, Charles-Augustin, fils du précédent, né en 1792, conseiller à la cour impériale de Besançon, membre de la Légion-d'Honneur, magistrat savant, poète et littérateur.

Dusillet, Carles, commandant intrépide du château de Rahon en 1658, et qui fit anoblir sa famille par les rois d'Espagne (1602-1658). B. U.

Dusillet, François-Bertrand, auditeur au parlement, ami des lettres, des arts, de l'histoire naturelle, et passionné pour l'architecture, mort chanoine de sa ville natale en 1778.

Figurey, Charles-Joseph, prêtre et archéologue (1754-1814).

Fourquet, Antoine-Denis, poète médiocre (1747-1835).

Fourquet, Jean-Claude, mathématicien (1783-184..).

Fransquin, Pierre-Antoine, historien (1747-1835).

Froissard, Alexandre-Bernard-Pierre (marquis de), 1767-1847, membre de la chambre des députés en 1824, élevé à la dignité de pair de France dans la dernière promotion de Charles X.

Froissard-Broissia (de), Charles, savant et zélé missionnaire, versé dans l'étude des livres chinois.

Froissard-Broissia (de), Jean-Ignace, camérier du pape Innocent XI, fondateur de l'hospice des Orphelins (1620-1691). B. U.

Froissard-Broissia (le chevalier de), a traduit de l'italien le Traité de la pauvreté des chevaliers de Malte, par le P. Caravila, prieur de Lombardie, 1726, in-4°.

Garnier, Jean-Pierre, jésuite, poëte latin (xviiie siècle).

Girard, Jean-Baptiste, jésuite, d'une célébrité malheureuse (1680-1733). B. U.

Grasset, Simon, capitaine déterminé, qui résista longtemps à Charles VII, sur les Marches du Berry. Monstrelet vante hautement son courage. Il vivait en 1427.

Grosey, Louis-Denis-Catherin, ancien président du tribunal civil de Lure, célèbre par un duel qu'il eut avec Bonaparte, lorsque celui-ci tenait garnison à Auxonne.

Groslambert, Claude, chef de bataillon, commandant de place à Dole, en 1815, militaire d'une bravoure à toute épreuve (1771-1835).

Guinard, Constance, religieux apostat (1584-16..). B. U.

Guillaume de Dole, vieux trouvère, dont on vient de retrouver le roman en Italie.

Guillot, Claude, médecin, le premier qui a écrit sur les eaux minérales de Jouhe.

Guillot, Claude-Vincent, connu sous le nom de la Chassagne, auteur de plusieurs romans (1697...). B. U.

Guyon, Louis, médecin et philologue (15..-1616). B. U.

Guyon, Etienne, jésuite et orateur, mort en 1637.

Hubert de Dole, (le P.), capucin, dont le nom de famille était Privat. Il passa dans la province de Paris et s'y distingua comme orateur (xviiie siècle).

Huguenin, Victor, né en 1801, statuaire, élève de Ramey. La bibliothèque de Dole possède de cet artiste les bustes du général Delort, du maire Dusillet, de l'ingénieur Lyard, du général Bachelu et du peintre de Valdahon. Le musée du la même ville a son beau groupe en marbre de Charles VI, secouru par Odette de Champdhivers; le buste en marbre de Cuvier; les groupes représentant le massacre des Innocents et Prométhée sur une pointe du Caucase. Cet artiste fait honneur à son pays.

Jacoutot, fut secrétaire de Bonaparte, alors général en chef de l'armée d'Italie (xixe siècle).

Jacquin, Michel-Léonard-Théodore, né le 6 novembre 1790, colonel d'artillerie en retraite, officier de la Légion-d'Honneur.

Jacquot, Claude, président au parlement, numismate et historien (15..-1675).

Jannet, Robert, littérateur, né en 1756.

Jeannin, Guy-Viard, religieux, poète, ami de Collé, de Dorat et de Voltaire (1744-1784). B. U.

Javel (le P. Nicolas), jésuite, traducteur ascétique.

Jeannet, Pierre-Louis, né le 20 octobre 1786, avocat distingué, chevalier de la Légion-d'Honneur. Il fut appelé neuf fois à présider le conseil général du département du Jura. M. Jeannet, Louis, son fils, né en 1813, procureur impérial à Lons-le-Saunier, membre du conseil général du département, est un magistrat instruit et un numismate habile.

Jeannet, Jean-Claude, littérateur et métaphysicien (1716-1789). B. U.

Jobard, Armand-François, médecin en chef de l'hôpital militaire de Thionville, a publié plusieurs brochures contre un imposteur, le F. Ange, qui exploitait avec une intelligente effronterie la crédulité des habitants d'Arbois (1770-184..).

Joly, Jean-Baptiste, imprimeur et publiciste distingué.

Laborey (de), Charles-Jules, seigneur de Salans. Il servit avec distinction dans les Pays-Bas et laissa des Mémoires de sa vie (1617....).

Lachiche, Claude-Quentin, maréchal-de-camp, auteur du projet de jonction du Rhône au Rhin (1719-1802). B. U.

Lallemand, Jean, baron de Bouclans, page de Marguerite d'Autriche, secrétaire de Charles V, contrôleur général d'Arragon et des Deux-Siciles, conseiller d'Etat et garde des sceaux de l'empire. Il signa, le 14 janvier 1526, le traité de Madrid, qui rendit la liberté à François 1er (1470....).

Lambert, Claude-François, l'un des plus féconds et laborieux compilateurs du XVIIIe siècle (1703-1765). B. U.

Lampinet (de), Ferdinand, savant magistrat et historien (1635-1710). B. U.

Lamy, Claude-François, né le 24 décembre 1788, musicien passionné, qui est parvenu, à force d'obstacles vaincus, à populariser la musique dans sa ville natale. Il est le fondateur de l'école d'enseignement mutuel, d'après la méthode de Wilhem.

Laumier, Charles-Lazare, né le 26 décembre 1781, publiciste, romancier, poète et historien, membre de l'académie de Besançon, de la société d'Emulation du Jura, de la société d'agriculture, sciences et arts du Mans, et de la société académique de Blois. Il tient un rang distingué parmi les littérateurs contemporains dont s'honore notre province.

Lejeune, Jean, célèbre missionnaire, surnommé le P. Aveugle. Ses sermons ont formé Massillon, et ce n'est pas une petite gloire pour Dole que de lui avoir donné le jour. Il est né dans la maison qu'habite M. le bibliothécaire Pallu, dans la rue des Vieilles-Boucheries (1592-1672). B. U.

Levasseur, Gabrielle, née Vouillot, femme d'esprit et d'un grand caractère. Elle a publié plusieurs brochures de circonstance et fait une comédie en cinq actes, intitulée : *la Prisonnière de Fort*, morte en 1800.

Leveau, Quentin, avocat-général au parlement et l'un des hommes les plus éloquents de son temps, mort en 1556.

Lombard, Claude-Antoine, chirurgien distingué, correspondant de l'Institut (1741-1841). B. U.

Louis de Dole (le P.), capucin, dont le nom de famille était Béreur. Il se distingua au siége de Dole en 1636, et eut la réputation d'un savant théologien et d'un habile prédicateur. B. U.

Loys, Nicolas, greffier en chef de la chambre des comptes de Dole, en 1752, estimé de d'Aguesseau, membre correspondant de l'académie de Besançon, orateur et historien (1728-1759).

Machera, Ferdinand, bon peintre en miniature, mort à Lyon en 1844.

Magnin, Alexandre-Etienne, capitaine en retraite, décoré (1797). Il commandait en second cette valeureuse poignée de braves qui repoussa, pendant quatre jours, à Mazagran, les attaques de près de 15,000 Arabes.

Magnoncour (de), Flavien, né en 1801, élu trois fois membre de la chambre des députés, pair de France, maire de Besançon après la révolution de 1830, bienfaiteur de la bibliothèque de Besançon, amateur éclairé des arts et leur protecteur.

Malet (de), Claude-François, général, s'est fait un nom par sa conspiration contre le gouvernement impérial (1754-1812). B. U.

Malet, Claude-Joseph, frère du précédent, capitaine d'artillerie. Il a publié deux ouvrages qui n'annoncent pas un grand talent.

Mareschal de Longeville (le P. Antoine), jésuite et poète latin, mort en 1765, à l'âge de 108 ans.

Marenche (de), Constance, seigneur de Nenon, trésorier général de Bourgogne en 1554, premier conseiller au parlement sous Philippe II.

Marenche (de), Etienne, maire de Dole, député par les Etats de Bourgogne, en 1599, pour aller traiter en Flandres d'affaires d'un haut intérêt.

Martenet, Charles-Augustin, chevalier de Saint-Louis. Il peignai avec talent à l'aquarelle et à la gouache le paysage et les fleurs (1769-1857).

Masson, Ferdinand-Joseph, surnommé le *Prussien*, parce qu'il fut chambellan et pensionnaire de Frédéric II. On a de lui des pièces de vers qui sont assez faibles. C'était un homme savant et de beaucoup d'esprit, mais original (1720-1791).

Matherot, François, capucin et auteur ascétique, mort en 1635.

Matherot de Preigney, inventeur des lampes à pompes, dont on se servait avant la découverte des quinquets, mort en 1758.

Matherot, Jean, conseiller au parlement, vicomte-mayeur de Dole en 1627, et l'un des membres du conseil de guerre, lors du fameux siége de Dole, en 1636.

Mercier, Christophe, plus connu sous le nom d'Albert de Saint-Jacques, écrivain ascétique, mort en 1680. B. U.

Mercier, dom Ambroise, bénédictin, auteur d'une explication de la Somme de saint Thomas, en 13 volumes in-fol°, mort en 1702.

Michotey, Antoine, président au parlement et poète latin, né en 1608.

Michon, Octave, avocat, né en 1810. Il s'est fait connaître en 1839, par un poème satirique qni a eu la même année deux éditions.

Mielle, Jean - François, publiciste, traducteur et historien distingué (1758-183...).

Mignolet, Joseph, horloger de Voltaire et cousin-germain du célèbre Talma ; plus tard, horloger du comte d'Artois (1754-1832).

Monnier, Claude-Joseph-Réné, historien (1702-1796). B. U.

Moréal (de), seigneur de Moissey, habile numismate, né dans la seconde moitié du xviiie siècle.

Morisot, Jean, médecin, poète, orateur, philosophe, philologue (xvie siècle). B. U.

Nachin, Agathe-Françoise, actrice du théâtre de Bordeaux, et connue sous le nom de Camille, née en 1738.

Nachon, Joseph, minime, historien ecclésiastique, né en 1718.

Nicole, Claude-Ferdinand, cordelier, bon prédicateur (1737-1817). Un de ses frères, aussi cordelier, avait un talent remarquable pour l'architecture. La façade extérieure du palais de justice de Dole est son ouvrage.

Nicole, Louis, colonel d'infanterie, officier de la Légion-d'Honneur, remarqué par Napoléon. Il a eu part à presque toutes les grandes batailles de la république et de l'empire (1747-1847). Son frère, capitaine de cavalerie, décoré, a fait des prodiges de valeur dans la campagne de France, à l'époque de la chute de Napoléon.

Ozanne, Hilaire, philologue et poète latin, né en 1608. B. U.

Panier, Jean-Claude, ingénieur-général à Sainte Lucie (1736-1764).

Pelissard, Jacques, né en 1766, maréchal-de-camp, baron de l'empire, officier de la Légion-d'Honneur, mort glorieusement sur le champ de bataille, à Friedland, le 13 juin 1807.

Persan (de), Pierre-Nicolas-Casimir, bibliothécaire et historien de Dole (1750-1815). B. U.

Petremand, Jean, jurisconsulte (1580-1620). B. U.

Pomel, Claude-Joseph, graveur de mérite. Il a exécuté plusieurs planches remarquables pour la description de l'Egypte, le voyage de Freycinet, etc. (1781-1839).

Prost, Claude-Charles, avocat et conventionnel (1742-1804). B. U.

Quinot (l'abbé), Hugues-Philippe, mort en odeur de sainteté le 1er mai 1743, né en 1666. M. Dusillet a écrit sa vie.

Rabusson, Charles-François, lieutenant-colonel au 16e léger, allait recevoir le brevet de colonel, lorsqu'il fut frappé d'une attaque de paralysie, en 1840. C'était un savant et intrépide militaire. Il était chevalier de Saint-Louis, de Saint-Ferdinand d'Espagne et de l'ordre de Léopold de Belgique (1792-1841).

Raguet-Lépine, Pierre-Claude, habile horloger et l'ami des plus grands hommes de son époque (1753-1810).

Radel (de), Henri, né vers 1800, officier de la Légion-d'Honneur, général de brigade en activité de service.

Rémond, domicilié à Birmingham, inventeur d'une machine très ingénieuse à plier, coller et timbrer les enveloppes de lettres.

Richardot de Choisey (de), Pierre-Désiré, président de la chambre des comptes, premier bienfaiteur de la bibliothèque de Dole (1717-1786).

Rossigneux, Antoine, habile chimiste, mort en 1807.

Rossigneux, Louis, né le 14 octobre 1788, receveur des finances à Paris, ancien lieutenant-colonel de la garde nationale, officier de la Légion-d'Honneur, architecte, dessinateur et peintre amateur sur verre.

Robert, François-Barnabé, littérateur et numismate (1783-1848).

Roch, Claude-Ignace-Melchior, très habile et savant médecin (1776-1845).

Saint-Maurice (de), Prudent, jurisconsulte, mort en 1584. B. U.

Saint-Mauris (de), Jean, savant jurisconsulte et ambassadeur en France, mort en 1555. B. U.

Saint-Pierre (le père), 'Jean-Marie, carme déchaussé, homme pieux, savant et d'une grande vivacité d'esprit, mort à Lyon, en 1662.

Simiot, Jacques-François, habile luthier (1769-1844).

Terrier, Antoine-Marie - Réné, marquis de Montciel, ministre de l'intérieur en 1792 (1757-1831).

Terrier, Claude-François, père du précédent, maréchal des camps et armées du roi, et ministre plénipotentiaire à Stuttgard.

Terrier, Jacques, conseiller au parlement, mort en 1658. Il fut un magistrat intègre, savant et laborieux. Ses ouvrages manuscrits sur le droit romain, sur la coutume de la province, et son recueil d'arrêts du parlement, sont fort estimés.

Thervay, jeune et brillant officier de la garde impériale, tué à Austerlitz. Napoléon, pour l'immortaliser, ordonna que le nom de Thervay fût donné à l'une des cours de l'Ecole militaire.

Tricalet, Pierre - Joseph, écrivain ascétique (1696-1761). B. U.

Vaulchier du Deschaux (le marquis de), brigadier des armées du roi, mort en 1765.

Valdahon (marquis de), Jules-César-Antoine-Joseph-Hilaire, né en 1772, peintre distingué, grammairien et auteur de plusieurs inventions utiles.

Verney, Pierre, savant médecin, habile botaniste, helléniste et anatomiste, mort en 1630. B. U.

Vienne (de), Jean, célèbre amiral, le créateur de la marine en France, mort glorieusement à la bataille de Nicopolis, le 26 septembre 1396, tenant entre ses mains l'étendard de Notre-Dame-de-Montroland. B. U.

Viton, Pierre-Claude-Elisabeth, chirurgien-major de distinction au corps des spahis, membre de la Légion-d'Honneur, mort trop tôt pour la science, en 1846, à l'âge de 41 ans.

Vurry, Gérard, trésorier-général des deux Bourgognes, et l'un des rédacteurs des anciennes coutumes de Franche-Comté. Gollut le cite avec éloge.

BIBLIOGRAPHIE.

Gollut, *Mémoires historiques de la république séquanaise.* — Normand, *Dissertation historique et critique sur l'antiquité de la ville de Dole.* — Fransquin, *Notes topographiques et historiques sur la ville de Dole.* — Marquiset, *Statistique historique de l'arrondissement de Dole.* — E. Clerc, *Essai sur l'histoire de la Franche-Comté.* — A. de Troyes, *la Franche-Comté de Bourgogne sous les princes espagnols.*

de la maison d'Autriche.—Boyvin, *Siége de la ville de Dole. Revue de Franche-Comté.*—*Revue franc-comtoise.*—D. Monnier, *Annuaires du Jura.*—*Archives du département du Jura.*—*Archives municipales de Dole.*—*Notes communiquées par le savant bibliothécaire de Dole,* M. *Pallu.*

Nous ne terminerons pas cette Notice sans exprimer notre profonde gratitude à M. le comte de Boisdenemetz, maire de Dole, et au conseil municipal de cette ville, pour le concours empressé qu'ils ont bien voulu nous prêter. Nous devons aussi des remercîments à MM. les employés de la mairie, qui nous ont aidé dans nos recherches avec une rare obligeance.

FIN.